U0467549

中国军事专家文库

现代战争指导艺术

彭光谦　著

北京出版集团
北京人民出版社

图书在版编目（CIP）数据

现代战争指导艺术 / 彭光谦著. — 北京 : 北京人民出版社，2025.4 — （中国军事专家文库）.
ISBN 978 - 7 - 5300 - 0639 - 9
Ⅰ. E81
中国国家版本馆CIP数据核字第2024D3L166号

中国军事专家文库
现代战争指导艺术
XIANDAI ZHANZHENG ZHIDAO YISHU
彭光谦 著
*
北 京 出 版 集 团
北 京 人 民 出 版 社 出版
（北京北三环中路6号）
邮政编码：100120
网 址：www. bph. com. cn
北 京 出 版 集 团 总 发 行
新 华 书 店 经 销
北京华联印刷有限公司印刷
*
787毫米×1092毫米 16开本 28印张 396千字
2025年4月第1版 2025年4月第1次印刷
ISBN 978 - 7 - 5300 - 0639 - 9
定价：128.00元
如有印装质量问题，由本社负责调换
质量监督电话：010 - 58572393
编辑部电话：010 - 58572414；发行部电话：010 - 58572371

“中国军事专家文库”编委会

总　序

在2021年举国隆重庆祝中国共产党百年华诞后，2027年将迎来中国人民解放军建军的百年华诞。百年征程，华章异彩。以毛泽东同志为代表的中国共产党人坚持把马克思主义的普遍真理与中国革命战争的具体实践相结合，创立了毛泽东军事思想的科学理论体系，指导我军从无到有，从小到大，从弱到强，从胜利走向胜利。我军也由此具备了高度的理论自觉，形成了重视总结经验、重视理论创造的优良传统，军事理论建设取得了极其丰硕的成果。习近平主席强调指出，科学的军事理论就是战斗力，一支强大的军队必须有科学理论作指导，要紧紧扭住战争和作战问题推进军事理论创新，构建具有我军特色、符合现代战争规律的先进作战理论体系，不断开辟当代中国马克思主义军事理论发展的新境界，从而为推进军事理论创新指明了方向。

值此建军百年之际，我们在北京出版集团北京人民出版社支持下，策划出版“中国军事专家文库”（简称“文库”），旨在总结和展现新中国成立特别是改革开放以来我国军事科学研究取得的丰硕成果，为新时代国防和军队建设尽一份绵薄之力。我们相信，“文库”的出版发行，不仅可以为我军官兵加强理论学习、提高理论素养和开发思维能力发挥积极作用，而且可以为关心中国国防和军队建设的人们提供一个了解中国军事理论建设发展的重要窗口。

为了确保“文库”发挥应有的价值和效益，我们在编辑过程中主要遵循以下几条原则。

第一，突出完整性，尽可能覆盖中国军事科学的各个学科方向，包括军事思想、军事战略、战役战术、作战指挥、军事制度、军队建设、军队政治工作、军事历史、军事经济、外国军事等，其中有专著也有论文集，能比较系统地反映中国军事科学发展的情况。

第二，突出学术性，重点关注基础理论研究，着重反映中国军事科学基础理论建设的情况，同时保持对现实的观照，体现军事理论对军事实践的先导作用。

第三，突出权威性，所收著作的作者均为中国军事科研领域中有深厚学术造诣的专家，是各学科方向的领军人物，在军内外享有盛誉，他们的科研成果为推进中国军事科学发展发挥了积极作用。

第四，突出全面性，力求反映中国军事科学发展全貌，所收入著作创作的年代跨度要尽可能大，能够反映中国军事科学发展的大体脉络。

第五，突出实用性，面对的读者群主要是党、政、军高层领导和机关人员，军事科研机构人员和军事院校研究生及地方高校的国防教育人员，以及众多的军事爱好者等。

“文库”是一个长线产品，前期规划出版40本，约1200万字。其中，第一辑出版10本，作者主要是曾在中国人民解放军军事科学院从事过军事理论研究工作的专家。军事科学院是叶剑英元帅建议创办的我国专门从事军事科学研究的机构，是军事科研信息的“集散地”。军事科学院各个时期专家的科研成果反映了那个时期的军队作战和建设理论需求的前沿性问题，对军事理论研究发挥了引领作用。我军的各级院校、科研机构和领导机关也活跃着一批军事专家，他们是我军军事理论研究队伍的重要力量，其在各个时期的研究和创作丰富了我军军事理论的内涵，推动了我军军事理论的发展。在“文库”后续推出的著作中，我们将扩大作者范围，收纳军队各级院校、科研机构和领导机关的军事专家在各个时期的优秀理论成果。

“兵者，国之大事，死生之地，存亡之道，不可不察也。”军事理论研究探寻的是国家安危之道，关乎江山社稷，是世界范围内军事竞争的重要领域。唯有军事理论先进、军事理论素养高的军队，方能在残酷的军事竞争中占据主动，这已经被世界战争史，包括我军历史所充分证明。新时代，我军正在习近平强军思想的指引下开启新征程，为迎接世界新军事革命加速发展的挑战，向着全面建设世界一流军队的方向迈出坚定步伐。“实践发展永无止境，认识真理永无止境，理论创新永无止境。强军是具有很强开创性的事业，我们要不断适应新形势、应对新挑战、解决新问题，在实践上大胆探索，在理论上勇于突破，不断丰富和发展党在新时期的强军思想，让马克思主义军事理论在强军伟大实践中放射出更加灿烂的真理光芒。”

在此，我们特别要向中国人民解放军军事科学院原副院长任海泉中将表示由衷的感谢。他给予“文库”以极大支持和热情鼓励，不仅对“文库”编辑提出了很重要的指导性意见，而且亲自审阅了一部分书稿，非常负责任地撰写了修改意见，展现了军事科研战线领导干部的使命感和高尚情怀。

由于时间仓促，“文库”难免有挂一漏万之处，敬请各位读者批评指正。

“中国军事专家文库”编委会

2024年7月

彭光谦

军事科学院原军事战略研究部研究员，博士生导师，少将军衔，主要从事军事战略问题研究，已出版《中国军事战略问题研究》《军事战略基本理论问题》《军事战略简论》《军事学是什么》《军事战略教程》《中国国防》《国际战略格局与当代战争》《西山十年》等著作。其中，由他主编的《战略学》（2001年版）被学术界誉为“新时期我军战略理论创新的标志性著作”。曾被评为国家有突出贡献专家，多次荣获全军和军事科学院科研成果一等奖。1999年7月获全军专业技术重大贡献奖，荣立二等功。

内容简介

习近平主席指出，要认真研究军事、研究战争、研究打仗，把握现代战争规律和战争指导规律。本书反映了作者多年来对现代战争指导规律的理论思考，主要包括战略学相关理论研究、战争控制理论研究、战略文化比较研究、当代战略问题研究等内容。军事辩证法思想犹如一条红线，贯穿于作者的全部研究和探索过程。因此，无论是战略领域的专业工作者，还是业余军事爱好者，阅读本书都会有所启迪。

前　言

从中学时代起，我对军事问题似乎就有着天然的兴趣。在三年困难时期，我用有限的助学金购买的第一本课外读物就是当时新出版的《孙子兵法》。1967年7月我从北京大学历史系毕业后，被分配到山东微山湖畔的军垦农场劳动锻炼，在那里我和当代军人及军事生活有了近距离接触。1970年2月，有幸携笔从戎，正式开启了我的军事生涯，迄今已逾半个世纪。其中，1986年因工作需要，离开了摸爬滚打16年的部队基层生活，奉调军事科学院专门从事军事战略问题研究。与基层相比，这里更多的是思想性劳动。在完成规定的研究任务和《战略学》基础研究之余，抽空写过一些学术性文章。这些文章时写时扔，散落各处，未作特别保存，时间久了，有些早已忘记了。最近有朋友建议花点时间，对过去的东西略加整理，一方面可从一个侧面反映军事战略领域学术研究的历史发展脉络，另一方面也可以为后来的研究者提供一些有益的借鉴启迪，以少走弯路。其中有些思想成果至今仍不乏参考价值，一概扔掉不免可惜。例如，《突破传统战略模式，确立新的战略思维》（1988年10月）一文在世界战略格局和我国安全环境发生重大转折性变化的情况下，首次提出了我国战略研究如何突破传统战略模式，确立新的战略思维的10个问题，对激荡学术思想曾起到过积极推动作用。《国际战略格局演变与区域性军事危机》（1990年10月）准确分析和预见了在旧的战略平衡被打破，地区不可控因素增多的情况下，区域性军事危机将成为今后影响国际社会安全与稳定的主要形态，特别是利益交汇区、资源密集区、战略枢纽区、宗教重叠区、领土争议区、民族对立区等，将成为未来局部战争的多发地带。这一判断直到今天仍有现实指导意义。《新中国成立后我国积极防御战略方针的发展变化》（1993年5月）是较早地系统梳理新中国成立后我国积极防御战略方针发展演进轨迹的代表作，被经常引用。《绝对战争向可控性战争的历史性转变》（1998年10月）首次提出在相互确保摧毁的核恐怖平衡时代，战争形态和战争指导重心出现重大变化，这是今天进行战略理论思维不能无视的新的时代背景。《中华民族优秀文化传统中的统一观》（2001年5月）在20多年前，为推动两岸关系深入发展，强调从中华五千年核心价值观和精神血脉的高度，深刻认识国家统一大业深厚的战略基础和不可动摇的民族意志，对更自觉地推进统一事业进行了深度思考。《西出阳关有故人：战略西出应对美国战略东移》（2014年3月）一文是8年前从全球地缘战略的角度，解读“一带一路”倡议，提出以战略西出应对美国全球战略东移的大战略思路。《美国难逃霸权必衰的历史规律》（2015年8月）针对一度甚嚣尘上的“美国霸权稳定论”“美国生命力强大论”等谬论，从历史发展客观规律的高度，揭示了帝国主义的本质特征和必然衰亡的历史命运。《别了，特朗普》（2020年12月31日）以美国极右政客为难得的反面教员，强调认清帝国主义纸老虎的本质，坚持斗争哲学，讲究斗争艺术，满怀信心夺取反霸卫国斗争胜利。文章发表后，得到有关部门和领导人的关注。

这次整理工作，从几百篇已发表的文章中挑选了40篇有代表性的文章，结集成册，约30万字，分为战略学基础、战争控制与危机管理、战略文化比较和当代战争与战略等四个部分。因大部分文章主要围绕战争指导问题展开，故名《现代战争指导艺术》。

全书共分四个部分，由于所收入文章时间跨度较大，有些问题随着时代背景变化，表述也不尽一致。为尊重历史，这次整理时均保持了文稿原貌，未对原稿进行修改和裁剪。不合时宜之处，在所难免。恭请识者正之。

是为序。

彭光谦

2022年10月于北京西山

目　录

第一章　战略学基础

战略学基础理论若干问题探讨*

战略学是一门研究战争规律、战争指导规律和战略演进规律的军事科学。它的主要任务是揭示战争与战略的本质，各种客观因素对战略的影响，战略思维活动与战争战略指导实践活动的运行机制及内在规律。战略学强调把战略指导的历史经验与战略环境的现实分析以及对未来战争的预测紧密结合起来，为进行正确的战略决策和战略指导提供科学的理论依据。要深入研究战略学，就不能不首先弄清战争、战略和战略学的基本概念，战略的划分与战略结构和战略学学科体系，战略学在军事学术中的地位。

一、战争、战略和战略学基本概念

战略是随着战争实践的发展而产生和发展起来的。

战争作为一种社会历史现象，是人类发展到一定阶段的产物。在人类早期的氏族社会里，生产力极端低下，氏族内部实行公有制，共同劳动，共同消费，氏族内人与人之间紧密团结，不存在相互冲突的内部条件，氏族组织对外关系也主要表现为与自然界的交往。丰富的自然资源，能满足各氏族的基本生存需要，因而氏族之间很少往来，不存在氏族集团之间冲突的外部条件。但是随着原始社会的发展和氏族集团人口的增长，氏族集

* 本文写于2001年3月，收入《战略学》，军事科学出版社，2001年。

团的物质需求与所在地区天然生活资料总量之间的平衡被打破，人们就不得不向其他地区迁移，而这种迁移往往侵犯其他社会集团的经济利益，由此便导致了人类社会最早形态的战争。马克思指出，对于原始公社来说，“战争就是为了占领生存的客观条件”[①]。这时的战争是氏族集团全体成员为满足生产和生活上的共同需要而进行的集体活动，其目的在于争夺天然资源，而不在于占领或奴役其他社会集团与个人。进入阶级社会以后，最初形态的战争逐渐退出历史舞台，代之而起的战争则纯粹是为了掠夺。这时的战争已完全“蜕变为在陆上和海上，为攫夺家畜、奴隶和财宝而不断进行的抢劫，变为一种正常的营生”[②]。进入阶级社会的战争已失去了与生产过程的直接联系，它所争夺的不仅是天然资源，而且是人们创造的物质财富，乃至劳动力本身。它是阶级政治通过暴力的继续，是解决国家与国家、民族与民族、政治集团与政治集团之间的矛盾的一种最高斗争形式，是一种流血的政治。

古代早期的战争，作战持续时间短暂，作战方法简单，作战手段主要是原始生产工具，双方交战主要是集群正面冲杀，角力斗勇，战争胜负取决于交战人员的数量、体力和勇气，还谈不上对战争全局的谋划和作战方法的自觉运用。随着战争实践的发展和长期实战经验的积累，人们逐渐懂得了在战争中运用计谋，逐渐摸索出不同的作战方法和战争指导方法，开始依据不同的作战手段和作战需要进行不同的作战部署和作战运筹，于是便产生了战略。战略从一开始便是与战争密切联系在一起的，其本义就是从事战争的战略，至于后来陆续出现的政治战略、经济战略等概念都不过是战争战略的衍义。

中国上下五千年，战争实践极为丰富。据不完全统计，从约公元前30

①《马克思恩格斯全集》第46卷上册，人民出版社，1979年，第475页。

②《马克思恩格斯军事文集》第2卷，战士出版社，1981年，第421、413页。

世纪神农氏伐斧燧氏之战[1]算起到清代结束，4000多年间共发生了6000多次战争，占世界同期发生战争总数的1/3以上。在长期的战争实践中，中国古代战争的指挥者和谋划者们不仅积累了丰富的实战经验，而且不断把这种经验上升为理性认识，形成完整的作战指导理论。相传早在上古时代，神农氏就有兵法1篇，黄帝轩辕氏有兵法16篇，蚩尤有兵法2篇。商周时期，则已经出现《军政》《军志》等军事理论著作。据有关学者统计，我国迄今见诸目录的兵书多达3380余部23503卷，其中存世兵书达2308部18567卷。[2]2400多年前春秋末期大军事家孙武所撰的《孙子兵法》就是其中的杰出代表。这是世界上现存最早、最有影响的古典军事理论名著，是中国古典军事思想成熟和大发展的重要标志，至今仍被称颂为世界"兵学圣典"、东方"兵学鼻祖"。此外，驰名的兵学要籍还有《吴子兵法》《孙膑兵法》《司马法》《尉缭子》《握奇经》《六韬》《黄石公三略》，李靖《唐李问对》，李筌《太白阴经》，郑若曾《筹海图编》，何良臣《阵纪》，曾公亮《武经总要》，许洞《虎钤经》，谢枋得《百战奇法》，戚继光《纪效新书》《练兵实纪》，茅元仪《武备志》和魏源《海国图志》等。虽然这些中国古典军事著作未能明确地把战略从传统兵学中分离出来，在谈到战略时通常泛称为"谋""计""画""策""筹""算""韬""略""术"，如"庙算""庙策""庙战""运筹""方略""兵略""武略""将略""韬略"等，但在理论上已大体涉及战略领域的各主要层面。带有东方战略思维特色的"不战而屈人之兵""先计后战""谋定后动""知彼知己，百战不殆""伐交伐谋""远交近攻""先为不可胜，以待敌之可胜""审备慎守""居安思危""出奇制胜""以奇用兵""足食强兵""因粮于敌""我专敌分""批亢

① 神农氏伐斧燧氏之战在《战国策·秦策》《路史·后纪三》《孙膑兵法》中均有记载。神农氏位于今河南东北部，斧燧部落位于今山东西南部曲阜一带。此役是我国古籍中记载最早的一次战争。

② 上述统计含同一著作不同版本数，参见许保林：《中国兵书知见录》，解放军出版社，1988年。

捣虚”等战略思想至今仍闪烁着不熄的智者光辉，蕴含着深邃的哲理和无穷的魅力。据《汉书》记载，西汉步兵校尉任宏将古代兵家区分为兵权谋家、兵形势家、兵阴阳家和兵技巧家四大类。这可以说是世界历史上最早对军事理论研究的分类。任宏认为，“形势者，雷动风举，后发而先至，离合背乡，变化无常，以轻疾制敌者也”“阴阳者，顺时而发，推刑德，随斗击，因五胜，假鬼神而为助者也”“技巧者，习手足，便器械，积机关，以立攻守之胜者也”，而权谋者则是“以正守国，以奇用兵，先计而后战，兼形势，包阴阳，用技巧者也”。任宏在这里虽然还没有采用“战略”一词，但从他对四大兵家的解释来看，“兵权谋家”大体可归于当代的“战略家”范畴。[①]中国古代在战略领域的领先地位为世界所公认。1976—1980年出版的《苏联军事百科全书》明确指出，“军事战略作为最高军事统帅机关实践活动的一部分，产生于远古时期的印度、中国以及古希腊和古罗马等奴隶制国家”，“最初涉及军事战略问题的理论著作出现在古代。这类著作有：中国统帅和理论家孙武的《孙子兵法》（前六世纪—前五世纪），罗马统帅尤利乌斯·恺撒（前一世纪），罗马历史学家弗龙廷、奥诺桑德尔（一世纪）和韦格蒂乌斯（四世纪末—五世纪初）等人的著作”[②]，无疑《孙子兵法》是其中最早的。曾任美国国防大学战略研究所所长的约翰·柯林斯在1973年所著的《大战略》一书中也称孙子是世界“公认的战略创新者”：“孙子是古代第一个形成战略思想的伟大人物。”“孙子十三篇可与历代名著包括2200年后克劳塞维茨的著作媲美。今天没有一个人对战略的相互关系、应考虑的问题和所受的限制比他有更深刻的认识。他的大部分观点在我们的当前环境中仍然具有和当时同样重大的意义。”[③]

---

① 参见《汉书》卷三十，艺文志第十。

②《苏联军事百科全书》第1卷，战士出版社，1982年，第344页。

③［美］约翰·柯林斯：《大战略》，军事科学院，1978年，第8页。

至于“战略”一词作为军事术语的公开出现，在中国古代至少不晚于3世纪末期。约1700年前的西晋史学家、军事家司马彪（？—306）曾专门著有《战略》一书，该书虽已失传，但部分内容仍散见于《三国志》《太平御览》等典籍之中。清人黄奭曾将其佚文辑成一卷，共八节，2000余字。这是我们目前见到的最早的“战略”专著和“战略”一词在军事领域的最早应用。从该书内容看，它主要论述作战谋略和统兵打仗的方法，与现代关于战略的理解虽不完全一致，但大体上是相通的。司马彪之后，公元6世纪北魏大将金城郡公赵煚（约532—599）也撰有《战略》一书，计二十六卷，《隋书·经籍志》《通志·艺文略》均将其归入兵书类。明末副统兵茅元仪撰有《廿一史战略考》，汇辑春秋至元代战略史实和权谋形势，计三十三卷，六百一十三节，为其所辑《武备志》的一部分。可以说，战略在中国源远流长，并具有比较完善的理论形态和存在形式。

在西方，据考证“战略”一词源于希腊文“strategicon”。史传公元6世纪东罗马（拜占庭）帝国把全国分为若干军区，每个军区设一名兼理民政的军事指挥官，称为“strategos”，意为“将军”。公元580年东罗马帝国皇帝毛莱斯（539—620）编写了一本军事教科书*Strategicon*，意为“将道”或“为将之道”，专门用于培训上述军事指挥官。现代学者倾向于认为这就是西方最早关于“战略”一词的使用，英文“strategy”（战略）就是从“strategicon”这个词衍生而来的。自从毛莱斯的军事教科书问世后，在1000多年的漫长岁月里，“战略”一词并未能得到流传，几致湮没，直到1771年在法国人梅滋鲁亚（1719—1780）的著作中才又重新出现。从上述史实中，我们可以看到，无论是战略指导的理论与实践的发展还是战略概念的产生，中国都早于西方，至少是在两大不同的文明体系的沃土中并蒂成长起来的两棵战略之树。那种认为“战略”一词是“外来语”，是“19世纪末才传入中国”的说法显然是没有历史根据的。①

虽然战略理论与实践的发展以及战略概念的应用历史十分久远，但正式把战略与战术分离开来并予以明确的界定则是18世纪的事。18世纪德国资产阶级军事科学的奠基人海因里希·迪特里希·比洛（1757—1807）在其1799年写成的名著《最新战法要旨》中，第一次把军事科学区分为战略与战术两大部分，并首次给它们分别下了定义。他认为：“战略是关于在视界和大炮射程以外进行军事行动的科学，而战术是关于上述范围内进行军事行动的科学。”比洛的贡献在于他第一次将战略与战术相区别，但他仅仅从作战半径的大小来区分战略与战术，显然还没有脱离战役战术范畴，没有真正抓住战略的本质。18世纪末法国资产阶级革命的丰富军事活动推动了战略理论进一步发展。正如列宁指出的那样，“当时革命的法国人民不但在国内第一次发挥了几百年内没有见过的最大的革命劲头，而且在18世纪末的战争中也表现出了同样的巨大革命创造精神，他们改造了整个战略体系……”②吸取法国资产阶级革命军事实践的丰富营养而成长的两位杰出的战略理论家瑞士人若米尼（1779—1869）和普鲁士人克劳塞维茨（1780—1831）认真总结了法国资产阶级革命的军事实践经验，对战略概念作了新的理论概括。若米尼在其著名的代表作《战争艺术概论》一书中提出：“战争艺术一般来说包括战略、大战术、战争勤务、工程艺术和基础战术。凡涉及整个战争区的问题，均属战略范畴。”“战略是在地图上进行战争的艺术，是研究整个战争区的艺术。战术是在发生冲突的现地作战和根据当地条件配置兵力的艺术，是在战场各点使用兵力的艺术。”③若米尼详细论述了战略研究的范畴，包括战场、作战基地、战略线、战略点、战场上的决

① 钮先钟《国家战略概论》即持此说。

②《列宁军事文集》，战士出版社，1981年，第335页。

③ 若米尼：《战争艺术概论》，解放军出版社，1986年，第87页。

定点，作战中的目标点、战略正面、战略防线、预备队等。与若米尼处在同一时代的资产阶级著名军事家克劳塞维茨在其战略经典著作《战争论》一书中认为“战术和战略是在空间上和时间上相互交错，但在性质上又不相同的两种活动”。战术是“战斗本身的部署和实施”，“是在战斗中使用军队的学问”，而战略是“为了达到战争的目的对这些战斗的运用”。若米尼与克劳塞维茨从战斗的方式、战斗的谋划与运用上来区分战略与战术，不仅看到了战略与战术在空间与时间上的差别，而且注意到了二者性质上的不同。这在比洛的定义的基础上又前进了一步。特别是克劳塞维茨把战略与战争目的相联系，进一步揭示了战略的本质特征。尽管有人批评它“侵入了政治的范畴，或者说它侵入了战争最高领导的范畴”，但正是在这一点上，克劳塞维茨比其他人显得更高一筹。

从19世纪到第二次世界大战，战略思想日趋活跃。新的战略学派和战略思想家不断涌现，各种战略理论异彩纷呈。这种状况是与军事科学技术的迅速发展和战争领域的不断扩大密切相关的。现代武器诸如飞机、军舰、坦克以至导弹、核武器应用于战场，大大改变了战争的面貌。两次世界大战的大规模展开创造了空前广阔的战场，各种政治力量都被召唤到这个大战场上进行生死较量，世界许多地区和主要国家均被卷入其中，这就促使人们从更高的层次和更广阔的背景上，思考军事战略概念。正是在这种新的物质基础上形成了现代军事战略概念。

由于各个国家、各个政治集团、各种战略学派所处的战略环境、战略地位以及战略利益不同，因而对战略概念的理解和表述也不尽相同。当今世界几乎找不到两个完全相同的战略定义。在令人眼花缭乱的众多的现代战略定义中，最具代表性的大体有以下四种：

一是英国军事理论家利德尔·哈特（1895—1970）对战略所下的定义。利德尔·哈特一生经历过两次世界大战，一度出任英国陆军大臣的顾问。

他在代表作《战略论》中，总结和剖析了2500年来的战争历史经验，在吸取前人研究成果的基础上全面论述了所谓“间接路线”的战略，并提出了自己的战略定义。他认为，“战略所研究的不只限于兵力的调动——一般的定义都只是注意这一点，而且要考虑到兵力调动的效果”，“战略是一种分配和运用军事手段以求达到政治目的的艺术”，“至于会战当中军事力量的运用，即这些兵力的作战部署和直接行动的指挥，则属于战术的范畴”。利德尔·哈特还在“战略”之上第一次提出了“大战略”的概念，指出“‘大战略’，或者称高级战略，其任务就在于调节和指导一个国家或几个国家的所有一切资源，以便达到战争的政治目的”[①]。利德尔·哈特明确地把战略的目的由军事目的引向政治目的，这无疑是认识上的一大飞跃，给现代战略带来一丝新的气息，但他的定义仍然局限于“兵力调动”本身，仍然没有彻底割断与古典战略的联系。从这个意义上讲，它在现代战略概念的形成上居于承前启后的地位。人们通常认为他既是古典战略的最后完成者，也是开创现代战略的第一人。

二是毛泽东就战略所下的定义。毛泽东是杰出的革命战争战略大师。他在领导中国共产党和中国人民进行的中国革命战争和民族解放战争的伟大斗争中，不仅建立了威武雄壮、无与伦比的辉煌业绩，而且形成了完整的战争与战略理论。他在1936年所著的《中国革命战争的战略问题》一书中提出：“战略问题是研究战争全局的规律的东西。”所谓“战争全局”，毛泽东认为，“只要有战争，就有战争的全局。世界可以是战争的一全局，一国可以是战争的一全局，一个独立的游击区、一个大的独立的作战方面，也可以是战争的一全局。凡属带有要照顾各方面和各阶段的性质的，都是战争的全局”。在这里，“各方面”是从空间上讲的，可以理解为战争的空

① 利德尔·哈特：《战略论》，战士出版社，1981年，第448—449页。

间全局；“各阶段”是从时间上讲的，可以理解为战争的时间全局。结论是：“研究带全局性的战争指导规律，是战略学的任务。研究带局部性的战争指导规律，是战役学和战术学的任务。”[①]毛泽东不仅在战略战术中间增加了“战役”层次概念，而且鲜明地突出了战略的全局性和规律性，首次提出战略存在内在的客观规律，并非主观随意性的产物；战略着眼于全局的整体筹划，而不是对某一局部问题的具体回答，从而在哲学的高度上对战略进行了科学的界定，剥去附着在战略上的所有外部因素，敲开了战略最本质的内核，体现了东方战略文化传统的辩证思维。

三是苏联官方对战略所下的定义。1962年苏军元帅、曾任苏联国防部第一副部长兼总参谋长的索科洛夫斯基（1897—1968）主编的《军事战略》一书认为战略是“关于为一定阶级的利益服务的战争即武装斗争规律的科学知识体系。它在研究以往战争经验、军事政治形势、国家的经济和精神力量、新式武器和预想敌人的观点和力量的基础上，探讨未来战争的条件和性质、准备和进行未来战争的方法、各军种及其战略使用原则、物质技术保障原则、战争指导原则和军队领导原则”[②]。这个定义在1976—1980年出版的由另一位苏军元帅和苏联国防部第一副部长兼总参谋长奥加尔科夫主编的《苏联军事百科全书》和1983年仍由奥加尔科夫主编出版的《苏联军事百科词典》中得到了进一步补充和修订。修订后的定义认为战略是“军事学术的组成部分和最高领域，它包括国家和武装力量准备战争、计划与进行战争和战略性战役的理论与实践”。该定义还进一步认为，“军事战略理论作为一种科学知识体系，研究战争的规律和战略特点以及进行战争的方法，制订计划、准备和实施战争和战略性战役的理论原则”，“军事战略作为一个实践活动的领域，要解决的问题是：根据战争的具体条件确定

①《毛泽东选集》第1卷，人民出版社，1969年，第159页。
②［苏］瓦·达·索科洛夫斯基主编：《军事战略》，战士出版社，1980年，第25页。

武装力量的战略任务和完成战略任务所必需的兵力兵器；制定并实行有关国家武装力量、战区、经济和居民做好战争准备，以及有关拟制战争和战略性战役计划的措施”，等等。该定义还认为，军事战略“来源于政治，并为政治服务”，“军事战略对政治的从属地位决定军事战略的阶级本质”①。苏联就战略所下定义明确地把战略区分为科学知识体系和实践活动领域两大部分，规定了战略在军事学说中的地位，提出了战略行为的主体、战略的主要任务以及制定战略的基本依据，并突出强调了战略的阶级性，强调了“反映进步阶级利益的政治客观上必然产生先进的军事战略。反之，与反映剥削阶级利益的反动政治相适应的军事战略，只能是反动的侵略性的战略”②。苏联在战略定义上的这一特点是与第二次世界大战后北约与华约两大军事集团和东西方两大意识形态尖锐的冷战对抗的战略现实密切相关的，在某种意义上是冷战时期国际政治在战略理论上的反映。

四是美国官方关于战略的定义。1953年美国参谋长联席会议审定出版的《美国联合军事术语辞典》认为“军事战略是运用一国武装力量，通过使用武力或以武力相威胁，达成国家政策的各项目标的艺术和科学”③。1983年美国陆军军事学院出版的《军事战略》一书，亦采用了美国参谋长联席会议批准的上述定义。这一定义的特点是把军事战略的内涵和外延都扩大了。这一定义提出了军事战略与国家战略的关系，规定了国家利益是军事战略的起点和归宿。同时，这一定义既提出了军事力量的实战使用，又提出了军事力量的威慑性使用；认为军事战略既是一门艺术，又是一门有规律可循的科学。在这一定义的基础上，1981年曾任美国参谋长联席会议主席的麦克斯韦尔·泰勒提出战略包含目的、方法、手段这三个要素，这一

①《苏联军事百科全书》第1卷，战士出版社，1982年，第342页。
②《苏联军事百科全书》第1卷，战士出版社，1982年，第342页。
③［美］拉塞尔·F.韦格利：《美国军事战略与政策史》，解放军出版社，1986年，第3页。

概念用公式表示即：战略=目的（追求的目标）+途径（行动方案）+手段（实现目标的工具）。确定战略目标，制定实现这些目标的战略方针，以及运用或威胁运用军事力量贯彻这一战略方针以求最终达到战略目的，构成了军事战略的全部内容。美国的这一定义是以美国战略优势的实力地位为基础的。由于美国国家政策目标的全球性，因而这一定义也是与美国军事战略的外向性和全球性联系在一起的。

上述不同类型的定义代表了不同战略文化传统、不同的战略利益需求对战略概念的不同理解。尽管当今世界各国、各政治集团、各战略学派对战略概念的表述从内容到形式千差万别，政治属性各不相同，但从现代军事战略的理论与实践中，我们可以看到作为完整的现代军事战略概念大体包含这样几个基本要素：

一是战略行为的主体，亦即回答谁是战略的制定者与实施者。国家联盟可以是战略行为的主体，国家可以是战略行为的主体，一个独立的政治、军事集团或战略区也可以是战略行为的主体。在现代国际政治生活中，国家通常是国际行为的主体，因而现代战略行为的主体也往往由国家担任。

二是战略行为的范畴。这是区别一种战略与另一种战略的主要标志。军事战略与政治、经济、文化等密切相关，但军事战略不能以政治、经济、文化为主要行动领域。军事战略是以战争为其研究对象和活动领域的，否则就不能称之为军事战略。现代军事战略行为的范畴日益扩展的趋势没有也不可能脱离战争的准备与实施这个核心。

三是战略目的。战略目的是战略行动所要达到的预期结果。它是战略意图的集中体现。不同的战略目的往往反映战略的不同性质。自卫的防御性战略是与维护领土主权完整等合法利益相联系的，而外向型的进攻性战略往往把别国的领土划归自己的战略边疆，把别国的利益纳入自己的利益圈，把在本国疆界之外获取政治、经济利益作为自己的战略目的。

四是战略手段，即实现战略目的的物质力量。这种力量有时表现为单一的军事力量，但更经常的是以军事力量为主，包括军事、政治、经济、心理在内的综合力量。战略力量的表现形式既可能是现实的，也可能是潜在的。

总之，作为现代战略概念的完备形态，它旨在说明是谁、在什么范围运用什么手段、达成什么目的这样几个最基本的问题。

毛泽东在中国革命战争中为战略所下的经典定义，显然比其他任何定义更深入地揭示了战略的本质。

鉴于新中国成立后，我们党成为执政党，不仅有必要而且有可能运用国家全部战略资源，从国家全局来筹划军事战略问题。因此，新时期我国国家军事战略的完整内涵似可概述为：我国新时期的战略（即军事战略）是以国家综合实力为基础，建设与运用军事力量，努力制约战争与打赢战争，以维护国家主权与安全，而对战争准备与战争实施全局与全过程的运筹与指导。

这一概述着重强调了以下几点：

（1）它明确指出新时期作为国家军事战略的行为主体是国家，而不是某一政治军事集团或某一战略区。

（2）它规定我国军事战略的性质是防御性的而不是进攻性、扩张性的，它的使命在于维护国家主权和领土完整，抵御外来侵略与颠覆，保卫人民的和平劳动。

（3）它强调我国军事战略的物质基础是国家综合力量（包括实力与潜力），而不是单纯的军事力量。

（4）它完整地说明战略全过程既包括战略的制定也包括战略的实施，前者是战略的运筹过程，后者是战略的指导过程；在战略的指导上既包括战争准备的指导，也包括战争实施的指导；既包括对战略物质力量建设的指导，也包括对战略物质力量运用的指导；战略物质力量的运用既包括实战运用，也包括威慑性运用；战略指导既体现于战时，又体现于平时；战略的功能既包括打赢战争，也包括制约战争与防止战争。

以上表述，在丰富战略概念的时代内涵的同时，坚持了战略是对“战争全局”的运筹与指导这一核心思想。一个时期以来，有人试图淡化、泛化战略的战争全局，是站不住脚的。

二、战略的划分与战略结构

科学地进行战略划分和建立合理的战略层次结构，既是战略理论与实践演进的必然结果，也是战略理论与实践深入发展的客观要求。在战争和战略发展的历史长河中，随着影响战略的时间因素、空间因素、社会因素和种种客观物质条件的不断变化，战略的表现形态也日益呈现出多样化的特点，战略实践与战略理论研究日益向系统化和精细化两个方向发展。正确反映这一发展趋势，把战略作为一个体系进行分析研究，在认识战略共性的同时，准确把握不同战略的个性特征和特殊本质，不仅是战略理论研究深化的重要标志和繁荣战略理论的必由之路，也是推动战略实践有序化、高效化、有针对性地灵活实施战略指导的重要环节。

影响和制约战略的要素的多样化，决定了战略划分标准和尺度的多样性。依据不同的战略目的和战略需要，从不同的侧面和不同的个性特征可以将战略划分为不同的类型。

按作战行动的性质和样式，可将战略划分为进攻战略和防御战略两大类，这是最基本的战略划分或者说最基本的战略类型。任何战争无不表现为对立的双方互为攻防的较量，进攻与防御既是两种最基本的行动样式，也是战略划分的最基本的标准和依据。所谓进攻战略就是在总体上采取攻势的战略，通常为力量处于优势或处于战略外线地位，或以对外征服、扩张、掠夺、称霸为目的的一方所实施。在实施这一战略过程中，行为主体通常以其军事优势，发动突然袭击，力求速战速决，一举达成战略目的。防御战略则是总体上采取守势的战略。军事上处于劣势或处于战略内线地位，或为着抵御外来侵略，反抗外来压迫，捍卫领土主权完整，维护合法权益的一方一般实行防御战略。这一战略较多地体现了自卫性质。进攻战略在全局上处于外线的进攻态势并以攻势行动为主要样式，但它在战役战斗上有时也被迫采取内线的防御行动；防御战略在全局上处于内线的防御态势，但它并不排斥战役战斗上的外线的进攻行动，相反真正的防御战略总是把战略上的防御与战役战斗上的进攻紧密结合在一起的，而且只有通过积极的外线的战役战斗的进攻才能逐步转换力量对比和战略态势，由战略上的防御转向战略上的反攻与进攻，最终达成防御战略的目的。将战略区分为进攻战略和防御战略，可以使我们更准确地把握战略的基本性质和战略的基本态势。这一划分是其他划分的基础与前提，其他划分可以说都是这一划分在不同意义、不同侧面上的延伸，是与这一划分密切相关的。

在上述基本的战略划分的基础上，我们还可以从不同的角度对战略作不同的划分。

根据作战行动的时间特征，可以将战略划分为持久战略和速决战略两种类型。速决战略通常与进攻战略相联系，力求以迅雷不及掩耳之势，在最短的时间内迅速达成战略目的。这一战略通常为军事力量相对强大，或军力貌似强大但综合国力不足，或点多线长、劳师远征、失道寡助者所采用。持久战略通常与防御战略相联系，力求将战争或军事斗争引向持久，以时间换取空间，在持久的较量中挫伤敌方锐气，逐步积累力量，积小胜为大胜，通常为军事上处于相对劣势，但政治上处于正义的一方所采用。20世纪30—40年代中国气壮山河的抗日战争中所实行的持久战略就是世界军事史上持久战略的杰出范例。在这场光明与黑暗、正义与邪恶、进步与反动的决死斗争中，面对当时拥有东方第一等军事力、经济力和政治组织力的强大的凶残的日本军国主义的军事攻势，中国共产党和中国人民冷静地分析了日本军国主义虽然居于军事优势但它国小、退步、寡助，中国虽暂居劣势但国大、进步、多助的特点，坚持实行持久战略，通过长达14年的艰苦卓绝的斗争，不仅粉碎了日本法西斯“三月亡华”的狂妄叫嚣，而且把日本侵略者彻底赶出了中国国土，第一次赢得了中国近代史上抗击外来侵略的全面的彻底胜利，在人类战争史上写下了辉煌的篇章。

根据作战行动的空间特征，可以把战略区分为地面战略、空中战略、海上战略以及外层空间战略等。地面战略是以陆地为主要作战活动空间的战略。陆地空间是人类生存和军事活动的最基本的立足点或第一维空间，其他空间的活动都是以陆地空间为出发点和归宿点的。因此地面战略不仅是战争史上最早出现的战略，也是战争史上最经常采用的基本战略类型。海上战略和空中战略作为第二维、第三维空间战略是在舰艇、飞机等新的作战手段相继出现并大量应用于战争后才逐步发展起来的。以马汉（1840—1914）的海权论为代表的海上战略最早服务于资本主义和殖民主义的海上争霸和海外殖民扩张。以杜黑的制空权理论为代表的空中战略形成于20世纪20年代，在第二次世界大战和其后近半个世纪的东西方冷战中，主要应用于帝国主义和霸权主义对空中优势的争夺。20世纪末，随着航空兵器的发展和独立空中战役的实施，空中战略在现代战争中的地位日益突出。外层空间战略是20世纪后半期随着空间技术发展首先由美国和苏联两个空间技术大国为争夺外层空间军事优势而提出来的。外层空间战略目前还处在进一步发育与成长阶段。这一战略将随着空间技术的进一步发展和完善而逐步臻于成熟。

根据作战行动的主要手段，可以将战略划分为核战略、常规战争战略和信息化战争战略。20世纪40年代美国新墨西哥州阿拉莫哥多斯沙漠三一试验场的第一朵蘑菇云把人类带进了核时代。核武器的巨大破坏力和战略效应使战争的物质力量发生了质的变化。核战略由此应运而生。核战略是建设核力量和运用核力量以达成战略目的的战略。在第二次世界大战后持续近半个世纪的东西方冷战中，美国和苏联依靠其超饱和超杀伤的庞大核武库，双方都把核战略作为国家军事战略的重要支柱。目前世界核军备控制虽取得一定进展，但核军备的质量竞赛仍在发展，核技术和核武器的扩散难以遏止，核战略远未过时。自核武器产生后，除了美国曾在日本广岛、长崎投下两枚原子弹外，世界迄今尚未见到新的实战中运用核武器的情况。核武器威胁下的常规战争战略成为第二次世界大战后最常见的一种战略选择。20世纪70年代后，在新的军事技术革命中，随着电子计算机技术、精确制导技术、激光技术、远程打击技术、航天技术等一系列新军事技术的发展产生了信息化战争战略。这些非核信息化技术的运用既具有类似使用核武器的战略效果，同时又避免跨过核门槛而可能导致的巨大政治风险，因而其重要性和地位日益上升，成为一种新的受到越来越多的国家青睐的战略类型。随着网络信息时代的到来，信息化战争和信息化战争战略正引起人们的广泛注意。信息化战争战略的核心是夺取和保持战略信息优势与战场信息优势，通过信息流控制和支配战场的人流信息流和物流，达成战略目的，包括通过信息网络对一国军队赖以生存的基础设施、基本信息资源或战场信息系统实施软破坏或硬摧毁，从而达成战略目的。这是一种全新的战略概念和战略类型。

根据作战手段的使用方式，可以将战略区分为实战战略和威慑战略两种类型。实战战略是将军事力量投入战场进行直接较量的战略，威慑战略则是以使用武力相威胁从而达成战略目的的战略，后者并不直接使用武力，而是公开显示使用武力的决心以及展示由此可能给对手带来的难以承受的后果，迫使对手屈服。实现威慑的基本要素一是具有相应的军事实力，二是使用力量的决心与意志，三是使对手相信这种实力与决心。这三个要素是共同起作用的，缺一不可，否则威慑就会失败。根据威慑目的和威慑力量的性质，威慑战略还可以进一步区分为进攻性威慑与防御性威慑；根据威慑的程度可区分为优势威慑、均势威慑、有限威慑和最低限度威慑；根据威慑的范围可区分为全面威慑和局部威慑；根据威慑力量的构成可区分为常规威慑、核威慑和生物化学武器威慑。威慑的表现形式多种多样，诸如加强武装力量建设、发展军事理论和军事科学技术、开展军事外交、提高战备等级、举行军事演习、阅兵等都可以用于达成威慑目的。

根据战争规模和涉及的范围，可以将战略划分为全面战争战略和局部战争战略。全面战争战略是实施全面动员、展开全面较量的战争战略，这种战争涉及面广，规模巨大，战争目的坚决，战争强度高，持续时间长；局部战争战略是相对全面战争战略而言的，它是在相对有限的范围，在局部地区展开的战争战略。它所指导的战争一般在目的、手段和规模上相对有限。有的国家亦称之为有限战争战略。有限战争和局部战争虽然不完全等同，但二者在内涵上大体是相近的，都是相对于全面战争而言的。全面战争战略所涉及的战争大体有两种类型：一种是世界性的，如两次世界大战，卷入国家分别为33个和80个，涉及世界80%的人口，战火遍及几大洲；另一种是国家性的，即全国实行总动员，举国参加的战争。有时就一国而言虽然是全面战争，但就世界而言，仍然是局部战争。如第二次世界大战后发生的朝鲜战争、越南战争等，就朝鲜南北方、越南南北方而言是全面战争，但战争并未超出朝鲜半岛和印度支那半岛的范围，所以还是世界局部战争范畴。某些战争虽然涉及许多国家，如朝鲜战争中所谓“联合国军”由16个国家的军队组成，海湾战争中多国部队涉及39个国家之多，但它们仍局限在世界某一地区，并未向其他地区扩展，所以也属局部战争，指导这类战争的战略也是局部战争战略。

以上是从战略的不同特点，对战略进行的纵向区分。除这种纵向区分之外，我们还可以对战略进行横向区分，并由此建立起战略的层次结构。

战略的层次结构并没有固定的统一模式。各国的国情和军情不同，对战略的层次划分以及由此建立的战略层次结构也是不同的。

美国是当今世界唯一的超级军事大国。其战略的层次划分不仅具有超级大国的典型特征，而且对世界其他国家也有很大的影响。美国的战略层次结构大体由国家战略、国家安全战略、国家军事战略和战区战略等层级构成。处在最高一级的是国家战略。美国参谋长联席会议赋予国家战略的定义是："为在平时和战时，发展和运用包括政治、经济、心理和军事方面的国家资源，以达到国家目标的科学和艺术。"美国的国家战略是美国的总战略，它规定了美国遍布全球的国家利益，以及运用综合国力在全球范围内维护和扩展美国国家利益的总目标。美国国家战略由美国总统和国会共同制定。迄今美国国家战略没有固定的名称，美国总统每年发布的国情咨文和不定期发表的政策报告大体涉及了美国国家战略的主要内容。与美国国家战略相衔接的是美国国家安全战略，它是美国国家战略的组成部分之一，是直接反映美国国家安全利益的战略筹划。美国国家安全战略由美国总统负责，并体现在总统每年发布的国家安全战略报告上。在美国国家安全战略之下则是美国国家军事战略，国家军事战略依据国家安全战略由参谋长联席会议主席发布，主要包括军事力量的发展战略和军事力量的运用战略。前者大体由国防部负责，后者通常由参谋长联席会议负责。发展战略主要涉及军队规模、兵力结构、军事科技发展、武器装备发展等，运用战略主要涉及战争指导、兵力部署、战略指挥、战略情报与盟军联合作战以及战场建设等。处在美国战略结构最下一层的是美国战区战略。与美国战略的全球性相联系，美国的战区并不是在本国国土以内划分的，而是在全球范围内划分的，如欧洲战区、太平洋战区、西南亚战区。与此相适应美国也分别有欧洲战区战略、太平洋战区战略和西南亚战区战略。美国的战区战略既是美国国家军事战略的组成部分，也是美国的联盟战略的组成部分。美国国家战略充分体现了美国国家利益的阶级性、扩张性。

苏联有自己独特的战略结构。在苏联的战略著作中没有用“国家战略”“大战略”“国防战略”等术语。苏军总参谋长奥加尔科夫主编的《苏联军事百科全书》认为“大战略”等概念是“某些资本主义国家通行的一种概念”。苏联一般用“军事学说”“军事战略”“作战方法”来表述自己的战略层次结构。所谓“军事学说”，按《苏联军事百科全书》的说法，是指“一个国家在某个时期对未来战争的本质、目的和性质、国家和军队的战争准备以及进行战争的方法所持有的一整套观点”[①]，它处于苏联战略结构的最高层次，相当于美国的国家战略和西方有些国家的“大战略”。处于苏联战略结构中间层次的是军事战略（有时也称战略学，苏军对此没有严格区分）。索科洛夫斯基主编的《军事战略》认为“战略学对军事学说是从属关系”，但这种从属关系不是美国“国家战略”与“国家安全战略”那种全局与局部的关系，而是一种理论原则与具体实践的关系。《军事战略》一书的解释是“军事学说决定一般的原理，而战略学则根据这些一般的原理来研究有关未来的战争的性质、国家对战争的准备、军队的组织编制和作战方法方面的具体问题”。在军事战略之下则是“作战方法”。苏军认为“所谓作战方法，就是军事行动的形式和方法的总和”，因此它不是战役战术层次的而是战略层次的，是“为完成政治任务和战略、战役、战术任务而使用各种武器、各军种和兵种的部队、兵团和军团以及整个武装力量的形式和方法的总和”。[②]苏联解体后，作为苏联的主要继承者，俄罗斯在战略层次结构上也大体继承了这一遗产。

---

①《苏联军事百科全书》第1卷，战士出版社，1982年，第332页。

②［苏］瓦·达·索科洛夫斯基主编：《军事战略》，解放军出版社，1984年，第528页。

英国的现代战略结构的奠基人是利德尔·哈特。他在其代表作《战略论》一书中认为“国家政策”决定“大战略”（或称“高级战略”），“大战略”又决定军事战略，因此英国的战略结构大体可以区分为国家政策、大战略（或高级战略）和军事战略三个层次。利德尔·哈特所称的“国家政策”是指战时国家对战争的指导，由政府首脑制定，主要决定战略目的和任务，实际上是国家军事政策。“大战略”的任务则是“协调和指导国家的全部力量以便达到战争的政治目的，即国家政策所确定的目标”。利德尔·哈特认为，战略不仅要充分估计国家的经济资源、人力资源，并有效动员这些资源，还要充分估计国家的精神力量；不仅要关注与战争有关的问题，而且要关注战后的和平问题，使和平得以保障和发展。而军事战略则是分配和运用军事力量，达成政治目的的统率艺术，“只限于研究与战争有关的各种问题”。不难看出，利德尔·哈特所区分的国家政策与大战略的关系大体是决策与执行的关系，大战略与军事战略的关系则是目的与手段的关系。他所说的军事战略是指兵力运用，在执行时战略与战术“没有明显界限”，在军事战略之下没有其他层次。

法国现代战略思想家安德烈·博福尔把战略区分为总体战略、全面战略和作战战略三个层次。博福尔认为战略的层次划分犹如一座金字塔。“金字塔的顶端并在政府（即最高政治权威）直接控制下的是总体战略。其任务是决定总体战争应如何进行。此外应替每一类特殊战略规定目标，并决定如何把政治、经济、外交、军事等一切方面协调在一起。”“在总体战略这一层之下，每一个领域（军事、政治、经济或外交）都应有一个全面战略。其功能是在某个特殊领域内分配任务并协调各种不同的活动。”在此之下是“作战战略”，“其目的不仅要使全面战略所拟定的目标同有关分支的战术和技术在使用中相配合，而且还应能使那些战术和技术朝着指定的方向发展，以求能最好地适应未来的战略要求”①。博福尔建构的战略金字塔顶层的“总体战略”与利德尔·哈特所说的“大战略”或美国人的“国家战略”相近似，但博福尔认为称之为“总体战略”概念比后两者更清楚。

日本的战略层次结构大体由国家战略（或国家政策）、综合安全保障战略和军事战略三个级别构成。日本官方和战略学者认为国家战略是动员国家全部力量的总战略，包括政治战略、经济战略、科技战略、心理战略和军事战略等，处于战略结构的最高层次。综合安全保障战略，有时也称“国防政策”或“国防战略”，是国家战略中有关国家安全的部分，近似于美国的国家安全战略，处于第二层次。在综合安全保障战略之下是军事战略（或军事政策）。藤井治夫在1978年出版的《自卫队战争计划》一书中称“作为国家政策的一部分，有国防政策，作为国防政策的一部分有军事政策”。日本防卫研究所关于《制定国防政策的过程和用语体系》认为，“军事战略是有关军事力量的运用及计划”。军事战略是根据国家战略和国防政策而制定的。

我国的情况与世界其他国家有所不同。战争年代，由于历史条件和战略环境的限制，我们没有进行过战略层次划分。新中国成立到现在已有半个多世纪的历程，随着战略指导实践和战略理论研究的不断发展，我们不仅有必要而且有可能对战略进行层次划分，以建立符合我国我军实际，具有我国我军特色的战略层次结构。处在我国战略结构最重要地位的是我国的国家战略。迄今我国虽然没有正式发布国家战略，但它体现在我们党和国家制定的一系列总方针、总政策之中。我国国家战略是对我国生存与发展战略全局的总体筹划，它规定了我国最根本的国家利益，以及为维护国家安全，促进国家发展，实现中华民族复兴与腾飞的战略目标所应采取的

① ［法］安德烈·博福尔：《战略入门》，军事科学出版社，1989年，第16—18页。

总的战略方针、战略布局、战略步骤与战略途径等。它是我国军事战略的根本依据。处在我国战略结构中间层次的我国军事战略受国家战略的制约与指导，服从和服务于国家战略。我国的军事战略除了具有一般军事战略的共性以外，还有我国自己的特色。其一，它既是国家的军事战略，同时也是党的军事战略。作为最高军事战略决策与统帅机构，中共中央军委与国家军委是合为一体的。其二，军事战略统管我国的国防建设和军队建设，统管武装力量的准备与使用。其三，我国的军事战略具有较大的稳定性。我国一贯奉行积极防御的军事战略，除依据战略环境的变化而适时调整主要战略方向，战略重点和战略部署以外，我国军事战略在性质上始终是防御的，而在要求上又始终是积极的。在我国军事战略之下是我国的军种战略。这是随着我军由单一兵种发展成为现代化的诸军兵种合成军队以及现代战争的要求而提出来的。我国海、空军肩负着保卫我国领海领空安全及维护我国海洋权益的重要使命。在现代战争特别是高技术局部战争中，海、空军的战略地位与作用日益上升。海、空军独立完成战略任务的机会日益增加，已经产生了从战略上筹划海上和空中作战行动与海、空军建设的客观需要。为此在我国积极防御的军事战略的统一指导下，我国海、空军有必要确立近海防御和攻势防空的海、空军军种战略。并由近海防御逐步向远海防卫发展。我国是世界公认的拥有核力量的五大核国家之一。我国的核力量是我国重要的战略手段。核武器的巨大破坏性，不仅使核武器可以直接为实现军事战略目的服务，也可以直接为实现国家战略目标服务。这就使我国有限威慑的核战略在我国的战略结构中具有一种独立的地位，它同时具有我国国家战略、军事战略和军种战略的特性，是“三位一体”的特殊战略类型。我国的核战略有以下几个基本特征。一是它的防御性。自拥有核武器的第一天起，我国政府就郑重声明在任何时候、任何情况下都不首先使用核武器，我国拥有核武器完全是为了自卫，是为了打破核垄断与核讹诈。二是它的有限性。我国核力量的规模是有限的，我们不与任何人搞核军备竞赛，我国核力量的发展与积极防御的军事战略方针是完全一致的。三是它的有效性。我国发展核力量的根本目的在于遏制对我国的核攻击，一旦遭到此类攻击，我将坚决有效地对它实施毁灭性的核反击。四是它的安全性。我国核力量由中央军委直接指挥，并采取了严格的管理措施，核安全有可靠的保证。我国的各个战略区是在中央军委集中统一领导下的战略作战单位，各个战略区在其战略作战方向上的主要任务是根据中央军委统一部署，结合各战略方向的实际，创造性地贯彻中央军委的战略意图，切实把军事战略的各项要求落到实处。

三、战略学在军事学术中的地位

尽管战略学研究古已有之，但严格地说，战略学作为现代意义上的军事科学，作为军事领域中的一门独立学科历史并不长。就目前所知，开中国近代战略学先声的是清光绪三十四年（1908）陆军预备大学堂的教科书《战略学》。它较早阐述了战略的定义、战略与政略的关系、近代战争的特点、战略原则、战略防御、战略退却、战略进攻、战略追击与战略保障等问题。是近代较早把战略作为一门学科进行系统研究的战略学专著。在中国革命战争年代，毛泽东在戎马倥偬之中撰写了一系列论述中国革命战争和抗日民族解放战争战略问题的著作，这些著作虽然不是完整形态的战略学，但他明确提出了战略学概念，并对战略学研究对象和中国革命战争与抗日民族解放战争的战略指导原则作了系统阐述。这些可以看作中国革命战争时期的战略学。80年代，随着国际战略环境的格局性演变，我国军事学术领域的战略学研究空前活跃。伴随着一批战略学研究机构与学术团体的建立，一批战略学著作也相继问世，开创了我国战略学研究前所未有的繁荣局面。

在世界范围内，第二次世界大战是战略学全面进军军事学术殿堂的催化剂。第二次世界大战的硝烟散尽之后，对这场人类历史上空前规模的大厮杀从战略上进行系统总结不仅有了必要，而且有了可能。同时随即出现的东西方两大军事集团尖锐的冷战对抗和三个世界错综复杂的国际关系，以及导弹核武器等现代作战手段的发展，迫切需要从战略上作出新的回答。在多重战略需求的刺激下，世界性的战略研究进入了百舸争流的时代。战略研究不再仅仅是职业军人和军事统帅的独有领地，大批学者纷纷涉足其间。除政府部门设立了各种战略研究机构外，不少大学、企业和民间团体也竞相成立专门从事战略研究和战略咨询的思想库。其中较著名的有英国的伦敦国际战略研究所，瑞典的斯德哥尔摩国际和平研究所，美国的兰德公司、布鲁金斯学会、乔治城大学战略与国际问题研究所、大西洋理事会，等等。许多军政要员退职后来到这里继续从事研究，为当局出谋划策，许多知名战略学者从这里进入军政决策机关，直接主政。这批战略思想库不仅是许多新的战略理论、战略学说的加工制造厂，也是战略人才的储水池和影响决策的重要“外脑”，是现代战略学发展到一个新阶段的重要标志之一。

以战争全局为研究对象的战略学是整个军事学术研究的重要组成部分和最高领域，在整个军事学术研究中居于主导地位。战略学研究最高层次的战争全局的指导问题，它与研究战争局部性问题的战役学和战术学既有密切联系，又互有区别。战略学统领战役学和战术学，战略学对战役学、战术学起制约和支配作用，决定后者的主要任务和发展方向。它们是全局和局部、上位与下位、主导与被主导、制约与被制约的关系。战役学与战术学必须依据战略学的要求，确定与之相适应的理论原则，使战略要求具体化，同时又反过来对战略学产生一定的影响。战略学对军事力量建设的相关学科，如军制学、军事管理学、军事法学、军事动员学、军事训练学、装备管理学等军事学科，也起着重要的指导作用，各学科也应根据战略学的总体要求确定各自的研究任务和发展方向。由于现代科学日益呈现互相影响、互相渗透、相互交叉融合的趋势，特别是由于军事科学不只局限于军事领域，而是广泛涉及政治、经济、科技、文化等领域，因此战略学在其发展过程中不断吸收和借鉴自然科学和其他社会科学如系统科学、决策学、预测学、国际关系学、地缘政治学、宗教学、民族学、国际法学等学科的研究成果。

战略学是一门实践性、政治性、全局性、对抗性、谋略性、预见性等特性极为鲜明的军事科学。一是实践性。战略本身虽然属于观念形态范畴，是思维的产物，但它绝不是纯思辨性的科学，而是深深植根于战争实践的思想结晶。它来源于实践，服务于实践，并接受实践的检验。它有着极强的实践依赖性和实践应用性。它比任何学科都更直接贴近实践。离开了战争实践就失去了战略的生命，战略就成为无源之水、无本之木，就成为玄学与灵学。战略如果脱离实际就会在实践中带来灾难性的后果。当年赵括纸上谈兵，最后导致40万大军全军覆灭的惨剧就是一例。战略为国家、军队、人民安危所系，来不得半点主观臆断，战略学的科学性只能以它的实践性为依归。二是政治性。克劳塞维茨说，战争不仅是一种政治行为，而且是一种真正的政治工作，是政治交往的继续，是政治交往通过另一种手段的实现。①毛泽东说“政治是不流血的战争，战争是流血的政治”②。从本质上讲，战略是政治的选择。任何战略都有其深刻的政治背景，都反映一定国家与民族的安全利益和对战争的根本态度，从来没有超国家利益和超政治目标的战略，也从来没有置身政治之外的战争。意识形态背景和国家政治关系在很大程度上决定国家军事战略的内容。不同的政治利益集团和

---

① 克劳塞维茨：《战争论》第1卷，商务印书馆，1982年，第43页。
②《毛泽东军事文集》第2卷，军事科学出版社，1993年，第307页。

战略指导者的世界观和方法论对战略的走向有着深刻的影响。“闪击战”理论从它诞生的第一天起就是直接为纳粹德国疯狂扩张的法西斯政治服务的，“相互确保摧毁”也只能与超级核大国的冷战政治相联系，而中国的持久战战略正是中国抗日战争正义的进步的抗战政治的反映。政治和战略与战略学有着天然的血肉联系。三是全局性。作为对战争全局的指导，战略是由诸要素，根据统一的战略目标构成的相互联系、相互制约的大系统。这个系统既包括战略决策体系，也包括战略实施体系，既包括战略作战、战略指挥体系，也包括战略保障、战略动员体系。在空间上，从陆地到海洋到天空以至外空，是立体的、多维的；在时间上，从战争的准备到实施到结束，贯穿全过程；在层次结构上，从战略指导到战役调控到战术展开，是有机的统一；在相关因素上，涉及政治、经济、心理、地缘、文化、科技等各个方面。就现代战争而言，高技术含量越高，其系统性越强。现代一次大的战略行动，往往需要投入数十个军兵种，动用几百余种武器装备，涉及上千种军事专业技术，展开在多个层面的战场上，达到数千公里的正面与纵深，同时或交替运用几十种作战样式。[①]战略学正是对这一大系统的宏观的整体性思考。四是对抗性。战略涉及的是对立的阶级、国家、民族、政治集团的利益较量。战略指导的过程是对立的双方双向运动的过程，是敌对双方交互作用与相互对抗的运动。在战略谋划和实施中，始终有一个对手从反面提出问题。正确的战略战术是从敌我双方矛盾的尖锐对比中产生的。[②]这就要求战略运筹与指导具有针对性和应变性。要求始终关注战略对手的力量消长、对方真实的战略意图、双方利益冲突的性质和大小、主要威胁方向及威胁性质与程度，从而作出相应的反应。例如，从1917年到1945年，苏联与日本在远东的军事对峙中，双方的战略的互动性演变和

---

① 李际均：《军事战略思维》，军事科学出版社，1996年。

②《毛泽东选集》第1卷，人民出版社，1991年，第190页。

调整就达7次之多。双方都力求因敌而变，先敌而变，争取战略上的主动。这是战略学不同于其他学科的一个重要特征。五是谋略性。孙子曰："上兵伐谋。"古代还有"用兵之妙，存乎一心"之说。战略指导在某种意义上讲是以一定物质力量为基础的战略智慧与谋略水平的竞赛。战略指导的艺术性就在于它的谋略性。多谋善断、深谋远虑，灵活应变、出奇制胜，这是战略指导者的主观能动性在战略对抗中的高度体现。高超的谋略水平能使现有的物质力量激发出超常的能量，化被动为主动，变劣势为优势，达到以少胜多、以劣胜优的目的。在中国革命战争的广阔舞台上，毛泽东审己量敌，谋定后动，用兵如神，演出了一幕幕威武雄壮的活剧，至今使人叹为观止。战略学在一定意义上也可以说就是总结战争中谋略运用规律的一门智慧学。六是预见性，即对战争的时机、样式、规模、方向、进程及结局作出预先判断。预见并不是战略学所独有的，但战略预见在战略学中具有特殊重要的意义。没有战略预见就没有实践指导价值。衡量一个军事家是否具有战略素养，一个重要标志就是看他是否具有战略远见，也就是是否具有战略上的预见能力。事后诸葛亮是不可能成为真正的战略家的。战略预见并不是简单的类比、推理、归纳，以有限指导无限，以过去指导未来，以静态指导动态，而是在全面了解客观情况的基础上，对战略环境、敌我战略意图、战略力量的消长以及制约战略的全部相关要素进行由此及彼、由表及里的深入的综合分析而得出的科学结论，否则只会沦为盲目臆断，留下日本军国主义者"三月亡华"、麦克阿瑟"圣诞节前结束战争"之类的笑柄。

四、战略学学科体系

作为军事领域居于首要地位的军事学科，战略学在我国战略实践的沃土上，经过战略理论界的辛勤耕耘，已逐步形成了较为完备的战略理论体系。从我国的实际出发，我国战略学体系大体由战略基础理论和战略应用理论两大部分构成。战略基础理论是研究战略概念的内涵、战略理论的演进规律、战略思维规律与战略学研究方法等最一般的理论。它是战略学的知识体系。

关于战略概念及其内涵。着重研究战争与战略的关系、战略学研究对象及范畴、战略的科学内涵、战略学在军事学术中的地位、战略的要素、战略的分类与层次结构等基本理论问题。随着战争与战略实践的发展，战略概念也不是一成不变的，而是不断发展的。因此，根据战略实践的发展而不断丰富战略的内涵，科学地对其进行界定，是战略学的一项基础性的工程。

关于战略的相关因素。战略以一定的物质条件为客观基础，受客观条件的严格制约。明智的战略指导者只有凭借对客观物质条件的科学分析和规律性的认识才能作出科学的决策，导演出有声有色的战争活剧。在制约和影响战略的诸因素中，最重要、最经常起作用的也是战略学需要着重探讨的要素有政治因素、经济因素、科技因素、地缘因素、文化传统、军事力量与国家利益等。（1）国家利益是军事战略的根本出发点和归宿点，是军事战略价值取向的决定性因素，国家利益包括生存利益与发展利益。生存利益通常表现为国家领土主权完整和海洋权益不受侵犯，人民的和平劳动得到切实的保障。发展利益通常表现为国家建设的正常秩序和平等互利的对外交往不受干扰，国家资源不受掠夺，作为主权国家在国际社会的合法地位和民族尊严得到应有的尊重。军事战略必须以国家利益为利益，以国家目标为目标。（2）政治因素决定战略的性质。无论军事技术如何发展，即使在核条件下，战争也不可能改变它的政治属性。战略学的任务之一就是要揭示战略的政治本质，揭示战略指导者背后的政治动因与政治关系。（3）经济因素是军事活动最深刻的根源和一切军事活动赖以进行的物质基础。战略对经济的依赖不仅表现为战略思想完全是以经济条件和当时的生产力发展水平为转移的，而且战略方向的选择、战略重点的确定、战略行动的自由度和战略目标的实现在很大程度上是受经济因素所左右的。因此，战略学不能不把战略问题的经济考察作为它的重要任务。（4）科学技术的进步及其在军事上的应用始终是推动作战方式和战略思想发展的强大动力。随着世界技术革命的深入发展，航天技术、微电子技术、信息技术、计算机技术、生物工程技术、新材料技术、激光技术等一系列高新技术群的崛起及其广泛应用于军事领域，首先在战略上而不是在战术上带来革命性的变化。军事技术的发展已经达到了这样的地步，即高技术兵器的有限使用就可以直接达成战略目的。现代战争的科技含量越来越高，科学技术在构成战斗力的诸因素中所占比例越来越高。战略研究不能不对此表示特别的关注。（5）地缘因素历来是战略要素之一。一切军事活动都离不开一定的地理空间。国家战略疆域、地理位置、接壤情况，以及在此基础上形成的地缘政治关系本身就具有极大的战略意义。在世界战略思想史上，对地缘关系的不同解释就形成了不同的地缘战略学派。国家幅员大小、人口多少、资源状况始终是一个国家战略能力的重要标志之一，军事基地的设立、要点的控制、海上航道及交通线的保持，也无不出于战略地理上的考虑。只有充分研究地缘因素的影响，才能实施正确的有力的战略指导。（6）军事力量是军事战略的物化形态。军事力量与军事战略的关系主要表现为军事力量的规模和结构要符合军事战略的性质，而军事战略的制定与实施又必须与军事力量的支持能力相一致。军事力量的强弱及其对军事战略的支持能力既是一个数量概念，更是一个质量概念；既包括武器装备、军事人员等有形的力量，也包括军事理论、兵力结构、心理士气等无形的力量。这是战略研究不能不深入考察的重要课题。（7）文化传统与其他因素不同，它不是直观的、浅表的、暂时的，而是长期影响战略的深层次的因素，是战略的底蕴和根基。广义的文化是一个国家或民族在自然环境、社会形态、经济水平等作用下长期形成的精神积淀与物质积淀的总和，它以人对自然的态度、人对人的态度、人的生存方式及其生命意义为主要内容。战略思想总是在一定的历史和民族文化传统的基础上形成的，战略家在制定和实施战略时总是受一定的文化意识和历史文化情结所支配和驱动。中华五千年“天人合一”“以和为贵”“睦邻亲仁”的文化传统与当代中国积极防御的战略一脉相承，而日本军国主义疯狂扩张的“大陆战略”可以在日本武士道文化和皇道哲学中找到它的遗传基因。挖掘战略深层次的文化与哲学背景，揭示其未来发展趋势，是把战略研究引向深入的重要途径。

关于战略理论的发展史与演进规律。主要是通过研究战略理论发展的历史轨迹，探寻战略理论的源与流，把握战略理论演进的基本趋势，预测战略理论的未来走向。在世界战略思想发展史上，东西方两大文明可以说并行不悖地对战略文化的发展同时作出了各自的贡献。战略思想的发展既有过古代百家争鸣的辉煌时期，也有过中世纪“毫无收获的时代”。工业革命所形成的新的生产力不仅掀开了世界历史新的一页，也给战略理论的发展注入了新的活力。“海权论”“空权论”“总体战理论”等资产阶级战略理论就是这一时期相继出现的。德国人克劳塞维茨以其《战争论》攀上了资产阶级战略理论的顶峰，成为近代资产阶级战略理论经典性的代表。马克思主义战略理论的出现标志着战略理论的划时代革命。马克思主义军事哲学成为被压迫民族、被压迫人民、被压迫阶级在战场寻求解放的锐利武器。毛泽东在中国革命战争实践中形成的一套完整的革命战争战略正是马克思主义战略理论在中国的具体应用与发展，是马克思主义军事哲学在东方大地上盛开的战略之花，是马克思主义军事哲学与东方战略文化相结合的结晶。在千年之交的世界战略格局的演变中，由于军事高技术的发展而引发的世界军事革命正在酝酿着战略理论的历史突破。立足中国，放眼世界，在过去、现在和未来的战略之链中，把握战略理论演进规律，把握战略理论发展的宏观趋势，为现实服务，这是战略研究的生命力之所在。

关于战略思维的本质与规律。战略思维是思维科学在军事艺术领域最高层次的体现，是决定战略的主体头脑中的观念运动。战略的演进本质是战略思维的发展与运动。思维的质量反映概括直接经验与间接经验并对客观世界产生影响所能达到的深度与广度。人类经过了古代的朴素辩证思维方式、中世纪的神学思维方式和现代的辩证唯物主义思维方式，它们都在战略思维上留下了痕迹。战略思维的深度与质量直接影响战略较量的结果。探索战略思维的本质与规律，进而建构战略思维的理论体系，是战略学研究向深层次发展的客观要求。

关于战略学研究方法。战略学研究是战略领域的认识活动，战略学研究方法就是认识战略问题的方法。战略学研究方法本质上属于战略思维范畴，是战略领域科学的认识论与方法论。战略学研究方法具有导向作用、加工作用与检验作用。战略学研究必须坚持以马克思主义哲学为指南，借助这个“政治上军事上的望远镜与显微镜”。这是因为军事研究“越是接近战略的最高层次，就离军事哲学越近”[①]。马克思主义哲学作为普遍的科学认识原理，为战略学研究提供了根本方法，使人们的认识最深刻地触及战争和战略问题的本质。其次，综合运用科学研究的一般方法如科学抽象法（逻辑思维、形象思维、直觉思维等）、逻辑推理法（比较与分类、综合与分析、归纳与演绎）、系统科学方法等。此外，战略学研究还有带有本学科特点的一些具体方法，如战例研究法、作战模拟法、实兵检验法、战略评估法等。战略学研究方法是一个认识方法体系，是探讨战略指导规律的认识工具，正确运用这些方法，对于获得科学的研究结果具有决定性的意义。

① 李际均：《军事理论与战争实践》，军事科学出版社，1994年，第7页。

战略应用理论则是研究战略指导规律，包括战略制定和战略实施的指导规律的基本理论。它是战略学的实践体系。

关于战略制定的指导规律。战略制定的指导规律即战略运筹规律，就其运行过程来看，主要包括研究战略判断、战略决策、战略计划等基本环节的指导规律。

——战略判断：它是进行战略决策的前提，是在全面了解敌、我、友、天、地、人等情况的基础上，对战略环境、各种战略因素和战略力量的消长变化、战略态势与战略意图进行综合分析后得出的结论性意见。战略判断最重要的是对国家面临的战略威胁的方向（威胁从何而来，何为主要威胁）、威胁的性质（潜在威胁还是现实威胁）和威胁的程度（全面威胁还是局部威胁）等作出准确的判定。战略判断事关国家和民族安危荣辱，在威胁程度的判断上，既不能失之过轻，也不能失之过重，在威胁的时间判断上，既不能失之过迟，也不能失之过早。战略判断是一个不间断的过程，随着战略形势的发展变化必须及时地对原有判断作出调整和修正。

——战略决策：根据战略判断而作出的战略性决定。它需要明确的主要问题有三：一是战略目的，即战争所要实现的最终企图。国家军事战略目的必须服从国家的政治目的，必须与可能提供的战略手段相适应，不能超出战略手段的最大支持能力。二是战略任务，即为实现战略目的而赋予的全局性要求，包括国家战略全局的总任务和各战略方向的任务，贯穿战争全过程的长远的战略任务和阶段性任务。三是战略方针，它是指导战争全局的原则性、纲领性规定。它通常必须明确的是主要战略对手、主要战略方向、战略重点、战略行动的基本样式、战略阶段和战略步骤的划分等。四是战略部署，即根据战略需要而对军事力量进行的战略性编成、配置和任务区分。

——战略计划：根据战略决策而对战争全局所预作的统筹安排，是战略决策的具体体现。战略计划通常包括战争与战争准备计划、武装力量建设计划和军事科技与武器装备发展计划等。战略计划一经制定就具有法规效力，成为一切军事行动的基本依据，因而是国家和军队的核心机密，必须严格控制与保密。

关于战略实施的指导规律。战略实施的指导规律即战略行动指导规律，它包括军事力量建设的战略指导和军事力量运用的战略指导。

——军事力量的建设是军事力量运用的前提和物质基础。在相对和平时期军事力量建设的竞争相对突出，军事力量建设不只是为实战服务，建设本身就是一种运用，建设的过程就是显示实力、发挥威慑作用的过程。因此战略实施的指导不能不把军事力量的建设和运用有机地结合起来，把军事力量建设的指导纳入战略研究的视野。军事力量的建设不仅包括数量建设，更重要的是质量建设；它既包括常备力量建设，也包括后备力量建设；既包括现实的实力建设，也包括潜在的力量建设；既包括物质力量建设，也包括精神力量建设。探寻军事力量建设的指导规律是战略学的题中应有之义，也是新的战略实践对战略学的根本要求。

——军事力量的运用包括军事力量的实战使用与非实战使用。实战使用也就是现实的战争行动，是军事力量在战场上的实际较量和实兵对抗。这是经典战略学的传统领域，也是现代战略学的核心内容。对这一最高斗争形式的战略指导规律，也是最严酷、最尖锐、代价最高的军事对抗的战略指导规律，包括战略指挥、战略进攻、战略防御、战略机动、战略空袭与反空袭、战略信息战、战略心理战、战略保障等一系列行动的指导规律，展开深入的探讨无疑是战略学最具挑战性的任务。在信息化局部战争日益成为现代战争的主要样式的今天，探讨信息化局部战争所特有的指导规律应当成为战争战略指导规律研究新的主战场。战略学必须回答信息化局部战争所具有的新特点和战略指导的特殊规律，特别是要回答像我国这样的发展中国家，在军事技术相对后发的条件下，开展现代条件下的人民战争，战胜高度现代化装备之敌的战略指导规律。在研究实战指导规律的同时，我们还必须对军事力量非实战使用的战略指导规律给予应有的关注。军事力量的非实战使用是实战使用的延伸和必要补充，如军事威慑、军事外交、军备控制与裁军、低强度军事冲突与平时的边海防斗争等，虽然对抗强度相对较低，一般不会立即危及国家存亡，但有可能危及国家和民族的尊严，危及国家在国际政治生活中的应有地位，危及有利的军事战略态势，因此认真探讨军事力量非实战使用的战略指导规律也是战略学的重要任务。

战略学研究方法*

战略学研究是战略领域的认识活动，是在战略领域提出问题、分析问题、解决问题的过程。要使我们的认识符合客观实际，以获得正确的研究结果，不能不讲究科学的认识论和方法论。战略学研究方法就是正确认识战略问题的科学方法。战略学研究方法本质上属于战略思维范畴，是战略研究者探寻战略理论发展规律和战略指导规律的思维方法。战略学研究方法具有导向作用、加工作用和检验作用。它可以引导主观认识向符合客观实际，反映事物本质的方向发展，可以对丰富的感觉材料进行加工整理，去粗取精、去伪存真、由此及彼、由表及里，构建概念和理论的系统，以跃进到理性认识，可以在实践过程中对已有的认识进行反思和再认识，以检验认识的正确性。战略学研究方法作为探讨战略指导规律的认识工具，是一个多层次的认识方法体系。它大体由马克思主义哲学方法、科学研究的一般方法和战略学学科的具体研究方法三个部分或三个层次组成。马克思主义哲学方法即辩证唯物主义和历史唯物主义的方法，是最高层次、具有普遍意义的方法，在认识活动中具有指导地位。科学研究的一般方法是适用于科学研究各个领域，反映科研共同规律的方法，是马克思主义方法在科学研究活动中的具体应用。战略学学科的具体研究方法是带有战略学学科特点，为战略学研究所特有的方法。它以马克思主义哲学方法和科学研究一般方法为基础，反映战略领域的特殊认识规律和军事认识论、方法论上的个性。所有这些方法对于认识战略问题都具有极其重要的作用，都

* 本文写于2001年3月，收入《战略学》，军事科学出版社，2001年。

是进行战略研究，通向真理性认识必不可少的桥梁。

一、坚持以马克思主义哲学为指南

马克思主义哲学是关于自然和社会一般规律的科学总结，它是在现代自然科学发展的坚实基础上，批判地继承人类历史上全部优秀思想成果，把唯物主义与辩证法有机地结合起来，彻底地贯彻到历史领域而创立的科学的世界观和方法论。马克思主义哲学是我们“时代精神的精华”，是科学性与革命性的统一、理论与实践的统一，也是马克思主义立场、观点和方法的统一，是革命的、科学的、实践的哲学，它对正确认识世界和改造世界具有普遍的指导意义，无疑也是战略学研究必须遵循的科学指南。

一个认识领域对哲学方法的需要程度，与认识对象的复杂性成正比。军事实践活动所具有的高度的政治性、巨大的风险性、尖锐的对抗性、战略环境的多变性和不确定性而构成的特殊复杂性，使战略认识领域充满了“迷雾”。而要透过军事迷雾，获得真理性的认识，我们平常的眼力是不够的。必须借助于望远镜与显微镜。“马克思主义的方法就是政治上军事上的望远镜和显微镜。”[①]马克思主义哲学作为普遍的科学认识原理和科学思维的根本方法从最高理论层次上为战略学研究提供了最锐利的思想武器，指明了廓清迷雾，排除干扰，使认识最深刻地触及战争与战略问题的本质的正确途径。“遵循着马克思的理论的道路前进，我们将愈来愈接近客观真理（但决不会穷尽它），而遵循着任何其他的道路前进，除了混乱和谬误之外，我们什么也得不到。”[②]

坚持以马克思主义哲学指导战略学研究，要求坚持马克思主义辩证唯物主义与历史唯物主义最基本的立场、观点、方法。马克思主义哲学关于

①《毛泽东选集》第1卷，人民出版社，1991年，第212页。
②《列宁选集》第2卷，人民出版社，1972年，第143页。

实践第一的基本观点，关于对立统一的基本规律，关于人民群众创造历史的根本原理，关于军队在国家机器中的地位与作用的理论阐述，以及以军事辩证法为核心的马克思主义军事哲学所揭示的战争与和平、进攻与防御、优势与劣势、主动与被动、全局与局部、内线与外线、持久与速决、集中与分散、虚与实、奇与正等一系列矛盾及其对立统一、相互依存、相互转化、相生相克的运动规律，为我们全面地、辩证地、客观地、系统地、发展地、具体地、联系地分析战略问题，打开战略之门提供了一把金钥匙，“成为革命政党正确地决定其政治上和军事上的战略战术方针的重要方法之一”①。

坚持以马克思主义哲学指导战略学研究，要求始终不渝地坚持马克思主义的战争观。战争观是人们对战争问题总的看法和基本观点，是研究战争与战略问题的起点。马克思主义的战争观与其他所有战争观相比最科学、最正确、最深刻地回答了战争的根源、战争的本质、战争的发展与消亡以及对待战争的态度等一系列根本问题，是马克思主义哲学的精髓之一。(1)马克思主义战争观认为，一切历史冲突都根源于生产力和交往形式之间的矛盾。战争不是从来就有的，也不是永恒存在的，战争起源于经济利益的冲突，终结于阶级社会的消亡。战争将随着私有制和阶级的消亡而最终退出历史舞台。但在此之前，只要战争根源存在，战争危险存在，就不应有任何“天下太平”的和平幻想。(2)战争是一种暴力行为，是政治通过暴力手段的继续。政治影响与支配战争的一切方面，战争始终服务于政治。现代战争手段无论怎么发展，包括核武器和信息武器的出现，没有也不可能改变战争的政治属性和暴力本质。所谓“战争慈化论”“非暴力战争论”“非军事战争论”“核战争已不再是政治的继续”等理论观点都是没有

①《毛泽东选集》第1卷，人民出版社，1991年，第326页。

根据的。(3)战争有正义与非正义之分。战争的性质取决于它对社会发展所产生的影响。凡是促进社会进步、促进生产力的进一步解放的，人民的、革命的、反侵略的战争都是正义的战争；凡是阻碍社会进步、扼杀新的生产力发展的，侵略的、扩张的、掠夺的战争都是非正义战争。我们不是笼统地支持或反对一切战争，而是支持正义战争，反对非正义战争。(4)决定战争命运的是参加战争的广大人民群众。人民群众自觉奋起参与的为人民的根本利益而展开的人民战争是真正的革命战争。人民战争是战胜外敌入侵和一切反动势力的法宝。

二、综合运用科学研究的一般方法

科学研究工作是科学领域中的探索与应用。科学研究的一般方法是人类在认识世界和改造世界的长期实践中逐步形成和积累并被实践证明行之有效的认识方法体系，是科学研究活动中带有共性的认识工具。在马克思主义哲学出现以前，科学研究方法局限于以亚里士多德为代表的自然哲学方法论和经典力学派为代表的分析方法论。随着自然科学的重大进展和理论综合，以及马克思主义哲学的产生与传播，科学研究方法进入了以综合思维为特征的方法论时代。科学研究的一般方法是马克思主义哲学方法在科学研究领域的具体应用，具有普遍的适用性，对开展战略研究具有重要的实用价值。

科学研究的一般方法是一个方法群，在战略学研究中经常采用的有归纳法（即从个别经过分析、比较上升到一般的推理方法）、演绎法（即从一般到个别、从整体走向部分的认识手段）、类比法（即依据两个事物相同或相似的方面推断出在其他方面也有相同性或相似性的推理形式）和数学法（即从事物量的规定性来判断事物可能发展的方法）等。此外，在现代战略学研究领域还越来越多地运用以下几种具体方法。

1. **系统分析法**

系统是由相互联系、相互作用和相互依存的若干要素、子系统组成的，具有特定功能的处于一定环境之中的有机整体。系统分析就是对一个系统内的基本问题用系统观点进行系统思维，通过系统模型化、最优化分析和系统综合评价等作业，对可能采取的方案进行优选，为决策者提供可靠的依据。现代战争和军事斗争是一个大系统，是对立双方系统对系统的较量。用系统分析方法研究战略问题，就是要把战争全局作为一个有机整体，全面把握系统内各个要素之间以及系统内部与外部环境之间的相互联系、相互影响和相互制约，以发展的观点、系统的观点，进行动态分析，充分考察影响战争的各种因素之间的内在联系和转化，透过纷繁复杂的军事现象看到军事问题的本质与军事运动规律，在诸矛盾中找出决定问题性质的主要矛盾，在各种可行方案中，找出最佳方案，从而作出最优化的战略决策。

2. **统计分析法**

统计分析法是通过调查收集数据资料，按照质的规定性进行归类计算，得出数量概念，并以数字形式表达出来，从中找出事物内在联系及其发展规律的科学研究方法。我国古代就有运用统计技术的丰富实践。如《周易》记载“上古结绳而治”，即强调统计方法是政治统治的重要工具；《殷墟书契》记载“登人三千，呼伐土方”，就是商代对临时兵员征集的政府统计。我国古代一直有“数中有术”的说法。列宁指出，统计是认识社会的最有力的武器之一，当然，它也是认识战争规律和战略指导规律的有力武器之一。美国军事学者杜普伊分析了历史上600多个战役战斗的情况，每个战役战斗记录了90项数据，建立了相当规模的陆战数据库，根据对这些数据的分析，他得出了计算部队实际战斗力的经验公式，虽不尽完善，但不无参考价值。中国解放战争第二年年底，毛泽东正是通过对辽沈战役后敌我力量变化的新形势的统计分析，从敌人总兵力已由战争第一年的430万人减至290万人而我军由120万人发展到300余万人的变化中，得出人民解放军不但在质量上占优势而且在数量上已占住优势的结论，进而修改原来五年打败国民党的战略目标，作出一年推翻国民党统治的战略决策，这是运用统计方法辅助决策的著名例证。统计方法从结构上大体可分为描述性统计和推断性统计，前者目的在于描述和表现一组数据，是报告性的；后者是前者的高级阶段，它力图阐明某些活动与现象的发展趋势。战略学研究更多的是应用后一种方法。统计的表达方式不拘一格，有统计图（包括统计比较图、统计曲线图、统计地图）和统计模型（计量模型、数学模型）等，在研究中可根据具体情况选择使用或综合使用。

3. **比较研究法**

比较是对某一类事物进行对比分析，以确定事物之间差异点或共同点的一种逻辑思维方法。事物之间的差异性和同一性是比较方法的客观基础。有比较才有鉴别。比较可以在表面差异极大的事物之间，找出它们本质上的共同点，也可以在表面极为相似的事物之间找出它们本质上的差异点。因此，比较思维既包括求同思维，也包括求异思维。比较方法已广泛应用于现代科学研究的各个领域，也正向军事领域加速渗透，形成了比较军事哲学、比较军事史学、比较军事政策学等专门学科。比较方法应用于战略学研究可以激化战略思维，产生新的战略兴奋点，可以从对比中开阔视野，深化战略认识，可以从历史的纵览中探寻战略发展的轨迹和未来走向，可以在更广阔的战略背景上揭示战争规律与战略指导规律。作为比较研究的形式之一，对比世界军事力量已成为当今战略界战略形势评估的一种惯例，伦敦国际战略研究所每年发表的世界军事力量对比报告已成为现代战略研究的一个重要参考指标。此外，战略文化比较研究所具有的深刻的洞察力也引起越来越多的战略家的注意。战略比较研究的形式是多种多样的，既可以进行横向比较，也可以进行纵向比较；既可以进行定性比较，也可以进行定量比较。横向比较是时间上同时存在的事物之间的比较，如各国战略资源、军事实力、军事政策之间的比较；纵向比较是按同一事物时间序列的纵断面展开的动态性比较，如中国革命战争中各个战略阶段战略方针的比较，它是一种垂直比较或历史比较。定性比较是对不同事物本质属性的比较，旨在通过比较确定事物的性质，如强权政治者推行的积极进攻战略与以自卫为原则的积极防御战略的比较。定量比较是从数量方面对事物进行的比较，以准确判定事物的数量差异。运用比较方法要注意事物的可比性和比较的广泛性，注重本质的比较。尽管“任何比较都不会十全十美”[①]，但它无疑是帮助我们认识战略指导规律的一个重要阶梯。

4. 因果分析法

也可以说是一种历史分析法。任何事物的发展都有自身的历史，战争与战略也不例外。历史结果是现实的先声，现实是历史发展的必然。现实总要“消亡”而退入历史，历史不断丰富，现实不断表现出与历史的因果关系。现实的军事斗争大都可以从历史中追寻它的根源。从古罗马帝国后期以日耳曼人为主的各“蛮族”的历史大迁徙以及处于不同发展阶段的农业民族与游牧民族结合的边缘地带中，我们可以找到今日从地中海到西亚一线民族冲突的若干历史信息。昔日犹太王国定都于耶路撒冷，耶稣基督在此殉难以及伊斯兰教的先知穆罕默德在此“登霄”，埋下了日后中东和平进程艰难曲折的种子。历史是现实的教科书。历史本身就是进行因果分析的对象。“从对历史的研究中，可以获取对现实问题的透视力。”[②]当然这种研究不是简单的、直线的、表面的对号入座和随意性的穿凿附会，不是从主观臆想出发到历史中寻找只鳞片爪作为现实的注脚，而是以辩证唯物主义和历史唯物主义作指导以极其严肃的态度，进行深层次的分析，寻找历

①《列宁全集》第8卷，人民出版社，1986年，第423页。

② 李际均：《军事理论与战争实践》，军事科学出版社，1994年，第11页。

史与现实之间内在的本质联系。

5. 社会调查法

社会调查法是在直接系统地收集有关经验材料的基础上，通过对资料的分析和综合来阐明事物的内在联系和发展规律的一种研究方法。它用事实说话，有较强的说服力和较深的洞察力，调查的触角可以广泛深入社会以至人们的精神空间，了解人们的意愿、要求和意志。社会调查法是社会科学工作者了解活生生的社会的一项不可缺少的手段，也是战略学研究的一个重要方法。影响战略的因素是生动的、变化的和有生命力的，通过广泛深入的社会调查我们可以比较真切地考察各种战略要素的当前状况，了解各种政治力量的意向及其相互关系，评估战略形势发展的可能走势，制定比较符合实际的战略决策。社会调查可分普查、抽样调查、典型调查和个案调查等多种方式。对于战略学研究而言，最常见的是抽样调查和典型调查。典型调查是选择若干具有代表性的单位或个人作为典型，有目的、有计划地作周密系统的调查，以取得第一手资料，其理论根据是个性与共性辩证统一原理，重在本质的揭示；抽样调查是用随机抽样或非随机抽样选取一定样本，采取横剖式比较或追踪式纵向考察的方法，开展调查，获取信息，并以样本调查结果推断总体的调查方式，它是按照概率论的原理进行的，重在数量的考察。无论哪种方法在获取资料时，通常可采取座谈法（个人交谈或集体座谈）、观察法、访问法和问卷调查等具体方法实施。作为社会调查法的一个重要应用是1964年美国兰德公司开发的“德尔斐法”[①]。该法以匿名的方式，函询（收发调查表）专家（被调查对象）意见，然后将专家意见进行统计学处理，及时反馈给应邀专家，进一步征求其意见，通过轮询反馈信息，调整专家意见，引导被调查专家意见趋于一致和稳定。

① 德尔斐是古希腊传说中的神谕之地，城市中有阿波罗神殿可以预卜未来。

经典的德尔斐法往往经过四五个轮次的反馈调整才最后得出结论。这一方法在现代世界战略学研究中已被普遍采用。此法不失为汇集战略专家意见和智慧的可行办法之一。

运用上述各种办法开展战略学研究的过程，需要特别注意和把握的是以下几个方面。

1. 定性分析与定量分析相结合

数学是“辩证的辅助工具和表现方式”①。确立量化意识对于战略学研究来说是十分重要的。恩格斯说：“一种科学只有成功地应用数学时，才算达到真正完善的地步。”②毛泽东曾批评有些人不懂得注意事物的数量方面，“不懂得注意决定事物质量的数量界限，一切都是胸中无‘数’，结果就不能不犯错误”。③但是我们在注意定量分析的同时，也要注意防止把定量分析强调到不适当的程度。军事斗争是有意识有思维的人有目的的创造活动，进攻与防御、正义与非正义、包围与反包围、侵略与反侵略等，很多现象是无法用数量来表示的，这就需要定性分析。只有根据对事物的质的定性认识，才能找出解决矛盾的不同办法。战略学对战争规律和战略指导规律的揭示，是以一系列战略要素的相互运动为主导的，定性研究就是要判断各要素性质的变化及其带来的影响。定量分析主要为定性分析提供依据和材料，定性分析是定量分析的质的飞跃。战略学研究结果最后还是需要以定性分析来表达。因此战略学研究必须处理好定性分析与定量分析的辩证关系，把二者有机地结合起来，实现定性分析与定量分析的统一，并以定性分析为主。

2. 宏观分析与微观分析相结合

战略的本质特性就是它的全局性。因此战略学研究必须高屋建瓴，通

①《马克思恩格斯全集》第20卷，人民出版社，1971年，第357页。

② 恩格斯：《自然辩证法》，转引自《回忆马克思恩格斯》，人民出版社，1983年，第73页。

③《毛泽东选集》第1卷，人民出版社，1991年，第1332页。

观全局，重在把握总体趋势，综合运用抽象、概括、综合、比较、归纳等具体方法，把复杂的现象、事件、过程凝聚为不同的逻辑体系或理论体系。不拘泥于一时一事，舍弃无关的枝节和片面材料，努力寻找事物的共性和规律性，这就需要宏观思维和宏观分析。但战略学研究也不能脱离对某些战略要素的具体的微观考察，如考证、辨伪、计量分析、层次分析、心理分析等，从具体到抽象，为揭示规律提供可靠依据。没有微观分析，宏观分析就是无本之木、无源之水，但如果没有宏观分析，战略学研究将永远处于低层次研究，就不能把握事物的整体和全貌，就无法揭示本质与规律。战略学的特性以及现代军事科学既高度综合又高度分化的趋势要求宏观分析与微观分析紧密结合，并以宏观分析为主。

3. 静态分析与动态分析相结合

静态分析是对某一时空战略问题的现实状况的分析，其特点是承认事物发展的相对稳定性。动态分析则增加了分析问题的时间因素，是把战略全局看作一个不断发展运动的过程，各种战略因素相互影响相互作用的过程，进行关联性序列性分析，两种方法互为前提，互相补充。战争是对立双方互为对手，不断调整战略策略，不断转换斗争方式，不断改变力量部署，激烈较量的过程。战局转换迅速，形势瞬息万变。因此，把动态分析与静态分析结合起来，尤其重视动态分析显得特别重要。

4. 专题研究与综合研究相结合

战略全局是一个大系统，它包含许多子系统，包含许多战略方面和战略阶段。因此在战略学研究中，我们往往是从各个战略方面或战略阶段的专题研究开始的。专题研究有助于对某一方面、某一阶段战略问题的深入了解，但专题研究带有相对的独立性和局限性，难以说明某一局部、某一阶段在战略全局中的地位与作用。只有经过综合研究，把各自分立的专题研究成果加以综合提炼、检验和升华，成为一个有机的统一体，才能全面揭示战争与战略指导规律。

5. **历史考察与现实考察相结合**

战略学研究是历史与现实的统一。历史考察可以增加战略学研究的历史纵深感，可以从历史发展的轨迹中探测未来的发展趋势。但战略学研究的对象毕竟是有生命、有活力的运动体，其目的在于指导现实的军事斗争。因此在对战略学研究对象做历史考察的同时，更要注重对战略现实的考察与分析，把现实的考察作为战略学研究的基点，历史考察必须服从和服务于对现实的研究，在历史、现实、未来中找到一个恰当的结合点。

6. **纵向比较与横向比较相结合**

纵向比较是历史过程的比较，通常是自己跟自己的比较，横向比较是广阔的空间范围的比较。战略学研究特别需要注意开展横向比较研究，把自己放到世界战略大环境中，与世界其他国家、其他军队，特别是现实和潜在的战略对手进行比较，从中找出差距，找出强点和弱点，从而准确地制定战略和策略。

三、恰当运用富有战略学自身特点的具体研究方法

战略学所特有的研究方法很多，最常见的有战例研究、战争模拟、实兵检验、军情综合分析等方法。

1. **战例研究法**

战争和军事斗争的不可重复性，使战略学研究很难有充裕的条件在战争的现实中进行。战例研究不失为一种补偿性和替代性办法。克劳塞维茨撰写《战争论》，研究了130多个战例，写下了7卷战史。若米尼为撰写《战争艺术概论》，编写了《1792—1801年革命战争批判军事史》《腓特烈战争批判史》《拿破仑的政治和军事生涯》等军事史。正如若米尼所说“一

部有正确评论的军事史确实是一所真正的战争大学校”[①]，解剖战例等于是与历史上的战略指导者和军事统帅进行战略对话，可以从历史上战争指导的得失中吸取必要的经验和教训。正如法律工作者注重研究案例，医务工作者注意研究病例，战例研究是战略学研究工作者的一项基本功，是认识战略指导规律的重要途径。

2. **战争模拟法**

战争模拟是借助某些可视性手段对战争与战略对抗进行形象化演示的一种研究方法，如兵棋推演、沙盘作业、计算机模拟等。中国古代东汉名将马援曾堆米为山，筹划山地进攻作战。19世纪，普鲁士军队率先把作战模拟纳入作战计划拟制程序。由于战争模拟具有形象直观和对抗性演示的特点，所以历来为战略学研究者所重视。但也要看到战争模拟毕竟是一种虚拟的行为，带有相对的静止性和模拟者的主观色彩，因此战争模拟不能代替一切，不能把模拟结果绝对化与固定化。

3. **实兵检验法**

如实兵演习和试验部队演练。其特点是可创造逼真的战略环境对战略理论、体制编制和武器效能等进行综合检验与评估。这种方法生动活泼，但涉及人力、物力、财力资源的大量消耗，受到时空条件的限制，难以频繁地组织实施。

4. **军情综合分析法**

这是对各种途径得来的军事情报和战略信息进行归纳整理，从中找出其内部联系的研究方法。目的在于观察战略动向，把握战略发展趋势，以便有针对性地采取战略对策。战略形势评估常用这种方法。进行军情综合分析贵在全面、准确、见微知著，切忌主观片面，妄下结论。

---

① 若米尼:《战争艺术概论》，解放军出版社，1986年，第344页。

四、发挥信息技术在现代战略学研究中的作用

20世纪70年代兴起的信息革命使计算机技术和军事运筹理论得以充分结合，实现了实物模拟、文字模拟和符号模拟全部数字化到计算机仿真的转变。信息技术飞速发展不仅给社会生活带来前所未有的影响，也给战略学研究提供了新的科学手段。我们不仅可以借助计算机技术，把对历史经验的归纳和对未来的预测融为一体，把定性分析与定量分析、解析计算和过程仿真结合起来，把计算机的自动推理与专家的经验指导结合起来，而且可以合成动态的人工模拟战场、造就逼真的作战环境。也就是提供一个贴近实战的现代作战实验室。在这个实验室里，无须调动一兵一卒和一枪一炮，便可逼真地再现战场态势，导演出一幕幕威武雄壮的战争活剧，检验战略理论和决策计划的效果，从而在一定程度上弥补战争不可重复性、不可实验性的缺陷，使战略学研究走出纸上谈兵和重复上次战争指导经验的落后状态，跨入综合创新的新时代，带来战略学研究本身的革命。支持这种现代“作战实验室”的技术基础主要有以下几类。

1. 分布式交互仿真技术

作为20世纪90年代世界先进的仿真技术——分布式交互仿真（Distributed Interactive Simulation，DIS），是系统仿真技术、通信技术和计算机技术发展、融合的必然结果，受到世界各国军界的高度重视和广泛应用，并取得了巨大的军事效益和经济效益。分布式交互仿真是采用协调一致的结构标准、协议和数据库，通过局域网和广域网将地域上分散的、人在回路中的仿真设备和仿真系统有机地联为一个整体，形成一个人可以参与交互作用的、时空一致的综合仿真环境。

分布式交互仿真技术，能够在虚拟的战场环境下，使战场环境逼真且资源共享，达成指挥单元和作战单元直接联系；能够支持具有开放性体系

结构的多方面训练环境；能够适应现有的和即将出现的所有模拟和训练系统。它的这些特点，不仅使各受训人员在驻地就可以参加统一的协同模拟演习，从而节省部队装备转移运输和专用演习场地的费用，大大提高作战模拟的有效性，而且使各军、兵种组织协同训练更加灵活方便，各级指挥员和作战单位可就地参与训练，以较小的代价和较短的时间实施大规模的战役、战略层次的演习。

2. 虚拟现实技术

虚拟现实技术也称灵境技术，它是以数模信息的转换技术为支撑，在计算机三维图像技术应用领域日益扩大的基础上，以空间认识理论、仿真理论为基础，综合了计算机图形、图像处理及显示技术，空间数据库技术，传感技术，位置跟踪技术，人机交互及控制技术，通信技术等高技术手段而发展起来的一种新颖的三维空间环境再现技术。虚拟技术的基本概念是利用计算机生成一个以视觉感受为主，包括听觉、触觉等在内的可感知环境，用户通过专门设计的硬件设备，可以在这个模拟环境中进行考察、触摸、操作、检测等试验，使人有身临其境之感，从而可以更深刻地认识研究的对象。

虚拟现实技术应用于军事领域，引发了一场新的军事研究、军事训练方法及手段的革命。它不仅可以用于新式武器装备技术、战术性能的展示和操作演练，而且可以进行作战指挥模拟和诸军兵种的合同演练，虚拟现实营造逼真的战场环境，设置多变的作战情况，可以获得极佳的效果。

3. 人工智能技术

人工智能是一门研究如何实现人类脑力活动自动化的科学，也就是利用计算机，模拟人脑所从事的思考、分析、推理、判断、规划和学习等思维活动，企图解决人类专家才能解决的复杂问题。人工智能技术在军事领域中发挥着越来越重要的作用，是作战模拟中实现军事决策自动化的基本手段，是实现作战过程全程模拟的基本条件。在尖锐复杂、瞬息万变的现代战争中，人工智能辅助系统可以帮助指挥员提高定下决心的效率和效果，可用来自动进行战场态势评估、目标识别、武器分配、指挥决策、军事威胁评判等，将使军事决策适应现代战争中出现的各种情况，大大增强指挥能力，使指挥系统具有更大的灵活性。

信息技术在战略学研究中的应用正在向前所未有的深度、广度发展。目前应用较为普遍的有以下几种。

1. 战略武器系统效能评估

战略武器系统效能评估是战略学研究的重要方面，是评估战略武器系统在一定条件下，执行规定任务所能达到预期目标的可能程度。对战略武器系统的效能评估贯穿武器系统全寿命周期。正确的评估对战略武器的研制、生产、使用等环节发挥着重要作用。在对战略武器系统效能进行评估的过程中，计算机技术的应用为战略武器系统效能评估提供强有力的计算工具，可以实现大量繁杂的数学计算；仿真技术则为系统效能评估提供了逼真的环境，可以较为科学地得出武器系统在特定环境下的效能；网络技术可以将仿真的武器系统与仿真的作战环境联系在一起，对武器系统效能进行系统的评估，提出武器系统的改进方案。

2. 战略作战行动效能评估

战略作战行动效能评估是指对执行战略作战任务所能达到预期可能目标程度的评估。作战行动是由一定军事力量（包括人员与武器系统）在一定环境条件下按一定行动方案进行的动作。在作战行动效能评估过程中，计算机技术的应用可以对作战行动的作战力量、行动方案进行描述，对作战行动效能进行科学计算；仿真技术的应用可以逼真模拟战场环境和作战行动，为战略作战行动效能评估提供一个支撑平台，通过对作战行动方案的评估，发现问题，找出解决办法，从而进一步地完善战略作战行动计划。

3. 作战模拟与仿真

作战模拟与仿真是应用一定的模型进行模拟作战实验，以揭示军事活动规律的过程。其中，计算机技术是作战模拟与仿真的基础技术，可以实现作战全过程的模拟，把较长时间的战斗过程浓缩到较短时间内模拟出来；仿真技术是作战模拟与仿真的关键技术，该技术通过一组数学关系和逻辑法则，按照一定的相互关系，逼真地模拟作战行动的实际进程和信息过程，从而构建虚拟战场环境，为部队的作战训练、演习提供手段，为作战行动方案评估、新的作战理论的论证提供方法；通信技术和网络技术可以将战场上不同的用户环境联为一体，构成一个综合的虚拟环境，使不同地点参与的人员具有同一作战空间，从而达到作战模拟、训练、演习的效果；虚拟现实技术的应用则可以为武器平台模拟器模拟逼真的仿真环境，使参与人员有身临其境的感觉，使系统在更加符合实际作战环境中进行作战效能的分析与评估。

4. 智能化决策系统

智能化决策系统是指运用模型与人工智能技术对可供选择的军事行动方案进行分析、评估、比较，给军事指挥员决策提供辅助支持功能的系统。计算机技术与仿真技术可以用来模拟待评估的军事行动，反映军事行动的量变过程，揭示其中的规律；人工智能技术可以用来对军事行动方案进行优化，从中筛选出满意的军事行动方案，为指挥员的科学决策提供较为可靠的科学手段，该技术在指挥自动化系统中为指挥员快速、准确、高效地实施决策提供辅助工具和手段；网络技术则为群体决策支持系统提供强有力的工具，它促进了分布式决策支持系统的开发与应用，有助于在作战决策中综合多个指挥员的聪明才智。

5. 国防系统分析

国防系统分析是指对国家的国防建设问题包括国家安全政策和战略问

题进行系统的分析，从而对这些政策和策略进行评价和选择，进而达到优化的目的。在进行国防系统分析过程中，应用计算机技术与仿真技术来开发作战模拟系统，对备选的作战方案或军事模型进行模拟、评估，并对评估的数据进行分析、处理，对武器系统的需求、军队体制编制进行论证，对国防资源的合理利用进行规划；应用人工智能技术来辅助决策者生成作战行动方案。

突破传统战略模式，确立新的战略思维*

继美苏实现新的缓和后，中苏关系的正常化已呈不可逆转之势，中苏两国关系的改善不仅加速了自20世纪80年代开始的世界性战略格局的调整，而且改变了以往我国以苏联为主要防御作战对象，以全面反侵略战争为主要样式的军事战略的基础。

在作战对象上，由于中苏关系正常化，中苏都不主张通过战争解决两国矛盾，苏联威胁虽未从根本上解除，但将不会构成对我国安全的现实威胁。

在战略方向上，长期以来中苏两大军事力量对峙，我国的主要战略方向在北方，军事斗争的重点也在北方，中苏关系正常化后，我北部边境军事压力明显减轻，现实军事斗争的“热点”与主要战略方向日益背离。

在作战样式上，随着中苏关系和整个国际形势的缓和，在未来几十年内，我国不致发生举国迎敌的全面战争，建立在“大打”基础上的战略指导以及置重兵集团于纵深地区，实行纵深决战的战法逐渐失去其现实意义。

在军队建设上，过去我国常备军的规模与对苏联威胁的判断是一致的，随着中苏关系的缓和，继续保持庞大的军队员额不仅缺乏依据，而且影响了我军现代化水平的提高。

在国防观念上，我们历来习惯于用“狼来了”的军情刺激来增强人民群众的国防意识。中苏关系缓和后，“狼”来不了了，亡国之祸也不是那样迫在眉睫，凝聚军心、民心的焦点日益模糊，“无敌国外患”的和平主义思潮已经而且将继续蔓延。

---

* 写于1988年10月，原为军事科学院1988年学术年会大会发言稿。

在新的形势面前，以往的战略模式日益困惑。显然，要回答上述问题，给现实的军事斗争以科学的正确的战略指导，必须突破传统的战略模式，确立新的战略思维，提出新的战略对策，发展和完善我国新时期的军事战略理论。

把军事战略的重点从单纯筹划战争对抗转变为首先筹划制止战争上来，既研究“军事对抗学”又研究“军事控制学”。迄今为止，我们军事战略的主题一直是围绕如何进行战争对抗而展开的。这在战争年代无疑是正确的，因为过去面对敌人的刺刀，我们的中心任务是武装夺取政权，是用战争方式解决问题，但新中国成立后，我们的中心任务已由夺取政权转变为巩固政权，我军的使命是确保国家的安全利益，努力创造一个有利于社会主义建设的稳定的和平环境和战略态势。人类物质文明和精神文明日益进步，和平与发展正在成为当代的两大主题，我们的军事战略也应服务于这两大主题。军事战略不仅要筹划战争爆发后如何行动，而且要筹划如何保持合理足够的军事实力，强化危机控制与危机管理机制，更有效地消弭战端，防战火于未然，一旦战争爆发则通过有力的军事行动，粉碎敌人的战争挑衅，控制战争升级，以有利于我的方式尽快结束冲突。美国现代战略学者认为“战争爆发就意味着军事战略的破产”，这种说法虽然并不准确，但它以制止战争为军事战略的要旨是可取的。从这个意义上讲，军事战略将逐步从“军事对抗学”发展为“军事控制学”。当然控制里面也包含着对抗。对抗本身也是控制战争、制止战争的一种方式，但这种对抗是有限度和有节制的。

从对单纯军事安全的关注转变到对综合安全的关注上来。随着中苏关系的改善，也必将在中蒙、中印、中越关系上引起连锁反应，我国周边安全形势与军事压力明显缓解，呈现新中国成立以来少有的有利态势。但是这并不意味着我国已进入了“无敌国外患”的太平盛世。新时期我国安全形势仍十分严峻，这种严峻形势不单纯表现在军事安全问题仍然存在，而且表现在传统军事安全的扩展形态即综合安全问题的上升。军事安全加上政治安全、经济安全以至民族心理安全，即综合安全日益成为国家生存的根本问题。可以这样说，在未来的军事世界里，单纯以火与剑把一个主权国家从地球上抹掉，这种可能性正在减小，但是通过武力威胁、政治遏制、经济掠夺、心理控制等，多管齐下，迫使一个国家慢性衰亡的现实可能性已十分尖锐地摆在我们面前。军事战略的视野必须拓展到维护国家的综合安全上来。特别是要关注国家的经济安全与政治安全。如果说过去生存是第一位的，没有生存就没有发展，那么今后发展问题将相对突出，不能发展便难以生存，必须以发展求生存。这就需要军事战略在关注军事安全的同时，更密切关注国家的发展问题，把保障国家的发展作为军事战略的中心任务。

逐步把我国军事战略的立足点由中国移向世界，由一国安全转向共同安全。过去在苏联大军压境的情况下，大战之忧使我们无暇他顾。我们的军事战略具有内线防御战略的明显特点，即从中国的安全出发，以中国的安全支持和维护世界的安全。今天世界联系日益紧密，仅仅站在本国的角度筹划中国安全问题已经不够了，必须树立起强烈的全球意识。因为在人类共同居住的“地球村”里或人类共同乘坐的“地球号”方舟上，一国的安全离不开世界共同的安全，共同安全没有保障，一国的安全也是不可靠的。随着中苏关系的正常化，我们有必要也有可能在更大的范围上筹划我国的安全问题。特别是当前亚太地区正在迅速崛起，成为世界政治、经济最活跃的地区，战略重要性急剧增加，我国作为亚太地区最大的国家应当首先认识亚太地区的发展对稳定我国安全的重要意义，把亚太地区作为我国安全战略的重点区域，把我国安全战略的基点首先放在亚太地区上来。在这个大环境大背景下制定我们的战略对策，确定我国的战略目标，选择实现战略目标的有效手段和最佳途径。

军事战略要突出国家根本利益，不能简单地以意识形态划线。军事战略的根本出发点应当是国家利益，因为人们的一切活动都是围绕一定的利益进行的。《史记·货殖列传》称“天下熙熙，皆为利来；天下攘攘，皆为利往”。马克思说：“人们奋斗所争取的一切都与他们的利益有关。”①《孙子兵法》也强调“合于利而动，不合于利而止”（《火攻篇》）。这几句话都从不同角度强调了利益问题的重要性。但是过去我们的军事战略在一定程度上受当时环境的制约，如20世纪50年代的外交政策“一边倒”，以及“同志加兄弟”的战略关系等。在采取这种以意识形态划线的做法的后期，由于形势的变化，一定程度上使我们失去战略上的灵活性。随着中苏关系的正常化，我们有必要对历史进行反思。在进行新时期的战略运筹的时候，虽然我们不能不对相关国家的政治动向作出必要的分析，不能把意识形态利益与国家利益对立起来，但是我们一定要紧紧把握住国家利益这个根本，不能为一时的政治气候所左右，既不必因意识形态分歧而盲目采取军事上的对抗行动，也不能因为意识形态接近就失去必要警惕。要从我国人民、民族的根本利益出发，综合衡量，全盘考虑。没有永恒的朋友，也没有永恒的敌人，只有永恒的利益，历史的教训不应该忘记。

克服军事战略上的短期行为，强化军事战略的未来意识。本来军事战略的根本特性就是客观性、整体性、根本性和前瞻性，但是以往由于我们面临全面战争威胁，在军事战略的指导上，较多地着眼于应付眼前事变，带有明显的临战应急性。这几年我们在军队建设、战场建设、兵力部署等一系列问题上有时举措失当，浪费大，效益差，固然有许多客观因素，但与我们战略指导上的短视不无关系。目前世界各国无不抓紧

①《马克思恩格斯全集》第1卷，人民出版社，1965年，第8页。

有利时机，聚积综合国力，着眼于争取下一个世纪的战略主动地位，竞相调整各自的军事战略。这种世界性调整带有明显的未来意识，具有较强的长远性和综合性。例如美国专门成立了“长期综合战略委员会”就未来20年美国安全战略进行构想。这对我们既是一个启示，也是一种挑战。我们的军事战略必须坚决克服短期行为，把当前和长远结合起来，把握目前的有利时机，着眼我国的未来安全与发展，高瞻远瞩，从长计议，整体规划。如果我们不把军事战略的标尺定在下一个世纪，我们势必进一步陷入被动，进一步拉大与某些大国的战略差距，在未来的国际环境中失去我们应有的地位。

由浓重的“大陆平面型”战略，转向包括海洋、空中、外空等在内的多维空间战略。我国现行的军事战略是由革命战争时期以内陆战场为主的作战战略脱胎而来的，长期以来，在陆上强邻的巨大军事压力下，我们一直准备在内陆纵深与敌持久作战，加上我军现代化水平不高，有限的海军只能限于近岸防御，空中力量也只能限于本土要地防空，在种种客观条件的限制下，我们的军事战略难以对陆地以外的空间给予更多的关注。随着世界陆地资源的日益减少，海洋资源将进一步成为各国激烈争夺的对象。我国不仅是一个陆地大国，也是一个濒海大国，包括领海、大陆架和专属经济区在内，我国拥有约300万平方公里的海域。我国石油储量的80%在属于我国的海区，海洋渔场总面积达281万平方公里，相当于42亿亩耕地，是我国农田面积的2.6倍。相当于我国陆地国土1/3的海洋国土是我国领土不可分割的一部分，海洋是我国未来发展的第二摇篮，是我国战略利益之所在。为了中华民族未来的生存和发展，我们必须重视经略海洋。保卫和维护我国的海洋权益，牢固树立海洋国土观，是我国新时期军事战略必须考虑的重要方面。与此同时，太空的争夺也渐趋激烈，美苏等已经开始向太空拓展其战略边疆，力图夺取制宇权，这对我们也是一种新的挑战。我国新时期的军事战略也应该充分重视这一新的领域，尽快实现由大陆平面型战略向多维立体战略转变。

由偏重应付单一的高强度威胁转变为同时注重应付多元的中、低强度威胁。美国长期综合战略委员会在总结美国战略指导上的经验教训时指出，美国以往过多地注意了来自苏联的核大战和华约集团的全面进攻这两大极端的威胁而忽视了来自其他方向的各种低强度威胁。事实上我们在战略指导上也存在类似的问题。根据以往的战略判断，我们的军事战略主要立足于对付苏联的大规模入侵。我们的兵力构成、战略部署、战场建设、武器装备发展等一直都是围绕着应付这种单一的高强度威胁而展开的。整个战略结构显得比较单一，缺乏必要的灵活性和机动性，难以适应多变的战略形势的需要。随着中苏关系正常化，可以这样判断，在本世纪内以至更长的一个时期，只要我们工作做得好，我国不会发生危及国家生存的高强度战争。但我与周边一些邻国还存在一系列历史遗留问题，未来围绕领土主权、战略资源和海上权益等问题与周边国家发生冲突以致局部战争的可能性不能完全排除。新时期我国面临的威胁呈现多元化、低强度、复杂多变的特征。这一特征在一个相当长的时期内不会有大的改变。我们新时期的军事战略必须适应这种变化，作出相应的调整。

不仅要重视用兵艺术的较量，更要注重武装力量建设的竞赛。铸剑与用剑、养兵与用兵是密不可分的两个方面。战争年代我们军事战略所关注的主要是用兵艺术的较量。后来面对苏联的压力，我们考虑更多的也是如何进行实战的战略指导，当时军队建设是直接为战争服务的。随着中苏关系的改善，进入相对和平时期，用兵虽然仍是我们军事战略的重要内容，但武装力量的建设问题则相对突出。在相对和平时期，武装力量的建设不只是直接为战争服务，它本身就是一种运用，建设的过程就是显示实力发挥威慑作用的过程，从这个意义上讲不是“养兵千日，用兵一时”，而是“养兵千日，用兵千日”。新时期的军事战略要把武装力量的运用与建设的筹划有机地结合起来，更加重视对武装力量建设的指导。当然，相对和平时武装力量建设的竞赛绝不是数量的竞赛，更多的是建设质量的竞赛、建设效益的竞赛，就是以最少的兵力达到最大的战略效果。我们要改变传统的“韩信将兵，多多益善”的数量制胜观，建立数量与质量相结合、以质量为主的质量制胜观，坚持精兵政策和质量建军的原则，突出重点，优化结构。不只是在武装力量的数量上与我国大国地位相称，更重要的是在质量上要与我国的大国地位相称。虽然陆军在数量上仍为我军主体，但我们要改变传统的“大陆军”观念，重视海、空军和战略威慑力量的发展，要敢于让海、空军先行，让战略导弹部队先行，尽快改变我国战略重点与建设重点、战略目标与战略手段不太匹配的状况。

改变过分倚重人力资源优势以对抗敌技术资源优势的战略指导，不断提高军事战略的有机构成。五六十年代我们曾有过发展“两弹一星”的宝贵经验。这对加强我国军事战略能力，支持我国的大国地位，起了不可估量的作用。但是从总体上看，在中苏之间剑拔弩张的对峙状况下，我们军事战略的着重点仍然是放在“十亿人民十亿兵，万里江山万里营”，立足于军事战略的人力构成，立足于以中国的人力资源优势抗击外敌全面入侵。这种以人力资源对抗技术资源，以人力优势对抗技术优势的战略指导在敌强我弱的情况下，虽然有其客观必要性，也起到了巨大的历史作用。将来，我们也不能放弃这一优势。但是如果我们仅仅停留在这一点上显然就难以适应形势的发展了。马克思主义经典作家曾经指出，军事技术决定战术。现在军事技术已经不仅仅决定战术，而且进而对战役以至战略越来越发挥其重要影响。特别是由于世界新的技术革命浪潮的推动，军事高技术迅速发展，高技术的发展已达到了这样的地步，即高技术武器的有限使用就可以直接达成战略目的。目前世界各国都在竞相开发高技术，力图以“技术差”谋求“战略差”，以争取有利的战略地位。面对这种严峻挑战，我们要有足够的紧迫感，要切切实实抓住中苏关系正常化后相对稳定的环境，在国力许可的条件下，尽可能集中人力、物力、财力，大力开发包括航天技术、激光技术、计算机技术等在内的军事高技术，不断提高我国军事战略的有机构成，提高我们的战略能力和战略行动的自由度。我们强调发展军事技术并不否定传统的人民战争思想，不否定发挥人的作用，但是发挥人民群众的作用应该着重强调人民群众的智慧，人民群众同仇敌忾、不畏强暴的爱国主义精神，人民群众的技术素质，人民群众的革命积极性和创造精神，而不是拼人力消耗。把人民群众高度的革命觉悟与先进的军事技术紧密结合起来，才能真正建立起我们的战略优势。

更紧密地把军事战略纳入国家战略体系，更自觉地服从和服务于国家战略。过去由于敌情严峻，军事工作曾经居于十分突出的位置。举国上下“深挖洞”，全党学习军事，准备打仗。军事战略几乎代替了国家战略，今天在相对缓和的形势下，在大仗一时打不起来的情况下，我们的中心任务是一心一意、聚精会神地进行社会主义现代化建设。军事工作是新时期党和国家工作的一部分，军事战略必须纳入整个国家战略体系之中，必须服从和服务于国家战略。这种服从和服务关系首先表现在军事战略目标必须与国家战略目标相一致。国家战略目标是谋求加快实现四个现代化，军事战略要在这个大局下行动，一切要有利于维护和促进这个大局，要努力为国家建设提供和平稳定的环境和有利的战略态势。其次，军事战略能力要与国力相一致。军事战略能力既要能保障完成国家战略赋予的任务，但也不能超出国力许可的范围，这就需要在军力与国力之间找到一个最佳的平衡点和结合点，保持合理足够的军事实力。再次，军事战略方向要与国家战略方向相一致。随着我国沿海经济发展战略的实施，我国南方的战略重要性日益突出。我国未来的国家战略发展方向在南方，因此，我国军事战略也要与此相适应，要为国家的战略发展提供安全保障。最后，军事战略的步骤也要与国家战略步骤相一致，不能超前，也不能滞后，要与国家战略同步协调推进。

新中国成立后我国积极防御战略方针的发展变化*

一、新中国成立后积极防御军事战略方针的回顾

战略方针，是党和国家的基本军事政策，是指导战争全局和全过程的总原则。它不仅是一切军事行动的基本依据和各项军事工作的“龙头”，而且还关系到国家发展的规划和部署。从空间内涵上讲，它既指导战争的准备，也指导战争的实施；既指导军事力量的建设，也指挥军事力量的运用。从时间内涵上讲，它既包括战争发生后如何进行战争和赢得战争，也包括战争尚未发生或相对和平状态下如何防止战争、推迟战争和准备战争。

正确的战略方针是国家利益、国家战略目标的反映，是战争客观规律的反映。它是在全面分析敌、我、友的政治、经济、军事、科技、地理诸因素的基础上产生的。这些因素的不同，决定着每次战争的情况不同、规律不同、指导战争的关键问题不同，因此，指导每次战争的战略方针的内容也不相同。通常战略方针要对一个时期内面临的战略环境作出分析判断，在此基础上确定战争的目的（目标）、主要作战对象（潜在的和现实的）、主要战略方向（主要战略防御方向和战略打击方向）、军事力量部署、对武装力量建设的要求、作战类型（进攻还是防御）、主要作战形式（阵地战还是运动战、游击战等）、战争的持续时间（持久还是速决）、作战行动的性质与要求等重要事项。

一个军队、一个国家、一个民族要生存和发展，要在尖锐复杂的军事斗争中争取主动，要在竞争激烈的国际环境中站稳脚跟，就不能没有正确

* 本文写于1993年5月，原为为讲课而准备的背景材料。王辉青同志参加了研究。

的战略方针。战略方针正确与否不仅直接关系战争的成败，甚至关系国家的盛衰荣辱。在战争年代如此，在相对和平时期也是如此。战略方针正确，全局运筹得当，有利于战略主动地位的获取与保持；相反，战略方针不正确，全局运筹失当，就难免陷入被动，导致战争失利。历史上由于战略方针不当而导致战争失败，以至兵败国亡的教训真是不胜枚举。在第二次世界大战中，法国陶醉于曾给自己带来光荣的阵地防御战的历史经验，奉行消极防御的战略方针，把国家安全完全寄托在法德边境390公里的筑垒地域——马其诺防线上，当德军绕过马其诺防线，从比利时边境越过阿登山脉时，法军102个师被置于无用武之地，拥有300万军队的法国，仅一个半月即告沦亡。苏德战争初期，苏联过高地估计了自己的力量，自以为所向无敌，没有任何敌人敢于“把猪鼻子伸到苏联的菜园子里来”，在战前拟定的战略计划中，否定战略防御，盲目奉行战略进攻方针，认为“防御只是在战役进攻范围内个别方向上实施，而不在整个战略战线上实施”，立足于在外国领土上作战，而未作战略防御部署，以致在德军的强大突击面前全线溃乱。德军得以高速向苏腹地突进，造成了战争初期苏方难以估量的损失。

长期以来，我军总的战略方针一直是积极防御的战略方针。这是以毛泽东为代表的我国老一辈无产阶级革命家，把积极防御的一般原理运用于我国革命战争的具体实践而确立的统揽战争全局、指导战争全过程的唯一正确的方针。它的基本点在于把防御和进攻辩证地统一起来。其要旨有两点：一是把战略上的防御与战役战斗上的进攻、战略上的持久与战役战斗上的速决、战略上的内线作战与战役战斗上的外线作战紧密结合起来，通过积极的作战行动，逐步削弱敌人，实现战略防御的目的；二是把战略防御同战略反攻与战略进攻紧密结合起来，在敌我强弱形势发生根本性变化时，适时将战略防御导向战略反攻或战略进攻，在有利条件下同敌主力进行战略决战，彻底歼灭敌人。因此积极防御，也叫攻势防御、决战防御。

在长期的革命战争中，由于战略形势和战略任务不同，积极防御总战略方针在各个不同历史时期有着不同的具体内容和指导重点。

土地革命战争时期，敌我斗争主要表现为敌之“围剿”和我之反“围剿”，为了打破敌人的“围剿”，我军主要采取“诱敌深入赤色区域待其疲惫而歼灭之”的战略方针，每次反“围剿”作战，大体分为战略退却、战略反攻、战略进攻三个阶段，主要作战形式是游击战和游击性的运动战。

抗日战争时期，鉴于敌反动我进步，敌国小我国大，敌寡助我多助，积极防御战略方针表现为全国的“持久战”，我军采取“基本的是游击战，但不放松有利条件下的运动战”的方针；战略阶段分为战略防御、战略相持和战略反攻；主要作战形式，在正面战场是“高度的运动战”，在敌后战场主要是游击战。

解放战争时期，为了实现敌我优劣态势的根本转换，在我处于战略防御的情况下，积极防御战略方针的核心是“以歼灭国民党有生力量为主而不以保守地方为主”，在逐步掌握战略主动权改变战略防御态势后，将战略防御导向战略反攻和战略进攻。战略阶段主要分为战略防御和战略进攻（含战略决战和战略追击），主要作战形式是运动战。

抗美援朝战争也可以说是我国革命战争的继续。在抗美援朝战争中，我军先是战略反攻，而后转为战略防御；前期实行“以运动战为主，与部分阵地战、敌后游击战相结合”的方针，后期实行“持久作战、积极防御”的方针，主要作战形式是运动战和阵地战。

在历次革命战争中，我军之所以坚持积极防御的战略方针，除了积极防御本身体现了攻防的辩证统一，反映了军事斗争的内在规律外，主要是由于敌强我弱的战略形势所决定的。毛泽东曾经指出，我军“首先而且严重的问题，是如何保存力量，待机破敌。所以，战略防御成为红军作战中最复杂和最重要的问题”。“从国内战争说，假如红军的力量超过了敌人时，那末，一般地就用不着战略防御了。那时的方针只是战略的进攻。”①

新中国成立后，在新的军事斗争和国防建设中，我们仍然执行了革命战争年代行之有效的积极防御战略方针。但是应该说，无论是在内涵上还是在外延上，新中国成立后所实施的积极防御战略方针与革命战争时期相比有了很大的发展，前者制定的依据已不仅仅是着眼于敌强我弱的形势，更主要的是受国家的性质所制约。这是因为军事必须服从政治，作为指导国家军事活动的战略必须从国家的根本性质和根本政策来考虑。我国是社会主义国家，实行和平外交政策，这就决定我们的战略方针只应当是防御性的，而不能是进攻性的，先发制人的。即使我们处于战略上的优势地位，也不能改变战略方针的防御性质。在新中国成立后的新的战略背景下，积极防御战略方针的基本内涵主要体现在以下两个方面：一是在性质上它是防御的而不是进攻的，是自卫的而不是侵略的，是后发制人的而不是先发制人的；二是在要求上它是积极的而不是消极的，是能动的而不是被动的。所谓积极，就是在战争爆发前，运用政治、军事、外交等各种手段，积极地制止战争的爆发或推迟战争的爆发，在战争爆发后，善于以战役战斗上的积极行动打破敌人的进攻。

从50年代中期至今，我国实施的积极防御战略方针大体经过了以下四个发展阶段。

第一阶段：50年代中期至60年代初期。这个时期我国执行“一边倒”政策，与苏联军事结盟，联合苏联，着重抗击美国等侵略势力在我东面构成的严重军事威胁。

1953年底至1954年初，在北京召开全国军事系统党的高级干部会议，

① 毛泽东：《中国革命战争的战略问题》,《毛泽东选集》第1卷，人民出版社，1991年，第197、200页。

讨论和确定了我军军事建设的总方针、总任务，制定了国防五年建设规划，迅速建立起新中国的国防体系。1956年3月6—15日，中央军委召开扩大会议，集中讨论保卫祖国的战略方针和国防建设问题。彭德怀代表中央军委作了题为《关于保卫祖国的战略方针和国防建设问题》的报告，正式提出了新中国成立后的第一个战略方针，即“积极防御的战略方针”。

当时的情况是：我国北面是盟友苏联，西面和南面没有强大对手，而且我有足够的战略纵深，所以这几个方向问题不大。对我国安全的主要威胁来自东面。在这个方向上，美国构筑了一道针对中国的新月形包围圈。以美国为首的侵略集团可能以日本、南朝鲜或我国台湾地区为基地向我东部沿海实施突然的战略进攻。因此美国成为我主要防御作战对象，东部沿海成为主要战略防御方向，立足点放在对付以美为首的军事集团对我的大规模武装入侵上。

据此，战略方针强调：以陆军为主体，以沿海国土为战略决战战场，在空、海军的协同和配合下，把敌人进攻的主力歼灭在我国沿海地区的国土上。作战形式，既不单是运动战，也不单是阵地战，而是阵地战结合运动战，即守备部队的阵地防御战和机动部队的运动进攻战相结合，同时准备在敌人侵入地区组织群众性游击战。在战略、战役的部署上，强调有重点的大纵深梯次配置，层层掌握机动部队。机动部队一般不少于总兵力的3/4，第一线海岛和海岸重点的固定守备部队不超过总兵力的1/4。同时要求在各个主要的设防地区组织守备部队和要塞部队，正确掌握机动部队的使用时机，在防御地区机动部队和守备部队应密切配合作战。

在这一方针指导下，50年代有计划、有步骤、有重点地进行了国防和军队的现代化、正规化建设。在沿海主要战役方向上和战略纵深腹地有重点、有计划地构筑了以坑道为骨干的防御工事。重要岛屿和要点的环形防御以及主要战役方向上的第一防御地带的设防基本形成。积极防御的战略方针卓有成效地指导了这一时期的国防和军队建设。

1960年初，取代彭德怀任国防部长并主持军委日常工作的林彪对50年代积极防御的战略方针进行了调整，提出了“北顶南放”的方针。这里所谓的“北”和“南”不是我国的北线和南线，而是我国东部沿海的北战场和南战场。1960年2月，在广州会议上林彪认为，根据敌人的战略企图和我国的地理条件，敌由三八线、平壤向图们江、鸭绿江方向对我发动进攻的可能性最大。因为敌人以日本、南朝鲜为基地，便于大量使用日军作战，便于补给，便于保密，登陆航渡距离较近。由朝鲜进攻时还可减少渡海登陆作战的困难，可以直接攻击我国的心脏和主要工业基地，切断中、朝、苏的联系，对敌人速战速决的战略最为有利。所以敌人很可能主要是搞北面，次要的是搞南面。北面也有一个主次之分，北面主要是朝鲜方向和山东半岛，而朝鲜方向比山东半岛又更为重要。基于这一判断，提出了“北顶南放”。所谓“顶”，就是不后退，把敌人顶住；所谓“放”，就是诱敌深入，把它引进来好歼灭。具体地讲在我东部沿海的北战场实行坚守防御，大量消耗敌人，稳定战局。至于南面，让敌人上来。南面山多得很，放一道还有一道，丢掉一点没关系，人去掉一条胳膊还可以活。把敌人放进来我可以实施机动防御，各个击破。南面的敌人陷进去了，北面的敌人也就慌了。

“北顶南放”并没有改变1956年积极防御战略方针关于主要防御方向及重点准备对付敌人发动的全面侵华战争等实质性内容，所不同的只是强调在东部沿海南北两个战场实施不同的作战指导，对1956年军委确定的战略方针作了局部调整。

第二阶段：60年代中期到70年代初期。这个时期我国周边安全环境严重恶化，中苏由军事同盟转向军事对抗，我东、北、西受美、苏、印三面夹击。我全面采取诱敌深入、持久作战方针，立足于两面作战以至多面作战，对付“一大片”。

中苏关系破裂，苏联从军事上对中国构成严重威胁，是这一时期中国战略环境的最重要的变化。早在1955年赫鲁晓夫就公开制造所谓“黄祸论”，1958年向我提出建立所谓“共同舰队”“长波电台”，企图从军事上控制中国；1959年在中印边界问题上，苏联公开发表声明，无视事实偏袒尼赫鲁；在台湾问题上，一再压我向美让步，逼我划峡而治；在中苏争论中撤专家，撕合同，把意识形态分歧扩大到国家关系上；1962年发展到在我新疆地区策动边民暴乱，胁迫伊犁、塔城6.7万多名中国居民逃往苏联，制造了震惊中外的伊塔事件。1964年后，苏联更进一步在中苏、中蒙边境加强军事部署，对我施加军事压力。

在北面威胁上升的同时，我东面的威胁也在发展。接替艾森豪威尔上台的肯尼迪政府提出的“两个半战争”战略，其中就包含了准备在亚洲与中国打一场大战的战略意图。1962年台湾当局在美国的支持下，加紧了“反攻大陆”的军事准备，制定了“光复大陆”的具体方案，在我东南沿海频频进行武装袭扰活动，一时间台湾海峡风紧云急。与此相呼应，1964年夏，美又在越南蓄意制造北部湾事件，推行“逐步升级”战略，不断扩大侵越战争，在南线对我构成巨大压力。

另外，在我西部和西南部，印度也不断蚕食我国领土，1962年我被迫进行了自卫反击。战争虽以我之胜利和主动后撤而告终，但印仍加紧扩军备战，使我西部和西南边疆仍处于战争威胁之中。

在四面受敌的严重形势下，60年代中期毛泽东考虑战略问题甚多，突出强调要做好应付最困难的战争情况的准备，把战略的基点放在美国、日本、苏联及其他周边敌对势力一起进攻我们的基点上，要立足于两面以至多面作战。1964年7月2日，毛泽东在听取杨成武汇报设防问题时指示“你们不能只注意东边，不注意北边，只注意帝国主义，不注意修正主义”。以后毛泽东还多次强调准备美国和苏联瓜分中国，苏联占领黄河以北，美国占领长江以南，王明在黄河以北建立政府，长江以南被蒋介石统治，淮河流域作为美国与苏联的缓冲地带。

毛泽东判断敌人侵方向最大的可能是对我实施中间突破割裂南北。1964年他多次指出：战略问题我考虑了很久。所谓北顶南放，我看不一定。敌人不一定走日军老路，主战场不一定在朝鲜、东北。敌人进攻最可能从天津、青岛、连云港、上海打进来，中间突破，割断南北。两翼来不怕，如果它占了东北，还有关内，所以这一翼不怕。日本人从这里来过，把中国人向南赶，还是解决不了问题。占领了广东这一翼也不怕。中间突破危险，切断我南北，把我们分成两半，这对我威胁比较大。

针对敌人的全面入侵，这一时期积极防御的战略方针集中表现为“积极防御，诱敌深入，打人民战争，打歼灭战，打运动战”，核心是“诱敌深入”。1966年6月，毛泽东强调“还是要诱敌深入才好打。敌人得不到好处，你就不能诱敌深入。姜太公钓鱼钓不到，就是因为不给鱼东西吃。你拿破仑不到莫斯科怎么会打败仗？斯大林御敌于国门之外，我从来就说不是好办法。还是诱敌深入才好打”。这是因为未来战争初期，敌我力量对比仍然是敌强我弱，敌进攻我防御，敌主动我被动，如果排开一条线，分兵把口，处处设防，战线拉得过长，敌人到处可以突破，突破了就会告急，只有大胆地、主动地、彻底地诱敌深入，把敌人放进来打，才有理有利，才能最大限度地发挥人民战争的威力，使敌人拉长战线，兵力分散，后方空虚，背上包袱，便于我们审时度势，有把握地集中优势兵力，选择最有利的时机和地点歼灭敌人。

诱敌深入不是无条件地敞开大门，而是有计划、有准备地把敌人放进来打。毛泽东指出：“战争初期该顶的地方要顶，例如岛子上的部队，守备部队应该顶……顶是争取时间，争取半年、一年，就放它进来，诱敌深入，然后消灭它。”“我们不要学蒋介石那样，让日本人长驱直入，很快就打到南京、武汉、长沙；不要学斯大林那样，让希特勒长驱直入，一下就逼到莫斯科、列宁格勒城下。所以我们一定要搞几道防线，要防止敌人向纵深空降，不能让敌人长驱直入。”要选择一些要点和重要城市，依托预设阵地，坚决守住，在长期的反复的争夺中大量消耗敌人的有生力量，挫其锐气，为以后的歼灭战创造条件。毛泽东明确指出，要把北京、大同、太原、石家庄搞成堡垒地带。上海要准备打巷战，打斯大林格勒式的保卫战。

根据上述敌情的变化和战略方针的调整，这一时期在继续做好东部沿海战略防御准备的同时，突出加强了“三北”地区的战场建设，战略重心逐步北移。按毛泽东的指示在全国开展了大规模人防工程建设和大小三线建设。这一时期可以说是我国战略环境最为复杂（四面临敌），战略态势最为不利（多面作战），作战行动最为频繁（中印边境作战、中苏边境作战、援越抗美、东南沿海斗争），战争准备涉及面最为广泛，以及以国家防卫作战为背景的“诱敌深入”思想展现最为充分的时期。

第三阶段：70年代初期到80年代中期。这个时期我在国际上努力建立反对苏联霸权主义的统一战线，在军事上以苏联为主要防御作战对象，以“三北”地区为主要战场，立足于抗击苏联对我发动的包括核打击在内的全面侵华战争。

这一时期，苏对我的军事威胁日趋严重。中苏在陆地上大面积接壤，在漫长的边界线上，双方紧张对峙。苏军在中苏、中蒙边境的军事力量由60年代中期的15个陆军师激增至49个师。苏军在我“三北”重要通道口频繁举行大规模军事演习。1969年3月，苏军在我黑龙江珍宝岛地区挑起武装冲突，我被迫奋起还击。1969年6月，苏军坦克又越过边境进入我新疆铁列克提地区，制造了严重的流血事件。1970年6月，在美苏限制战略武器会谈中，苏联首席代表向美方递交了备忘录，暗示要对中国实施核打击。

从地缘政治的利害关系上看，从苏联的战略意图和进攻性军事部署上看，当时苏联对我的威胁最直接、最现实、最严重。苏联已成为我国安全的最大威胁。为此，毛泽东提出“苏修亡我之心不死”，并指出“这个世界上是有帝国主义存在。俄国也叫社会帝国主义，这种制度也就酝酿着战争……这种东西是不以人们的意志为转移的”。

另一方面，长期对我构成严重军事威胁的美国，由于深陷越南战争，力量相对削弱，在美苏的全球争夺中，苏连连得分。为扭转苏攻美守的不利态势，也为了扭转美国战略重点在欧洲而兵力部署重点在亚洲的战略严重失衡的状况，美国开始在亚洲实行战略收缩，并谋求在世界大三角中借助中国，抗衡苏联。这就为中国利用矛盾，改善态势，争取主动，调整战略重点提供了现实可能性。1972年以尼克松访华为标志，打开了中美关系，并由此实现了由对付四面八方“一大片”到集中对付一个方面的主要威胁的战略调整。我力求建立起广泛的国际反霸统一战线，也就是毛泽东说的“大家联合起来，整这个王八蛋”。

1972年、1975年，军委曾两次着手解决防御苏联侵略的作战问题，但由于“四人帮”的干扰而未达目的。粉碎“四人帮”后的第二年，1977年12月，叶剑英代表军委作了题为《抓纲治军、准备打仗》的报告，正式提出了“积极防御，诱敌深入”的战略方针。这一方针判断苏联是我国未来需要应付的主要防御作战对象，以“三北”为主要作战地区，立足于对付苏军的全面入侵。其基本精神是：战争初期，最主要的是粉碎敌人战略突袭，保存我们的有生力量；制止敌人长驱直入，掩护国家转入战时体制。随后，有计划地诱敌深入到预设战场，视情况通过规模不等的运动战，集中优势兵力，各个歼灭敌人。

为了加深对军委战略方针的理解，1980年9—10月，总参举办全军高级干部对苏联防卫作战研究班。1980年9月，时任军事科学院院长的宋时轮，向叶剑英副主席呈送报告《关于战略方针问题的建议》，建议将“积极防御，诱敌深入”的“诱敌深入”去掉，得到采纳。军委决定将“积极防御，诱敌深入”的战略方针的提法改为“积极防御”四个字，并进一步就对苏防御作战问题统一了思想。

这一时期对苏联入侵我国的几种可能行动的估计如下。

第一，设想苏发动全面战争，其行动特点，可能以地面为主，空、海配合，东西对进，南北夹击，首先占领我首都和黄河以北广大地区，进而扩大侵略。主要进攻目标是华北地区。

第二，设想苏发动肢解性战争，搞掉我东北或新疆。因为东北地理位置突出，是我国的重工业基地，敌夺占后可作为进一步入侵华北的基地。东北与华北连接部比较脆弱，纵深短浅，易被敌人切断。新疆距我腹地较远，交通不便，内地不易支援，地形对我不利，加之不少民族跨境而居，便于敌人肢解。

第三，设想苏利用空中优势，发动空袭，或以一定数量快速部队，突入我境，速打速撤，抓一把就走。

在这三种可能中，我国把立足点放在对付敌人的全面入侵上。在指导思想上坚持后发制人，坚持打人民战争，坚持持久作战，立足于以劣势装备战胜敌人，立足于复杂困难情况下作战，立足于早打、大打、打核战争。随着主要防御作战方向的确定，我进一步加强了“三北”地区主战场的兵力部署和战场建设。

第四阶段：80年代中期到90年代初期。我国国防和军队建设指导思想实行战略性转变，从长期准备早打、大打、打核战争的临战状态转向着眼长远的建设轨道上来。我从立足于全面战争转向着重对付可能发生的局部战争和军事冲突，在稳定北线战略态势的前提下，逐步改善南线战略态势，加强边海防建设，重视经略海洋和维护海洋权益。

这一时期战略调整的根本依据是国际形势缓和，我国国力不断增强，我国安全环境有了较大改善。经过对国际战略形势长期冷静的观察，1985年军委扩大会议作出了由于世界和平力量的增长超过了战争力量的增长，世界大战有可能推迟或避免的战略判断。据此实行了国防和军队建设指导思想的转变，同时制定了不与任何军事大国结盟，不加入任何军事集团，独立自主的战略路线。1988年12月军委扩大会议正式确立了我军建设指导思想实行战略性转变后的积极防御的军事战略方针。会议强调：本世纪及至更长一个时期，不致发生举国迎敌的全面战争，但边境和海上军事冲突的危险是存在的，局部战争的可能性不能完全排除。为此要继续坚持积极防御的战略方针，着重对付可能发生的局部战争和军事冲突，全面筹划、逐步提高我军防卫作战能力，使我国防御能力与国家安全需要相适应，以维护国家利益，保卫我国领土主权和海洋权益不受侵犯，保障国家经济建设有一个安全稳定的环境。在战略指导上，要在基本稳定北线战略态势的前提下，逐步改善南线的战略态势。要适当充实重点地区的边防、海防力量，提高机动能力，加强战场建设、显示我军事力量的存在和捍卫领土主权与海洋权益的决心，为公正解决领土争端创造有利条件。特别是随着世界陆地资源的日益减少，海洋资源将成为各国争夺的对象。我国是一个濒海大国，拥有辽阔的领海、大陆架和专属经济区。我国领土主权的完整，包括这些海域。为了中华民族未来的生存和发展，我们必须重视经略海洋。保卫和维护我国的海洋权益，是今后战略指导必须长期考虑的一个重要方面。在军事力量建设上常备军仍以陆军为主体，但必须有重点地逐步加强海、空军建设。要坚持精干的常备军与强大的后备力量相结合、常规力量与战略核威慑力量相结合、军事实力与战争潜力相结合的原则，充分发挥人民战争的优势，不断提高武装力量的实战能力和整体威慑能力。

二、积极防御军事战略方针在新时期的重大发展

1993年1月军委扩大会议强调：今后一个时期，要以毛泽东军事思想和新时期军事形势相结合，服从和服务于国家战略，立足打赢一场可能发生的现代技术特别是高技术条件下的局部战争，加速我军质量建设，努力提高我军应急作战能力，扬长避短，灵活应变，遏制战争，赢得战争，保卫国家领土主权和海洋权益，维护祖国统一和社会稳定，为改革开放、现代化建设提供强有力的安全保证。这是新中国成立后我国积极防御战略方针的新发展。其主要战略背景有如下几个方面。

1. 国际战略格局剧变

影响世界长达40多年的雅尔塔体系由于苏联这个超级大国和华约这个超级军事集团解体而崩溃。由于昔日与之抗衡的主要对手的消失，美国成为世界唯一的超级大国，同时以往长期被美苏对抗所掩盖的一些民族矛盾、领土争端和宗教纷争也随着两极体制的崩溃突出起来，不断酿成流血冲突，并有蔓延之势。国际形势的这一重大变化，要求我们全面把握国际社会各种战略力量之间的相互关系及其消长趋势，对我们面临的威胁的性质、程度和方式作出新的准确判断，对军事战略指导作出相应调整。有效地维护我国安全。

2. 国内改革开放深化

我国改革开放向纵深推进，已进入不可逆转的新的发展时期。改革开放和现代化的深入发展，日益要求军事战略为其提供强有力的安全保障，为其提供和平、稳定的内部环境和外部环境。这一形势也迫切要求对战略目标和战略重点的确定、对军事力量的建设和部署等一系列问题进一步作出有针对性的具体安排。

3. 高技术战争

高技术兵器虽然早在越南战争、马岛战争、两伊战争、中东战争、美国对利比亚战争中就曾露过身手。但真正引起人们关注的是这次海湾战争。海湾战争中高技术武器装备的大量应用，使战争形态发生了继冷兵器、热兵器、热核武器之后的又一次革命性变化。它标志着高技术战争阶段的到来。以往军事技术的发展通常首先在战术领域引起变化。然而现代军事高技术的发展，不是首先给战术领域，而是首先给战略领域带来了重大影响。由于航空航天兵器的运用和超视距作战，现代战争战略空间大为扩展；电磁武器的运用，不仅带来杀伤机理的变革而且出现了名副其实的多维战场；精确制导武器的运用，从作战手段上，使战争的精确控制成为可能；高速投递手段的运用，可以实施超越作战，可以迅速改变作战方向和战场作战力量对比；夜视器材的运用，突破了夜暗的限制，成倍地提高了战场时间利用率；C3I的应用，使现代战争具备了严密的神经网络系统，成功地实现了整体作战；高技术兵器的超常毁伤力，使非核兵器的使用即可达成类似核武器的战略效果，而不必冒使用核武器所可能造成的战略风险。所有这些都是以往我们在战略指导上未曾遇到的新情况。尽管高技术战争还在发展之中，但它对我国传统的战略指导构成严重挑战是不容置疑的。对此我们必须从战略上予以高度重视，必须认真研究其全部意义，不失时机地采取正确的战略对策。

新时期的战略方针是旧的冷战格局解体，国际战略格局发生重大转折的新时期的方针，是我国现代化建设进入加速发展的新阶段的方针，是高技术战争登上历史舞台逐渐成为现代战争主要形式的新条件下的方针。它是我国积极防御战略思想发展到新阶段的重要里程碑。

新时期积极防御的军事战略方针内涵十分丰富。它至少强调了以下几个问题：

——在指导思想上，强调坚持以毛泽东军事思想和新时期军事斗争的实际相结合为指导。

——在战略目标与战略任务上，强调服从和服务于国家生存和发展大局，保卫国家领土主权和海洋权益，维护祖国统一和社会稳定，为现代化建设提供强有力的安全保证。

——在战争样式上，强调把基点放在打赢未来可能发生的现代技术特别是高技术条件下的局部战争上，这是继1985年由准备大打转向重点对付局部战争后，我军战略指导思想的进一步发展。

——在战略功能上，强调提高我军威慑能力和实战能力，努力遏制战争和赢得战争。

——在战略力量建设上，强调突出重点，狠抓质量，努力提高我军高技术条件下的作战能力。根据军事斗争形势的迫切需要，适当加大投入，加速研制和适时引进先进的军事技术和装备。

——在战略指导上，强调扬长避短，灵活应变。军事斗争要积极配合国家的政治外交斗争，既有原则上的坚定性又有策略上的灵活性。利用一切可能利用的矛盾，扩大我们的回旋余地，避免把矛盾引向自己。在武器装备整体水平居于劣势的情况下，还是要充分发挥我人民战争优势，不拘一格，灵活用兵。

在上述诸项中，高技术条件下的局部战争问题可以说是这次战略调整最重要和最令人关注的内容之一。无论在我军军事理论上还是军事斗争实践上，它都是一个重大的发展。

贯彻新时期积极防御的军事战略方针要求我们转变思想更新观念。在战略思想上，要改变以往的世界大战战略思维、两极战略思维、阵营战略思维、集团战略思维、意识形态战略思维、内陆战略思维等。在作战指导上，要从着眼于一般技术条件下的作战转向高技术条件下的作战，从陆上野战攻防转向诸军兵种联合作战；从预先部署兵力转向快速集中精兵利器；从立足于纵深决战转向立足于近海、近岸和边境浅近纵深作战；等等。

三、几点启示

新中国成立后在极其复杂的国际战略环境中，积极防御战略方针不仅指导我们取得了国防建设和军队建设的长足进步，而且指导我们胜利地进行了历次自卫反击作战，捍卫了我国的领土主权和民族尊严，保卫了我国经济建设和人民的和平劳动。事实说明，新中国成立以来的积极防御战略方针是正确的方针、成功的方针。当然在贯彻积极防御战略方针的过程中我们也难以避免地走过一些弯路。这段历程，给我们许多深刻的启示。其中最重要的几点是：

1. 正确认识和处理国家利益和其他利益的关系，坚持以国家利益为最高准则进行战略筹划

我国领导人多次指出，“中国观察国家关系问题不是看社会制度”，“我们都是以自己的国家利益为最高准则来谈问题和处理问题的”。与此同时，我们也应当承认，一定的意识形态特别是其中的政治观、哲学观、宗教观、价值观、道德观对军事战略的性质、战略目标和打击方向的选择、战略关系的判断及战略力量的建设与运用存在强烈的影响和制约作用。战略方针的制定与实施不能不考虑意识形态因素。但是在重视这一因素的同时，也要防止把它夸大到不适当的地步。意识形态因素对战略方针的影响并不是唯一的，它不能代替国家利益对战略方针的决定性作用，也不能代替经济、科技、地理等其他因素。意识形态、社会制度不同的国家，不一定构成直接军事威胁；社会制度、意识形态相同的国家，由于国家利益存在差异，也可能引发冲突。因此，进行战略筹划必须把国家利益与意识形态利益结合起来，重在国家利益。不能把意识形态利益置于国家利益之上，更不能

简单地以意识形态、社会制度的异同划线。新中国成立以来，为维护国家利益，我们进行了艰苦卓绝的斗争，总的看是成功的。即使在“一边倒”时期，对苏联从军事上控制我国的战略企图也进行了坚决抵制，在支援邻国抗击外来侵略的斗争上，也着眼于保家卫国，维护周边和我国本身的安全。但是也应该看到，有时我们在战略指导上也曾受集团战略思维的束缚，对意识形态相同的国家之间的利益冲突缺乏必要的警惕，以致“老大哥”背信弃义，“同志加兄弟”翻脸反目时，我处于比较被动的境地。这些教训是需要认真吸取的。

2. 正确认识和处理国防建设与经济建设的关系，坚持服从和服务于国家经济建设大局

国防建设本身不是目的，它的目的在于为国家建设创造安全环境，并促进国家建设的尽快发展。国防建设如果严重滞后，不能为经济建设提供可靠的安全保障，经济建设的成果就难以巩固；国防建设如果过于冒进、过多地耗费国家发展必不可少的宝贵资源，也会阻滞国家经济发展的正常步伐，并最终导致国防建设本身的萎缩。因此国防建设必须与经济建设保持合理比例，协调发展。抗美援朝战争结束后，我军从国家经济建设大局出发，军队总员额由1951年的600余万压缩到1957年的300万，1958年进一步减至280万，军费开支由1951年占财政支出的42.94%下降到1957年的17.95%，为国民经济的发展创造了有利条件。但为应对可能的大规模入侵，军队员额70年代高达600余万，军费开支所占比重最高达22.99%。从1965年起全面展开的以国防工业为重点的战略后方建设（即三线建设）在提高国防现代化水平，改善战略后方的工业布局和战略态势方面取得了辉煌成绩，但也付出了较大代价。从1965年至1975年，11年间三线地区共完成基建投资1269.67亿元，占同期全国基本建设投资总额2919.6亿元的43.5%。其中1970年、1971年分别高达312.5亿元和340.8亿元，而这两年的财政支出总额只不过为649亿元和732亿元。这两年三线建设投资在财政支出总额中分别占比48%和46.6%。实事求是地说，这种反常的投资占比，也给国民经济的正常发展造成了一定压力。

3. 正确认识和处理安全威胁与现实战争危险的关系，进行准确的战争判断和适度的战争准备

一国面临的安全威胁既可能是军事的，也可能是政治的、经济的；既可能是现实的也可能是潜在的；既可能是一时的，也可能是长远的。安全威胁主要是军事威胁，但安全威胁还不等于现实战争危险。只有双方战略利益冲突发展到不可调和的程度，并上升为国家间的主要矛盾时，安全威胁才会转化为现实战争危险。这里有一个“量”与“度”的界限。这是战争判断中必须准确把握的一个要素。对战争危险判断过轻过重，临战准备过迟过早、过急过缓、过大过小，都会带来消极后果。过轻、过小、过迟、过缓将危及国家安全，要冒战略上的风险；过重、过大、过急、过早也会打乱国家正常秩序，使国家丧失宝贵的发展机遇。在战争这个充满不确定性因素的特殊领域，要想作出准确的战争判断当然不是一件容易的事，它要求我们首先要正确认识时代特征，从总体上把握战争与和平的走向；其次，正确分析世界战略格局的发展变化，把握我国在世界战略格局中的地位；同时，还要求我们正确分析我国所处的亚太地区和周边的战略态势，全面把握对我国安全构成威胁的各种战略因素的变化，以及各种战略力量的消长。这样才能准确地对现实威胁与潜在威胁，主要威胁与次要威胁，战争危险的迫近程度、基本样式和可能影响作出符合实际的科学的判断。

4. 正确认识和处理战略重点与军事斗争“热点”的关系，始终保持战略全局的稳定

新中国成立以来我国的战略重点与军事斗争“热点”大体上是一致的。例如50年代我战略重点在东面，“热点”也多在东面；60—70年代苏联在中苏边境陈兵百万，并不断制造事端，我战略重点在北面，军事斗争“热点”大体也在北面。50年代末60年代初在着重对付主要战略方向的威胁的同时，对非主要方向产生的军事热点我们也予以了足够的关注。既维护了国家利益，又保持了战略全局的稳定。在新的历史时期，随着国际战略格局的变化，我国安全形势日趋复杂，呈现出威胁多元化的特点，战略重点与军事斗争“热点”，有时可能一致，有时也可能不一致。这就特别需要我们透过纷繁复杂的现象，抓住贯穿战略全局和全过程的基本矛盾，全面运筹，把握重心。既不能为一时的“热点”而模糊战略视线，导致战略重心的倾斜和摇摆，也不能对军事斗争“热点”掉以轻心，以致“热点”地区事态不断恶化，最终影响战略全局的稳定。在现代战争条件下，实现战略防御的稳定性在很大程度上取决于在战略防御空间的各个方向上迅速形成作战部署的能力。在高技术条件下靠事前把部队摆到受威胁方向的老办法已经越来越不适应现代战争的要求了。因此，提高我军的战略机动能力对于增强战略防御的稳定性具有重要意义，需要我们作出认真的努力。

5. 正确认识和处理国土纵深防御与边海防的关系，从战略高度加强对新时期边海防军事斗争的指导

以往在“大打”的背景下，我们曾一度立足于在国土纵深进行战略决战，以歼灭敌人的重兵集团。因此，战略指导的重心偏向内陆腹地。边海防只是作为大战的掩护地幅而存在的。相对而言，边海防斗争居于从属地位。这是由当时的客观环境所决定的。在新的历史条件下，边海防战略地位相对突出。边境和沿海地区不仅是新时期我国对外开放的前沿和窗口，也是未来我国局部战争的多发地带，是军事斗争的主战场。边海防斗争的失利虽不会立即对国家存亡构成重大威胁，但直接影响国家和民族尊严，影响国家领土主权和权益，影响民心士气和国家发展战略的顺利实施。特别是由于边海防问题与民族问题、宗教问题、领土问题紧密交织在一起，具有极大的敏感性和复杂性，处理起来十分棘手。为此不仅需要把边海防军事斗争问题提高到战略高度予以足够的重视，还必须以高度的历史责任感和娴熟的指挥艺术予以精心筹划，精心指导。

6. 正确认识和处理战略构成中，人力资源与技术资源的关系，高度重视现代技术特别是军事高技术对战争和战略的影响

50—60年代，在极其困难的条件下，我们曾以极大的决心作出了发展“两弹一星”的战略决策。这一决策的成功实施对提高我国战略力量的技术构成、增强我国的战略能力、支持我国在世界战略格局中的应有地位起了不可估量的作用。但是从总体上讲，以往在战略指导上我们仍然较多地把立足点放在对我国人力资源优势的依赖上，在一个较长的时期内，保持了庞大的常备军规模，60—70年代仅民兵人数即高达2.4亿，占适龄人口的80%。这种以人力资源优势对抗敌人技术资源优势的战略指导，现在显然很难应付高技术局部战争的挑战。在军事高技术迅速应用于现代战场，引起战争形态革命性变化的情况下，高技术差距是质的差距，呈几何级数拉开，而人力上的差距是量的差距。技术劣势是难以用简单的人力优势弥补的。目前世界各国都在抓住时机，竞相开发军事高技术，力求避免出现与军事技术强国存在过大的技术代差而导致“战略差”。面对这种严峻形势，我们要有足够的紧迫感，力争在国力许可的条件下，大力发展我国的军事高技术，有效地提高我国军事战略的有机构成。强调尽快发展我国的军事高技术与发挥我国的人民战争优势并不矛盾。在新的条件下，人民战争仍然是对付高技术战争的法宝。最近一个美国人撰文认为后工业时代最难对付的仍然是人民战争。但是我们也不应把人民战争简单地理解为人的数量优势。人民战争也应加强质量建设，重在提高全体军民的军政素质和科技素质，提高人民战争的军事技术水平。把人民群众高度的革命觉悟和先进的军事技术紧密结合起来，才能真正建立起我们的战略优势。

毛泽东军事战略思想浅析

毛泽东同志是中华民族五千年文明史上杰出的民族英雄，是叱咤风云、贡献非凡的历史伟人，是中华民族的脊梁与骄傲，是站在世界最高峰——珠穆朗玛峰的时代巨匠。

中华民族五千年的文明史上，决定民族命运的重大历史转折点有两个：

第一个历史转折点是1840年的鸦片战争。此前尽管在中国大地上经历过无数风雨，但都是中华民族内部发生的矛盾。自1840年后，西方殖民主义者蜂拥而至，中国面临三千年未有之大变局，中华民族第一次真正面临全民族的灭亡之祸。

第二个历史转折点是1949年的中华人民共和国成立。为了挽救民族危亡，中华民族进行了不屈不挠的百年抗争。新中国的成立，不只是中国共产党对国民党斗争的胜利，不只是中国人民反对日本军国主义野蛮侵略的胜利，而是在中华民族生死存亡的危急关头，力挽狂澜，避免了传承五千年从未中断的优秀文明和优秀民族灭亡的厄运，使中华民族得以浴火重生，使中国人民在列强疯狗般的撕咬中突围而出！而领导这场伟大斗争的是中国共产党和它的杰出领袖毛泽东。“天欲堕，赖以拄其间”，毛泽东是当之无愧的顶天立地第一人。

在古今中外历史上，毛泽东同志的雄才大略、文治武功，几乎无人可以企及。

德国军事战略家克劳塞维茨写有军事名著《战争论》，但他几乎没打过仗。拿破仑连年征战，横扫欧洲，但只留下几句军事语录。只有毛泽东集军事统帅和军事理论家于一身。毛泽东在新中国成立前经历了长达22年的武装斗争，指挥大小战役无数，新中国成立后又领导了27年保卫祖国的斗争。没有一个统帅有如此丰富的战争经历。遵义会议后，毛泽东指挥的第一仗，就是红军在接连失利、几乎陷入绝境的情况下的四渡赤水之战。在他的天才指挥下，中央红军成功摆脱蒋介石几十万大军的围追堵截，使革命转危为安，创造了战争史上的奇迹。新中国成立后，英国元帅蒙哥马利曾当面称赞毛泽东主席指挥的世界战争史上的杰作——辽沈、淮海、平津三大战役。毛主席回答说，那算不了什么，四渡赤水才是他的得意之笔。

毛泽东丰富的战争实践就是一部无与伦比的战争教科书。他创立的人民军队、人民战争的战略战术等一整套全新的军事理论是世界军事思想史上的奇葩，是人类文明成果的重要结晶。

毛泽东几乎与世界所有强敌都交过手，毛泽东所向无敌。

——14年抗战，与凶残的日本军国主义交过手，最后把日本帝国主义赶出了中国国土，第一次取得了中华民族反抗外来入侵的正义战争的彻底胜利。

——解放战争，与蒋介石集团交过手，打败了八百万美式装备武装起来的国民党军队，推翻了代表帝国主义、封建主义、官僚资本主义利益的旧政权，建立了新中国。

——抗美援朝战争，开国第一战，与美国为首的16国联军交过手，以小米加步枪打败现代化的飞机加大炮，把美军从鸭绿江边赶回了三八线。“联合国军”司令克拉克说，他是美国第一个在没有胜利的停战协定上签字的将军。

——抗美援越战争，再次与美国交手，以美国撤出越南战场而告终。美国吸取了当年朝鲜战场未能重视中国不得越过三八线的警告的教训，始终未敢越过十七度线。

——1962年中印边境自卫反击战，与印度交过手，历时一个月，清除了90余个入侵的印军据点，取得反击战的完全胜利。我军主动停火，并主动交还缴获的武器、车辆、军用物资，释放印军第7旅少将旅长达尔维以下3900名俘虏。

——1969年珍宝岛自卫反击战，与苏联交过手，打退了苏军数十辆坦克、装甲车的轮番进攻，摸了摸风头正盛的世界霸权主义的老虎屁股，缴获苏军新式T-62主战坦克一辆。至今这辆坦克还陈列在中国人民革命军事博物馆内供人们参观。

毛主席打遍天下无敌手，并不是偶然的。他的胜利来源于他所从事事业的正义性，来源于他与人民群众的血肉联系，来源于熔古今中外战略智慧于一炉的毛泽东战略思想。毛泽东战略思想是克敌制胜的法宝，是具有无限生命力的战略哲学，不仅在过去指导战争取得了胜利，而且在当前与未来也具有永恒的指导意义。

兵民为本　毛泽东始终坚信兵民乃胜利之本，始终把人民群众放在至高无上的位置，始终站在绝大多数人一边，相信人民群众，依靠人民群众。我军之所以撤出延安，三战三捷，以2万之众战胜胡宗南的20万大军，就是因为毛泽东相信陕北根据地人民好、地形险。淮海战役我军歼敌55万，动员了500万支前民工，遍地都是运粮食、运弹药、抬伤员的群众，这才是我们真正的优势。陈毅说，淮海战役的胜利是人民群众用小车推出来的。淮海战役是一场真正的人民战争，淮海战役的胜利也真正是人民的胜利。

你打你的，我打我的　毛主席说，他打了一辈子仗，没有什么诀窍，就是八个字："你打你的，我打我的。"这是毛泽东战略指导思想的精髓，是从哲学高度对毛泽东战略思想的总结。"你打你的，我打我的"就是争取完全的主动，就是决不按对手设想的套路出牌。打不打，在什么时间打，在什么地点打，以什么方式打，不能由对手说了算，决不随对手的曲调起舞，决不让对手牵着鼻子走，而要牵着对手的鼻子走。你打我要你打不着，我打你要你跑不脱。要以对手最意想不到、最不情愿、最害怕、最难受的时间、地点、方式把对手打个措手不及。

战略上以一当十，战术上以十当一 毛泽东从来是战略上藐视敌人，战术上重视敌人。这是辩证的统一。战略上藐视敌人，是从本质上把敌人看作纸老虎，以此建立我们敢于斗争、敢于胜利的信心和勇气。但在战术上，我们又必须重视敌人，把敌人当作真老虎、铁老虎来打，严肃认真对待，决不心存侥幸、掉以轻心，不拿血与火的较量当儿戏。

把握枢纽，部署全盘 要站在全局的高度，用心找出和把握事物的重心和枢纽。要站在世界全局的高度，把握世界大势，去认识和处理中国的问题；站在中国全局的高度，把握中国大势，去认识和处理各条战线、各个战局的问题。毛泽东同志强调说，要善于把握战略枢纽，去部署战役；把握战役枢纽，去部署战斗。辽沈战役，毛主席要林彪打锦州，就是因为锦州是解放战争全局的战略枢纽，扼住锦州这个咽喉，成关门打狗之势，将决定整个战争走势。林彪要打长春，把敌人往下赶，这只是战役眼光。

确定主要战略方向 战争较量，最忌讳的是陷入两线作战、首尾难顾的被动局面。情况越复杂，矛盾越多，越要找出起决定作用的主要矛盾。抓住主要矛盾，事情就可以迎刃而解。进攻要找准主要进攻方向，防御要找准主要防御方向。例如，在诺曼底战役中，盟军组织大量战略欺骗行动，德军作出了加莱为主要登陆方向的错误判断，加速了德军的失败。

集中优势兵力，各个击破敌人 《孙子兵法·谋攻篇》说："故用兵之法，十则围之，五则攻之，倍则分之。"我十倍于敌，就实施围歼；五倍于敌，就实施进攻；两倍于敌，就要努力分割敌军。要尽可能收拢五指，形成拳头。做到我专敌分，我专为一，敌分为十，以十攻一，以众击寡，就能给敌以致命一击。

上述重要原则不仅适用于两军对垒的战场，也适用于激烈竞争的商场、市场、竞技场。当然，矛盾性质不一样，后者不一定是你死我活的，有时是双赢的。

毛泽东主席是人，不是神，他也难免有这样那样的失误，但毛泽东主席的失误是伟大事业中的失误。列宁说，鹰有时飞得比鸡低，但鸡永远飞不到鹰那么高。

几只乱飞的苍蝇，怎能遮住熠熠夺目的太阳光辉？

几只乱窜的泥鳅，怎能阻挡长江、黄河汹涌澎湃的洪流？

胜利永远属于毛泽东！胜利永远属于毛泽东思想武装起来的伟大民族和伟大人民！

（2013年11月23日）

美国军事战略的理论基础

从1776年独立战争算起，美国迄今不过200多年历史，无论如何美国算不上是一个战略传统十分深厚的国家。直到第二次世界大战爆发前，无论是在理论上还是在实践上，美国还没有真正形成有自身特色的军事战略体系。唯一的例外是马汉的“海权论”。尽管美西战争美国的军事触角开始伸向太平洋，第一次世界大战美军涉足欧洲，但从总体上看，“美国的思想家们还不习惯在世界范围的大棋盘上下棋”。在力量上，美军基本上还是一支地区性军事力量；在实践上，美军的扩张范围大体局限在美洲地区，还在为“美国的美洲”而战；在理论上，还没有脱离模仿欧洲传统战略的阶段，少有生气。第二次世界大战是美国战略思想发展史上的一个重要转折点。第二次世界大战不仅把美国推上了世界战争的大舞台，使美国在战争中迅速崛起，成为高居西方之首的世界超级军事强国，而且大大激发了美国战略理论的创新热情，形成了空前的“战略热”，开创了美国现代战略研究的生动局面，逐步创立了具有美国文化特点的独立的战略体系。杜鲁门政府的“遏制战略”奠定了第二次世界大战后近半个世纪东西方冷战条件下美国军事战略的基础，标志着美国全球战略体系的正式确立。此后美国历届政府提出的带有各自个性和印记的军事战略，如艾森豪威尔政府的“大规模报复战略”、肯尼迪政府的“灵活反应战略”、尼克松政府的“现实威慑战略”、里根政府的“新灵活反应战略”，都不过是“遏制战略”在不同时期不同条件下的不同表现而已。柏林墙的倒塌，东西方冷战的结束，美国进入了军事战略的又一个重要转折期。从老布什政府超越以往“遏制战略”的“地区防务战略”到克林顿政府致力于主动营造有利于美国战略环境的“塑造—反应—准备”战略，再到21世纪小布什政府的“先发制人”战略及其在阿富汗战争、伊拉克战争中的应用，美国军事战略进入了全球积极进攻的新时期。

无论是第二次世界大战前的沉闷期还是第二次世界大战后的活跃期，无论是冷战期间两极对抗下的全球遏制还是“9·11”事件后先发制人的全球攻击，美国军事战略变中有不变，其制定与实施都不是随机的、任意性的、无缘无故的，而是有脉络可依、有规律可循的。美国各个时期的军事战略都是受美国战略文化中最基本的战略价值观与战略理念所支配与制约的。这些战略价值观是构成美国军事战略最重要的思想理论基础，是影响和决定美国军事战略的稳定性因素，也是我们理解美国军事战略的钥匙。美国军事战略的思想理论基础至少包含以下几个部分。

一、约翰·洛克的政治学

约翰·洛克（1632—1704）是17世纪英国著名哲学家和政治思想家，近代资产阶级国家学说和社会学说的奠基者，欧洲资产阶级启蒙运动的先驱。1689年洛克在其代表作之一《关于政府的两篇论文》中，系统论证了私有财产的充分自由和不可侵犯性，并进而提出了国家产生和存在的首要目的是保卫私有财产权的思想。他认为，“人们联合成为国家和置身于政府之下的重大的和主要的目的，是保护他们的财产”，私有财产权是人类“最永恒的权利”和“最高权利”。洛克为英国资产阶级与新贵族在17世纪关于财产和政权的辩论作了总结，阐明了资产阶级政权与财产的关系准则。当欧洲移民跨越大西洋到达美洲的时候，他们也很自然地把洛克关于保护财产权的政治理念移植到了美洲，成为美国政治制度的基础和出发点。恩格斯曾一针见血地指出：“被宣布为最主要的人权之一的是资产阶级的所有权。”军队是国家政权的重要组成部分，维护有产者的财产权也就成为美国军事力量运用的根本目的和军事战略的最高准则。对私有财产的保护在美国早期表现为北美13州移民对自身权利的维护和对英国殖民统治的武装反抗，其后则逐渐表现为以军事手段对美国资产者特别是占主导地位的财团的垄断利益的维护与拓展。例如，以军事手段为资本的增值开辟更加广阔的投资场所，确保稳定地获取外部资金、资源和能源，控制海外贸易不可或缺的战略通道，建立全球安全体系以巩固美国的全球经济体系。这是美国军事战略最深刻的根源，是美国军事战略万变不离其宗的核心与原动力，它决定美国军事战略的方向。离开了私有财产权的保护，就永远不能认识美国军事战略的本质。

二、杜威的实用主义哲学

实用主义的基本信条是“有用即真理”。实用主义认为实践的标准只是兑现价值和效用，这也就是真理的标准。真理不是观念对客观世界及其规律的正确反映，而是“有报酬”“有效用”“能满足我的需要”。凡能取得一时的“成功”或“效用”的就是真理。实用主义19世纪末产生于美国，代表人物是美国唯心主义哲学家、社会学家杜威。实用主义哲学迎合了以“快快发财”为宗旨的美国社会的普遍需要，所以这一思潮立即风靡美国，并在整个西方广泛传播，因而，它不可避免地成为支配美国军事战略思维的核心理念之一。受实用主义哲学的影响，美国军事战略在作战指导上，没有成本大套的战略理论体系，没有千古不变的教条，没有不可更改的金科玉律，打得赢就是真理；在敌我区分上，没有从一而终的盟友，也没有永远的敌人，一切以美国的利益为转移。在利益与道义之间，利益是第一位的，道义是为利益服务的。这就不难理解，为什么第二次世界大战的硝烟尚未散去，昔日的反法西斯盟友苏联一夜之间就变成了美国的头号敌人；为什么美国昨天还不惜以原子弹摧毁的日本军国主义，今天却受到美国的特殊关爱；为什么同是萨达姆，20世纪80年代美国不遗余力地予以支持，到了90年代，美国必欲除之而后快。这都是因为美国对利益的判断发生了变化，它们在美国利益结构中的位置也发生了变化，因而，美国军事战略的调整就是不可避免的。

三、马汉的“海权论”

19世纪中叶，美国就把疆土扩展到了太平洋东岸，成为东与大西洋相接，西与太平洋为邻的两洋国家。但当时在海上称霸的还不是美国而是英国。新诞生的美国还只能在岸边徘徊。只是在马汉提出著名的“海权论”后，才激起了美国问鼎海洋的热情。曾经担任美国海军学院院长和“芝加哥”号巡洋舰舰长的美国海军少将马汉在《海上力量对历史的影响》等著作中，最早系统地阐述了海洋对于以贸易立国的国家的战略意义，论证了建设强大的海军与掌握制海权的极端重要性。他指出，自新航路开辟以来，制海权决定一个国家国运的兴衰，海上交通线是一个国家实力和战略的重要因素，夺取海外战略要点，控制海上战略交通要道，确保己方交通线，切断对方交通线的能力是一个国家武装力量的根本，是海上强国的天赋特权。马汉强调，要确保制海权就必须发展强大的海上力量，并把歼灭敌国舰队作为海军首要的战略任务。马汉以其“海权论”奠定了他在美国乃至世界战略思想发展史上作为“海上力量思想家”的地位。美国前总统罗斯福称他是“美国生活中最伟大、最有影响的人物之一”，美国学术界称他是“带领美国海军进入20世纪的有先见之明的天才”。马汉的“海权论”开创了美国海上战略的新时代，直接刺激了美国海军的迅速崛起。到19世纪末，一直默默无闻的美国海军跃居世界第5位。1906—1907年，随着大西洋舰队和太平洋舰队的正式建立，美国海军作为一支两洋力量开始崭露头角。经过两次世界大战，美国已经取代英国成为称霸海洋的超级世界海上强国。美国的航母战斗群每天都在世界各地游弋，哪里有事，美国的航母战斗群就首先出现在哪里，美国海军是实现美国利益不可或缺的战略性力量。1986年2月美国海军部雄心勃勃地制定了控制世界上16个咽喉航道的战略计划，这16个咽喉航道北起格陵兰—冰岛—英国海峡，南至非洲以南航道，近起佛罗里达海峡和巴拿马运河，远至东南亚的望加锡海峡，包括巴拿马运河、朝鲜海峡、巽他海峡、马六甲海峡、直布罗陀海峡、苏伊士运河等，遍及太平洋、大西洋、印度洋和北冰洋，是世界最有战略价值的海上通道。控制了它们，就控制了世界上连接各大洋的海上枢纽和海上交通线。这些交通线不但是环球贸易航线，也是军事补给通道和由海到陆的战略要道。对今天的美国来说，控制海洋始终是军事战略的重心所在，是维护美国本土安全和海外利益的柱石。

四、斯皮克曼的地缘政治学说

斯皮克曼（1893—1943）曾任美国耶鲁大学国际关系研究所所长，是美国“边缘地带论”的创立者。斯皮克曼认为，在所有因素中，地理位置具有相当的恒定性，“要决定维护国家安全的政策，就必须考虑国家的领土在世界上的位置、领土的大小和资源以及其他国家的领土和实力分布等等情况”。“在全球战争的时代，军事战略必须把全世界作为一个整体来考虑，而且必须从所有战线的相互关系去考虑全部的战线。”在代表作《和平的地理学》（1944）一书中，斯皮克曼针对麦金德的“大陆心脏论”，提出了“边缘地带论”，他认为大陆心脏地带现在或将来难以成为世界交通枢纽和潜在实力中心，而处于大陆和近海之间的边缘地带在全球战略中才最为重要，起着缓和海上势力和陆上势力冲突的作用。“谁支配着边缘地带，谁就控制欧亚大陆；谁支配欧亚大陆，谁就掌握世界的命运。”他还特别强调指出，“美国在地理上是被欧亚大陆以及非洲和澳洲包围着的”。在美国的西面和东面分别存在一个实力中心，因此美国“在和平时期就一定要经常注意不让任何国家或几个联盟国家以优势的力量出现在旧世界这两个区域的任何地方，以免我们的安全受到威胁。显而易见，欧亚大陆各国之间的内部实力关系，将在很大程度上决定我们的政策方向”。斯皮克曼的“边缘地带论”是美国第二次世界大战后调整战略部署，以欧亚大陆东西两大边缘地带为重心与苏联开展全球性冷战的理论依据，并成为影响美国军事战略布局的主导性思想。北大西洋公约组织与美日安保条约两大军事同盟体系的形成就是这一理论的典型产物。斯皮克曼之后，欧亚大陆边缘地带论在基辛格、布热津斯基等美国现代政治家、思想家身上得到了继承与发挥。20世纪70—80年代曾任美国国家安全事务助理的布热津斯基在被称为“指导美苏竞争的地缘战略纲要”的《博弈计划》(又译《运筹帷幄》)一书中称“第二次世界大战后，地缘政治因素构成了美苏两国冲突的根本原因”。“地缘政治和战略考虑，决定着海洋大国美国和陆地大国苏联这两个国家之间历史性争夺的焦点、内容和最终结局”。“美苏争夺虽然是全球性的，但其重点是欧亚大陆。它是世界的中心大陆块，包含着世界大半人口、土地和财富。欧亚大陆是这场争夺的地缘战略焦点，也是地缘政治的争夺目标。争夺欧亚大陆的斗争是一场全面的斗争，它在远西、远东和西南亚这三条主要战略战线上展开。”第一条主要战略战线——欧洲具有极其重要的地缘政治意义，它是欧洲工业区的最重要部分，是出入大西洋的咽喉。第二条主要战略战线——远东控制着进入太平洋的主要出口。第三条主要战略战线——西南亚对另外两条战略战线有决定性影响。特别是由于波斯湾国家的石油储藏量占世界已探明的石油储量的56%，因此这里是西方重大战略利益之所在。在这里，布热津斯基首次把地缘政治与资源政治紧密结合在一起，大大扩展了斯皮克曼地缘政治学说的内涵。苏联解体后，布热津斯基进一步阐述了冷战后美国欧亚大陆地缘战略的新构想。在《大棋局》一书中，他总结了美国欧亚大陆地缘战略的要旨，提出了美国地缘战略的三大目标：一是防止在欧亚大陆出现足以挑战美国的大国；二是防止欧亚大陆出现两个国家或两个以上的国家结成针对美国的同盟；三是在欧亚大陆保持美国的仲裁者地位。这就进一步把美国的地缘战略更加系统化和理论化了。

（2004年）

中国地缘军事安全环境评估

2010年是中国地缘军事安全环境极其复杂、极其严峻的一年。和平发展与冷战对抗两种思维、两种理念、两种价值观的碰撞与较量分外激烈。中美结构性矛盾明显上升，美国全球军事战略部署重心加速东移，成为影响中国地缘军事安全环境的最大变量。中国地缘军事安全形势呈现出国际战略结构性调适期与磨合期的典型特征，阵发性低频震荡明显增多，但总体安全框架在动荡中仍保持了低水平的相对稳定与平衡。

一、当代军事世界的政治现实

1. 当代强权政治仍在发展，冷战思维顽强表现自己，战争根源远未消除

东西方冷战过去了20多年，人类社会至今并未如某些人所宣称的进入“永久和平世纪”。冷战思维不但未能实现“历史的终结”，反而在新的国际背景下有了新的发展。金融垄断资本以军事手段寻求垄断利润最大化的本性仍然是当代战争的深刻动因。以追逐世界权力、控制地缘战略枢纽、攫夺战略资源为目的的搏杀，仍然在国际社会每日每时上演。全球化加速发展，使世界各国相互依存度日益增强，昔日大国间、军事集团间、政治阵营间那种全面的高强度的军事冲突的战略效益与诱惑力有所下降，但是在全球化过程中，随着各国联系日益密切，利益摩擦的概率和频率也相应加大。核恐怖平衡虽然制约了核大战，但难以防止常规战争。尤其是，全球化过程同时也是占优势地位的西方向全球扩展自己的战略利益和价值观的过程，这就使摩擦与冲突更加不可避免。据不完全统计，2010年世界各地发生的局部战争和武装冲突多达52起。刚进入2011年，利比亚国土上空西

方联军巡航导弹和GBU激光制导炸弹无情的爆炸声清晰地提醒人们，当代战争的幽灵从未远去，强权政治在实现自己意志的时候是从不手软的。头顶“诺贝尔和平奖”光环的奥巴马在8年前小布什发动伊拉克战争的同一天，也以“奥德赛黎明”行动，即普京所指的“十字军东征”，再次证明了“每一个美国总统都有他的战争”的经典公式。

2. 世界各国不断深化军事变革，争夺战略主动权的竞争方兴未艾

2010年，世界新军事变革继续向广度和深度进军。在这场建构信息化新军事体系的历史性变革中，美国以每年军费开支占世界军费开支总额一半以上的雄厚财力、物力和先进的技术基础，继续居于领先地位。美国在全面推进军事理论、军事技术、军事结构转型的过程中，不断把军事触角伸向外层空间和网络空间，以占领新的战略高地。2010年4月23日，美国耗时10年研制的世界第一架空天飞机X-37B首次发射升空。2011年3月5日，第二架空天飞机X-37B再次升空。X-37B被称为“太空战斗机”，具有高度机动性和可变轨特性，可对敌国卫星和其他航天器采取军事行动，包括控制、捕获甚至摧毁敌国航天器，以及对敌国进行军事侦察或核威慑等，是名副其实的太空作战平台。5月21日，美国宣布正式成立网络司令部。美国不仅在世界上第一个提出网络战概念，而且是第一个将其应用于实战的国家。12月13日，美国国务院公布一份由五角大楼编纂的文件称，美国政府计划在未来5年内投入10亿美元开发常规武器全球即时打击能力，即对位于全球任何地点的高价值目标实施精确打击，从发起攻击至攻击结束，所用时间不超过1小时。9月，俄罗斯总统梅德韦杰夫签署命令，宣布自2010年12月1日起，撤销原有六大军区，组建西部、南部、中央和东部四大军区，并在此基础上组建西部、南部、中央和东部四个战略战役司令部，区内陆海空三军部队统一由战略战役司令部指挥，战略核力量则由国家控制。以战略方向为任务区设置联合指挥机构的四大联合战略司令部体系的建立，标志着俄军2008年底启动的以“武装力量新面貌”为主题的军事改革进入新的发展阶段。在这场新军事变革中，其他国家亦纷纷制订规划，投入资源，推动军事创新，以争取在未来军事战略格局中的有利地位，但与美国的“技术差”与“战略差”并未缩小。美国作为全球唯一超级军事大国的突出地位及其绝对军事优势没有改变。

3. 核领域数量控制与质量升级并行，核横向扩散与纵向扩散同在，核安全形势日益严峻

2010年，国际核领域空前活跃。核外交、核峰会、核协议接二连三，密集上演。奥巴马的“全球零核”讲话余音未了，4月6日，又发表新的《核态势报告》，声称美不再研制新一代核武器。4月8日，历经20年波折，拥有全球95%以上核武器的美俄两国签署新的《削减和限制进攻性战略武器条约》，就“核瘦身”达成新的协议。双方承诺，条约生效7年内，各自部署的核弹头数量不超过1550枚，已部署和未部署的核武发射工具总数不超过800单位。4月12日至13日，奥巴马在华盛顿召开有47个国家领导人或代表以及联合国、国际原子能机构和欧盟等国际机构负责人参加的全球核安全峰会，就防止核材料滥用，特别是防范恐怖组织获取核材料交换意见。5月3日至8日，第八次《不扩散核武器条约》缔约国审议大会在纽约联合国大厦举行。国际社会对核问题前所未有的关注，使2010年成为名副其实的“核问题年”。

但是，国际社会空前的“核议题热”并未能遏止日益严重的核扩散势头，更不意味着世界核冷战思维和核冷战态势已经发生根本转变。美国核专家直言不讳地指出，所谓核裁军不过是“数字游戏”，不仅计算方法有许多奥妙，而且所谓裁减也只是对耗资巨大的超期服役的核弹头的正常处理。美国一边与俄罗斯谈判核裁军，一边增加高达800亿美元的专项开支，用于核武库的更新换代。美国一边削减别人的核武器，一边却加紧全球导弹防御系统的部署。即使美俄两国如期将核弹头数量裁减到1550枚，也只是将毁灭世界几十次的能力减少一两次而已。美国刚刚作出裁减核武器的姿态，就急不可耐地把话锋引向中国，要求连美国核武器零头都不到的中国进行核裁军。有人形容这就如同大象要求蚂蚁和它一起减肥那样不可理喻。在西方国家的双重标准下，一些“核门槛”国家跃跃欲试，国际恐怖主义势力也越来越接近获得核手段。世界面临的核威胁并没有实质性的缓解，中国面对的更是一个由核俱乐部成员、事实上的核国家以及核门槛国家构成的密集的核包围圈，所谓“核春天”遥遥无期。

4. 军事力量在各国国家战略结构中的支柱地位并未下降，军事力量仍然是各国维护或拓展国家利益的重要工具

虽然在信息化条件下，经济技术输出越来越成为强国直接谋取利益的重要方式，但军事力量并未因此遭遇冷落。在某些国家，军事手段正在更加有力地为经济技术输出开辟通道和提供后盾，两者紧密配合，相辅相成。在战略竞争和利益冲突日益加剧的世界，各国对军事力量的依赖有增无减，军事力量始终是各国国家战略的支柱。一有事，美国总统第一时间的第一反应就是“我们的航空母舰在哪里？”以航空母舰打头阵，扩展自己的全球利益，是当代的一大西洋景。2010年各国军事投入普遍上升。据斯德哥尔摩国际和平研究所最新报告，2010年世界军费开支再度上涨，增至1.63万亿美元。2010—2011财年，美国军费预算再创历史新高，达7082亿美元，比上一年增加11.3%。2010年10月，俄罗斯杜马通过的2011年军费预算为15210亿卢布（约501.9亿美元），比上一年增加19.1%。印度2011财年军事预算比上一年增加32亿美元，达320亿美元。越南2011年军事预算增至52万亿越南盾（约170亿元人民币），比上年增加70%。澳大利亚2010—2011财年的军费预算从2009—2010财年的244亿澳元（约220.4亿美元）增加到257亿澳元。在军备方面，2010年美海军继续加大“宙斯盾”驱逐舰、核动力攻击潜艇等采购力度，空军推动B-2、B-52战略轰炸机升级改造。俄罗斯空军第五代新型战斗机T-50已于6月17日完成第一阶段试飞任务，计划2015年前装备64架新型战机，同时俄历经17年建造的“世界上最安静的”新型核动力攻击潜艇“北德文斯克”号于6月15日下水。印度全力打造“蓝水海军”，计划于2013年接收俄“戈尔什科夫海军上将”号航空母舰。12月21日印俄签署300亿美元防务合作大单，其中之一是共同研发第五代战斗机。10月13日，日本新一代通用型驱逐舰首舰“秋月”号下水，并计划下一步再造3艘该型驱逐舰，潜艇也计划从16艘增至22艘。根据新《防卫计划大纲》，日本计划购买40架包括F-35在内的新战机。韩国两艘“宙斯盾”驱逐舰于2008年、2010年相继服役后，第三艘“世宗大王”级“宙斯盾”驱逐舰也于2011年3月24日在蔚山下水。

二、影响中国地缘军事安全的若干因素

1. 美国全球军事战略部署重心东移，中国面临的地缘战略压力增大

20世纪末以来，美国全球利益重心日益东移，美国跟亚太地区的经济联系日益紧密。1960年，美国与亚洲的贸易额只及西欧的一半；2009年，美国与亚洲的贸易额已达16129亿美元，约为美国与欧洲5892亿美元贸易额的3倍。科索沃战争后，美基本完成欧亚大陆西部边缘地带的战略布局，“西线无战事”，加之中国的快速发展，引起美国的高度疑虑。美国全球军事战略部署重心由欧亚大陆西部向亚太地区逐步转移。经过多年经营，美军西太平洋岛链体系和基地群建设得到进一步强化，关岛被打造成新的亚太战略枢纽，美军60%的核潜艇和11艘航空母舰编队中的6个编队陆续进驻这里。与此相配合，美高调“重返东南亚”，在我东海和南海专属经济区抵近军事侦察和军事演习明显增多。2010年美国在亚洲地区的“军事秀”达到了创纪录的程度。仅2010年下半年以来，美国在整个亚太地区进行的

各类联合军事演习共计19场。其中，6月23日—8月1日，“环太平洋2010”演习，美、澳、加、日等14国参演人数超2万，为历史上规模最大的一次。美军事前沿日益逼近中国。4月6日，美军太平洋舰队司令威拉德在众议院军事委员会承认美在太平洋地区前沿部署的军舰、飞机和军队就是为了“威慑中国日益增长的军力”。他在接受媒体采访时还声称，“我们看管着南中国海、东中国海”，以“保障本区域的安全”，因为这是“美军太平洋司令部长期以来的使命”。

2. 亚太地区军事同盟体系得到进一步强化，中国面临“亚洲北约”的结构性牵制

冷战已经过去了20多年，近年来日本要求摆脱美国控制，与美国平起平坐，回归亚洲的呼声日高，韩国也力图早日收回军事指挥权，但是美国无意拆除这架过时的冷战机器。2010年春相继发生的“天安舰”事件和钓鱼岛事件，为美提供了修补美亚太地区同盟体系裂痕的机会。美国充分利用这两场危机，不仅迅速制止了日、韩一度出现的离心倾向，进一步加强了对日、韩控制的力度，而且还首次促成日、韩军事上的靠拢，美、日、韩出现了军事一体化的迹象。

与此同时，美国还迅速与中国周边其他有利用价值的国家接近。2010年3月，在印度尚未签署《不扩散核武器条约》的情况下，美与印就进一步核合作达成协议，承诺向印提供核燃料、核技术。此外，美国还承诺为印提供总额高达180亿美元的军事装备，包括向印出售第五代隐形战斗机F-35。美声称要“为印军现代化提供动力”，“帮助印度成为21世纪世界大国”。2010年8月，“华盛顿”号航母访越，美越这对昔日的宿敌突然联手，在敏感的时间、敏感的地域举行联合军事演习。美《新亚太战略报告》称：“越南与美国有许多共同安全目标。”参议员麦凯恩称：“越南正成为美国在亚太地区最重要、最有希望的伙伴。”美为何如此起劲地“为印军现代化提供动力”？美越的“共同安全目标”是什么？十分耐人寻味。

美与台湾当局仍保持着实质性军事同盟关系。1月30日，美国政府不顾中方强烈反对和多次严正交涉，宣布向台湾地区出售“黑鹰”直升机、“爱国者-3”反导系统、扫雷艇等总额近64亿美元的武器装备，严重违背《中美联合声明》的原则，严重危害中国国家安全，损害中国的核心利益。

3. 美、日等国相继调整军事战略方针，以中国为其战略对手，直接影响中国的和平发展与国家安全

美国国防部2010年2月颁布的《四年防务评估报告》宣称，“世界上人口最多的国家——中国的崛起，将重塑国际体系”，“这事关美国的核心利益”。报告有针对性地提出所谓打破“反介入”和“区域拒止”的作战任务。2010年5月18日美国“战略与预算评估中心”发表题为《空海一体战》的研究报告。“PLA”这个词在报告里出现了380多次。与当年开发“空地一体战”作战概念，准备与华约在欧洲打一场地面战争相比，“空海一体战”作战理论准备与新的对手在西太平洋地区打一场空海战争。12月20日，美参议院共和党领袖米奇·麦康奈尔鼓吹，面对中国的崛起必须做好军事准备。2011年3月10日，美情报总监詹姆斯·克拉珀在参议院军事委员会作证时宣称，“在许多国家当中，中国的核武库对美国最具致命威胁”，“俄罗斯对美国的威胁处在中国之后，居于第二”。12月9日日本防卫省公布了时隔6年后重新修订的新《防卫计划大纲》和《中期防卫力量整备计划》，进一步渲染所谓“中国军事威胁”，指责中国军事发展“成为地区和国际社会的担忧事项”，将“密切关注中国”的政策升级为“警戒监视”。2011年4月6日，日本防卫省所属防卫研究所首次以特定国家为对象，发布《中国安全保障报告》，声称“中国军力的发展威胁到日本和日美安保体系”，“无法否定日本自卫队和解放军之间爆发‘不测事件’的可能”。日本公开抛弃“专守防卫”战略，改行“动态防卫”，削减在本土的防卫力量，以大力加强对“西南海域”的防卫。同时，日本陆上自卫队38年来首次扩编，增员达1.3万人，派驻“西南诸岛”的兵力10年内将增至2万人，达到目前冲绳驻军的10倍。

印度国防部2010—2011年度报告也将中国列为潜在威胁，报告称“印度意识到并关注中国不断变化的军事状况对近邻及更大范围的周边地区的影响”。印度在与我有争议的边境地区新近部署2个山地师，共2.5万～3万人。2009年5月澳大利亚发表国防白皮书，渲染“中国军事威胁论”。2011年2月澳大利亚联邦政府最高军事顾问之一罗斯·巴比奇声称，“不断崛起的中国人民解放军带来的挑战是澳大利亚国家安全决策者们自二战以来面临的最重大挑战”。2011年3月上旬，越南驻美大使在夏威夷与美太平洋舰队司令罗伯特·威拉德会谈时表示，“针对中国宣称拥有主权和妨碍航行自由的企图，越美两国应联合起来加以应对”。

4. 中国周边地区动荡加剧，危及中国周边安全环境的稳定

进入2010年以来，我周边地区动荡急剧增加，并呈现群发性、同时性、共振性的特点。

在中亚，吉尔吉斯斯坦局势陷入持续紧张。4月，比什凯克等多个城市示威群众拥上街头，攻占政府大楼，最终推翻巴基耶夫政府。6月，南部贾拉拉巴德和奥什等地骚乱再起，造成大批人员伤亡，10万居民逃离家园。

在东南亚，泰国“红衫军”街头持续抗争，爆发流血冲突。泰国政局再次进入新一轮“选举—街头抗争—解散议会—再选举—再抗争”的恶性循环。缅甸政府军急于在大选前对缅北少数民族地方武装展开“清剿”，使这个本来就深陷矛盾旋涡的是非之地再次进入多事之秋。2011年2月，柬泰两国军队在柬泰边境千年古寺柏威夏寺附近有争议地区先后爆发6次武装冲突。双方动用了火箭炮、大炮等重型武器，互有人员伤亡。

在东北亚，蒙古爆发反政府示威。日本鸠山政府在美军普天间基地搬迁问题上摇摆不定，遭到民众强烈抗议。6月2日，就任不到9个月的鸠山被迫辞职下台。2011年3月11日，日本东部发生9级大地震，福岛核电站严重受损，福岛核电站泄漏的放射性物质向大气、海洋、地下水以及食物链迅速扩散，造成战后亚太地区空前未有的核恐慌与危机。

一直是国际关注焦点的朝鲜半岛，因韩国“天安舰”突然解体沉没事件，南北方敌对情绪与紧张局势进一步加剧。11月23日，朝鲜和韩国在有争议的“北方界线”附近的延坪岛发生交火，朝方炮击造成韩方4人死亡。

在南亚，阿富汗战争久拖不决，当选总统卡尔扎伊与“占领军”之间的矛盾与摩擦加剧。重大恐怖袭击事件在巴基斯坦频发，美军一再实施越境打击，使巴局势越来越难以控制。

上述事态既有大国博弈的背景，也有各自的内部原因；既有所谓政治转型期的“民主”乱象，也有全球金融危机导致社会经济政治矛盾日益激化的消极后果；既有天灾，也有人祸。周边地区是我和平发展的地缘战略依托，其动荡直接影响我地区安全环境的稳定。特别是一些国家与我接壤，又是重要的地缘战略要点，这些地区的动荡，使我地缘战略环境增添新的不确定因素。

5. 传统安全威胁与非传统安全威胁交织，中国地缘军事环境日趋复杂化

作为东西方冷战的最后一个战场，紧邻中国东北部的朝鲜半岛38度线两侧重兵尖锐对峙，随时都可能擦出战争的火星。美国借“天安舰”事件之机，首次把航空母舰开进了中国的黄海，美国政治的“笔尖”，越来越抵近中国家门口游弋。在东中国海，日本公然绑架中国渔船船长，试图以国内法进行审判，造成日本对钓鱼岛的非法占领合法化的假象。美置《开罗宣言》《波茨坦公告》于不顾，竟宣称《美日安保条约》适用于钓鱼岛，并公开与日本开展以钓鱼岛为背景的“夺回离岛”联合军演，赤裸裸地以武力介入中国与他国的领土主权争端。在南中国海，美国制造所谓“航行自由”的伪命题，宣称中国的南海诸岛是“美国利益”之所在。大张旗鼓地进行军售、军援、军演，鼓动与中国有海洋权益争端的国家发展军备，以“多边”方式，联手对付中国。

在非传统安全领域，国际恐怖主义、宗教极端主义、民族分裂主义依旧猖獗，威胁日益上升。非传统安全问题，不仅仅表现为来自非国家行为体的威胁，而且越来越成为国家间利益博弈的重要领域，以及危及国家安全的重要形态。2010年，围绕全球气候变化问题、国际金融秩序问题，所谓“民主”“人权”问题，网络自由化问题的较量，显得格外突出，格外尖锐。其中，美国等西方国家在国际经济严重失衡与国内经济严重失衡的情况下，为转嫁经济危机，乞灵于贸易保护主义，高筑贸易壁垒，日益挑起针对中国的贸易摩擦。中国手中高达1.1601万亿美元的美国国债的安全性、流动性、收益性几无保障，随时都可能由于美元的恶意贬值而瞬间蒸发。为了维系美元无法无天的霸主地位，阻挠国际货币体系改革，排除所有的可能对手，美国重施25年前逼迫日本签订“广场协议”从而一举打垮日元的故技，在制造欧元危机后，集中火力，大肆炒作人民币汇率问题，发动针对中国的新货币战争，试图操控中国金融市场，扰乱中国金融秩序，染指中国金融主权。

三、中国面临的地缘军事安全环境的总体判断

1. 由于中国综合国力与国防现代化的长足进步，维护国家安全能力大大增强

尽管中国面临诸多安全挑战，突发事件与局部军事冲突不能排除，但遭大规模武装入侵和全面战争的可能性不大。

2010年中国的国内生产总值（GDP）为397983亿元，按可比价格计算，比上一年增长10.3%，已经超越日本成为世界第二大经济体。近年来，着

眼于时代发展和国家安全的需要，以信息化为核心，积极推进中国特色的军事变革，加快军事理论、军事技术、军事组织、军事管理创新，我军已经成为一支具有较强的信息控制能力、战略反击能力、远程精确打击能力、战略投送能力、应急反应能力的现代化国防军。在人民战争的支持下，我们完全有能力应对任何挑衅。外敌入侵中国而不受惩罚的时代已经一去不复返了。任何势力都不能不考虑挑战中国的严重后果。这是我国安全保障最重要的物质基础。

2. 尽管相互摩擦时有发生，但中国与世界各国相互依存度日益加深，有利于降低与减少重大军事危机

当今时代是全球化日益深入发展的时代。全球范围内人流、物流、资金流、技术流和信息流的跨国流动，打破了曾经使世界相互隔绝的冷战壁垒，世界联系日益紧密。中美双边年贸易额高达4000亿美元，2015年将达5000亿美元。2010年中俄、中韩、中日、中国与东盟双边年贸易额也分别超过550亿美元、2000亿美元、3000亿美元、3000亿美元。世界各国利益相互渗透、相互依存，不是非黑即白、非得即失、你得我失、你死我活的“零和博弈”时代。战争是一把双刃剑，任何人在发动战争危害他人利益的同时，实际上也在危害着自己的利益。这也是有利于制约军事冲突失控的重要因素。

3. 中国与世界各国面临越来越多的共同安全需求与共同安全责任，安全合作与安全对话，也在一定程度上有利于增进军事互信

全球化条件下，全球共同安全威胁日益突出。包括中国在内，各国都共同面临国际恐怖主义、走私贩毒活动、海盗活动、跨国犯罪、全球核扩散、全球气候变化问题，全球能源问题等严峻挑战。无论是哪一个国家都难以单独应对这些挑战。这就需要各国更紧密地开展国际安全合作。这种安全合作的过程也是增进了解、增进互信的过程，从而一定程度上有利于缓和彼此的利益矛盾，减少冲突的发生。

4. 中国周边地区虽有动荡，但是尚未根本颠覆中国地缘战略所依托的基本态势

2010年，中国周边消极面上升，矛盾复杂，动荡加剧，但地区和平发展的基本态势并没有改变，周边国家对华合作仍然是主流。周边国家对中国和平发展的道路虽然有所疑虑，但是认同仍大于疑虑，对中国快速发展提供的机会的期望值日益增加。面对中国的快速发展，一些国家既希望把外部势力引进来，平衡中国，但是曾经遭遇强权压迫与蹂躏的历史记忆，使他们对强权政治介入地区事务又持有戒心。总的来看，中国同周边国家发展友好合作关系的机会仍大于挑战，只不过是困难增加了，阻力增加了，复杂因素增加了，但是基本面还没有根本改变。

5. 尽管美战略重心东移，对我压力增大，但受诸多因素制约，美短期内难以集中注意力与战略资源对付中国

中美间在地缘战略结构、意识形态结构和战略力量结构等方面存在的深刻矛盾难以在短期内消失。随着中国的快速发展，上述矛盾将周期性地对中美关系的发展构成干扰。未来中美关系的发展绝不会是一帆风顺的。但是中美在防止核扩散、维护地区和平与稳定、应对气候变化、走出全球金融危机、反对恐怖主义等一系列重大地区与全球性挑战上，双方又有广泛的共同战略利益。美国离不开中国的合作，中美对抗并不符合美国国家利益。当前美国仍深陷阿富汗战场、伊拉克战场和金融危机而难以脱身。最近西亚北非立体动荡，西方与伊斯兰世界的冲突日趋尖锐，美国的战略困境进一步加深，这对美国是一个重要的牵制。在中美关系的战略“磨合期”，加强中美关系的战略管理，在新的战略基础上再次实现正常化，符合双方战略利益，也符合整个国际社会的整体利益。

6. 中国地缘军事安全环境虽然复杂多变，但中国国家安全的方向盘始终掌握在中国自己手里

面对复杂多变的安全形势，我们坚持把国家主权与安全放在第一位，统揽全局，审时度势，趋利避害，从容应对，使我们始终处于较为主动的地位。在事关中国国家安全大局的中美关系问题上，我们坚持把原则的坚定性与策略的灵活性结合起来，从两国的共同利益出发，以对话加深了解，以合作化解分歧，努力增进战略互信，扩大积极因素，抑制消极因素，引导中美关系朝健康的方向发展。在我地缘战略依托的周边问题上，我们着眼于地区的长期稳定、持久和平与共同繁荣，坚持全面发展与周边国家的睦邻友好合作关系，坚持不干涉别国内政。对于来自各个领域的安全挑战，我们坚持自主、自强、自卫的原则，始终把中国的命运掌握在自己手里。在互信、互利、平等、协作的新安全观的指导下，谋求建立以综合安全、共同安全、合作安全、发展安全为内涵的新型安全伙伴关系。为了满足不断发展的国家安全利益的需要，我们坚持与国家社会经济发展水平相适应，适当增加国防投入，不断提高国防现代化水平，壮大和平实力。在我们党坚定正确的领导下，我们始终保持了清醒的头脑，抵御了对国家发展战略机遇期的种种干扰，维护了和平发展大局。

（本文为《中国地缘安全环境评估报告》之一，2011年9月）

中国国防战略新基点：自主、自强、自卫

为了有效地维护中国国家主权、国家安全、国家统一、领土完整等国家核心利益，保障中国和平发展的战略机遇期不被干扰和破坏，中国坚持自主、自强、自卫的国防战略；坚持独立自主，把命运掌握在自己手里，不依附于任何人，不屈服于任何人，不受制于任何人；坚持以实力求和平，以实力固国权，以实力保发展。中国锻造国防新军的唯一目的就是自卫，此外再无别的目的。中国坚持自卫足够的原则，不走西方“国强必霸”的老路，不凭借武力对外扩张与称王称霸。

一、坚持独立自主，把命运掌握在自己手里

所谓独立自主，一是独立，不依附于任何人，立足于依靠自己的力量保障国家安全；二是自主，不受任何人摆布，自己的事情自己做主，自主地根据事实本身的性质作出自己的战略判断，自主地进行国防决策和制定国防发展战略。独立自主的国防政策就是中国的国防事务要按照中国的国情、军情来办，要以中国国家的生存与发展利益为最高准则来办，要依靠中国人民自己的力量来办，独立判断、独立决策，把我们的方针放在自己力量的基点上。

独立自主地制定自己的国防政策，独立自主地处理中国自己的国防事务，是中国近代百年以来无数仁人志士用头颅和鲜血换来的宝贵权利。鸦片战争以来，中国一步步沦为半殖民地半封建社会。西方殖民主义者在中国的土地上横冲直撞，为非作歹。中国的国土布满了西方列强的租界，帝国主义在中国划分了一个个势力范围。中国人民有国无权，有国无防，谈

何独立自主？1846年，衰败中的大清帝国，在上海外滩设立“江海北关”，专门办理外国商人的进出口税务。1858年，朝廷准奏在广州设立第二个海关，而被聘为广州新关副税务司的却是19岁来华，先后在英国驻宁波和广州领事馆担任翻译和助理的英国人赫德（Robert Hart）。赫德怀揣大英帝国的野心，28岁被大清任命为海关总税务司，直到1908年休假离职回国，仍挂总税务司的头衔。外国人主持中国海关竟然近半个世纪。大清海关税收在1861年达到白银496万两，1871年为1121万两，到1902年已达到3000万两。中国海关名义上归属总理衙门管辖，但实际上从人事安排到运作管理全部操于洋人之手。海关主权的旁落，是一个主权国家的耻辱记录。同样具有讽刺意味的是，《天津条约》签订十年之际，清政府担心西方列强趁修约之机“索要多端”，急于事先遣使笼络各国，而总理衙门官员和同文馆师生无人堪当此任。主持总理衙门外交事务的恭亲王奕䜣上奏朝廷“请派蒲安臣（Anson Burlingame）权充办理中外交涉事务使臣”，“用中国人为使臣，诚不免于为难，用外国人为使臣，则概不为难”。于是前美国公使蒲安臣摇身一变，成了中国皇帝的钦差，率领清政府第一个外交使团“办理中外交涉事务”。为了维护帝国的面子，清政府又任命了两名级别不太高的总理衙门章京，即记名海关道志刚和礼部郎中孙家谷，“赏加二品顶戴”，也以同样的名义，会同蒲安臣办理中外交涉事务。为了不得罪英国和法国，寻求列强之间的平衡，清政府又特地聘请英国驻华使馆翻译柏卓安和法籍海关职员德善分别担任“左协理”和“右协理”。蒲安臣使团于1868年2月25日从上海出发，至1870年10月18日回到上海，历时两年零八个月，先后访问了欧美11个国家。近代中国第一个外交使团居然要由外国人来率领，充分表现了清政府半殖民地的屈辱色彩。尽管组建使团时总理衙门曾有限制蒲安臣权限的如意算盘，向皇帝报告说：“凡于中国有损之事，令其力为争阻；凡于中国有益之事，令其不遂应允，必须知会臣衙门覆准，方能照行。

在彼无可擅之权，在我有可收之益。倘若不能见效，即令辞归。”使团出发前又给蒲安臣下达八条训令，要求他前往各国，所办之事，所到之处，都应与中国使臣“和衷商酌”，大小事件都要“逐细告知”；遇到重大事情，必须与中国使臣一起“咨明中国总理衙门候议，再定准否”，未授予其订约之权。可是当使团出国以后，蒲安臣便独揽大权，包办各种谈判交涉，甚至擅自订约。如在美国，蒲安臣多次单独与美国国务卿西华德秘密会谈，商订有利于美国输入华工及在华贸易、传教的《中美续增条约》（俗称《蒲安臣条约》）。中国官员直到举行签约仪式时，才被请去出席并画押、盖印，清政府事后也不得不予以批准。中国使臣志刚、孙家谷成了点缀品和观光客，主要活动是参观游览。直到1870年2月蒲安臣在俄国彼得堡因病去世，使团才由志刚主持[①]。凡此种种，令人扼腕。独立自主的国防政策正是总结了近代史上丧权辱国的惨痛教训而得出的重要结论。

独立自主的国防政策与我们党长期以来独立自主的政治路线和独立自主的军事路线是一脉相承的。早在抗日战争时期，以毛泽东为首的中共中央总结了1927年陈独秀右倾机会主义导致大革命失败的血的教训，针对王明看不到国民党蒋介石集团既有抗日又有动摇、既有联共又有反共的两面性的本质，鼓吹“一切经过统一战线”“一切服从统一战线”，自动放弃无产阶级领导权，葬送革命事业的右倾投降主义，明确提出中国共产党在统一战线中必须坚持独立自主，警惕任何企图通过抗日战争来削弱或消灭我党我军的阴谋，必须保证中国共产党对红军的绝对领导。1937年11月12日，毛泽东在延安党的活动分子会议上作《上海太原失陷以后抗日战争的形势和任务》的报告，完整而系统地提出和论述了党的抗日民族统一战线中的独立自主原则。毛泽东强调，所谓“独立自主”就是在抗日民族统一

① 参见王晓秋文章，《中国文化报》2008年7月31日。

战线中保持中国共产党在政治上、思想上和组织上的独立性，实行自己的路线和政策，放手发动群众，领导全国人民进行抗战。这个问题的核心，是领导权即谁领导谁的问题。“统一战线中的独立自主”这个原则的说明、实践和坚持，是把抗日民族革命战争引向胜利之途的中心一环。这样做，一方面是在保持自己已经取得的阵地，这是我们的战略出发地，丧失了这个阵地就一切无从说起了；另一方面，也就是更主要的目的，是发展阵地，实现“动员千百万群众进入抗日民族统一战线，打倒日本帝国主义”。

1938年11月，在延安召开的党的六届六中全会上，毛泽东针对在统一战线中存在的迁就主义、不敢坚持党的独立自主原则、抹杀阶级和阶级斗争存在的右倾错误，深刻阐明了中国共产党在统一战线中必须坚持独立自主的原则，正确处理阶级斗争和民族斗争、统一性和独立性的关系问题。毛泽东在报告中指出，阶级斗争和民族斗争是一致的，不应当把它们二者对立起来。在抗日战争中，阶级斗争的利益必须服从于抗战的利益，而不能违反抗战的利益，这是确定的原则。但是阶级与阶级斗争的存在是一个事实，企图否定其存在的理论是完全错误的。“我们的方针是统一战线中的独立自主，既统一，又独立。”①

毛泽东指出：“共产党员应该成为这个战争的最自觉的领导者。”共产党员不争个人的兵权，但要争党的兵权，要争人民的兵权。现在是民族抗战时期，还要争民族的兵权。在兵权问题上患幼稚病，必定得不到一点儿东西。

1949年10月1日，中华人民共和国宣告成立。鉴于当时美国对新中国的敌视、包围和颠覆政策，为巩固新生的人民政权和为国家建设创造有利的国际环境，中国采取了“倒向社会主义一边”的外交方针，主要加强与

①《毛泽东选集》第2卷，人民出版社，1991年，第540页。

苏联和其他社会主义国家的联合，注意同各国共产党和工人党进行合作。但在实行“一边倒”的外交方针时，我们始终坚持独立自主原则。毛泽东认为独立自主的一个重要方面，就是自己解决国内的一切问题。在中国革命的关键时刻，毛泽东就曾提出：“如有外国人提到外国政府调解中国内战等事，应完全拒绝之。”中国近代历史的遭遇对毛泽东这一代人的影响是深刻的。从那段惨痛的历史出发，毛泽东特别珍惜中国的国家独立和主权，把反对大国对中国的干涉和控制放在首位。毛泽东多次强调，与苏联靠在一起，这种“一边倒”是平等的，不能硬搬苏联的经验，无论是搞建设还是搞外交，都要坚持独立自主、自力更生。1957年，毛泽东在出席莫斯科社会主义国家共产党和工人党会议时，专门就各党独立自主问题与各国党领导人交换看法，强调各党完全独立，各个党的事情由每个党自己负责。在毛泽东等人的努力下，尊重各党独立自主的原则写进了会议发表的《莫斯科宣言》。1960年12月，毛泽东同越南共产党主席胡志明谈话中强调，“不论大国小国、大党小党，都不能不协商而强加于人。强加于人，人不舒服”。从20世纪50年代中期起，苏共以“老子党”自居，动辄干涉别国内政和别党内部事务。对此，中国进行了坚决的斗争。1956年，“波兰事件”发生后，毛泽东指出：“苏波关系不是老子与儿子的关系，是两个国家、两个共产党之间的关系。按道理，两党之间的关系是平等的。”1956年12月，毛泽东强调，当各国共产党之间保持平等关系时，彼此团结就会增强；反之，如果在相互关系中把自己的意见强加于人，团结就会受到损害。中国在党际交往中不仅反对苏共凌驾于其他政党之上，而且也不赞成其他党把中共视为“领导党”，不把自己的经验和做法强加于人。1956年，毛泽东在同拉丁美洲一些国家党的代表团谈话中指出，各国各党应把马克思主义与本国特点结合起来，“中国的经验有好的也有不好的，即使好的经验也不一定同别的国家具体情况相适应，照抄是很危险的”。

进入80年代，为了适应现代化建设的新形势，尽快摆脱东西方冷战的束缚，争取战略上的主动地位，中国共产党第十二次全国代表大会强调中国外交的主要任务由新中国成立初期巩固国家独立与主权转变为维护国家安全。国际上，苏联在阿富汗战争中陷入了被动，国力衰退，对中国的威胁有所减弱；美苏的较量由过去的苏攻美守变为苏美在战略上大体均衡、相互僵持，两个超级大国既相互争夺又相互联合。中国在国际格局中的地位和作用上升。中国无须加入一方反对另一方的同盟。世界其他政治力量，如西方阵营里的西欧与东方阵营里的东欧，都在某种程度上开始了独立自主的外交选择，这对于促进世界多极发展有积极意义。

中国新时期独立自主的国防战略，正是中国独立自主的政治路线与外交路线在国防领域的具体体现，是我们党一贯坚持的独立自主的军事政策在当代合乎逻辑的继承与发展。它的基本点是：

始终保持党对军队的绝对领导权，保持国防事业的高度集中统一。中国共产党对军队的绝对领导权是中国独立行使国家主权的集中体现和根本保证。中国共产党对军队的绝对领导权不是一项任意的规定，而是中国历史的选择，是全体人民的选择，是用鲜血换来的结论，是当代现实政治的客观要求。一切试图搞乱中国、侵犯中国、颠覆中国国家政权的敌对势力，无不视中国共产党对军队的绝对领导为最大障碍，看作眼中钉、肉中刺，必欲拔之而后快，无不企图首先从动摇与否定党对军队的绝对领导进行突破。党对军队的绝对领导乃国脉所系，是我们须臾不能丢失的命根子。

坚持以国家利益为最高准则，不囿于意识形态和社会制度异同，不唯意识形态划分敌友。考虑国与国之间的关系主要从国家自身的战略利益出发，不去计较社会制度和意识形态的差别。所谓不计较社会制度和意识形态差异，是指彼此在尊重对方社会制度和意识形态的前提下尽可能寻求共同利益的交叉点。这使我们从某些传统的观念和做法中解放出来，为在求同存异的基础上广交朋友、发展交流与合作关系开辟了广阔的天地，从而有利于调动和利用世界上一切于我有利的积极因素，最大限度地减少外界对我国国家安全、国家发展、国家统一事业的遏制和干扰。这不仅有我们自身的需要，也有其客观根据。第一，意识形态相同的国家，不一定没有国家间的利益矛盾与利益冲突；意识形态不同的国家，不一定没有共同安全利益与共同安全需求。第二，当今世界要和平、谋发展、求合作是各国人民的共同愿望。在国际格局多极化和世界经济全球化的大背景下，各国都面临解决全球化所带来的国际和本国国内诸多问题。各国在涉及世界和平、共同安全、生态环境、国际新秩序，经济上合作共赢，文化上互相借鉴等人类共同问题上需要进行交流与合作。第三，我们党内政外交的核心理念是：对外谋求和平和推动建设合作共赢的世界，对内谋求和谐发展，建立共同富裕的社会。第四，我们的社会主义对内是国家富强、民族振兴、人民幸福的社会主义，对外是相互尊重、和平共处。中国坚持走和平发展道路，中国的发展同世界的发展日益密切，既竞争又合作，以合作共赢为主导。在发展中，国家利益是第一位的，意识形态的分歧不应成为发展正常关系的障碍。

坚持新型的战略合作伙伴关系，摒弃冷战思维。超越封闭的以冷战对抗为内涵的旧式军事同盟关系，并不排斥健康的战略合作关系。在新的安全形势下，尤其是在以冷战对抗为内涵的旧式军事同盟关系逆势膨胀的特殊时刻，我们不能学宋襄公，固守蠢猪式的仁义道德，自缚手脚。在反对霸权主义、反对强权政治，维护国家安全、维护世界和平与地区稳定的伟大斗争中，我们必须团结一切可以团结的力量，组织起浩浩荡荡的大军，在全球范围内实行最广泛的战略合作。当然这种战略合作是开放式的、平等的，致力于缔造和平的新型安全合作关系。上海合作组织的建立，以及中国、俄罗斯面向新世纪的《中俄睦邻友好合作条约》的签署，就是这种新型关系的典范。中俄彼此尊重两国人民对各自社会制度的选择，尊重各自的历史和文化传统，尊重各自从本国国情出发，独立自主地选择政治、经济、社会和文化的发展模式。中俄在涉及对方主权、安全、发展等核心利益问题以及重大关切问题上相互理解和支持，反对任何形式的霸权主义与强权政治。中俄战略协作伙伴关系不以任何国家或集团为特定对象或潜在敌人。两国在全面发展互利共赢合作关系的同时，也积极发展同世界其他国家的互利合作关系。中俄和而不同，联而不盟。不是同盟，胜似同盟。两国在地区和国际事务中的地位及影响力日益突出，两国新型战略关系的发展，对于维护世界和平，保持国际战略环境的相对稳定，推动建立公正合理的国际政治新秩序，推动国际关系的民主化将起到独特的作用。

坚持从中国的国情、军情出发，走有中国特色的国防现代化道路。中国的国防决策与国防道路不能听命于人，不能屈服于任何人，不能受任何人的控制与摆布，只能根据自己的判断和标准自行决定国家安全事务的立场，从中国自己的需要与可能出发，作出最符合中国根本利益的抉择。在中国民主革命的过程中，曾经有过把共产国际指示和苏联经验神圣化、教条化的倾向，并招致巨大的挫折。新中国成立后，也曾面临苏联欲在中国建立长波电台和“共同舰队”，控制中国国防力量的战略企图。对此，中国保持了高度警惕，进行了坚决的抵制。在新的历史时期，越是在复杂严峻的环境下，越要保持清醒的头脑，越要挺起钢铁般的脊梁，不怕鬼，不信邪，妖雾迷不了，妖风刮不倒，把中国的命运紧紧掌握在中国自己手里。

坚持自力更生，依靠本国的力量建设国防与保卫国防。在革命和建设的力量源泉上，中国共产党历来主张依靠中国人民自己的智慧和力量。在民主革命时期，中国人民依靠自己的双手，推翻了三座大山。新中国成立后，党领导全国人民克服了帝国主义对中国封锁、禁运、孤立所造成的种种困难，使社会主义建设事业能够不断取得成就。像中国这样一个大国，靠花钱买，买不来一个国防现代化；靠磕头，磕不来一个国防现代化。从来没有救世主，也不靠神仙皇帝。中国的安全与发展没有任何人可以依赖，不能寄希望于任何人的善心，只能依靠自己救自己。我们党的历史经验充分证明，独立自主、自力更生、艰苦奋斗是中国革命胜利的可靠途径，也是中国维护国家安全、实现中华民族伟大复兴的唯一依托。独立自主、自力更生并不排斥和拒绝外援，但我们的立足点只能永远放在自己力量的基础上，争取外援只是一种必要的辅助与补充。1955年1月15日，毛泽东作出研制核武器的战略决策。毛泽东说："我们要不要搞原子弹啊，我的意见是中国也要搞，但是我们不先进攻别人。别人要欺负我们，进攻我们，我们要防御，我们要反击。"1956年春，毛泽东在《论十大关系》中进一步指出："在今天的世界上，我们要不受人家欺负，就不能没有这个东西。"根据毛泽东提出的"自力更生为主，力争外援和利用资本主义国家已有的科学成果"发展核武器、导弹事业的方针，中国既努力争取苏联的帮助，引进"两弹"技术，少走弯路，又强调做好"消化、吸收"工作，从培养人才、建立工业基础设施等方面扎实起步。在苏联的援助下，中国于1958年建成了第一座实验性原子反应堆。1959年6月，苏联突然撕毁《中苏国防新技术协定》，终止几十个项目和几百个合同，撤走全部专家，带走全部图纸，不能带走的也付之一炬，工厂被迫停工停产。他们嘲笑说："中国人二十年也搞不出原子弹，只能守着一堆废铁。"面对重重困难，毛泽东毅然决定：自己动手，从头摸起，准备用8年时间，造出原子弹。他明确指出："要下决心搞尖端技术。赫鲁晓夫不给我们尖端技术，极好！如果给了，这个账是很难还的。"中央决定以苏联撕毁协定的"1959年6月"这个日期，命名我国自力更生的原子弹工程为"596工程"，把第一颗原子弹称为"争气弹"。以周恩来为主任的专门委员会根据毛泽东的指示精神，全国、全军一盘棋，在人力、物力、财力等方面进行统一调度；组织全国大协作，解决了研制中遇到的100多个重大问题，安排尖端武器所需的特殊材料、部件和配套产品等2万余项的研制生产任务，大大加快了研制的步伐。在关键阶段，全国26个部委、20个省市区下属的900多家工厂、科研机构、高等院校及解放军各军兵种参加攻关会战，形成旷古未有的万众一心、协同作战的局面。经过千百次试验，中国第一颗原子弹的蘑菇云终于在1964年10月16日下午3时，在我国西部地区新疆罗布泊上空腾空而起，试验一举成功。这是中国自力更生方针的伟大胜利，是超越战略的胜利，是名副其实的“争气弹”。

二、以实力求和平，以实力固国权，以实力保发展

历史一再证明，落后者挨打。当代社会文明虽然有长足的进步，但是强权政治远未绝迹，甚至有所发展。新帝国主义、新殖民主义虽然换了新装，但其侵略扩张的本性没变，弱肉强食的本能没变。化了装的帝国主义仍然是帝国主义，手提文明棍的殖民主义仍然是殖民主义。当代国际社会在很多地方流行的政治法则仍然是社会达尔文主义。以大欺小、以富压贫、以强凌弱的现象几乎每日每时都在发生。乞求换不来和平，和平没人恩赐。实力仍然是国际政治生活中最有力的发言者，是一国安全最基本的保障。马克思主义经典作家指出，批判的武器不能代替武器的批判，物质的力量只能用物质力量来摧毁。这是历史反复证明了的真理。

强，不只是一个单纯的经济概念，而是一个综合概念。“贫而弱”固然会挨打，“富而弱”同样也会挨打。科威特石油、天然气储量丰富，已探明的石油储量占世界储量的10.8%，居世界第四位，人均国内生产总值高达14000美元，是伊拉克人均国内生产总值3500美元的4倍。真可谓流油而富，富得流油。但科威特仅有2万兵力，年军费开支12亿美元。而伊拉克有兵力16.8万，年军费开支约100亿美元。1990年8月2日，伊拉克10万军

队入侵科威特，一天内即攻占科威特全境，科威特埃米尔（国家元首）贾比尔等政府官员仓皇逃离科威特。鸦片战争前的中国，并非贫弱不堪，恰恰相反，经历康乾盛世和历史的千年积累，不仅富甲东方，也是世界首屈一指的经济大国。按当代经济历史学家安格斯·麦迪森的计算，1820年中国GDP占世界的28.7%，是英国的7倍，比排名第二到第四的印度、法国、英国三国的总和26.6%还要多。直到1895年，中国GDP排名世界第一的位置才被美国所取代。单纯以经济总量来看，当时世界上没有哪个国家可以和中国相匹敌。但就是这样一个巨型经济体，政治腐败，军备废弛，内瓤空虚，徒有其表，曾经所向披靡的八旗雄师早已蜕化为不思进取的花花公子。十几年后，当西方洋枪洋炮打上门来时大清帝国竟溃不成军。由此开始了西方列强肆无忌惮地劫掠中国的百年屈辱史。历史的教训一再说明，经济实力是十分重要的，但经济实力并不能自动转化为国防实力。陶醉于单纯的经济指标，而无强大的综合国力照样是要挨打的。

强，不仅体现为物质力量，而且体现为精神力量。精神力量往往是一个国家综合国力的倍增器。一个国家虽小，但是国民向心力、凝聚力强，万众一心、精神振奋，不畏强暴、不怕牺牲，敢于斗争、敢于胜利，这个国家的综合国力就能得到极大的发挥。反之，一个大国，虽然幅员辽阔、人口众多、资源丰富，但人心涣散、上下离心、左右掣肘，文恬武嬉、精神萎靡，这个国家最终是要走向衰亡的。宋代是中国历史上物质财富极大丰富的朝代。航海、造船、医药、工艺、农技等都达到了古代前所未有的高度。汝窑、官窑、钧窑、哥窑、定窑等五大名窑出产的瓷器精美绝伦。海上贸易兴盛，广州、杭州、明州、温州、泉州、密州各设市舶司管理海外贸易。瓷器、丝绸、茶叶等远销海外，与中国通商的欧亚国家达五六十个之多。宋朝皇家库藏银两为世界第一，咸平元年（998）前后还出现世界上最早的纸币——“交子”。人口超过20万的城市有6个，10万户以上的城市由唐代的十几个增加到46个。北宋首都汴梁和南宋首都临安都是超过百万人口的大城市。汴梁“比汉唐京邑，民庶十倍”。宋词、戏曲、杂技、音乐、诗歌、话本等出现空前繁荣的局面。军队人数也高达160万，规模不可谓不大。然而，在繁荣的物质财富后面却是整个社会精神的萎靡。开国之初，宋太祖赵匡胤就实行文武分途、抑武崇文、守内虚外、强干弱枝的政策，号召人们“多积金、市田宅以遗子孙，歌儿舞女以终天年”，引导社会沉溺于物质享受。后来南宋朝廷即使退守临安，仍醉心于“西湖歌舞几时休”的糜烂生活。整个社会心理扭曲，尚武精神废弛。“马革裹尸还”的铁血气概和献身精神为“好男不当兵”的病态价值观所代替。为了防范武将拥兵自重进而威胁其政权，宋朝统治者对内实行兵将分离制度，使“兵不识将，将不识兵”，对外畏敌如虎，实行消极防御，一心议和苟安。百万大军，徒作摆设。“澶渊之盟”后百年，宋每年均要向辽国支付“岁币”白银10万两、绢20万匹，立足于花钱买太平。宋廷成了这些国家随要随取的“提款机”。宋朝皇帝辩称，“北朝想要得到的，无非就是租赋而已，朕不忍使两朝赤子丧命疆场，因此便委屈保全土地，增加岁币”。史载北宋支付辽和西夏“岁币”最高时占国家财政的15%，相当于今天的700亿美元。但是金钱未能买来和平，扭曲的民族心理、病态的社会价值观、被阉割的武备体系和媚外的政策最终带给宋朝的是覆灭的厄运。尽管在民族危亡关头，宋朝历史上也出现了以宗泽、岳飞、文天祥为代表的可歌可泣的英雄群体，但在一心卖国求和的宋高宗和秦桧之流的出卖下，他们最终都壮志难酬，只能含恨而死。宋代败亡的历史教训，值得我们深思。

强，也集中表现为国家的意志力、决断力和执行力。英国学者罗伯特·汤普逊提出，国家实力（权力）=（人力+资源）×意志。意志是决定国力大小的重要系数。曾经担任美国中央情报局情报中心副主任的克莱茵提出的著名的国力方程也认为，国家力量=（人口+领土+经济能力+军事能力）×（战略意图+贯彻国家战略的意志）。克莱茵国力方程也把贯彻国家战略的意志作为国家力量大小的决定性要素。历史上，许多弱小力量之所以能以弱胜强、以少胜多，最终战胜强大之敌，除了战争的正义性质等因素之外，一个很重要的原因就是处于弱小的一方，具有坚强的作战意志和正确的战略指导，使有限的资源得到最大限度的发挥。1947年3月，蒋介石集团对解放区的全面进攻遭到惨败后，集中主力向陕甘宁和山东解放区实施重点进攻，其中在陕北投入兵力34个旅23万人，主力是国民党最大的一支战略预备队胡宗南部，妄图首先解决西北问题，割断中共右臂，并且驱逐中共中央和人民解放军总部出西北，然后进攻华北，各个击破。当时彭德怀、习仲勋指挥的西北人民解放军仅有6个旅2万余人，装备差，弹药奇缺。但西北人民解放军以必胜的决心与信心，主动撤出延安，在十倍于己的强敌面前，诱敌深入，寻机歼敌，连续在青化砭、羊马河和蟠龙地区进行三次成功的歼灭战。一战青化砭，仅经一小时四十多分钟激战，即歼灭该地之敌一个旅2900余人，活捉旅长李纪云。二战羊马河，全歼一三五旅4700余人，并俘其代旅长，首创西北我军全歼国民党军一个整旅的范例。三战蟠龙镇，全歼守敌6700余人，俘虏胡宗南“四大金刚”之一的李昆岗，并缴获大量急需物资。陕北三战三捷是毛泽东军事思想的光辉胜利。在短短的一个月中，我军以坚强的决心与作战意志，运用“蘑菇”战术与敌周旋，捕捉战机，以少胜多，三战三捷，迅速地扭转了战局，在人民解放军战斗史上写下了光辉的篇章。

新中国成立以来，我国十分注意在发展国民经济的基础上，不断增强包括国防实力在内的综合国力，不断提高国防现代化水平。经过艰苦卓绝的努力，从无到有，由小到大，由弱到强，逐步建立起完整的独立自主的现代国防体系。1949年10月1日，当毛泽东主席在天安门向全世界庄严宣告中华人民共和国成立时，人民解放军基本上是一支单一的以普通步兵为主的陆军部队；海军、空军仅仅初具雏形，空军从马拉飞机起飞，海军靠木壳等老式舰船起航，而陆军中的炮兵、装甲兵等技术兵种所占比例非常小。中国人民解放军几乎从零开始，踏上现代化建设的征程。经过60多年的努力，人民解放军已经实现由单一陆军向陆海空二炮诸军兵种齐全的合成军队的发展。中国陆军已发展为多个专业兵种组成的现代军种。炮兵、装甲兵、工程兵、防化兵、陆军航空兵等兵种部队在陆军中所占比重已升至70%。重型作战装备实现从骡马化、摩托化到机械化的跨越，基本上形成立体作战装备体系和比较配套的支援及保障体系。陆军火力合成、快速反应能力和技术含量明显提高。中国海军已发展为一支由水面舰艇部队、潜艇部队、航空兵部队、岸防部队和海军陆战队五大兵种组成的战略性、综合性、国际性军种，建立起完整的海上综合防卫体系。担负战略核反击任务的核动力潜艇部队，装备有攻击型核潜艇和弹道导弹核潜艇。岸防部队、海上作战主力战舰全面实现导弹化，海军第三代装备实现信息化，海军远洋训练实现常态化。随着中国“辽宁”号航空母舰和一批现代化的新型核潜艇、导弹驱逐舰、两栖登陆舰、综合补给舰等装备列装，以及中国海军编队穿越西太平洋第一岛链常态化训练，中国“蓝水海军”已见雏形。中国空军实行攻防合一体制，配备新型战机、雷达和防空导弹等装备，已构成高中低空、远中近程相结合的防空火力网和覆盖全国的对空情报雷达网，具有强大的防空作战、空中作战和空降作战能力。继2006年我国自行研制的、具有自主知识产权的高性能、多用途第三代先进战斗机“歼-10”批量装备后，我国又研制成功“歼-20”隐形作战飞机，使中国军队航空武器装备具有了与国外现役先进战斗机相抗衡的能力。实现了空军战机从第二代到第三代、第四代的历史跨越，提升了中国空军的空战能力。第二炮兵已发展为一支地地战略核导弹部队、战役战术常规导弹部队及相应保障部队组成的精干有效的战略反击作战力量。战略导弹部队形成常规导弹与核导弹兼有、近中远程导弹齐配的系列，能够独立或协同其他兵种实施核反击和纵深常规打击。导弹逐步实现固体（燃料）化、机动化、小型化，并发展了多种发射方式和多弹头，精确打击能力、快速反应能力、突防能力和摧毁能力不断提高。第二炮兵已成为我国战略威慑的核心力量，是我大国地位的战略支撑，是维护国家安全的重要基石。

进入21世纪以来，为应对世界新军事变革的严峻挑战，中国把握机遇，着眼于时代发展和国家安全的需要，从中国国情、军情出发，加快步伐，积极推进中国特色的军事变革，推动中国国防和军队现代化建设进入一个新的发展时期。中国计划到21世纪中叶，也就是用21世纪前50年的时间，分“三步走”，逐步实现国防和军队现代化的战略目标。作为关键的第一步，当前要在国家现代化建设的总体布局下，充分利用当前有利的发展时机，以改革为动力，以科技创新为杠杆，以信息化为目标，认真借鉴发达国家军队现代化建设的有益经验，大力推进国防理论、国防技术、国防组织和国防管理创新。国防理论创新主要是确立与当代全球化、多极化、信息化趋势相适应的现代国防理论。技术创新主要是在“863”计划、“超级863”计划和其他高新军事技术计划的基础上，为适应现代条件下信息体系对抗，进一步实施科技强军战略，力争在一些基础性、前沿性、战略性技术领域取得重大突破，推动高新技术武器装备的自主式发展、跨越式发展、可持续发展。组织创新主要是努力锻造21世纪的中国信息化国防新军。在信息化目标的牵引下，深化军队结构改革。军队结构由人力密集型向技术密集型转变，数量规模型向质量效能型转变，抓紧实施信息化时代的人才战略工程，培养造就一大批忠于祖国、体魄强健、思维敏捷、精通军事、熟悉现代科技知识和专业技术、从容驾驭现代战争的高素质军事人才，使这支曾经赢得无数荣誉的人民军队在信息化时代以崭新的面貌永续辉煌，不辱使命。管理创新主要是适应国防和军队现代化建设的新形势，更新管理观念，加强战略管理、部队管理和资源管理，创新管理机制和管理方式，不断增强科学管理能力，提高现代管理水平。

人民解放军作为中国国防的主体，坚持以联合作战为基本作战形式，充分发挥诸军兵种优长，构建中国特色现代军事力量体系，确保打赢信息化条件下的自卫战争，有效应对多种安全威胁，完成多样化军事任务。总的要求是调整优化作战力量结构，健全有利于联合作战的体制机制，推进作战要素融合集成，加快形成精干、联合、多能、高效的信息化军事力量体系。调整优化作战力量结构，主要是重点加强海军、空军、第二炮兵部队建设，加快信息作战、军事航天等新型作战力量建设，推动陆军部队整体转型，优化军兵种内部结构和部队编成。健全有利于联合作战的体制机制，主要是着眼提高我军信息化条件下联合作战能力，建立健全联合作战指挥体制、联合训练体制、联合保障体制。推进作战要素综合集成，主要是按照作战体系运转特点规律，运用信息系统把侦察情报、指挥控制、火力打击、综合保障等各种作战要素融为一体，最大限度地发挥作战体系的整体效能。

坚定不移地把信息化作为军队现代化建设的发展方向，推动信息化建设加速发展。所谓加速发展，就是要向形成新质战斗力深化，促进信息融合和体系建设；向自主创新发展跃升，着力突破核心关键技术；向全面协调发展方向推进，统筹加强军事信息系统、信息化主战武器装备系统和信息化支撑环境建设；向推动建设成果运用转化拓展，充分发挥信息能力在战斗力生成中的主导作用。要深入研究现代战争的特点规律和制胜机理，准确把握信息化建设加速发展的本质内涵，加强高新技术武器装备建设，加快全面建设现代后勤；培养大批高素质新型军事人才，深入开展信息化条件下的军事训练，增强基于信息系统的体系作战能力。构建起这样一个军事力量体系，我军面貌将会发生深刻变化，军队战斗力将会有大的飞跃，国家安全将会得到更加坚实可靠的保障。

紧紧抓住当代军事变革的难得机遇，尽快实现中国国防和军队现代化建设质的跃升，实现富国强军的历史夙愿是国家最高利益所在。在重大军事变革的历史关头，谁思想迟钝、行动迟缓，谁就会被历史无情地淘汰，其后果必然是灾难性的，有时甚至会导致一个国家和民族的灭亡。中国实力的壮大是和平力量的壮大，与传统冷战思维中的战争力量具有完全不同的性质。要承认与当代发达国家军队相比，彼强我弱的现实在很长的时期内难以改变。我国国防和军队现代化建设刚刚有点起色，不要忘乎所以。国防和军队现代化一点也不能放松。不要怕人家说什么“中国军事威胁论”，所谓“中国军事威胁论”实际上是“威胁中国论”，就是威胁中国不可壮大军力国力，让中国这头雄狮永远昏睡。我们绝不能在闲言碎语面前自缚手脚。对某些心怀叵测的人，一点“威胁”也没有恐怕不行。中国不能有霸气，但不能没有骨气。消除“中国军事威胁论”炒作的最有效的办法就是继续加快发展中国国防力量。当中国国防力量发展到一定程度，某些人就不敢为所欲为了，炒作“中国军事威胁论”的人自然就少了。我们自强，不与任何人比，尤其不与当今的超级军事大国美国比。中美军事战略性质根本不同，一个是积极防御战略，一个是全球进攻战略。美国不是我们的参照系，更不是中国追赶的榜样。中国有中国的优秀文化传统，中国有中国的政治理念，中国有中国的安全需求。我们既没有必要也没有可能与美国争什么“冠军”“亚军”。美国为了支撑其全球扩张的庞大战争机器和对外战争，每年的军费占全世界的1/2，我们能跟它比吗？我们的目标是“合理足够”的自卫能力，不是要超过谁、压倒谁。我们不是要当“美国第二”“准美国”“超美国”，更不是要取代美国。如果把美国作为我们的赶超目标，不仅走偏了方向，而且在某种意义上是贬低了自己。

三、中国国防战略永远是防御性的

中国不会走西方“国强必霸”的老路。我们锻造国防新军的唯一目的就是自卫，就是保卫自己的合法利益不被侵犯，此外再无别的目的。我们的自卫行动是有严格界限和严格制约的。我们不会主动挑战任何人。我们过去屡遭列强欺凌，现在我们站起来了，我们不会像西方列强那样恃强凌弱，称王称霸，即使将来强大了，也不会用手中的力量欺负人，但是我们也不能再任人欺负。我们决不容许任何人危害中国国家主权与安全，决不容许任何人挑战中国的核心利益。人若犯我，我必犯人。强权在中国面前为所欲为而不受惩罚的时代已经一去不复返了。对任何危害中国核心利益的行为我们绝不能听之任之，即使这意味着付出重大代价也在所不惜。委曲求全在强权政治面前没有任何意义。对于来自任何恶势力的挑衅，如果我们一味示弱，只会更加助长恶势力的气焰，只会践踏国际正义。要维护我们独立自主、不信邪、不怕鬼的形象，我们不能示弱。你越怕，越示弱，人家劲头就越大。并不是你软了人家就对你好一些，反倒是你软了人家看不起你。

与历史上一些国家的国防建设不同，中国国防不是以冷战思维和零和思维为特征的，不是建立在对抗安全、集团安全、单边安全和绝对安全等旧的安全观念上的，而是以互信、互利、平等、协作的新安全观为思想基础。坚持与发展和平共处五项原则的基本精神，以维护和平、共享安全为宗旨。不人为地以别国为假想敌，不刻意去制造一个敌人。在实现本国安全利益的同时，也充分考虑和尊重别国的安全利益，以实现安全利益的共享和共赢，不把本国的安全建立在别国的不安全之上。世界正越来越成为一个相互联系、相互依存的整体。一个国家、一个地区的安全正越来越有赖于国际整体安全的实现。国家不分大小、贫富、强弱，都有享受和平与安宁、维护自己安全利益的平等权利，在国际安全事务中都有平等的发言权。

中国国防的根本任务有以下几个方面。一是维护国家安全和领土主权完整，维护人民民主政权，保障国家发展的基本目标。二是坚持国防建设与经济建设协调发展的方针。把国防和军队现代化建设融入国家现代化建设的战略全局之中，使国防建设与经济建设相互促进，在全面建成小康社会的进程中实现富国与强军的统一。三是坚持走中国特色的精兵之路，实行精干的常备军与强大的国防后备力量相结合，加强诸军兵种的综合集成建设，优化力量结构。依靠科技进步加快战斗力生成模式的转变，不断提高应对多种安全威胁、完成多样化军事任务的能力。四是坚持贯彻积极防御的军事战略方针。全面提高信息化条件下的防卫作战能力，立足于打赢信息化条件下的局部战争。着眼最复杂、最困难的情况，做好防卫作战准备。适应现代战争体系对抗的要求，以一体化联合作战为基本作战样式，充分发挥诸军兵种作战优长，攻防结合，灵活机动。陆军将逐步推进由区域防卫型向全域机动型转变，提高空地一体、远程机动、快速突击和特种作战能力。海军将加快推进重点武器装备建设步伐，研制大型水面战斗舰艇、水下自持力和隐身性能好的新型潜艇、超音速巡航作战飞机、精确化突防能力强的远射程导弹、大深度高速智能鱼雷、通用性兼容性好的电子战装备等新一代武器装备。进一步加大装备的现代技术含量，使新一代武器装备的质量、性能迈上一个新台阶，逐步增大海军防御战略纵深，全面提高近海综合作战能力、战略威慑与反击能力，逐步发展远海合作与应对非传统安全威胁能力。空军重点适应国家利益的拓展，加强进攻力量及相应的配套建设，实现由国土防空型向攻防兼备型转变，提高空中打击、防空反导、预警侦察、战略投送、前沿运用的作战能力。第二炮兵逐步完善核常兼备的力量体系，重点提高核武器的质量，使之达到精干、可靠、配套。提高信息化条件下的战略威慑和常规打击能力。五是坚持贯彻国家的核政策和核战略，遏止敌对势力对中国使用或威胁使用核武器。坚持在任何时候、任何情况下都不首先使用核武器的政策，无条件地承诺不对无核武器国家和无核武器区使用或威胁使用核武器，主张全面禁止和彻底销毁核武器。坚持自主自卫、有效反击和有限发展的原则，着眼于建设一支满足国家安全需要的精干有效的核力量，确保核武器的安全性、可靠性，保持核力量的战略威慑作用。六是坚持按照和平共处五项原则开展对外军事交往，参与国际安全合作，开展双边或多边军事交流，推动建立公平、有效的共同安全机制和军事互信机制，共同防止冲突和战争。遵守联合国宪章的宗旨和原则，认真履行国际义务，参加联合国维和行动、国际反恐合作和救灾行动，为维护世界和地区和平稳定发挥积极作用。

中国国防具有鲜明的自卫性和防御性。不侵略扩张，不主动进攻，不打第一枪。致力于维护国家长期的战略稳定，创造有利于国家持续发展的战略态势，为实现社会主义现代化和民族复兴提供可靠的安全保障。

当代中国国防政策的自卫性和防御性，不是主观的随意界定，而是由中国战略文化传统、当代中国社会的政治基础、中国独特的内涵式发展道路所决定的。

首先，具有五千年文明史的中华民族是世界上酷爱和平的伟大民族之一。历史上，中华文明以农业文明为主体，与鼓励海外扩张的资本主义商业文明不同，农业文明的丰厚土壤孕育了中华民族“安土乐业”“以和为贵”的战略文化传统。中国战略文化的核心是追求民族和谐与国家统一。中国古代战争史主要是一部中华民族的统一战争史和抵抗外敌入侵的反侵略战争史。中国历代兵家对待战争的态度是“慎战”而非“好战”。在汉字里，“武”字的原始含义就是“止戈”（制止战争）的意思。这个字的原始构成就反映了中华民族先民关于武力只用于国土防御、使用武力的目的在于谋求和平的战争观。中国举世闻名的万里长城，蜿蜒21196公里，作为世界建筑史上的奇迹，它是中国古代最为雄伟浩大的战略防御工程。它显然不是用于进攻的，而是中华民族战略防御思想的物化和缩影，是中国防御性国防政策的象征。明代郑和率领船队在1405—1433年七下“西洋”。每次远航，船只60余艘，每艘千吨以上，每次随行多达2万余人，前后28年，先后到达印度支那半岛、马来半岛、南洋群岛、印度、波斯、阿拉伯，最远到达非洲东岸、红海和伊斯兰教圣地麦加，访问30余国，比西方的哥伦布、达·伽马等的航行要早半个世纪以上，船队规模也是他们的几倍。郑和没有以当时世界最强大的海上力量，占领海外一寸土地，建立一块海外殖民地。而是根据永乐皇帝的敕谕，倡导“共享太平之福”。郑和带给世界的不是血与火，而是瓷器、丝绸、茶叶，是和平友好之旅。这与西方殖民主义的做法形成鲜明的对比。当代中国首倡和平共处五项原则，与儒家“以和为贵”的战略文化传统是一致的。

其次，1949年新中国的成立不仅结束了近代中国任人宰割的历史，也根除了向外扩张的政治土壤。中国人民在珍惜自己长期奋斗得来的和平与独立的同时，也理所当然更加深刻地理解别国维护独立与和平的愿望和正当权利。新中国的国家政权来自人民，属于人民，它必须而且只能为人民的利益服务。最大限度地发展生产力，增强国家综合实力，改善人民生活，增进人民福祉，满足人民过好日子的正当愿望，这是新中国人民政权的唯一任务和唯一宗旨。20世纪70年代末以来，中国大步走向世界，逐步改变了中国近百年来积贫积弱的面貌，并将最终使中华民族崛起与腾飞，使中国再次走入世界文明的前列。实现这一任务，需要几代人不懈的努力，需要一个长期的和平与稳定的内外环境，需要最大限度地集中国家财力、人力、物力和各种资源用于建设与发展。中国的国家发展战略决定中国不可能离开发展大局去无限发展军事力量，更不可能把宝贵的国家资源消耗于对外扩张和侵略战争之中。

最后，与历史上一些大国依靠对外军事扩张攫取外部资源的外延式发展道路不同，中国走的是内涵式的发展道路。中国的发展是依靠自己的资源，自己的创造性劳动。中国拥有辽阔的国土、丰富的资源和雄厚的发展潜力。尽管中国资源人均占有量还不是很大，但以丰富的资源总量，加上人民的聪明才智和艰苦奋斗精神，中国完全可以独立自主地解决自己的发展问题，没有任何必要走早已被历史唾弃了的殖民主义和帝国主义血与火的原始积累老路，没有理由也不可能靠占领他国国土、掠夺他国资源来发展自己。中国也需要与外部世界发展经济关系，互通有无，但这种对外经济联系是平等的、互利互惠的，没有任何强制性的因素，没有任何附加条件。

今天，我们正走在中华民族伟大复兴的道路上，需要一个长期稳定的发展环境，即使将来强大了，我们也绝不会走历史上国强必霸的老路。纵观世界历史，远的如亚述帝国、波斯帝国、罗马帝国、拜占庭帝国、阿拉伯帝国、法兰克帝国、莫卧儿帝国、奥斯曼帝国，近的如大英帝国、德国法西斯、日本军国主义等，在弱肉强食的丛林法则支配下，无不以战争手段无休止地向外扩张，征服土地、掠取资源，都曾先后称霸一时、叱咤风云。但由于国力的过度透支，无限的战略目标与有限的战略手段之间的巨大反差，这些国家登上霸权顶峰之日，也就是从霸权宝座上跌落之时。它们都不可挽回地一个个地衰落了。曾几何时，号称“日不落帝国”的大英帝国，今天局促一隅，几乎成为欧洲的孤儿。陶醉于“武运长久”，一心“开拓万里波涛”的日本，今天也只能屈服于别国的军事控制之下。今天人们只能从依稀可辨的历史遗迹中对昔日的帝国进行凭吊。就连当今军事巨无霸的美利坚帝国连年征战之下，也显出了疲态，称王称霸越来越力不从心。霸极必衰是无数历史事实反复证明了的必然规律。这是一条走不通的死路。殷鉴不远，中国不会明知不可为而为之，绝不可能再去走历史上一些国家国强而霸、霸极必衰的老路。中国要的是靠自己的双手和聪明才智让全体国民过上有尊严的好日子，而不是早已被历史所唾弃的霸权。中华文明是人类历史上唯一历经五千年而未曾中断的伟大文明。中华民族有自己独特的内涵式发展道路，有独特的自强不息、厚德载物、和谐发展、共同繁荣的政治理念。今天，我们秉承中华民族固有的优秀传统，一定能排除一切干扰，以自己的智慧与力量，开启中华民族第二个五千年文明的伟大征程。

面对中国国力和军力的较快发展，世界上总有一些人心里不舒服，他们挖空心思编造了种种“中国威胁论”，如“中国军事威胁论”“中国经济威胁论”“中国模式威胁论”“中国投资威胁论”“中国商品威胁论”等，不一而足，其目的无非是抹黑与阻止中国的发展。美国《外交政策》杂志2012年1月24日吉迪恩·拉赫曼的文章指出，美国认定，中国的崛起对美国确实是坏事，中国更富裕、更强大恰恰意味着美国会变得比过去更穷、更虚弱。中国发展对中美两国是一场零和博弈，而不会让两国双赢。美国总统奥巴马讲得更清楚。2010年4月14日，在接受澳大利亚电视采访时，奥巴马宣称：“如果10多亿中国人也过上与美国和澳大利亚同样的生活，那将是人类的悲剧和灾难，地球根本承受不了，全世界将陷入非常悲惨的境地。”在美国人看来，中国只能永远保持贫穷落后状态，过幸福日子是占世界人口不到5%的美国人的专利。不管是什么方式，也不管是什么道路，中国人横竖是不允许发展、不允许过好日子的，否则，就是美国的灾难。这种赤裸裸剥夺13亿人即人类1/5人口的中国人民的生存权与发展权的野蛮逻辑，早已超出了理智对话的范畴。中国人民不能有傲气，但不能没有骨气。为了保卫中华民族的生存权与发展权，中国人民除了奋起自卫，还有什么别的选择吗？

（2014年1月）

以更新更勇敢的头脑进行战略理论思考

军事领域是一个充满风险性、对抗性、暴烈性、不确定性以及血与火的领域，比其他任何领域更加迫切地需要自觉的理论指导。军事领域的较量不只是物质力量的较量，也是精神力量的较量；不只是技术装备的对抗，也是意志、谋略与智慧的对抗。军事领域从来不同情与怜悯弱者。相反，军事领域一条不变的法则是落后必挨打，弱肉遭强食。所谓落后，不仅仅是指技术装备上的落后，而且是军事思想、军事理论上的落后。在某种意义上讲，军事理论上的落后是内伤，更加具有顽固性、隐蔽性与致命性。在世界军事史上，因技术落后而招致挨打的教训不胜枚举，因军事理论落后而招致败亡的教训也比比皆是。有时候这两方面的落后几乎是同时存在的。法国历史上本来是一个富有创新精神的国家，产生过像拿破仑这样的杰出军事家。但当机器大工业的发展使战争条件发生质变的时候，法国军事领导人却显得踌躇不前。在机器大工业时代第一场有转折性意义的普法战争中，法国恪守几十年前耶拿会战的旧模式指导战争，结果导致几十万法军兵败色当城下。第二次世界大战前，具有巨大突击力和机动力的飞机、坦克加速投入战场，新的战争物质手段的出现推动着战争样式的改变。在必然到来的变革面前，德国敏锐注意到了机械化武器装备所提供的突击力与机动力的战略意义，首先将飞机与坦克结合起来，创立了以坦克、飞机和机械化部队为主要突击力量，以突然、密集、快速、猛烈的突击，一举瘫痪敌国防御体系，速战速决的“闪击战”理论。尽管这一军事理论服务于反动政治，但它在军事上的确反映了摩托化和机械化时代庞大军队的作战规律，反映了机械化战争发展的必然趋势，达到了当时世界资产阶级军事学术发展可能达到的顶峰。在这场竞争面前，法国再次落伍。他们把第一次世界大战凡尔登要塞式依托筑垒地域的阵地防御奉为万古不变的圭臬，不惜耗费巨资建造马其诺防线，结果招来兵败国亡的奇耻大辱。有的军事家评论说，马其诺防线没有阻止住德军的闪电攻势，却阻止住了法国军事思想的进步。同一时期的苏联，虽然个别军事家如图哈切夫斯基看到了战争领域的重大变化，适时提出了大纵深作战理论，但他遭德国反间计的暗算而被杀，其理论也随之被束之高阁。在新的作战手段所爆发的巨大能量面前，苏军抱着国内战争经验不放，以幻想代替现实，完全否定战略防御，以致在苏德战争初期溃不成军。血的事实使人们清楚地看到军事理论上的落后在战争中往往要付出成倍的代价。

中国近代史上同样有过类似的沉痛教训。当近代西方利用工业革命的成果大力更新武器装备、革新军制、探讨新的作战方式的时候，中国却由于封建政治制度的禁锢不仅军事技术上严重停滞，而且军事理论上的发展也完全窒息。西方列强带着洋枪洋炮打上国门来时，清廷的封建卫道士们却仍在津津乐道于辑录古训，注释兵书及六壬占候、奇门遁甲之类的玄虚不经之论，对以发扬火力和机动作战为核心的西方作战思想不屑一顾，茫然无知。1845年俄国赠给清廷264种图书，其中有几十种是介绍当时西方军事理论和军事技术的著作。这本来是了解西方军事思想的极好机会，但清政府却唯恐“其书不伦，徒伤国体”[①]，全部送理藩院中封存，交给耗子去批判了事。直到19世纪80年代，洋务派首领两广总督张之洞还坚持认为：“将帅之智略，战士之武勇，堂堂中国自有干城腹心，岂能学步他人，别求新法？”对于西方军事思想，他更是宣称“断宜弃之不学”[②]。鸦片战争之初，英军常备军仅14万人，派到中国来的不过2万人，第一次鸦片战争只

①《郭嵩焘日记》咸丰八年十一月初七。

②《张文襄公全集》奏议卷11。

有4000人，而清政府有八旗军20余万，绿营军60余万，加上地方武装共计百万之众。侵华英军虽然“船坚炮利”，占有质量优势，但英军劳师远征，异国作战，有诸多不利因素。如果当时清政府能有效地组织全体军民奋起抵抗，如果清军能充分利用天时地利人和之便灵活主动作战，而不是死抱住祖先入关“马上打天下”的传统不放，不是只会摆布兵勇密集的方阵队形，不是只会一线正面设防，死守炮台，不是只会遍收马桶，置于阵前，乞灵于以邪制邪的“马桶战术”，那么战争结果可能就是另外一个样子，至少不会败得那样快、那样惨。鸦片战争以来中国之败不只是败在政治的腐败和技术的落后上，也败在军事思想、军事理论的落后上。这段国耻值得我们今天深思再深思。

今天，与世界战略格局由两极向多极的转变以及人类技术社会形态由工业社会向信息社会转变相伴随，世界军事领域也正在经历一场历史上最为深刻的变化。与历史上的历次重大军事变革不同的是，这次军事变革不只是某项新技术单一发展的结果，而是以信息技术为内核的一系列高新技术群综合发展引起的；它不只是同一个时代下军事的局部进步，而是以人类技术社会形态转型为背景，以信息技术发展为动力，以信息化建设和系统集成为手段，把适应打机械化战争的工业时代的军队建设成适应打信息化战争的信息化军队的时代性大变革过程；它不只是单纯的技术变革和单向的技术推动，而是以理论牵引为龙头，对工业时代形成的军事技术、军事理论、组织体制和作战方式的全面的脱胎换骨的改造。当前的这场变革是一个跨世纪的过程，在它的全部内涵还未完全展现之前就要对它作出全面评价似乎为时过早。但有一点是可以肯定的，这就是创新的军事理论是贯穿这场重大的历史变革全过程的灵魂，也是这场变革最终得以完成的主要标志。历史上每次大的军事变革都有它的理论形态。被誉为“东方兵学圣典”的《孙子兵法》是对中国春秋战国时代军事变革的理论总结，代表了冷兵器时代军事理论的最高成就。克劳塞维茨的《战争论》与若米尼的《战争艺术概论》集中反映了以拿破仑战争为代表的资产阶级军事革命的理论成果。马汉的“海权论”、杜黑的“空权论”、富勒的“机械化战争论”、鲁登道夫的“总体战论”、图哈切夫斯基的“大纵深作战理论”则是机械化战争时代军事革命在理论上的系列化表现。如果说军事技术革新是军事革新在物质上的推动力，那么创造性的理论思维则是军事变革在精神上的推动力。仅仅是技术上和体制上的变革是远远不够的，只有理论上的重大突破才具有决定性意义。当前美军正在全力探索信息时代的作战方式与军事理论，以充分发挥信息革命所提供的最新作战手段的全部效能。一旦军事技术上的进步与创新的军事理论相结合，必将释放出前所未有的巨大作战能量，使战争面貌发生历史性的巨变，必将进一步拉大军事先进国家与其他国家之间的战略差距。这对我们是一个严峻的挑战。当代军事世界建立在一定军事实力基础之上的理论对抗与理论威慑日益突出。在美苏核竞赛中，“相互确保摧毁”理论和“第二次打击”理论就对保持两个核超级大国之间的恐怖平衡起了明显作用。在中国长期革命战争中形成的人民战争理论也使所有侵略者把入侵中国视为畏途。如英国元帅蒙哥马利所说的战争的禁律之一就是不能进攻中国，谁要是进攻就一定倒大霉，因为中国像一块吸水石一样，任凭你有原子弹，有大量新式的技术装备也无济于事，必将被7亿中国人所击败。当代世界军事领域的理论创新所蕴含的巨大威慑价值将更是迄今人们难以估量的。对当前面临的这场深刻的军事变革，如果我们仅仅注意到它的技术方面的挑战，而忽视它的理论方面的挑战是要吃大亏、上大当的。在这方面，我们也有过深刻的历史教训。19世纪中叶，在西方列强用坚船利炮轰击国门，民族危机日益加深的形势逼迫下，中日两国几乎同时开始了军事近代化的进程。日本明治政府在军事近代化过程中，把军事制度、军事思想的改革放在首位，进行了全面的军事改革，建立了近代化的兵役制度、近代化的编制体制、近代化的统帅体制，使日军素质有了全面的进步。然而与日本形成明显反差的是当时中国军事近代化的重心从一开始就落在武器装备的层面上。中国军事近代化的代表人物李鸿章声称“中国文武制度，事事远出西人之上，独火器万不能及”。虽然从19世纪60年代起清政府费了九牛二虎之力，先后设立了江南机器制造总局、福建船政局、金陵机器制造局、天津机器局等数十家近代兵工厂，积极引进和仿制西方先进的枪炮制造技术，使清代后期中外火器技术差距由原来的大约相差两个世纪缩短到10年左右。以近代蒸汽舰船为主战装备的南北两路海军，其规模与技术水平也一度居东亚之首，但其军事思想与军事制度却没有根本触动。直到甲午战争时，清朝陆军仍采用普法战争时的普军队形，海战仍机械套用特拉法加海战理论。甲午一战，对中日两国两条不同的军事近代化道路作了严肃的裁判。清朝海陆两军在甲午战争中同时覆没的教训说明，仅有技术上的近代化而无思想上的近代化，军事近代化过程是不可能完成的。没有军事思想近代化，军事技术的进步是不彻底、不巩固的，即使取得有限的技术成果也难以发挥其效能。毫无疑问，军事思想理论的变革对于整个军事变革具有无可替代的先导意义。面对当代世界军事领域历史变革的严峻挑战，如果我们不同时从技术与理论上作出反应，特别是首先从理论上进行创新，占领世界军事理论的制高点，就会丧失21世纪国际军事斗争中的主动权，弄不好很可能重蹈历史的覆辙，闹出鸦片战争中果勇侯杨芳以“马桶战术”对付西方舰炮的集火射击、海湾战争中萨达姆以阵前短促出击对付多国部队的“空地一体作战”式的悲剧。

我军已经走过了近80年的战斗历程。在建军作战中，在与国内外一切强敌的较量中，我军都打出了威风，取得了一个又一个胜利，赢得了当之无愧的荣耀。对此，我们绝不能妄自菲薄。但是，荣耀只能说明过去，更重要的是把握现在与迎接未来。世界军事领域的历史性的变革以及战争形态的演变，给我军建设与作战提出了一系列带根本性的新问题。可以说，以往我们的建军作战还没有完全达到工业时代战争的技术水平，基本上停留在农业时代与工业时代之间的战争阶段。而我们新时期的建军与作战将是在工业时代向信息时代转变以至完全的信息时代的战争背景下进行的，与以往相比，在技术水平上跨越了整整一个时代。这种空前的大跨越，对我军原有的军事理论提出了全方位的挑战。新中国成立以来，我们已经经历了半个世纪的和平环境，而和平环境对一支军队来说是容易产生惰性的。正如恩格斯曾经说过的“在长久的和平时期，兵器由于工业的发展改进了多少，作战方法就落后了多少”。①军事传统有两重性，一方面它可能是一笔财富，给人以启迪与借鉴，但如果把传统固定化，它就会成为沉重的包袱，导致军事思想窒息与创造力萎缩。应当实事求是地承认，由于各种主客观条件的束缚，在当代军事领域新的历史性变革面前，我们的思想与行动并不是十分敏锐的。与世界发达国家相比，我们不仅在军事技术方面有差距，而且在军事理论方面也有逐渐失去原有优势的危险。邓小平指出“我们已经承认自然科学比外国落后了，现在也应该承认社会科学的研究工作（就可比的方面说）比外国落后了”。邓小平这里所说的社会科学无疑也包含了军事科学在内。这些年来我们国家的经济改革与经济建设之所以创造出前无古人的奇迹，就是因为我们首先在理论上取得了重大突破，抓住了发展的主要矛盾，抓住了纲，因而纲举目张，势如破竹。比较而言，我们军事理论研究特别是高技术战争的研究还很不深入、很不系统，有分量的东西还不多。

当前在军事理论创新上，对我们的战略文化传统既有妄自菲薄，捧着金碗要饭吃的问题，也有因循守旧，受困于一些过时的结论与不合时宜思

①《马克思恩格斯全集》第10卷，人民出版社，2009年，第573页。

维方式的问题；对于外部世界的思想成果，既有坐井观天、盲目排斥的问题，也有食洋不化、照搬照抄只言片语的问题。在千年难遇的时代大变局面前，在空前激荡的军事世界里，要繁荣中国的军事科学，我们需要的是严肃冷静的思考，需要的是求真务实的科学精神，需要的是对国家、民族、人民高度的历史责任感。我们既要革新传统的陈旧的思维方式，也要继承我们民族的核心价值观和经过实践检验的东方优秀战略文化传统；要睁开眼睛看世界，吸收一切人类文明的有益成果，也要区分良莠，不要生吞活剥，更不能把某些西方垃圾当成宝贝，在战略上被人误导。

战略理论工作者没有个人的私利，只有国家、民族和人民的利益。战略理论工作者，不应有任何的奴颜与媚骨，只应有独立的人格、高尚的情操和对真理的执着追求。否则他的一切精神产品都毫无价值可言。

意大利军事理论家杜黑曾经说过："胜利只向那些能预见战争特性变化的人微笑，而不是向那些等待变化发生才去适应的人微笑。"[①]恩格斯曾指出："当技术革命的浪潮正在四周汹涌澎湃的时候……我们需要更新、更勇敢的头脑。"[②]我们只有立即行动起来，以更新、更勇敢的头脑，去进行理论思考，才能迎接胜利对我们的召唤与微笑。

（2006年1月）

---

①［意］朱里奥·杜黑：《制空权》，解放军出版社，2005年，第2页。

②《马克思恩格斯全集》第22卷，人民出版社，1965年，第445页。

第二章　战争控制与危机管理

试论大规模报复战略

大规模报复战略既是一种军事战略，也是西方概念中通称的大战略。它曾支配了20世纪50年代美国的政治经济生活和军事外交政策。本文试图探讨这一战略产生、发展及破产的过程，旨在为认识今日美国战略提供一点历史线索。

一

大规模报复战略产生于50年代初期，它的主要设计人是曾经以“冷战专家”而名噪一时的艾森豪威尔政府国务卿约翰·福斯特·杜勒斯。

1952年5月，杜勒斯任国务院对外政策顾问期间，发表了《大胆的政策》一文，提出“对红军的公然侵略要具有立即进行报复的意志……和手段，以便无论何地发生这种侵略行为，我们都能根据我们的选择，给敌人以致命的回击”①。这里已孕育了大规模报复主义的思想雏形。

1953年8月，即《朝鲜停战协定》签字不久，美军首脑在“水杉”号游艇上集会，提出了一份题为《“水杉”号行动计划》的报告，要求发展战略报复力量，建立一支应付紧急事态的国家战略预备队。

1953年12月14日，参谋长联席会议主席雷德福根据上述报告提出世界

①《生活》杂志1952年5月19日，转引自白建才主编：《美苏冷战史》，陕西师范大学出版社，1996年，第151页。

能否实现和平，取决于美国是否拥有报复能力尤其是核打击力量，主张重点发展由携带核弹的战略轰炸机组成的战略空军，以遏制苏联，提出了所谓“新面貌战略”。

1954年1月12日，杜勒斯任艾森豪威尔政府国务卿的第二年，在对外关系委员会就对外政策问题发表的演说中总结了酝酿中的战略思想，正式宣布采取大规模报复战略。他在演说中强调，“局部防御始终是重要的。但是仅有局部防御，绝不能抑制共产主义世界强大的地面力量，局部防御还必须以大规模报复这个更大的威慑力量为后盾。潜在的侵略者必须了解，不能总是由他来规定对他有利的作战条件”。他声称这一战略的实质在于“主要的决定首先应当建立在以选定的手段和选定的地点立即实施回击的巨大的能力上”[①]。这个称为大规模报复或大规模回击的战略是建立在当时美国的核垄断以及后来的核优势的基础之上的，它企图以全面的核战争相威胁，推行侵略扩张政策，建立美国垄断资本对世界的统治和霸权，维护崩溃中的世界资本主义体系。这种战略出现于20世纪50年代初期绝不是偶然的，而是战后美国日益膨胀的经济和军事实力的必然产物，也是战后美国资本主义总危机日益尖锐化的深刻反映。

第二次世界大战是资本主义世界各国经济军事实力急剧变化的重要历史时期。在这次大战中，几个主要帝国主义国家受到了极大削弱。1945年战败后的德国国债几乎是国民收入的3倍，达3800亿马克，所有国外投资均被没收，经济系统陷于瘫痪。战争使英国在海外投资减少10.65亿英镑，即减少了1/4。从1939年9月到1944年6月，英国的外债增加了23亿英镑，它从世界的债权国变成了债务国。法国在战争中人力损失包括空袭以及集中营和俘虏营中死亡人数总共达63.5万人。战争期间，法国工厂的劳动生

①《纽约时报》1954年1月13日，转引自索科洛夫斯基:《军事战略》，解放军出版社，1984年，第113页。

产率下降了50%，农业产量急剧降低，畜牧业人口减少了一半。只有美国是这次大战的暴发户。在大战中，美国垄断资本不但没有被削弱，反而变得比以往任何时候都更加富有和强大了。美国垄断资本打着“民主国家的伟大兵工厂”的旗号，大做军火生意，发了战争横财。1940年至1945年期间，美国公司纳税后利润高达1168亿美元，比战前6年增加了3.4倍，包括原子能、合成橡胶、铝、飞机、造船等在内的新型工业得以建立和充分发展，工业生产指数迅速上升。以1935年至1939年为100，则1943年为179。战后初期到50年代初，美国垄断资本利用科学技术革命的先进成果和战后美国工业固定资本大规模更新，对消费品需求的日益增长，高额的军费开支以及各主要帝国主义国家退出竞争，美独霸资本主义世界市场等有利条件，进一步发展了生产，扩充了实力。1953年，美国的工业生产比1949年上升41%，1946年到1953年钢产量由6660万吨增加到11162万吨，原油由173390万桶增加到236000万桶，铝由40.9万吨增至125.2万吨，铜矿由68.8万吨增至92.5万吨。美国工业生产占了整个资本主义世界的1/2，出口贸易占1/3，黄金储备占3/4。美元也取得了资本主义世界国际储备货币的特权地位，形成以美元为中心的资本主义国际货币体系，在北美大陆建立起以美元为象征的“金元帝国”。

与此同时，以核武器为标志，美国也取得了军事上的压倒性优势。自1942年美国秘密研制核武器的“曼哈顿计划”开始到1945年7月16日在新墨西哥州阿拉莫戈多沙漠成功试爆第一颗内爆式钚原子装置，以及1945年8月6日、9日在广岛、长崎使用以天然铀-235和人工钚-239制造的两颗2万吨TNT当量的原子弹，美国在世界上首先掌握并垄断了原子秘密。战后美国继续大力研制战略战役战术核武器，着重发展战略空军。1946年3月21日在华盛顿郊区安德鲁斯空军基地设立了战略空军司令部（1948年11月迁至内布拉斯加州的奥马哈）。美军实有战斗兵力1954年增至331万1445

人，其中陆军师19个、团战斗队18个，计1416534人；海军舰只1126艘、航空母舰飞机大队16个，计735621人；海军陆战队师3个、空军大队3个，计218590人；空军战略航空队5个、战术航空队6个，共115个联队940700人。1950年1月31日杜鲁门下令生产氢弹，1951年11月美国在太平洋上的埃卢盖拉布小岛成功地进行了一次热核试验，1952年6月中旬开始建造世界上第一艘核动力潜艇“鹦鹉螺”号，1954年3月在太平洋上再次进行了氢弹试验。从1950年至1953年，美国用于生产原子弹和氢弹的开支达50亿美元。空军和海军自1953年起开始装备射程为12050公里的战役战术飞航式导弹；不久又装备射程达10000公里的飞航式导弹；陆军自1953年起逐步装备射程为4公里的非制导战术火箭弹，1954年起又装备了射程为125～1240公里的战役战术导弹。[①]美国建立了一支称霸世界的军事力量。它一手拿着美元，一手挥舞原子弹，宣称20世纪是“美国世纪”。大规模报复战略正是在这种高度膨胀了的经济和军事实力上产生的。

大规模报复战略产生的另一个更深刻的内在原因则是战后美国日益深化的资本主义危机。1947年底，毛泽东在分析美国战后繁荣的脆弱性时曾深刻指出：“美国的战争景气，仅仅是一时的现象。它的强大，只是表面的和暂时的。”[②]战后美国经济遇到了不稳定的日趋缩小的国内市场和国际市场，到处潜伏着危机。所谓的“繁荣”只能靠战争和高额的军费刺激来维持。在第二次世界大战前的19年间（从1920年度到1938年度），美国直接军费开支总共189亿美元，平均每年开支近10亿美元。第二次世界大战开始的1939年，直接军费支出13.68亿美元，占联邦政府支出的15.5%，占国民生产总值的1.6%。1941年进入全面战争动员后，美国经济逐步纳入战争轨道，1944年度直接军费开支高达838亿美元。战后初期军费开支虽

① C.C.洛托茨基等：《战争史和军事学术史》，战士出版社，1980年，第589页。
② 毛泽东：《目前形势和我们的任务》，《毛泽东选集》第4卷，人民出版社，1991年，第1155页。

暂时有所削减，但并没有从战争经济恢复到平时经济，始终保持了高于战前水平的军费开支。1953年直接军费开支达504.43亿美元，占政府支出的65.7%，占国民生产总值的14.1%，较1948年的117亿增加了3.3倍。从1950年6月到1953年7月，3年间，美国政府直接军费累计1299亿多美元，相当于美国在第一次世界大战期间直接军费支出的6倍和第二次世界大战期间直接军费支出的一半以上。美国对战争刺激的依赖和国民经济军事化程度日益加深。战后，刚减军费就出现了1948年至1949年的经济危机，只是朝鲜战争爆发，才暂时回升。朝鲜战争结束对军费又稍事削减，马上又爆发了1953年至1954年的经济危机，工业生产总指数下降9.1，全美失业人数高达374.9万人，7024家企业破产，出口贸易总额下降了4%，1954年美国的工业生产倒退了一年零八个月。美国经济到了离开战争和高额军费刺激就难以支撑的地步。为此，垄断资本不能不乞灵于一项经常性的战争政策，使整个经济长期处于冷战以至热战的动员状态，借以延缓经济危机的发生。在这种需要下，以核大战为特征的大规模报复战略应运而生就毫不奇怪了。

大规模报复战略也是美国垄断资产阶级内部不同利益的垄断集团之间激烈争夺的结果。第二次世界大战中，与军事工业密切相关的洛克菲勒、梅隆、杜邦、克利夫兰等财团日益发展，而以铁路和轻工业为主要势力范围的库恩-罗伯及波士顿财团则渐渐走向衰落。控制火箭、飞机、电子等军需工业的第一花旗银行财团迅速崛起，拥有大批飞机、导弹等新兴军火工业的加利福尼亚财团更是太平洋东岸新兴的暴发户，成为仅次于摩根和洛克菲勒的美国第三大财团。各垄断财团为了争取有利于自己的国民收入再分配，进行了激烈争夺。与军事工业有关的财团特别是与空军、海军的武器装备生产有着利害关系的垄断集团取得了更多的发言权。从1955财政年度至1959财政年度，三军预算分配比例一直是空军约占46%，海军和海军陆战队约占28%，陆军约占23%，其余的归国防部所有。1953年军事采购费用估计为318亿1200万美元，其中空军为144亿9700万美元，海军为79亿700万美元，陆军为94亿800万美元。[①]1955财政年度至1959财政年度空军一直获得购置新装备经费的60%左右，海军和海军陆战队约得30%，而陆军约得10%。很显然空军一直处于最有利的地位。大规模报复战略的提出是与这项战略有直接利害关系的垄断财团的胜利。

二

大规模报复战略的提出标志着美国战后奉行的遏制政策的破产，同时也标志着遏制政策的继续和升级。

为了巩固和扩大在大战中获得的势力范围，控制中间地带，维护资本主义体系，第二次世界大战刚刚结束，美国就把战略指导思想的重点转移到了“遏制共产主义”上来。1947年3月和6月相继提出防止“共产主义渗入”，镇压希腊、土耳其人民革命运动的“杜鲁门主义”和名为“复兴”实为控制欧洲的“马歇尔计划”。1949年4月，美国与比利时、加拿大、丹麦、法国、冰岛、意大利、卢森堡、荷兰、葡萄牙、英国等建立了北大西洋公约组织，1951年建立欧洲盟军最高司令部，同年9月又建立了太平洋条约组织。美国调整和加强了海外基地体系，建立了针对苏联和其他国家的包围网。1950年美国发动侵朝战争。在美国的指使和操纵下，李承晚军队于6月25日拂晓沿三八线向北朝鲜发动了全线进攻。6月30日美国政府派遣两个师的美军赴朝，并下令海军对朝鲜民主主义人民共和国建立封锁。7月7日美国纠集和胁迫英国、法国、澳大利亚、比利时、加拿大、哥伦比亚、埃塞俄比亚、希腊、卢森堡、荷兰、新西兰、菲律宾、泰国、土耳其

①《美国统计摘要》，华盛顿，1961年，第236页。

和南非联邦15个北约成员国和依附于美国的国家以“联合国军”的名义武装干涉朝鲜，其中美国占全部侵略军陆军的50.32%、海军的85.89%、空军的93.38%。美国企图吞并朝鲜，“掌握通向亚洲的一把钥匙”，取得靠近中国和苏联远东地区的战略基地，把朝鲜变成“遏制共产主义”的前沿阵地。在点起朝鲜战火的同时，1950年6月27日美国第七舰队还开进台湾海峡，阻挠中国收复自己的固有领土台湾。1950年11月30日杜鲁门在新闻记者招待会上扬言要全力以赴遏制中国，声称不排除对中国使用原子弹的可能性。1951年3月24日“联合国军”司令麦克阿瑟声称“必要把作战行动扩大到中国沿海区域及内地的基地”。但是美国的一系列遏制阴谋遭到了可耻失败。进行了3年的侵朝战争最后以美军及其盟军伤亡、被俘109万，损失飞机2714架，舰船257只，坦克、装甲车3000多辆及其他大量装备而告终。1953年7月27日美国被迫在停战协定上签字。侵朝美军司令克拉克不得不承认在“错误的时间”“错误的地点”进行了一场“错误的战争”。以中国革命的胜利和美国在朝鲜战争中的失败为标志，美国的遏制政策彻底破产了。美国内部一片责难之声。莱因霍尔德·尼布尔在1952年出版的《对美国历史的讽刺》一书中认为，企图利用目前美国的冷战武器来拯救亚洲，使之免受共产党统治的任何做法，犹如“骑士遇到枪炮对他的权势提出挑战时拿出长矛一样”。共和党竞选纲领称“遏制是防御的、消极的、徒劳的和不道德的，它听任无数人受专制主义和邪恶的恐怖主义摆布”。1952年5月和1953年1月杜勒斯两次谴责遏制政策是一种“必然失败的政策，因为，一种纯防御性的政策根本不能击败一种侵略政策”。杜勒斯等人把美国在中国、朝鲜和其他地方的必然失败竟归结为政策本身过于“消极”和“纯防御性”，企图从更加具有冒险性、进攻性的政策中寻找出路。

在遏制政策破产的基础上提出的大规模报复战略并没有从根本上改变美国政策的轨道。1955年前国务卿艾奇逊在《一个民主党人看民主党》中指出："1952年以后的时期，在那指导美国对外政策的思想的最高准则方面并无不同之处。最近几年的对外政策，由于受着原先推动力传导给它的惯性的作用，继续沿着斜面发展。"莱特·米尔斯在《第三次世界大战的起因》一书中也认为"华盛顿方面的对外政策，是从西方拥有军事优势这种理论出发的，同时是建立在'暴力主义'之上的，这种理论无论过去与现在，都是美国破产了的政策的主要基础……艾奇逊和杜勒斯的路线是一脉相承的"。无论在战略利益、根本企图还是阶级基础上，大规模报复战略与遏制政策有着本质上的一致性。当然在新的战略环境中，大规模报复战略也有一些不同于遏制政策的特点。

第一，大规模报复战略具有战略目的上的两重性。在斯大林领导时期，苏联是社会主义的中坚力量。当时，美国遏制政策的主要矛头是指向以苏联为首的社会主义阵营的，其目的在于遏制社会主义力量，颠覆人民民主政权，巩固和扩张资本主义势力。斯大林逝世后，赫鲁晓夫集团逐步掌握党政军大权，推行霸权主义。特别是1955年5月14日，苏联建立华沙条约组织，逐步利用华约，控制东欧，威胁西欧，与美国争夺欧洲。这时，美国提出的大规模报复战略就逐步包含了两重性。一方面它是美国及其北约盟国与苏联及其控制的华约争霸对抗的策略基础。这是主要的。另一方面，由于中国突破帝国主义的东方战线，美国丧失了它在亚洲的一个巨大市场，中国革命影响日益增大，引起了美国的恐惧和仇视，因此，大规模报复战略同时也具有遏制中国，扼杀各国人民革命的一面。1955年5月和1956年5月在北约两次外长会议上，杜勒斯强调：共产主义正在亚洲取得进展，中国牌子的共产主义比俄国牌子的共产主义威胁更大，因为中国控制的人口更多，在亚洲享有文化威望，而俄国不论在欧在亚都没有这种威望。杜勒斯承认受中国革命影响的不发达地区达16亿人口之多，如果中国式的革命在这些地区蔓延开来，那么"世界上受共产党统治的人口和自由世界人口之间的比例将从有利于自由世界的二比一，变为不利于自由世界的一比三”。杜勒斯声言“鉴于大西洋共同体的工业化性质，以及它要依赖于广大的市场和得到原料这两个事实，这个一比三的比例是绝难容忍的”。

第二，大规模报复战略在战略手段上更加依赖核武器，更富冒险性。战后初期，由于美国手中只有少量核武器，尚未形成完整的核战略。推行遏制政策的主要手段是第二次世界大战式的大规模常规战争，少量核武器只作为加速战争进程的辅助手段。而大规模报复战略则以核力量为“剑”，常规部队为“盾”，把赌注押在全面核大战上。杜勒斯扬言要“把原子武器作为常规武器来使用，以对付敌人的军事实力。无论何时何地，在估计到种种因素之后，只要有利，就可以这样。这些因素包括一系列军事的和非军事的考虑”[①]。1953年5月在朝鲜停战谈判过程中，杜勒斯就曾通过印度外交官再次对中国进行过核讹诈。据最近哈佛大学出版的外交问题季刊《国际安全》杂志透露，20世纪50年代艾森豪威尔政府还认真制定了对苏核打击战略。计划出动735架B-47型和B-36型轰炸机对苏发动一次大规模打击，摧毁战略空军司令部制定的包括苏联409个机场以及许多工业和石油设施在内的目标表上的所有目标，使苏联“在两小时后变成一片浓烟滚滚的、放射着辐射物质的废墟”[②]。

第三，大规模报复战略在战略伙伴上，更加依靠各国反动势力。早在20世纪50年代初美国就走上了重新武装日本的道路。在美国的支持下，1950年8月吉田政府下令建立一支75000人的所谓国家“警察预备队”，实为日本正规军的基础，1952年警察预备队达11万人。1952年日本还建立了实为陆军部的“安全署”。通过《美日旧金山和约》和《日美安全条约》，

①《提出的“讨论文件”》，1954年4月23日会议档案，《杜勒斯文集》。

② 新华社：《参考资料》，1982年2月21日。

美国加强了对日本的控制，把日本变成美国的政治附庸和美国武装部队在远东的跳板。同时，美国还把德国作为其欧洲政策的重点，企图依靠西德军国主义势力“在中欧占据一个前沿战略阵地”[①]。1950年9月，美伙同英、法在纽约举行的三国外长秘密会议上通过了重新武装西德的决定。1952年5月26日，美又与英、法在波恩签订了旨在把西德纳入“欧洲防务集团”的《波恩条约》。次日，西欧六国还签订了关于成立“欧洲军”的《巴黎条约》。尽管上述计划遭到了破产，但美仍未放松复活西德军国主义的努力。1954年10月，艾森豪威尔政府与西德就发展双方军事合作，扩大美对西德的武器供应签订了双边条约。在美国的扶植下，西德军国主义者和复仇主义者空前活跃起来。西德发生了大规模释放战犯的浪潮。网罗希特勒军队中的军事人员的士兵联合会达900多个，在西德外交部的383个工作人员中，有138人是原希特勒外交部的旧人员，其中134人是法西斯党徒。西德军国主义者和复仇主义者提出了“解放东欧”的口号和“回到东方去”的政策。费尔德马沙尔·冯·列叶勃在1956年出版的《德国军事年鉴》的序言中写道：“我们老兵，只能希望德意志联邦共和国年轻军队，能为过去那种振奋过两次大战士兵的精神所鼓舞。”所谓“西里西亚爱国者同盟”在小册子中公然叫嚣：“站起来吧，伟大的德国。用火与剑为自己收回我们的祖先从前自斯拉夫人那里夺来的东方土地……我们需要的不是面包，而是榴弹，不是舒适的住宅，而是坦克，不是安乐，而是德意志的刚毅和忠实！”1955年5月，西德正式加入北大西洋公约组织，西德军国主义势力进一步成为美国推行侵略和战争政策的重要伙伴和依靠力量。在复活日本、西德军国主义的过程中，美还与一系列反动势力建立了同盟关系，1954年9月美策划成立了东南亚条约组织，1954年12月2日与蒋介石集团签订了共

① John. F. Duiles. War or Peace, New York, 1950, pp. 156-157.

同防御条约，1955年2月美还策划拼凑了《巴格达条约》，1957年3月22日美宣布加入巴格达条约军事委员会。通过这一系列努力，美国进一步与各国反动势力结成了共同“对付共产主义”的纽带。

作为大规模报复战略的具体运用和补充，杜勒斯进一步提出了所谓“战争边缘政策”。1956年1月杜勒斯声称“不怕走到战争边缘，但要学会走到战争的边缘，又不卷入战争的必要艺术”。在大规模报复战略和战争边缘政策的指导下，美国当局蓄意挥舞核大棒，进行战争挑衅，制造紧张局势，屡次把世界推到战争的边缘。

在印度支那，美国极力支持法国的殖民战争。从1950年至1953年年底，美国向法国在印度支那的殖民战争输送了40万吨以上的军事物资。其中包括340架飞机、15万支步枪、2亿4900万发子弹、1500万发炮弹。1954年美承担了法国军事预算的70%。艾森豪威尔政府对法提供军事援助总额达30亿美元。杜勒斯、尼克松多次向法施加压力，要求法“在没有取得明显的军事上的胜利以前”，不要让军事行动停止下来。1954年3月22日有杜勒斯参加的美国参谋长联席会议通过了派遣美国轰炸机驾驶员去印度支那的决定。4月16日尼克松再次声称，对印度支那的任何谈判都是无益的，如果法国停止军事行动，那美国就向那里派出自己的军队。在法国殖民军节节败退之时，美参谋长联席会议主席阿瑟·雷德福竭力主张空袭，空军参谋长内森·特文宁甚至认为“使用三颗小型原子弹是个好主意”。正如《纽约时报》1954年年初评述美国这一立场时所承认的：“我国向法国施加强大的压力，是为了使他们继续同共产党人的战争，而不是去寻求谈判的道路，继续战争对于我们在这个地区的利益，具有一个重大的意义。”

在台湾海峡，美国伙同蒋介石集团，多次制造战争危机。1953年在美国军事顾问的指导下，逃离大陆的蒋介石军队完成了改组和重新武装。蒋军人数达70万人。1954年12月美蒋签订共同防御条约后，进一步加强了勾结。美极力操纵指使蒋介石集团窜犯大陆，制造远东紧张局势。1954年8月16日《每日新闻》直言不讳地宣称："要特别养肥这只好斗的公鸡。如果它要跳到中国大陆去，便以军舰、飞机和所有其他的武器去支持它。"1955年1月29日美国众议院还通过了"为保卫福摩萨和澎湖列岛得以使用美国武装部队"的第159号联合决议，企图直接上阵，侵犯中国大陆。1958年夏，美在台湾海峡集结了大批海军和空军，造成对中国大陆的直接威胁。美国海军陆战队还把能够发射原子炮弹的榴弹炮运进了金门，使远东局势到了爆炸的边缘。

在中东，1957年1月5日，当英国最后一个士兵刚刚离开埃及，美国便宣布了杜勒斯—艾森豪威尔主义，借口对付"共产主义侵略"，企图动用美国武装力量，控制中东、近东。1958年7月，14000名美军蹚过黎巴嫩海滨浴场的浅滩登陆，对黎巴嫩进行了直接武装入侵。

在拉丁美洲，美国中央情报局1953年6月一手策划了推翻危地马拉阿文斯政权的阴谋。

美国这一系列战争挑衅和侵略扩张行径都是在大规模报复战略的指导下进行的，它充分说明了这一战略的冒险性、侵略性和反动性。

三

大规模报复战略产生于美国"黄金般的50年代"中期，然而还没有走出50年代它就走进了死胡同。这主要是因为：

第一，朝鲜战争失败后，美国开始从它的顶峰跌落下来，美国国力日衰，大规模报复战略赖以产生和支撑的物质基础渐渐削弱。朝鲜战争后，美国国内经济矛盾进一步加深，战后初期曾支持美国经济暂时"繁荣"的一些因素，有的已经消失，有的逐步走向其反面，成为加深美国再生产过程矛盾的因素。1953年至1958年，美国的工业产量每年仅增加0.6%，6年间几乎没有增长。1957年至1958年，1960年至1961年相继爆发了美国战后的第三、第四次经济危机。其中1957年至1958年的经济危机期间，工业生产从1957年3月起连续下降14个月，下降幅度达13.5%，生产水平倒退了39个月，到1958年7月失业人数达507.9万，这是1941年以来的最高纪录。危机期间，消费物价指数（1967年等于100）从83.1上涨到86.6，上涨幅度达4.2%。国民生产总值从1957年第三季度的4552亿美元连跌两个季度，降到1958年第一季度的4375亿美元，下降幅度达3.9%。1960年至1961年的经济危机期间，美国工业的三大支柱——钢铁、汽车、建筑业生产大幅度下降，钢铁产量由1960年2月到1961年2月下降了47.3%，小汽车产量由1960年2月到1961年3月下降了43.8%，建筑业的新开工私人住房建筑从1960年1月到12月下降了33.7%。工业生产能力严重过剩，1960年年底，钢铁工业的开工率只有39.4%，汽车工业开工率在1961年2月只有44%。财政金融状况不断恶化，1959年年底美国黄金储备只有195亿美元，而对外流动负债则达194亿美元，这就是说用这些美元向美国兑换黄金几乎可以把美国黄金储备全部兑光。1960年10月爆发了战后第一次大规模的美元危机，西欧金融市场掀起了一场大量抛售美元、抢购黄金的浪潮。面对国内外矛盾和深刻频繁的经济危机，垄断资产阶级企图求助于国民经济军事化来缓和美国经济所固有的矛盾，朝鲜战争后美国军费一直维持在四五百亿美元的高度，但是经济军事化不但解救不了经济危机，反而使危机越陷越深。国民经济各部门更加畸形发展，生产无政府状态更加严重。在资本主义政治经济发展不平衡规律的作用下，西欧和日本却由于大规模投资、大规模固定资本更新、对农业按工业现代化经营方式进行的彻底改组以及扩大对外贸易等因素，经济有了迅速的恢复和发展，1953年至1959年，西欧工业产量每年增长6%，是美国增长率的10倍。资本主义国家之间的力量对比发生了不利于美国的变化。美国工业生产在资本主义世界工业生产中所占的比重由1948年的53.4%，下降到1958年的46.1%，出口比重从1947年的32.4%下降到1957年的20.6%，黄金储备由1949年245.63亿美元下降为1959年195.07亿美元。1953年整个西欧的国民生产总值是美国的57.2%，而1963年上升到了72.6%。美国在资本主义世界的经济地位日益下降，大规模报复战略日益成为没有基础的空中楼阁了。

第二，赫鲁晓夫上台后与美国展开了激烈的军备竞赛，美国在军事上的一家独霸逐步让位于美苏争霸，美国的战略优势逐步向美苏之间的战略均势转化，改变了大规模报复战略提出的基本前提。在斯大林领导时期，苏联处在美国的核威胁之下，加紧了核武器及其运载工具的研制工作。1946年年底，苏联的第一座原子反应堆开始运转。1949年8月苏联爆炸了第一颗试验性原子装置。1953年8月又先于美国爆炸了第一颗氢弹。在运载工具方面，1946年制成了P-1型火箭。1950年又试制成功了威力更大、射程更远的P-2型弹道火箭。赫鲁晓夫上台以后，在战后初步发展的基础上，加快了核军备和核竞赛的步伐，迅速扩充了军事实力。1954年苏军开始装备核武器。1957年8月26日苏联宣布一枚多级洲际弹道导弹第一次试射成功。1957年10月4日先于美成功发射世界上第一颗人造地球卫星，1961年又成功发射“东方”号载人宇宙飞船。1955年9月在世界上第一次从潜艇上发射“飞毛腿”式弹道导弹，比美国首次从潜艇上发射弹道导弹约早5年。到1959年共建成6艘Z级弹道导弹潜艇，装备改进型“飞毛腿”式导弹即SS-N-4“萨克”导弹，并生产了大批G级柴油动力潜艇和H级核动力潜艇。1959年2月战略火箭军作为一个独立的军种建立起来，并且列为五大军种之首。1960年战略火箭军装备洲际导弹几十枚，中程导弹约200枚，到1964年洲际导弹增加到200枚，中程导弹700～750枚。空军装备了翼形火箭，远程航空兵装备了带核弹头的空地导弹；海军从1963年起开始装备导弹核潜艇；国土防空军装备了各型防空导弹和部分带核弹头的防空导弹；陆军师装备了战术火箭，集团军和方面军装备了战役战术导弹。苏联火箭技术一度领先于美国。火箭、核武器成了赫鲁晓夫与美争霸的重要资本和工具。赫鲁晓夫扬言苏“能够用一次火箭核突击就把美国的任何目标、一切工业和行政中心从地球上消灭掉”。苏联火箭、核力量的膨胀日益成为抗衡美国、与美争霸的威胁性力量。美国参议院外交委员会在1959年12月6日发表的一份专题报告也看到了这一变化。报告指出：“美国核垄断权的丧失以及苏联战略能力的提高，为美国保持其实现既定目的所必需的军事地位增加了种种困难。”报告承认“美国的军事地位恶化了，这个以往处于绝对安全地位的国家，现在有遭受直接的毁灭性攻击的危险”[①]。这种逐步出现的“恐怖均衡”的相互威慑状态，使以核垄断和绝对核优势为前提的大规模报复战略失掉了支柱。

第三，各国人民革命斗争和民族解放运动蓬勃发展，粉碎了大规模报复战略的神话。战后大规模战争虽然没有发生，但局部战争接连不断。据统计，至肯尼迪政府结束，战后共发生大约20次小规模战争或小规模冲突。特别是在大规模报复战略的威胁和恐吓下，各国人民的革命斗争和民族解放运动并没有停止。从1953年到1960年，也就是大规模报复战略盛行的8年里，突尼斯、加纳、苏丹、民主柬埔寨、摩洛哥等25个亚非国家相继摆脱新老殖民主义的统治而宣布独立。在印度支那，就在杜勒斯宣称正式采取大规模报复战略后刚刚两个月，胡志明率领的军队向美国支持的法国殖民军发动了攻击，1954年5月7日，取得了著名的奠边府战役的重大胜利，歼敌一万六千余人。在中东，1956年7月26日，面对帝国主义的强权，埃及政府发表了苏伊士运河公司国有化法令，果敢地收回了具有

① 约翰·霍普金斯大学华盛顿外交政策研究所：《军事技术的发展及其对美国战略和外交政策的影响》，新世界出版社，1960年，第11、14页。

重大战略意义的苏伊士运河。显示了第三世界国家的意志和力量。在伊拉克，1959年3月卡塞姆政权退出《巴格达条约》，打破了这个美国一手操纵的组织的外壳，使美国编织的“遏制网”濒于解体。在远东，中国人民解放军以无情的炮火粉碎了美国的核讹诈和怂恿蒋介石集团进犯大陆的图谋。在各国人民的革命斗争面前充分暴露了大规模报复战略的虚弱本质。美国前陆军参谋长马克斯韦尔·泰勒当时指出：“1945年以来发生的许多其他有限战争——中国的内战、希腊和马来亚的游击战、越南战争、台湾事件、匈牙利事件、中东和老挝等地的战争，仅举这数例——都清楚地证明，我们的大规模报复战略虽然防止了‘大战’，即第三次世界大战，但并没有保住‘小的和平’。”美国国防大学战略研究所所长约翰·柯林斯在后来论及大规模报复战略时也同样认为：“不幸的是，核摧毁的幽灵未能阻止50年代沿亚洲边缘（从马来亚到朝鲜）由共产党煽动的较小规模的战争。对战略采取过分死板的态度和过分相信某种单一‘武器系统’（这次是过分相信不可思议的空中火力），再次证明是不可取的。这就像用榴弹炮武装警察一样。”①

由于大规模报复战略自身不可克服的矛盾以及战略环境的改变，使这一战略遭到了不可避免的失败。正是大规模报复战略的创立者杜勒斯本人被迫推翻了这一只能“在屈辱和全面核战争之间”作出选择的僵化战略。1957年10月27日他宣称美国及其盟国在发生局部冲突时必须采取必要的措施以避免“因为我们的行动而引起一场全面核战争”。美国朝野上下对这一战略提出了尖锐的批评。前陆军参谋长马克斯韦尔·泰勒在1955年10月1日发表的“国家军事计划”中率先指出：“大规模报复战略作为一种指导性的战略思想已经走进了死胡同，急需对其重新估价……大规模报复战略

① [美]约翰·柯林斯：《大战略》，军事科学院，1978年，第156页。

思想即便在其全盛时期，也只能为我们的领导人提供两种选择，即发动全面核战争，或妥协退却。从开始执行大规模报复战略以来，世界上发生了许多事件，这些事件对这种思想的正确性提出了疑问，并暴露了它的荒谬性。”美国的思想库纷纷对美国战略进行了重新估计和研究。1959年12月美国参议院外交委员会发表了约翰·霍普金斯大学对外政策研究中心为国会准备的题为《军事技术的发展及其对美国战略和外交政策的影响》的专题报告。在此前后，美国还相继出版了奥斯古德的《有限战争》、布罗迪的《导弹时代的战略》、泰勒的《音调不定的号角》、基辛格的《选择的必要》等战略问题专著，对大规模报复战略一致作了否定的估价。北约理事会也一致认为那种选择性差、可靠程度低、风险又大的大规模报复战略是轻率的。在1955年10月1日发表的“国家军事计划”中，前陆军参谋长泰勒首次提出以灵活反应战略取代大规模报复战略的建议，在1960年、1961年相继发表的《音调不定的号角》和《安全不能坐待》等论著中，他对灵活反应战略又作了完整的论述。他强调新战略要有多种选择，而不强调依靠单一武器系统、单一战略思想或盟国配合，要“能够应付各种各样的和各种规模的挑战”。既要准备进行全面核战争，又要准备进行可能使用也可能不使用核武器的有限战争，而不是不管冲突规模如何一律以无限的核战争相“报复”。但泰勒的新战略在1956年参谋长联席会议上遭到了雷德福海军上将等人的否决。1959年泰勒任满退役。1961年约翰·肯尼迪取代艾森豪威尔入主白宫，面对变化了的现实，采纳了泰勒的建议。肯尼迪声称美国的新战略“必须是灵活的，但同时又是坚决的”。1961年7月泰勒被肯尼迪聘为私人军事顾问，1962年10月再次服现役，并升任参谋长联席会议主席。在总统肯尼迪、国防部长麦克纳马拉以及泰勒等人的推动下，美国根据新的战略思想完成了军事态势的调整。大规模报复战略终于被无情地抛弃，而让位于较为现实而有弹性的灵活反应战略。大规模报复战略是美国由盛而衰的一个重要标记。它是美国战略攻势的顶点，也是由战略攻势向战略守势转变的起点。它的破产说明美国的黄金时代一去不复还了。在急剧变化的国际环境和美苏激烈争夺霸权的形势下，美国越来越捉襟见肘、力不从心、江河日下了。

（1982年3月）

绝对战争向可控性战争的历史性转变*

20世纪即将走完它的最后行程。在新世纪即将到来的前夕，从更广阔的战略视野审视人类战争发展的全部足迹，探讨战争形态演变的规律，从而正确认识和处理新世纪人类社会的整个战争与和平、安全与发展问题，这不仅是各国战略家、政治家、军事家的任务，也是一切爱好和平的人普遍关注的问题。

一

在人类历史上，战争比和平发育得更早。自原始社会末期以来，战争从未在人类生活中长久地停顿过。据挪威史学家统计，截至1982年，在有文字记载的5560年中，人类社会共发生过14531次战争，平均每年约2.6次。瑞士国家计算中心也大体得出同样结论，据他们统计，从公元前3000年到20世纪80年代初，世界共发生14513次战争，大约夺去36.4亿人的生命，在这五千年间，只有292年没有战争，和平成为一种十分偶然的社会现象。美国学者的统计也显示，公元前1496年到1861年的3357年中，有战争年份为3130年，没有战争的年份仅为227年。在西方，从古希腊到国际联盟，两场战争的间歇期只有2年。在中国，从原始社会末期到辛亥革命的五千年间，共发生具有一定规模的战争，包括王朝更替战争、诸侯争霸战争、王国兼并战争、国家统一战争、农民起义战争和民族自卫战争等6000多次。正如英国军事理论家富勒在《西洋世界军事史》的序言中所

* 本文写于1998年10月，原为第四届孙子兵法国际研讨会论文。

指出的："从人类的最早记录起，到现在的时代为止，战争都一直是他们生活中的支配现象。在人类历史中没有一个时代是会完全没有战争，很少有一代人以上是不经过大型战乱的。大战几乎和潮汐一样，具有规则的起落。"[①]一部人类文明史也同时是一部战争史。对战争曾何等深刻地渗透和主宰着人类历史，无论怎样估计都是不会过分的。

二

除少数例外，迄今为止的战争就其军事形态而言，都是绝对战争。德国军事理论家克劳塞维茨在其军事名著《战争论》中说："战争是一种暴力行为，而暴力的使用是没有限度的。"[②]这可以说是对绝对战争的经典描述。无限的战争目的，无限的暴力使用，是绝对战争的两个最基本的特征。在绝对战争中，战争被视为一种"绝对权利"，交战的一方总是力图把现有作战手段的效能发挥到最大限度，总是力图尽其所能在最大程度上消灭对方军队，攻占对方国土，掳掠对方财富。即使军事技术的落后限制了作战效能的发挥，在无限战争目的的支配下，也往往把战争烈度推向令人惊骇的程度，即使开始时战争目的的时空性是相对有限的，但战争目的的坚决性也往往使手段的使用失去控制而沿着历史惯性走向绝对战争的轨道。2300多年前的冷兵器时代，古希腊亚历山大大帝仅以"赛力杀"长矛和马其顿方阵，就把战火燃遍了波斯、小亚细亚、腓尼基、叙利亚、阿拉伯、埃及和印度，横扫欧、亚、非三洲，10年间远程机动作战，征程长达万里。中世纪欧洲封建主、意大利商人、罗马天主教会以"解放"圣城耶路撒冷为号召的十字军东征，从1096年开始到1291年结束，征伐杀戮，持续时间长达2个世纪。1864年至1870年的巴拉圭与巴西、阿根廷和乌拉圭三国同盟

①［英］富勒：《西洋世界军事史》第1卷，战士出版社，1981年，第1页。
②［德］克劳塞维茨：《战争论》第1卷，商务印书馆，1982年，第26页。

战争，战争结束时，巴拉圭人口从战前的133.7万人锐减到22万人，其中男性仅剩下2.8万人。20世纪的两次世界大战则把绝对战争推向了顶点。第一次世界大战历时4年又3个月，卷入战争的国家和地区达到了34个，涉及人口15亿，战争展开地区面积达400余万平方公里，参战军队7000多万人，死亡人数800万人以上，战争损失超过3870亿美元。第二次世界大战历时6年，参战国61个，参战军队1.1亿人，涉及人口17亿，战场面积达2200万平方公里，死亡人数3200万人以上，战争损失高达4万亿美元。在第二次世界大战中还首次使用了足以导致人类毁灭的核武器。第二次世界大战后近半个世纪的冷战，虽然最终没有转化为"热战"，但核威胁下的冷战以整个人类为人质，它比热战有更坚决的目的和手段，是绝对战争的另一种形式的继续或变种。

三

20世纪是人类历史上最具转折意义的世纪。20世纪既把绝对战争推向了顶点，同时也孕育了绝对战争走向终结的历史条件。世纪之交初步显现的人类社会技术形态信息化、全球经济一体化、战略格局多极化、国际关系民主化以及军事手段高技术化等历史趋势的加速发展，有力地推动着战争形态沿着两条轨迹发展：一是人类战争在几千年的发展中，从区域性战争逐步走向世界大战后，正日益远离世界大战，并将最终与世界大战脱钩；二是伴随人类走过几千年的绝对战争，在进入21世纪时，正日益为可控性战争所代替。这两条轨迹实际上是一个问题的两个方面。绝对战争之所以难以为继，其根本原因在于以下几个方面。

1. 战争手段的巨大破坏性制约了战争目的与手段的无限性。如果说农业时代的战争手段落后于目的，工业时代前期的战争手段与目的大体匹配，那么在工业时代后期以及进入信息时代后，战争手段逐步超出战争目的的要求，甚至走向战争目的的反面。20世纪人类既创造了无可比拟的巨大社会财富，但同时也创造了足以在瞬间将这些财富化为灰烬的战争手段。现代作战手段的发展打破了人类进攻与防御武器循环发展的规律，形成了战争目的与手段的悖论。现代战争手段的无限使用不但不能实现战争目的，而且使战争的所有参与者都面临同归于尽的厄运。

2. 世界经济一体化的加速发展使各国利益相互依存度空前加深，从而制约了绝对战争的爆发与升级。柏林墙的倒塌不仅象征着东西方军事对抗壁垒的瓦解，也标志着冷战时代那种市场分隔与经济封闭状态的改变。生产的国际合作，资金的跨国流动，商品的全球交换，推动着各国利益的相互渗透与相互融合，形成你中有我、我中有你，一损俱损、一荣俱荣的局面。一个国家利益之得不可能再通过他国利益之失来实现。战争作为一把双刃剑，在危害他国利益的同时，也危害了自己的利益。昔日靠发动殖民战争进行血腥掠夺的原始积累方式已经行不通了。

3. 现代战争的高消耗带来的高投入和高风险制约了战争规模与战争强度。现代战争既是打钢铁、打硅片，更是一场扔钞票竞赛。现代武器装备性能的算术级数的升级，是以成本呈指数增加为代价的。海湾战争只打了42天，多国部队一方耗资即达600亿美元之巨，比一个中等发展中国家全年国民生产总值还要高。这种战争再拖下去，有谁能打得起？即使军事上打赢了，经济上却破产了，这种严酷的战争效费比是任何人都不能不考虑的。因此绝对战争向可控性战争的转变不是偶然的，而是当代世界政治经济发展对战争的必然要求。

四

历史上虽然不乏控制战争的努力，但因历史条件未发育成熟，因而战争控制最终只不过是一种良好愿望。1899年海牙和平会议对战争“绝对权利”的限制以及历史上第一部关于和平解决国际争端公约的通过并未能阻止第一次世界大战的爆发。第一次世界大战后，国际联盟旷日持久的裁军会议以及巴黎非战公约的出台迎来的是更大规模的世界大战。只有当代国际政治经济和军事技术的转折性变化才使战争控制开始具备了现实可能性。这种变化的主要表现有以下几个方面。一是和平力量的增长超过了战争力量的增长，和平与发展成为时代的主题，从而有力地制约了世界性战争的爆发。二是精确制导武器的发展为控制战争提供了相对有效的工具。与传统武器相比，精确制导武器可以有控制地实现战争目的，从而相对减少战争的附带毁伤。三是现代信息技术的发展不仅使战场透明度空前提高，有利于战场作战控制，而且使整个社会政治生活的透明度空前提高，使战争行为在更大程度上置于民众的广泛监督之下，有利于减少由于个别领导人的失误而造成战争失控的局面。四是国际法体系日益完善，国际社会的危机调控机制和防止大规模破坏性武器扩散等制约机制和核查机制日益成熟，使战争控制日益具有可行性与可操作性。五是联合国在国际政治生活中的协调作用大大增强。联合国和平解决国际争端的对话功能、仲裁功能、维和功能、军备控制功能等日益突出，对于制约战争具有不可替代的作用。六是当代世界政治经济结构的深刻变革，逐步改变国家谋取利益方式的重点。信息技术革命与信息产业的迅速发展导致国家力量重心出现重大转移并使经济技术手段的运用比直接的军事手段运用成为更为有效的获取利益方式。国家的战略目标将更多地依靠政治经济等综合手段来实现，而不再单纯依赖军事手段。

五

战争控制不只是战场作战行动的控制，它包括军备控制、危机控制、冲突控制和局部战争控制诸环节。

1. 军备控制

严格意义上的军备控制应包括军事能力控制与军事活动控制，现有军事力量的控制与军事力量发展的控制，军事力量数量上的控制与军事力量质量上的控制，单方面军事力量控制与双边、多边军事力量控制。虽然军备控制不可能从根本上消弭战端，更不是通往无矛盾、无武器、无战争的“三无世界”的坦途，但是严肃认真的军备控制的确有利于调节各国军事关系，有利于缓和与制止军备竞赛的无限升级，有利于创造互相信任的气氛，有利于预防与控制战争。因此，军备控制是战争控制链条中不可缺少的一环。冷战后，国际社会在军备控制上作出了巨大努力，尤其在防止核、生、化等大规模毁灭性武器的扩散，推动核裁军，促进和平利用核能的国际合作等方面取得一些重要进展，使军备控制在防止和制约战争方面开始发挥其积极作用。但在新的历史条件下，实行真正有效的军备控制仍然任重道远。各种不同类型的国家如何确立符合防卫需要的合理军备规模，如何防止在新的世界军事革命的掩盖下掀起以质量跃升为重点的新一轮军备竞赛，如何确立防御性军备建设上的互信机制等，都是军备控制中必须作出明智抉择的重大现实问题。

2. 危机控制

作为战争控制中的第二根链条的危机控制是对国家间由于利益矛盾或价值矛盾激化而形成的一种紧张的政治军事状态的控制。这种紧张状态是相对和平条件下一种政治、经济、军事、外交上的综合对抗。它虽然尚未全面诉诸武力，但它充满战争危险，它虽然并不必然向战争线性发展，但它接近战争边缘，随时有向武装冲突和战争转化的可能。能否实施有效的危机控制是决定危机向上攀升最后发展为武装冲突和战争，还是危机逐步化解，最后恢复和平的重要因素。历史上每一场战争或重大的国际冲突都几乎有由危机谱写的前奏或插曲，而危机控制越来越对国际安全与稳定，对国家安全事务的发展方向、方式或过程具有突变性的影响。美国前国防部长麦克纳马拉在古巴导弹危机之后曾说，今后战略可能不复存在，取而代之的将是危机管理。这种说法虽不尽准确，但从一个侧面反映了危机控制与管理日益增加的重要性。完整的危机控制不仅包括危机发生后力求将其破坏性和其他消极影响限制在最小范围内，在最短的时间内以最小的代价结束危机，防止危机向武装冲突和战争转化，也包括努力消除可能导致危机的消极因素，制止危机于未萌。当年利德尔·哈特提出大战略的着眼点在于把眼光向战后延伸，要求战略家们关注战后的和平，当今危机控制更要求战略家们把眼光向战前汇聚，着眼于战争爆发前对战争的预防与遏制。无疑后者比前者具有更为积极的意义。在危机控制的实践中，开展积极的军事外交活动与政治对话，建立可行的相互信任措施，提高军事透明度，应该说对危机控制都是有益的。这里最根本的在于抛弃零和思维，着眼双方长远的共同利益，相互克制并作出必要的妥协。否则，危机控制是难以收到实效的。

3. **冲突控制**

在这里，冲突控制主要是指国家间武装冲突控制，它与局部战争控制大体相近，只是控制对象在冲突规模与强度上存在差异。由于危机控制并不总是有效的，如果危机失控就可能发展为武装冲突与局部战争。一旦危机转化为武装冲突和局部战争，就应力求控制其横向升级与纵向升级。前一种表现为地理与规模上的扩大，后一种表现为战争强度与性质上的提升。对武装冲突与局部战争的控制最重要的是要求冲突双方实行自我约束，有时也需要联合国和国际社会建立冲突调解机制，适时进行冲突调解，建立和完善判断冲突行为性质、惩罚错误行为的规则与司法体系，将严重冲突行为置于完全的控制之下。必要时也可实施符合国际法要求并得到联合国授权的冲突压制，如由联合国派出维和部队实行武装隔离与恢复和平，运用某种威慑体制抑制恶性冲突行为升级，以最终实现武装冲突和局部战争的政治解决。

六

就战争要素而言，战争控制涉及战争目的、战争手段、战争对象、战争方法、战争时间与战争空间等因素的全面控制与全程控制。

1. 战争目的控制

目的控制是最重要和最高价位的控制。目的失控是最严重的根本性失控。战争史上没有哪一场目的失控或目的过大的战争不最后归于惨败。拿破仑兵败滑铁卢，并不是由于他作战指挥艺术的枯竭，而是由于他的战争目的远远超过了他的战争能力。希特勒从他把征服世界作为“奋斗”目标的第一天起就注定了他必然覆灭的厄运。历史上的战争往往把最大限度地掠夺资源、勒索赔款、割占土地、划分势力范围、强迫不平等贸易作为战争目的，这在物质文明与精神文明取得巨大进步的今天，已经行不通了。当代战争目的只应出于维护国际法公认的生存与发展权利，维护国际社会的和平与稳定的合理需要。历史上的战争往往把流血冲突作为解决政治问题的最后手段，呈现政治问题军事化的特点，当代世界必须努力推进“政治问题军事化”向“军事问题政治化”转变，战争目的必须自觉地接受政治目的的制约。历史上的战争往往追求对作战对手压倒性的绝对胜利和彻底的剥夺，在国家利益相互依存度日益加深的今天，即使是正确的一方，其胜利的标尺也应是相对的、适度的。

2. 战争手段控制

近代史上，在作战手段的毁伤力还相对有限的情况下，国际社会就以国际法的形式对作战手段的使用作出过严格的限制，禁止使用具有过分伤害力或滥杀滥伤作用的极度残酷的武器，禁止使用窒息性、毒性和细菌武器。今天不仅核、生、化等战争手段的暴烈性与残酷性已远非昔比，即使是常规武器也具有令人震惊的威力。如部分高性能导弹、高爆子母弹、燃料空气炸弹以及正在酝酿中的一些新概念武器，足以产生与小型核武器相当的杀伤破坏效应。因此，当代战争手段控制必须强调禁止在战争中使用核、生、化等大规模毁灭性武器，特别是严厉禁止在战争中首先使用这些大规模毁灭性武器，禁止超过防卫作战需要滥施武力，禁止选择与战争政治目的相背离的不人道的作战工具。战争手段的选择与使用应以达成战争的政治目的为限度，尽可能减少对人员的杀伤和物质财富的摧毁。在军事手段受限的情况下，各种非战争军事行动相对突出。军事威慑、军事封锁、禁飞禁航、军事禁运以至经济制裁等非战争军事行动正越来越多地被采用。

3. 战争对象控制

严格区分和平居民和战斗员是战争法的基本原则。1977年《日内瓦第一议定书》明确规定："为了保证对平民和民用物体的尊重和保护，冲突各方无论何时均应在平民居民和战斗员之间和在民用物体和军事目标之间加以区别，因此，冲突一方的军事行动仅应以军事目标为对象。"①这一原则未来应更加严格地予以实行。如果战争不可避免，不应以和平居民和民用物体为打击对象，而只应打击军事目标，凡含有危险力量的工程或装置，如堤坝和核发电站，即使这类物体是军事目标，也不应成为攻击的对象。上述工程附近的军事目标如果可能引发该工程或装置危险力量的释放，那么其附近军事目标也不应成为攻击对象。

4. 战争方法控制

在国际法的解释中，战争方法控制的要旨在于避免对那些没有军事利益或军事利益相对较小的人造成"不必要的苦难"。为此国际法明令禁止对

---

①《战争法文献集》，解放军出版社，1986年，第434页。

不同性质的人员、区域和物质滥加攻击和轰击的不分皂白的作战方法，禁止蓄意操纵自然过程，改变地球（包括其生物群、岩石圈、地水层和大气层）或外层空间的动态、组成或结构，破坏生态平衡，将其用于军事目的，对自然环境引起广泛、长期而严重损害的作战方法；禁止不加区别地以大城市、工业中心、居民聚集区为直接轰击目标的大规模空中轰炸和海上轰击，禁止如日本军国主义“兽类集团”制造骇人听闻的“南京大屠杀”式的极度野蛮残忍的集体屠杀。上述要求至今仍不失其生命力。

5. 战争时间控制

战争一旦发生，应尽可能控制战争进程，尽快结束战争，因为“兵久而国利者，未之有也”[①]。现代战争手段的高技术化既对缩短战争时间提出了迫切的要求，同时也为加快战争节奏、缩短战争进程提供了技术上的可能性。迄今为止还未见高技术特征比较明显的战争持久化的局面。美军突袭利比亚，正式交战仅10多分钟，海湾战争时间较长，也只有42天。当然，小国、弱国在与强敌的交战中，也有常常以时间换取空间，以实现被动向主动转化的情况，但这种时间利用也是相对的，而不是无限的。在现代条件下，弱小的一方无限延长战争进程，导致有限国力的过大消耗，从根本上来说也是不利的。

6. 战争空间控制

现代战争能力的质的提高使战争部署与作战行动的空间大为扩展，战争体系日趋全球化，就平面而言，可达地球各个角落，就立体而言，涉及陆、海、空、天、电，多维一体。但这绝不是说交战行动的空间应当无限扩展。恰恰相反，正是因为战争相关空间的扩大，使现代战争的空间控制显得更为必要。现代战争的空间控制特别要求加强对外层空间的控制，反

①《孙子校释》，军事科学出版社，1990年，第23页。

对外层空间军事化和战场化；要求在战争政治目的制约下，尽可能将作战战场限制在有限范围内，减少战火蔓延对国际社会和平与稳定的消极影响；要求在战争状态下保持全局的相对稳定，防止局部冲突与战争造成全局的震荡。

七

中国战略文化，有着深厚的军事理性思维与军事辩证思维传统。中国古代的军事家不仅积累了丰富的战争控制的实践经验，创造了大量足以令世人叹为观止的战争控制艺术杰作，而且进行了长期的有益的战争控制理论上的探索。被誉为东方兵学鼻祖的孙子早在2000多年前就系统地提出了对战争进行控制的思想。我们至今读来仍能强烈地感受到它的巨大震撼力。例如孙子提出“安国全军”的思想，强调战争必须受政治制约，必须从国家战略全局的高度认识和处理战争问题；“慎计审算”的思想，强调决策过程的控制，主张周密运筹，慎重决策；“非危不战”的思想，强调充分认识“用兵之害”，严格限制轻启战端；“未战先胜”的思想，强调通过充分的战争准备达成制约战争的目的；“不战全胜”的思想，强调通过心理威慑，剥夺敌人抵抗意志，将其作为战略指导艺术的最高境界和最高层次；“上兵伐谋”的思想，强调把军事斗争与外交斗争紧密结合起来，充分重视谋略在战争中的重要作用；“暴师勿久”的思想，强调从时空上和规模上对战争进行控制；“制怒修功”的思想，强调国家领导人和军事将领心理素质培养与感情控制的必要性。孙子在冷兵器时代，在战争规模、战争强度、战争消耗、战争破坏性还相对有限的情况下就系统地提出了对战争进行控制的思想，这是十分难能可贵的。它是东方智慧的结晶，是中国先贤对人类的重要贡献。今天战争的政治经济基础和物质手段虽然有了巨大变化，但历史的发展不但未能磨灭孙子思想的光芒，反而更加证明孙子作为先知的超人睿智。孙子的思想跨越时空，走进当代，必将进一步给当代一切爱好和平的人以深刻的启迪。

八

绝对战争的衰落及其向可控性战争的演变将为下世纪推进人类和平与发展事业提供千载难逢的机遇。但可能性并不等于现实性，机遇与挑战往往同时并存。未来军事世界不确定性因素仍然很多。统治20世纪长达半个世纪的冷战思维和影响人类历史进程长达几千年的对抗思维不会在进入21世纪后彻底消失。在可以预见的将来，强权政治仍将是国际政治生活中经常起作用的因素，诉诸武力仍然是国际争端中难以有效制止的沉重选择。两极格局的解体及向多极格局的过渡虽然有利于国际关系的民主化发展和战略力量之间的制约平衡，但是战略格局的多极化也同时意味着国际政治矛盾的多样化与复杂性，它相应增大了国际争端的发生概率。现代战争手段可能带来的严重毁伤后果对战争手段的无限运用虽然有一定的制约作用，但其巨大杀伤效果也相应增大了运用战争手段迅速实现战争目的的诱惑性。特别是当代核、生、化等大规模破坏性武器的广泛扩散大大增加了未来战争的不确定性。对核、生、化武器的恐怖性使用，意外性偶发核、生、化事件以及核、生、化武器技术性失控的可能性正呈增加之势。这是对人类的严重威胁。世界健康公正的新秩序远未形成，未来的战略环境仍不容盲目乐观。战争不会自动消亡，和平需要努力争取，21世纪人类仍将处在战争与和平的十字路口。是最终控制与消灭战争，还是让战争最终主宰与毁灭人类，这将是对21世纪人类智慧与能力的一次真正考验。

（1998年）

国际战略格局演变与区域性军事危机*

当前，国际战略格局正经历着第二次世界大战结束后40多年来最为深刻的变化，国际安全形势呈现出若干新的特点。全球性军事危机趋于缓和，而区域性军事危机正在进一步成为影响国际安全与稳定的突出问题。

一、在新旧格局的转变中，有资格打世界大战的美苏两家由对抗走向缓和，发生全球性军事危机的可能性将进一步减小

第二次世界大战后，作为东西方盟主的美苏两个超级大国在全球范围内进行对抗和争夺，这是导致世界不得安宁的主要根源。在发生柏林危机、加勒比海危机时，美苏几乎把世界引向了大战的边缘。当前，世界战略格局正处在一个转折性变化的阶段，其主要原因是起主导作用的美苏关系发生了新的变化。

随着苏联情况和东欧局势的演变，美苏双方以往尖锐对立的政治关系有了改变，出现了相互靠拢以及有限合作的迹象。苏联为了摆脱内外交困的窘境，求得美国等西方国家的经济、技术援助，力避与美国等西方国家发生直接对抗；美国从面临的困难和自身利益考虑，“超越”了长期奉行的对苏遏制战略，由硬对抗转向软进攻。在一些重大的国际事务中，双方开始协调立场，对抗的程度明显降低，在裁军及军备政策上表现出一定程度的妥协，军备竞赛在某些方面得到控制。双方继达成《中导条约》后，又签署了销毁大部分化学武器的协定和欧洲常规武装力量条约，削减战略武

* 本文写于1990年10月，海湾战争爆发。文中提出的六类战争多发区，已为后来的事态发展所证明。

器的条约也可望于近期达成。双方都采取了收缩海外兵力、撤除部分海外军事基地、削减国防开支、裁减部队员额等措施，使以往不断上升的军备竞赛势头得到控制并有所减弱。

与此同时，作为美苏对抗的产物与支柱——华约、北约两大军事集团也日趋松散。东欧剧变使得苏联在华约的盟主地位大为削弱，往日的伙伴各自为政，华约组织濒于解体。鉴于苏联与华约的威胁下降，北约组织的内部矛盾也开始上升，北约要维系昔日的秩序和作用已不可能。

此外，随着美苏实力地位的相对衰落，不仅德日两国日益显露出其巨大影响，而且其他一些地区性力量也纷纷崛起，对美苏的霸主地位构成有力挑战。在这种情况下，美苏也不得不调整自己的战略部署，以保护其既得利益。

不难看出，美苏出于各自的战略需要，逐步缓和了相互间的紧张关系。在新旧战略格局的转换期，双方有可能进一步寻求有限合作，力避在重大问题上迎头相撞。所以，今后由于美苏直接对抗而引起的全球性军事危机有可能进一步减少。

二、由于旧的战略平衡被打破以及超级大国力量的收缩，某些地区的不可控因素和不稳定因素将会增多，区域性军事危机将成为今后影响国际社会安全与稳定的主要形态

在两极体制下，美苏各自的盟国和其他中小国家不能不居于从属地位，难以与美苏争雄。随着两极体制的动摇，它们试图从美苏控制下挣脱出来，并开始对其说“不”。一些地区性扩张主义国家，企图填补美苏留下的某些真空，建立自己的地区霸权。与美苏军备竞赛呈现减弱的趋势相比，地区军备竞赛却呈现出上升趋势。今后，代替两极对立的很可能是群雄并起、多元角逐的局面。应当看到，随着两极体制的逐步瓦解，以往被掩盖着的

其他方面的矛盾将相对上升。如东西方内部控制与反控制的矛盾，南北之间掠夺与反掠夺、剥削与反剥削的矛盾，地区争霸与反霸的矛盾，不同国家、民族之间所特有的矛盾等，将比以往更加突出。多极力量崛起争雄与多种矛盾交错运动，增大了区域性军事危机的可能性。这种危机，不仅在时间频率上可能加快，而且在空间分布面上也有可能扩大。那么，哪些区域最有可能出现危机呢？我认为，应主要考虑具有以下几类情况的地区。

1. 利益交汇区

维护本国的利益，是各国军事战略的基本目的。利益争夺是引发军事危机的深刻原因。利益交汇区一般是军事力量较为集中和军事危机的多发区。尤其是大、小霸权主义国家总是企图把别人的合法利益攫为己有，这就更增加了利益交汇区斗争的严重性和复杂性。例如中东、东北亚、东南亚等地区就是多国利益的交汇点和争夺点。长期以来，欧洲之所以是列强争夺的重点，就是因为帝国主义和霸权主义都竭力强调和争夺各自在欧洲的利益。利益竞争加剧，必然导致军事危机的发生。

2. 资源密集区

自然资源是一个国家和民族生存与发展的要素，也是大、小霸权主义国家所觊觎的对象。伊拉克入侵科威特的动因之一，就是试图攫取科威特丰富的石油资源。西方国家之所以在伊拉克入侵科威特后作出强烈的反应，主要原因也是这一地区盛产的石油是西方国家重要的战略资源。随着世界陆地自然资源日趋匮乏和海洋开发技术的进展，未来资源争夺的重点不仅包括陆地资源密集区，也包括海洋资源密集区。今后对陆地及海洋资源的争夺将会愈来愈激烈。资源密集区将是新的区域性军事危机的触发点。

3. 战略枢纽区

战略枢纽区是指对国家或地区的军事安全具有重大战略意义的区域。比如，目前美国已宣布了与美国利益相关的16条海上咽喉航道，这些海上航道遍及世界各大洋，既是平时的交通枢纽，也是战时控制海洋的关节。在世界各大洲也有许多类似的具有重大战略价值的地区。围绕这些战略枢纽区的争夺与反争夺、控制与反控制的斗争将长期存在，不能排除在这些地区诱发区域性军事危机的可能。

4. **宗教重叠区**

在世界历史上宗教与战争有着不解之缘，许多战争不仅是宗教纷争引起的，而且是宗教势力直接发动和进行的。近年来，世界各地的宗教极端势力十分活跃，特别是在宗教重叠地带不同宗教或教派之间的斗争异常激烈。例如，基督教、伊斯兰教、犹太教均把耶路撒冷作为自己的圣地，争夺从未停止。两伊战争、黎巴嫩内战、印巴克什米尔之争等，均包含着宗教因素，并以宗教和教派之争来达到有关各方追求的政治目的。未来在宗教重叠区，由于宗教矛盾激化并与政治、经济、社会矛盾互相影响，引发区域性军事危机的可能性是不容忽视的。

5. **领土争议区**

领土争议，有的是历史遗留下来的老问题，有的是霸权主义者近年来用武力侵占别国领土而造成的新问题。领土争议问题，往往伴随着各方力量消长和国际形势的变化而时隐时现。例如，一些国家的边界，是第二次世界大战后以雅尔塔协定为依据所划定的。随着雅尔塔体系的瓦解，这些国家之间的领土问题就随之凸显了出来。领土问题事关一个国家和民族的尊严和发展，领土争端始终是触发军事危机的最敏感因素之一。

6. **民族对立区**

对立民族之间的矛盾和冲突是影响国际安全与稳定的又一个重要因素。在西亚，塞浦路斯希土两族的纷争就曾使这个地区长期处于动荡之中。在南亚，斯里兰卡两个主要民族僧伽罗人和泰米尔人长达20多年的严重冲突，不仅给这个岛国的政治前途投下阴影，而且引起了拥有4000万泰米尔人的邻国印度的不安。在南部非洲，白人种族主义者的种族歧视是非洲大陆政局难以平静的根源之一，在欧洲，随着两极体制的逐渐解体，民族主义日益抬头。在东欧和苏联，民族矛盾更为严重，斗争更为激烈，不断加剧了这一地区的动乱形势。

上述几类情况既可能分别表现于不同地区，也可能复合表现于同一地区。目前发生危机的海湾地区，既是多种军事政治力量的利益交汇点，也是扼守亚非欧三洲五海的咽喉要冲，不仅民族矛盾与宗教矛盾在这里交织，而且资源争夺与领土争端同时存在。

三、区域性军事危机与全球性军事危机既有区别，但又不是截然分开的，我们应当辩证地认识两者之间的关系

一般来说，在今后一个时期内，区域性军事危机扩展为全球性军事危机的可能性不大。一是因为一些区域性军事危机有可能走出两个超级大国对抗的“影子”，不再直接表现为美苏代理人的斗争。在有些情况下，美苏也可能对区域性军事危机采取区别对待的态度。二是因为区域性军事危机有可能控制在有限的区域内，而不一定向其他地区横向扩散。即使危机涉及一些国家，也有可能约束在特定的范围和解决方式之内。三是因为区域性军事危机不一定跨越核门槛而升级为核对抗，可能更多地表现为中低强度的对抗。

但是，区域性军事危机与全球性军事危机之间并没有绝对不可逾越的鸿沟，两者在一定条件下是可以转化的。就美苏两个全球性超级大国而言，对抗虽有缓和，但其战略利益上的矛盾依然存在；全球部署虽有调整，但各自追求的战略目标并未根本改变；双方在军备的数量竞赛上虽有所控制，但在军备的质量竞赛上并未放慢脚步；两大军事集团虽已呈萎缩之势，但这两架庞大的战争机器仍然存在。更令人关注的是苏联国内局势的发展，

其未来的战略走向究竟如何，尚难预料。就某些潜在的超级大国而言，实力增强可能导致它们扩张野心的膨胀，从而引起全球性军事危机。此外，今后将会有越来越多的国家掌握核技术，核武器的扩散更增加了诱发全球性军事危机的危险因素。所有这些，都值得我们高度警惕。

中国的核力量与核政策

中国是世界上较早拥有核力量的国家之一。中国核力量的性质和规模既不同于美苏两个超级大国，也不完全等同于英法等中等核国家。中国核力量的发展，在政治上是自主的，在军事上是自卫的。中国核力量是维护国家安全与世界和平的正义力量，中国的核政策是反对核战争、制约核战争的理性政策。

一、中国核力量的发展历程

中国发展核力量是被迫而为的。

从1949年新中国成立的第一天起，中国就面临着十分严峻的战略环境。美国凭借其战争中高度膨胀的实力地位和对核武器的垄断，对中国采取了全面遏制、包围和封锁的敌对政策。美国不仅利用朝鲜战争之机将第七舰队开进了台湾海峡，而且一再扬言对中国实施核打击。

据合众国际社1984年6月7日报道：美国一批销密文件表明，1950年朝鲜战争爆发后，以美国远东战区司令麦克阿瑟为代表的一些军事将领和部分议员曾向杜鲁门总统施加压力，要求使用原子弹。在1950年11月30日举行的记者招待会上杜鲁门公开声称，使用原子弹问题一直在积极考虑之中。只是由于世界各国人民的强烈抗议，杜鲁门才没敢同意使用核武器。[①]

1953年，南、北朝鲜已经达成停战协定，但战斗仍在继续。这一年，军人出身的艾森豪威尔就任美国总统。艾森豪威尔政府认为朝鲜战争中无

① 胡海棠、彭子强:《炫目的世界》，国防工业出版社，1987年，第281页。

休止的军事僵持是不能容忍的，因此曾经将使用核武器作为一种合理的选择，在参谋长联席会议上进行了讨论。销密的绝密备忘录表明，当时的美国政府认为用核武器攻击在朝鲜的中国军队，可能比使用常规武器“要少花一些钱”。由于当年的参谋长联席会议主席柯林斯考虑到中国人民志愿军处于掘壕深藏的状态，同时也担心美国的核袭击会引起苏联对釜山港的美国海军部队实施核反击，因而是否使用核武器的问题被搁置了起来。但两个星期后，在艾森豪威尔主持的国家安全委员会上，这个问题被再一次提了出来。艾森豪威尔由于害怕苏联进一步介入战争，迫使美国进入战争总动员，想把核武器作为一种可能加以选择，但最后还是因为担心“苏联空军可能对日本几乎没有防卫能力的居民点进行袭击”而没有作出使用核武器的决定。在中朝人民军队联合打击和世界舆论的压力下，美国1953年7月被迫接受朝鲜停战协定。[①]

1985年1月2日美联社自伦敦发出的一份报道披露，伦敦档案局根据法律许可于1985年1月1日发表的一份档案——1954年英国军方向丘吉尔内阁的国防委员会提交的一项秘密报告表明，1954年当法国殖民者在越南的堡垒城市奠边府面临耻辱性失败时，美国、英国、法国、澳大利亚和新西兰五国军事领导人曾在华盛顿举行了一次军事会议。会议决定：“如果由于中共入侵东南亚而突然爆发对华战争，我们将立即对军事目标发动空袭。为了取得最大限度的持久效果，从战争一开始就将既使用常规武器，也使用核武器。”1954年6月17日，军方又提交内阁一份备忘录补充说，“从军事观点看，如果对华战争中使用核武器，显然将比使用常规武器更为有效”，只是“这对亚洲舆论将普遍产生严重的恶果”[②]。

其后在1950年6月7日美国国家安全委员会举行的一次会议上，参谋长

① 胡海棠、彭子强：《炫目的世界》，国防工业出版社，1987年，第283页。

② 胡海棠、彭子强：《炫目的世界》，国防工业出版社，1987年，第114页。

联席会议主席阿瑟·雷德福再一次表示：“如果北越军队的集结提供了一个进行核攻击的目标，那么使用这种武器可能非常迅速地结束这场入侵。如果中国共产党人公开介入，我们的空军将有必要立刻对中国的空军基地和后勤基地使用核武器。”艾森豪威尔总统本人也提出部署装有小型核弹头的短程奈基式导弹的可能性。①

60年代中苏关系恶化以后，中国在继续面临来自美国的核威胁的同时，又增加了来自苏联的严重核威胁。据外刊报道，1967年1月，苏军在外贝加尔军区建立了针对中国的导弹基地；1968年1月，配有坦克和导弹的苏军进驻蒙古。此外，苏军还在远东配备能进行战略核攻击的远程轰炸机50余架和中程轰炸机400余架。据1978年2月27日美国《新闻周刊》报道，尼克松政府白宫办公厅主任霍尔德曼写的《权力的终结》一书透露，1969年珍宝岛事件后，苏联曾多次建议，由美苏采取联合行动，对中国的核设施进行先发制人的核袭击。鉴于事情的严重性，尼克松曾指令其驻波兰大使斯托塞尔与中国驻波兰大使接触，通报了苏联的企图。②

面对核超级大国日益增长的核威胁，中国不能不严肃地考虑尽快发展自己的核力量，以便打破核垄断、粉碎核讹诈、使自己在遭受核袭击时拥有起码的还手之力。在1956年4月25日召开的中共中央政治局会议上，毛泽东主席在题为《论十大关系》的讲话中强调指出，中国“不但要有更多的飞机和大炮，而且还要有原子弹。在今天的世界上，我们要不受人家欺负，就不能没有这个东西”。1956年，中国党和政府果断地作出了发展导弹、原子弹（统称“两弹”）的决策。经过30多年的建设，中国已初步建立起具有一定规模和作战能力的独立核力量体系。其发展过程大体可分为三个阶段。

---

① 法新社华盛顿1985年12月16日电，见1985年12月16日《参考消息》。

② 胡海棠、彭子强：《炫目的世界》，国防工业出版社，1987年，第231—235页。

第一阶段：从50年代中期至60年代末期，主要是研制核武器，组建核部队，着重解决核力量的有无问题和武器化问题。

1. **研制核武器**

根据中国党和政府的决策，在1956年春制定的《1956年至1967年科学技术发展远景规划纲要（草案）》中，原子能、火箭和喷气技术等尖端技术被列为优先发展的重点项目。

为了缩短起步阶段的摸索过程，加快导弹核力量建设的步伐，1956年8月17日，李富春致信苏联部长会议主席布尔加宁，请求苏联对中华人民共和国在导弹研究制造和使用方面给予援助。1957年8月1日，周恩来总理致函布尔加宁，正式提出派谈判代表团去莫斯科商谈有关尖端武器的发展和生产问题。9月初，聂荣臻率团前往莫斯科。10月15日，中苏两国政府在莫斯科正式签订《关于生产新式武器和军事技术装备以及在中国建立综合性原子能工业的协定》（以下简称《新技术协定》）。《新技术协定》规定，苏方在1957年至1961年底，向中方提供4种原子弹、4种导弹的样品和技术资料及1个防空导弹连的全套装备。苏方还允诺在1960年至1961年间向中方提供射程1000公里、可带原子弹头的战术性导弹的技术资料等。①

在苏联的援助下，中国全面展开了导弹、原子弹的早期研制工作。在导弹研制方面，1956年4月至5月，周恩来总理两次主持中央军委会议，先后听取火箭专家钱学森《关于发展导弹技术的规划设想》和聂荣臻《关于建立我国导弹研究工作的初步意见》的汇报。1956年10月8日，中国第一个导弹研究机构——国防部第五研究院成立，钱学森任院长。1956年，苏联卖给中国一枚P-1（即V-2）导弹。1957年12月24日，苏方向中方提供两枚P-2近程弹道式导弹和地面设备，102名使用维护专家也随同到达。以

① 胡海棠、彭子强：《炫目的世界》，国防工业出版社，1987年，第114页。

此为基础，中国着手苏联P-2导弹的仿制研究（工程代号为“1059”）和导弹研制基地与发射场的建设；在原子弹研制方面，着重开展了较为完整的原子能研究及其工业体系的建设，先后成立第二机械工业部和以原子能研究所为骨干的研究机构，系统从事核物理、放射化学、反应堆物理及工程、放射性同位素制备、受控热核反应、粒子加速器技术等方面的研究工作。从苏联引进的第一个研究性的重水反应堆和回旋加速器于1958年9月27日正式移交生产。与此同时，铀矿资源的普查勘探，以及新疆罗布泊地区原子试验靶场的勘察组建工作也陆续展开。1956年，在中国南方首先找到了有开采价值的大型铀矿。

50年代末，当中国导弹、原子弹的研制工作铺开不久，中苏关系迅速恶化。1959年6月，苏联政府片面撕毁协定；同年10月对正在援建的项目，全面停止技术设备的供应。1960年8月，苏联撤走全部专家。

为此，中国决定坚持独立自主、立足国内的方针，依靠自己的力量，独立研制导弹核武器。1960年7月上旬至8月10日，中共中央在北戴河召开工作会议，毛泽东主席坚定地指出：“要下决心，搞尖端技术，赫鲁晓夫不给我们尖端技术极好。如果给了，这个账是很难还的。”随即从全国抽调一批著名科学家和工程技术专家，充实加强原子武器的研究和核工业建设，确立了1964年以前取得核燃料，1964年制成核武器的研制目标。并将“596”即1959年6月苏联撕毁协定的日期定为中国研制的第一颗原子弹的代号，以此激励全国军民和科研人员奋发图强，早日造出中国自己的“争气弹”。为加强对原子能工业的领导，如期实现原子弹爆炸，1962年11月，成立以周恩来总理为首的中央15人专门委员会，负责领导原子弹的整个研究工作。在中央专委的领导下，全国展开了一场声势浩大的攻克原子能技术的人民战争。苏方专家撤走后仅一年多时间，铀水冶厂和矿浆吸附铀水冶厂即顺利建成投产。三年时间解决了第一颗原子弹装料所需质量合格和数量足够的铀原料，攻克了分离膜这一难题，建成了一个具有核爆炸力学、光学、核物理、实验物理、电子学、放射化学、核爆炸模拟、理论研究、试验总体、试验安全和技术保障等一整套学科的配套比较齐全的核试验研究所。1964年10月16日15时，中国在新疆罗布泊地区上空进行了首次核试验，成功爆炸了第一颗原子弹。这次核试验以塔爆方式进行，塔高120米，用的是“内爆式”235铀弹，据外电报道，当量为2万吨。1965年5月14日10时，在罗布泊上空以飞机空投方式成功进行了第二次核试验。据外电报道当量为3万吨。经过5次核试验，包括1966年5月9日进行的含有热核材料的核爆炸和1966年12月28日进行的氢弹原理试验之后，中国于1967年6月17日首次进行氢弹试验，方式为飞机空投，当量为300万吨级，试验获得圆满成功。从爆炸第一颗原子弹到爆炸第一颗氢弹，美国用了七年零五个月，苏联用了五年零二个月，英国用了四年零五个月，法国用了八年零六个月，中国只用了二年零八个月，其速度是世界上最快的（见下表）。1969年9月23日，在罗布泊地区，中国又成功地进行了首次地下核试验。这一系列成功的核试验，标志着中国已经进入独立掌握核力量的行列。①

美、苏、英、法、中第一颗原子弹与第一颗氢弹爆炸时间表

国别	第一颗原子弹		第一颗氢弹		第一颗原子弹至第一颗氢弹的时间间隔
	爆炸时间	爆炸威力	爆炸时间	爆炸威力	
美国	1945年7月16日	1.9万吨	1952年11月1日	千万吨	七年零五个月
苏联	1949年8月29日	不详	1955年10月	几十万吨	五年零二个月

①《中国大百科全书·军事卷》导弹核武器和军用航天器分册，军事科学出版社，1987年，第143—151页。

续表

国别	第一颗原子弹		第一颗氢弹		第一颗原子弹至第一颗氢弹的时间间隔
	爆炸时间	爆炸威力	爆炸时间	爆炸威力	
英国	1952年10月3日	千吨级	1957年5月15日	百万吨级	四年零五个月
法国	1960年2月13日	6万～7万吨	1968年8月24日	120万～250万吨	八年零六个月
中国	1964年10月16日	2万吨	1967年6月17日	300万吨	二年零八个月

（资料来源：《炫目的世界》，国防工业出版社，1987年，第169页）

在核技术迅速发展的同时，运载工具的研制也取得了较大的进展。1960年9月10日，在张爱萍指挥下，中国用国产燃料，独立操作，成功发射了苏制P-02弹道导弹，导弹按预定轨道飞行7分钟，准确命中目标。1960年11月5日，中国自行仿制的第一枚P-2近程弹道导弹，在酒泉发射场飞行试验成功。弹头装TNT炸药，射程600公里。1960年，中国正式开展自行设计的第一枚中近程地地弹道式导弹的研制。1962年3月下旬，该型导弹在酒泉发射场首发飞行试验失败，导弹点火后，升空3000米，在发射坪西北方向坠落爆炸。1964年6月29日7时，经修改设计后研制出的第二枚中近程地地弹道式导弹飞行试验成功。接着又于7月9日8时30分和11日9时30分，连续发射两枚导弹，均获成功。在独立研制的道路上，我国走完了一个型号研制的全过程。在此基础上，1966年10月27日凌晨在中国西部国土上，成功进行了“两弹”结合的第一次导弹核武器试验，导弹飞行正常，核弹头在预定的距离和高度实现核爆炸。[①]中国自行设计的中近程地地导弹与核弹头结合，大大提高了中国核武器的实战效能。美国根据

①《当代中国的航天事业》，中国社会科学出版社，1986年。

自己的经验，曾经推断中国在爆炸第一颗原子弹至少10年以后才能掌握导弹核武器，但中国只用两年就走完了美国13年才走完的路程（见下表）。为此，西方报刊惊呼：面对中国“闪电般的进步”，“必须重新估计中国的力量”。

美国、中国两弹结合时间表

		美国	中国
第一颗原子弹爆炸时间		1945年7月	1964年10月
第一颗小型化原子弹爆炸时间		1951年初	1965年5月
第一次两弹结合飞行试验	试验时间	1958年8月	1966年10月
	试验方式	高空方式	战斗方式
从第一颗原子弹爆炸至两弹结合的时间间隔		13年	2年

2. 组建核部队

早在1957年12月9日，中共中央军委即决定由中国人民解放军炮兵和国防部第五研究院组建炮兵教导大队，为创建地地战略导弹部队培训指挥、技术干部。1959年7月，炮兵教导大队完成培训任务，机构撤销。中国人民解放军炮兵将原教导大队1个发射连及专业分队，扩编为中国人民解放军最早的一个地地导弹营。1960年3月以后，根据中央军委发展导弹部队的规划，先后在一些军区组建了地地导弹营。为加强领导，适应导弹部队的发展，1964年1月31日，经总参谋部批准，导弹营改编为导弹团，主要以购自苏联的P-2近程导弹和中国仿制的近程导弹进行教学和训练。至1966年，这支新建部队已具有一定规模。为了建立独立的战略核反击力量，1966年6月，中共中央军委和毛泽东主席批准炮兵司令员吴克华的建议，以原中国人民公安部队领导机关及炮兵管理战略导弹部队的机构为基础，组建战略导弹部队领导机关。领导机关的名称，根据国务院总理周恩来的提议，称第二炮兵。同年7月1日，中国人民解放军第二炮兵领导机关正式成立，向守志任司令员，李天焕任政治委员。从1968年起，先后组建装备中国自行设计制造的中近程、中程、远程导弹的地地战略导弹部队，并逐步组建了一批战斗保障和技术勤务部（分）队。第二炮兵直属中央军委领导。它的基本任务是，遏制敌人对中国使用核武器，在敌人对中国发动核袭击时遵照统帅部的命令，独立地或与其他军种的战略核部队共同对敌人实施有效的自卫反击，打击敌人的重要战略目标。第二炮兵的建立，进一步加强了军队的合成，增强了中国人民解放军的威慑力量。①

第二阶段：从70年代初期至80年代初期，主要是进一步健全与发展战略核力量，着重解决核力量的系列化和实战效能问题。

1971年，中国自行研制的中程导弹核武器陆续装备第二炮兵部队。至此，中国初步完成单级近程与中程导弹的研制。在此基础上，中国的导弹核武器逐步向系列化、固体化方向发展，加快了多级中远程、远程和洲际弹道导弹的研制、生产与部署的步伐。

中远程导弹的研制始于1965年。1970年1月31日，第一枚两级中远程导弹首次发射试验成功。两级火箭的级间连接和分离技术，火箭发动机地面高空模拟试验和高空点火技术，火箭的稳定控制和制导技术有了新的发展。

远程导弹的研制始于60年代中期。1970年展开攻关，用一年多时间完成第一枚洲际导弹的试制生产、地面试验和总装测试工作。1971年9月，在酒泉发射场进行首次洲际导弹飞行试验，获得基本成功。在制导技术、推进技术、结构材料、发射试验等方面都有新的突破，其中先进的平

①《当代中国军队的军事工作》，中国社会科学出版社，1989年，上册第68页，下册第79—80、33页。

台——计算机制导方案，高可靠性的大型火箭发动机，高强度的铝铜合金箱体结构，精密灵巧的电液伺服机构等先进技术的采用，使远程导弹在制导精度和运载能力方面达到了当时的先进水平。在多次飞行试验的基础上，1980年5月18日，由酒泉发射场向太平洋中部吉尔伯特群岛以南即南纬7度0分、东经171度33分为中心，半径70海里圆形海域范围内的公海上发射全程洲际弹道导弹成功，导弹飞行时间约半小时，弹道最高点1000多公里，射程9000公里以上。据不完全统计，美国自1958年8月首次向大西洋发射全程洲际导弹，至1980年已在大西洋和太平洋进行457次全程试验，其中研制性试验262次、作战训练159次。在262次研制性试验中，失败63次，占全程试验总数的24%。苏联自1960年1月首次宣布向太平洋发射洲际导弹以来，迄今已在太平洋进行过70余次全程试验。1960—1975年至少有5次失败。中国首次发射，一举成功，成为世界上第三个进行洲际弹道导弹全程试验并获圆满成功的国家（见下表）。[①]

美国、苏联、中国首次洲际导弹全程试验表

国名	首次宣布日期	发射地点	弹头落区	危险远海域范围
美国	1958年8月	美空军东靶场	大西洋东靶场 阿森松岛附近	方圆数百里
苏联	1960年1月	普列谢茨克导弹 试验基地	太平洋中途岛海域	长50公里、宽300公 里的四边形
中国	1980年5月	酒泉靶场	太平洋中部吉尔伯特 群岛以南海域	半径70海里的圆形

（资料来源:《炫目的世界》，国防工业出版社，1987年）

中国第一次研制固体燃料导弹核武器越过了单级导弹阶段，直接研制两级导弹；越过了陆基导弹阶段，直接研制潜艇水下发射导弹。1981年

①《当代中国的航天事业》，中国社会科学出版社，1986年。

6月，中国研制的固体燃料导弹首次发射，按预定的轨道飞行试验成功。1982年10月12日，中国在北纬28度13分、东经123度53分为中心，半径35海里圆形海域范围内的公海上由潜艇水下发射“巨浪”1号固体燃料潜地弹道导弹成功。潜地导弹两级发动机采用固体复合推进剂，钢壳体，制导选用液浮平台——计算机方案，姿态控制采用惯性测量装置和一级摆动喷管，二级液体二次喷射推力向量控制方案。“巨浪”1号潜地弹道导弹的发射成功，使中国成为第四个依靠自己的力量研制潜地导弹的国家。它表明中国已拥有第二次打击能力，标志着中国战略核力量开始进入“两位一体”的新阶段。从陆地发射到水下发射，从固定阵地发射发展到机动隐蔽条件下发射，也为中国进一步发展机动、快速、隐蔽、生存能力强、精度高的战略武器奠定了基础。①

第三阶段：80年代以来，中国战略核力量形成了有效的整体核反击作战能力，正式担负起保卫国家安全、保卫社会主义建设的战略任务。

在这一阶段，战略导弹部队加强了配套建设和合成训练，增强了整体作战能力，体制编制更加完善，更加符合战略导弹部队的实际，初步形成了中国战略核部队的战略、战役、战术理论体系。中国战略核力量成为实现中国积极防御战略思想，维护国家安全利益，支持中国的国际地位，维护世界和平的重要力量。

二、国外对中国核力量的估计

中国是继美、苏、英、法之后第五个掌握核技术的国家。中国核力量的发展一直为外部世界所关注。国外不少人士甚至认为，中国已成为世界“第三个核超级大国”。中国的核力量是世界战略结构中不可忽视的重要因素。

---

① 胡海棠、彭子强：《炫目的世界》，国防工业出版社，1987年，第231—235页。

对中国核力量的现状，各国估计不尽一致。美国核战略专家威廉·阿金与理查德·菲尔德豪斯认为，中国有251～331个核弹头，中国不仅有陆基洲际弹道导弹，也有可携带核航弹的战略轰炸机。1982年海上发射弹道导弹成功，说明中国已有了导弹核潜艇，“三位一体”的战略核力量开始逐步形成。

日本军事专家古森义久80年代中期曾撰文透露，美国国防部和议会文件表明，美国官方对中国核力量的估计是：中国核力量总体水平为2万～4万吨当量的原子弹和100万～500万吨当量的氢弹，核弹头总数为225～300枚。核武器的运载工具除地面发射的导弹和常规轰炸机外，潜射导弹试验也取得了成功，并装备了第一艘核动力潜艇。核武器原材料的储备也在稳步发展。中国拥有准中程轰炸机图-16约90架，其改良型可运载核武器。准中程导弹约有50枚，性能与苏联初期的火箭相似，使用液体燃料，单一发射阶段（没有把发射与推进分成两个阶段），能实施地面运输；可载射程为1000公里，2万吨当量的核弹头1枚，具有攻击苏联远东地区若干个工业和军事枢纽地带或者南朝鲜和台湾的目标的能力。从1966年起已进行了实战部署。中程弹道导弹65～85枚，发射系统由中国自己设计，射程为2400公里。弹头是氢弹，具有攻击苏联东部和中部城市和工业中心的能力，日本、印度、菲律宾等也在射程之内。中国已从1972年开始实战部署，并将逐渐取代业已陈旧的准中程导弹。洲际弹道导弹，从70年代前半期开始试验，最初设计目标是射程5000～7000公里，300万吨当量氢弹弹头，能够打到苏联东部和亚洲全域，已部署数枚。1980年5月从中国中部向斐济群岛附近海域进行新型洲际弹道导弹发射试验，共发射2枚导弹，射程12000公里。这样，中国已经能够发射400万～500万吨当量的核弹头，能打到美国国内的任何城市。据分析，已实战部署了4枚这种导弹。潜射导弹已于1982年10月进行发射试验，射程为1000公里，火箭使用固体燃料。中国已有一艘拥有12个弹道导弹发射管的核动力潜艇下水。由于潜射导弹使他国难以探测，因此它具有全面提高中国核遏制力量的效果。中国也研制了用于破坏山区地形、改变河道的爆破原子弹，中国已将部分原子弹部署在中国北部，设想将来堵塞苏联地面部队的进攻道路。此外，中国好像也在发展多弹头分导导弹。1982年，中国成功地用一枚火箭发射三颗宇宙探测卫星，这与多弹头分导能力有关。中国对早期预警雷达、与核武器系统有关的收集情报的侦察卫星等装备的现代化，以及引进提高核武器的制造和保存效率的电子计算机等也极为关心。还有迹象表明中国已开始研制使用于战场第一线的战术核武器。1982年9月在中国北部举行的大演习中，似乎有使用战术核武器为前提的地面部队的模拟训练，此即迹象之一。

伦敦国际战略研究所历年发表的军事力量对比报告认为，1984年以来未再记录到中国进行新的核试验。此前，中国共进行27次大气层核试验，可能进行过5次地下核试验。1986年3月，中国宣布不再进行大气层核试验。迄今所有的弹道导弹都使用液体燃料，固体推进剂正在研制之中。伦敦国际战略研究所1987年报告估计，“东风-2”型中程弹道导弹可能正在退役。这种导弹1970年首次部署，射程1200公里，携载2万吨当量核弹头，至退役时止共部署50枚，可能缺乏主要用于远程战场遮断任务所需的准确性与可靠性。另外，战术核武器已有报道，一种类似于苏联“飞毛腿”式的M型导弹可能于1989年已作部署，但未获详细报告。

伦敦国际战略研究所1990年秋季发表的《1990—1991年度军事力量对比》报告对中国的核力量作了最新估计。

三、中国的核政策

1964年10月16日，中国成功爆炸第一颗原子弹的当天，中国政府即在声明中明确地阐述了中国核政策的基本思想。声明强调指出：“保护自己，是任何一个主权国家不可剥夺的权利。保卫世界和平，是一切爱好和平的国家的共同职责。面临着日益增长的美国的核威胁，中国不能坐视不动。中国进行核试验，发展核武器，是被迫而为的。中国政府一贯主张全面禁止和彻底销毁核武器。如果这个主张能够实现，中国本来用不着发展核武器。但是，我们的这个主张遭到美帝国主义的顽强抵抗。中国政府早已指出：一九六三年七月美英苏三国在莫斯科签订的部分禁止核试验条约，是一个愚弄世界人民的大骗局；这个条约企图巩固三个核大国的垄断地位，而把一切爱好和平的国家的手脚束缚起来；它不仅没有减少美帝国主义对中国人民和全世界人民的核威胁，反而加重了这种威胁。”声明进一步指出，中国发展核武器，不是由于中国相信核武器的万能，要使用核武器，恰恰相反，中国发展核武器，正是为了打破核大国的核垄断，要消灭核武器。中国政府相信“决定战争胜负的是人，而不是任何武器。中国的命运决定于中国人民，世界的命运决定于世界各国人民，而不决定于核武器。中国发展核武器，是为了防御，为了保卫中国人民免受美国发动核战争的威胁”。中国政府郑重宣布：“中国在任何时候、任何情况下，都不会首先使用核武器。……中国掌握了核武器，对于斗争中的各国革命人民，是一个巨大的鼓舞，对于保卫世界和平事业是一个巨大的贡献。在核武器问题上，中国既不会犯冒险主义的错误，也不会犯投降主义的错误。”中国“衷心希望核战争将永远不会发生”，“中国政府向世界各国政府郑重建议：召开世界各国首脑会议，讨论全面禁止和彻底销毁核武器问题”。中国深信“核武器是人制造的，人一定能消灭核武器”。

从中国政府的历次声明和领导人的一系列讲话中，可以看出，中国核政策有如下几个基本点。

（一）中国核力量的性质是防御的、自卫的

中国是社会主义国家，中国社会制度的性质决定了中国的军事战略包括核战略、核政策是防御性的，而不是进攻性的；是自卫性的，而不是侵略性的。中国并不乞灵于核武器、迷信核武器，也不以核武器去搞核讹诈和争夺核霸权。中国手里的核武器同超级核大国手里的核武器有着本质的不同。中国一向是根据中国人民和世界各国人民的共同利益来确定对外政策的。中国有了核武器后，仍一如既往地奉行独立自主的和平外交政策，不会用它去吓唬别人，进行任何冒险，不会把它当作参加“强权俱乐部”的入场券，做任何损害世界人民利益和世界和平的事。这已为新中国成立以来的历史所证明，在世界有核武器国家中，中国是第一个承担义务不首先使用核武器的国家。

（二）中国发展核力量的目的是打破核垄断，消灭核武器

80年代，美国国会调查局在题为《中国的核武器和美国的利害关系》的报告中认为，中国发展核武器有三个目的：一是遏制苏联的侵略和威胁；二是保持战略核报复能力；三是表明中国本身在国际上的重要性。这一分析只是在一定程度上反映了问题的某些方面。中国发展核力量与超级核大国不同，中国的根本目的在于打破核垄断，反对核威慑，掌握一定的还手之力，并最终消灭核武器。

1. 打破核垄断，增强中国在国际上的战略地位

在当今世界上，有没有核武器与核力量的强弱，是一个国家国防力量现代化程度的重要标志。核力量已成为世界主要强国武装力量的支柱、国家安全的有力保障和政治外交斗争的重要工具。毛泽东主席曾经说过，原子弹就是这么大的东西，没有这个东西，人家就说你不算数。中国本来可以不搞核武器，但是超级大国利用核垄断地位推行战争政策和强权政治，这就迫使中国非发展核武器，打破他们的核垄断不可。中国发展核武器无非是体现你有我也有。中国作为社会主义大国，在反对超级核大国的战争政策和强权政治的斗争中，如果不掌握必要的核力量，就不可能取得应有的国际地位，就不可能真正成为世界大三角战略格局中的一角，就不可能发挥应有的国际作用。对此，美国国会调查局的报告也不能不承认，尽管中国独立地发展的核力量与美苏相比其规模还微乎其微，但却极大地提高了对外来攻击的遏制力量以及报复能力，使中国对亚洲乃至世界各地的各种问题能够发挥出更大的政治影响力。

2. 反对核威慑，制约核战争

中国并没有把自己的安全感完全建立在核武器的拥有上。但是，中国核力量的建立无疑改变了中国武装力量的构成，在陆海空三军常规力量的基础上，增加了威力巨大的核力量，大大提高了中国军事力量的整体实力和威慑作用，在军事力量对比的天平上增加了重要砝码。中国核力量在中国人民战争为基础的整体威慑力量中占有重要地位，它具有强大的现实威慑作用，对侵略者是一个有力的遏制。苏联政治家鲍文认为，军事战略上的两极正在被冲垮，苏美在制定全球战略时将不得不考虑中国的核实力。兰德公司的一份研究报告也认为，中国拥有足以阻吓美苏的核反击力量，中国在世界主要国家中占有非常独特的位置，中国已成为美苏考虑战争与和平问题的中心。可见，中国发展核力量，增加了维护世界和平的力量，增加了制约核战争的因素，也增加了全面禁止和销毁核武器的可能性。

3. 实施核反击，掌握一定的还手之力

中国领导人多次指出，中国发展核力量就是要迫使超级大国不敢使用核武器，你要毁灭我们，你自己也要受到报复。保卫自己免遭侵犯，特别是免遭核袭击是主权国家的神圣的自卫权利。中国历来主张，人不犯我，我不犯人，人若犯我，我必犯人。在超级核大国一再策划对中国实施核打击，甚至把核武器摆到中国大门口时，中国理所当然地要拥有相应的还击手段。中国核力量使中国具有了直接打击敌国纵深战略目标的能力。任何人要想对中国进行核袭击，就必须准备承受中国同样规模的核反击。正如国外人士评论的，在今天任何国家或一些国家联合反对中国而不受惩罚的时代早已过去了。

4. 跟踪核技术，带动核民用

核技术不仅具有军事价值，而且具有巨大的经济价值。核技术在国民经济各个领域有着不可估量的应用前景，仅“七五”期间，中国核工业生产以核能为重点，积极发展核和非核相关产品，加强军用技术向民用转移，在生产、科研和基本建设方面都取得显著成绩。“七五”期间，中国核工业民品生产平均每年增长21.4%，民品产值为“六五”的3倍多，核工业民品已发展到十大类1000多个品种。不仅秦山和大亚湾核电站的建设进展迅速，而且围绕核电站的建设，中国还全面建成了30万千瓦水堆核电燃料元件生产线，完成秦山核电站一期工程燃料元件生产任务。先进的浓缩铀生产技术研究也取得重大进展，完成了450多项科研成果。在掌握铀成矿规律，应用遥感等先进技术找矿方面也取得上百项成果，成为世界主要产铀国之一。此外，还建成了巨大的串列式静电加速器，成功改造重水实验堆，建设了亚洲第一大冷中子源，为凝聚态物理和材料结构性能研究提供了手段。①

（三）中国发展核力量的基本原则

1. 不首先使用核武器

不首先使用核武器就是不谋求“第一次打击”。这与中国一贯执行的积极防御的战略方针是完全一致的。它既是中国的基本国策，也是核力量运用的最基本原则。只要敌人不使用，中国也不使用。一旦敌人首先使用了核武器，中国就取得了核反击的权利。

2. 不参加核竞赛

中国是发展中的社会主义国家，中国的社会性质和国力水平决定中国

---

① 1990年12月10日《人民日报》。

没必要也不可能与超级大国搞核军备竞赛。即使中国将来国力强盛了，经济发达了，也不会与超级大国进行核竞赛。中国领导人一再指出，中国核力量不论怎么发展，都还是有限的。中国的钱要花在工业、农业、教育和科学事业方面。从长远看，中国拥有核武器只是象征性的。如果中国在这方面花的力量太多，也会制约自己。中国核力量的发展水平是以实现最低限度的有效威慑为限度的，在核力量的规模，以及核反击的战略目的、作战手段上都是十分有限的。

3. 不依附核大国

这是中国独立自主的政治路线在核政策上的具体体现，反映了中国核力量的自主性。一是在核力量的建设上坚持独立研制，不依赖外国；二是在核力量的运用上坚持自主使用，不受任何人摆布。坚持独立自主的原则，有利于在超级大国大体上处于核均势的战略环境中，起到四两拨千斤和保卫本国安全、保卫世界和平的作用。

4. 不扩散核武器

鉴于核武器的巨大破坏力，中国对核武器采取极其严肃的态度。中国始终坚持不扩散核武器，包括不转让军用核技术，不销售核武器，不在国外部署核武器，努力防止核武器进一步落入国际恐怖主义者手里。

5. 致力于最终销毁核武器

中国发展核武器不是为了使用它，而是为了制约它，并最终销毁它。中国一贯积极推动国际核裁军活动，力求通过切实可行的措施和步骤达到最终全面禁止和销毁核武器的目的。

四、中国在核裁军问题上的基本立场

核裁军政策是中国核政策的重要组成部分。中国历来主张全面禁止和彻底销毁核武器。1963年7月，美、苏、英三国签订歧视性的部分禁止核试验条约。1963年8月2日，周恩来总理即致信世界各国首脑，郑重建议：全面、彻底、干净、坚决地禁止和销毁核武器。具体地说，就是：不使用核武器，不输出核武器，不输入核武器，不制造核武器，不试验核武器，不储备核武器，把世界上现有的一切核武器及其运输工具统统销毁，把世界上现有的一切研究、试验、生产核武器的机构统统解散。1964年中国拥有核武器以后，中国仍始终一贯地坚持这一立场并为实现这一立场而努力。

1971年，中国恢复了在联合国的合法席位，从而为自己直接参与国际核裁军活动开辟了道路。

在1978年5月联合国召开的第一次专门讨论裁军问题的特别大会上，中国积极推动成立裁军审议委员会，改变了两个超级大国垄断裁军谈判机构的不合理局面。

1979年和1980年，中国先后参加联合国裁军审议委员会和日内瓦裁军谈判委员会，不断提出新建议，强调两个超级核大国必须停止日益加剧的核军备竞赛，率先大幅度削减它们的核军备，停止生产任何类型的核武器，缩小它们同其他核国家之间的巨大差距，从而为所有核国家共同削减核武器和最终彻底销毁核武器创造必要的条件。在实现全面禁止和彻底销毁核武器这一总的核裁军目标以前，所有核国家应无条件地保证不对无核国家和无核区使用或威胁使用核武器，并在此基础上尽早谈判签订一项国际公约。

在1982年联合国第二次专门讨论裁军的特别大会上，中国代表提出了裁军六项基本原则，以及为实现六项原则的几项主要措施：一是所有核国家就不首先使用核武器达成协议，在此之前核国家各自保证无条件地不对无核国家和无核区使用或威胁使用核武器，并保证在任何时候和任何情况下彼此也不首先使用核武器；二是苏美两国停止试验、改进和生产核武器，并将其各种类型的核武器和运载工具削减50%；三是在此之后，所有核国家都停止试验、改进和生产核武器，并按商定的比例和程序削减各国的核武器库。

1982年起，美苏核军备竞赛愈演愈烈，并逐步向外层空间扩展。面对这一严峻现实，中国以更加积极的态度为推动国际核裁军作出了新的努力。

1983年，中国代表在联大再次要求美苏率先采取行动，停止试验、改进和生产核武器，并就削减一切类型的核武器和运载工具的50%达成协议，此后召开包括所有核国家参加的、具有广泛代表性的国际会议，就所有核国家共同裁减核武器问题进行讨论，既突出美苏的特别责任，也包括了中国和其他核国家对核裁军的责任。

1985年，中国代表在联大就裁军问题提出四点建议，强调所有核国家，特别是美苏两个核大国应承担义务，做到在任何情况下不首先使用核武器，立即停止任何形式的外空军备竞赛，任何拥有空间能力的国家都不发展、不试验和不部署外空武器，并尽快缔结一项全面禁止和销毁外空武器的国际协定。

1986年3月21日，在中国人民响应联合国关于开展国际和平年活动的倡议而在北京举行的维护世界和平大会上，中国政府全面地概括地阐明了关于裁军特别是核裁军的基本立场。（1）核军备竞赛构成对世界和平与安全的严重威胁，核裁军的最终目标应是全面禁止和彻底销毁核武器。（2）美苏两国拥有最大的核武库，理应率先停止试验、生产和部署一切类型的核武器，大幅度地削减并就地销毁各自在其国内外任何地区的各种类型的核武器。这样，就有可能为召开由所有核国家参加的、具有广泛代表性的核裁军国际会议创造积极的条件，以商议进一步核裁军和彻底销毁核武器的步骤。（3）为防止爆发核战争，所在核国家都应当承担在任何情况下不首先使用核武器以及不对无核国家和无核区使用或威胁使用核武器的义务。在这个基础上，缔结一项由所有核国家参加的国际公约，确保禁止使用核武器。（4）苏美部署在欧亚两洲的中程导弹应当同时均衡地裁减和就地销毁。（5）在核裁军的同时，应当大幅度地进行常规军备的裁减。各国的常规军备应该只用于自卫防御，而不能用来威胁他国安全。（6）外层空间应当专门用于和平目的，以造福全人类，任何国家都不应以任何方式发展、试验和部署外空武器。应尽快谈判缔结一项全面禁止外空武器的国际协定。（7）早日缔结一项全面禁止和彻底销毁（生）化武器的国际公约。在此之前，所有具有制造（生）化武器能力的国家应当保证绝不使用（生）化武器并停止试验、生产、转让和部署这种武器。（8）裁军问题关系到世界各国的安全利益不能由少数大国包办垄断，它们之间的裁军协议不得损害其他国家的利益。世界各国，无论国家大小或军力强弱，都应享有参与讨论和解决有关裁军问题的平等权利。

中国政府不仅提出了上述一系列积极的合理的核裁军主张，而且长期以来一直以自己的实际行动表明中国对核裁军的真诚态度。从拥有核武器的第一天起，中国就宣布明确承担在任何情况下不首先使用核武器的义务。1973年8月，中国签署了《拉丁美洲禁止核武器条约》第二号附加议定书，保证绝不对拉丁美洲无核国家和无核地区使用或威胁使用核武器，也不在这些国家和这一地区试验、制造、生产、储存、安装或部署核武器，或使自己带有核武器的运载工具通过拉丁美洲国家的领土、领海和领空。中国还通过各种方式，不断支持有关国家和地区关于建立"印度洋和平区""南亚无核区""中东无核区""非洲无核区"的努力。中国一再表示，在美苏两个核大国首先停止试验、改进和生产核武器，并就大幅度削减其核武库达成协议之后，召开有广泛代表性的国际会议，讨论共同裁减核武器问题，中国准备履行自己所应当承担的核裁军义务。1983年，中国加入国际原子能机构，成为指定理事国，并决定在适当时候把一些民用核设备自愿提交国际原子能机构实施安全保障，并将就此问题同该机构进行磋商。此外，中国对参加禁止某种大规模毁灭性武器和生物武器以及和平利用外空的条约也采取了积极态度。1981年，中国签署《禁止或限制使用某些可被认为具有过分伤害力或滥杀滥伤作用的常规武器公约》，1983年加入《关于各国探索和利用包括月球和其他天体在内外层空间活动的原则条约》，1984年加入《禁止细菌（生物）及毒素武器的发展、生产及储存以及销毁这类武器的公约》。中国还提出了签订完全禁止太空武器国际协定的主张，并成为防止在宇宙空间进行军备竞赛决议的联合倡导国。这一切都说明中国在裁军尤其是核裁军问题上的态度是严肃的、认真的。

新时期军事战略指导问题*

一、国际战略格局与我国安全环境

正确判断国际战略格局与我国面临的安全环境是正确理解和贯彻新时期军事战略的前提。

20世纪80年代以来，由于当代世界的基本矛盾运动和不平衡规律作用的结果，世界战略格局发生了战后40多年来最深刻的变化。这种变化还在继续发展，并且必将对我国的安全环境和军事战略产生多方面的影响。

1. 世界战略格局变化的主要表现

80年代末在苏联、东欧接连发生的冲击波使战后维持了近半个世纪的雅尔塔体系受到猛烈冲击，东西分治的传统分界线被突破，作为东西方壁垒的柏林墙成为1990年西方圣诞节的时髦礼物。

美苏两个长期尖锐对抗的全球性超级大国出于各自的利益需要迅速靠拢，两国关系出现了由对立走向缓和的迹象。最终，美苏之间的冷战以苏联的妥协退让和美国明显的对苏优势而宣告结束。

作为两极对抗的产物和支柱，华约与北约两大军事集团发生了重大变化。由于东欧各国纷纷“改旗易帜”，政治体制急剧变化，华约已经名存实亡，北约内部矛盾也逐渐突出，出现由军事组织向军事政治组织过渡的迹象。

随着美苏对世界事务控制能力的降低，德日两国势将作为独立的战略力量脱缰而出，迅速崛起，已经并将进一步对美苏构成有力的挑战。特别

* 本文写于1990年3月，原为战略问题讲座讲稿。

是两德统一进程的加快，成为影响欧洲战略格局的一个重要因素。

综上，可以看出：

（1）世界战略格局的确正在发生深刻的变化，一度有人认为世界大的战略格局没有变化的判断已被形势的发展所突破；

（2）世界上各种战略力量正在迅速分化组合，各国为争取有利的战略地位都在进行战略上的重大调整；

（3）旧的战略格局已被突破，但新的格局还未形成，世界正处于新旧格局的转换期和过渡期；

（4）两极体制正向多极体制加速发展。但在向多极世界过渡中，力量发展是不平衡的，美国是最突出的一极，苏联在军事上是重要一极，中国在政治上是重要的一极。德日两国最终与美分庭抗礼尚需时日。值得注意的是，自1989年7月以来，西方七国首脑会议开始超越经济领域，而在政治领域协调行动，发号施令。“七国霸权”或者说“富国霸权”“富国俱乐部”在某种意义上正在取代两个超级大国的霸权。

2. 世界战略格局的变化对我国安全环境的影响

世界战略格局的演变，从总体上来说，对我国的挑战是极其严峻的。但正如世界上一切事物总是一分为二的一样，不利之中包含着有利，有利之中也有着不利。世界战略格局的演变带有一系列双重特征。为此，应当辩证地分析世界战略格局演变对我国安全环境的影响。

从大的安全环境看，有硝烟的世界大战虽然一时打不起来，但没有硝烟的世界大战却日趋激烈。目前有资格打世界大战的只有美苏两家。美苏直接冲突酿成世界大战的现实可能性进一步减小。美苏在军事上呈收缩态势。裁军势头继续发展。美苏关于削减50%的战略武器的谈判，关于欧洲常规武装力量的谈判和销毁化学武器的谈判，都加快了步伐，不久有可能达成协议。中苏边境问题的军事谈判也正在进行。我们仍可以争取一个较长时期的世界和平环境。但是另一方面，以美国为首的西方世界以军事为后盾，以经济为诱饵，以人权为旗帜加紧推行“和平演变”战略，以演变与反演变、颠覆与反颠覆、渗透与反渗透为主要特征的两种社会制度、两种意识形态的斗争更加尖锐复杂。也可以说一个冷战结束了，而另一个冷战却开始了，即超级大国之间以军事对抗为特征的冷战结束了，而西方世界对社会主义国家和第三世界的冷战却加剧了。以美国为首的西方国家对我国内政的干涉以及公然出兵巴拿马，践踏一个主权国家就是西方世界推行新冷战的最新证据。我国既是社会主义国家，又是第三世界的一员，在西方世界掀起的新的冷战中，将会首当其冲，面临着相当大的政治、经济乃至军事压力。

从我国周边安全环境看，在全球性立体动荡中，亚太地区虽然相对平稳，但也潜藏着不小的危机。当前世界战略格局急剧变动，但从全局看，世界政治斗争的焦点仍在欧洲，西方“和平演变”的主战场在欧洲，离我较远。苏东剧变引发的一系列政治、经济、民族问题需要一个相当长的调整期来解决。尤其是苏联将长期陷于国内问题的泥潭，无力对我发动一场全面战争，我北方的现实威胁会进一步缓解。目前美苏都担心欧洲事态发展过快而失控，以致危及它们的根本利益。美苏关注的重点仍是欧洲。德国统一问题的提出对美、苏、英、法是一个新的挑战，从战略上对它们是一个巨大牵制。美苏目前均无暇他顾。为此，从时间和空间上，我国可以获得一个相对安全的战略间隙。

但我周边依然存在着许多不容忽视的不安定因素。相关国家在南海的活动对我海上方向构成严重挑战；印度军事力量不断增长并在中印边境对我保持着明显的军事优势；苏联、东欧的动乱有进一步向亚洲扩散之势；蒙古和朝鲜半岛出现动乱的可能性不能排除，这对我国安全与稳定不能不带来影响。

从我国国内安全环境看，苏联、东欧政治体制向右急转弯，西方国家对我国的政治干涉、经济制裁活动等，都有可能引发我国国内的不安定因素，使我面临内有困难、外有压力的不利局面。但另一方面，外在的压力也可能促使我们更冷静地总结过去、思考未来，更有效地增强全党全军全国人民的免疫力、凝聚力和向心力，更大程度上激励我们自力更生奋发图强的决心，以开创政治安定、经济繁荣、思想统一的新局面。

从安全环境的发展趋势看，世界多极格局的发展，为我国利用矛盾，折冲樽俎、纵横捭阖提供了更多的机会，使我获得了更大的战略回旋余地，有利于我打破一两个大国对国际事务的垄断，有利于打破西方世界对我的孤立和封锁。但与此同时，我也存在着战略地位相对下降、战略环境相对恶化的可能。首先，我国目前所处的军事缓和期不是由于我自身实力强大而呈现的绝对可靠的缓和期，而是在美苏及西方忙于经略欧洲而无暇东顾的战略空隙下获得的相对的暂时的缓和期。一旦欧洲格局固化，美苏从欧洲脱手并将其战略重点东移，我将面临十分险恶的环境。其次，尽管当前“实战危机”不是那样紧迫，但我周边国家和地区利用美苏控制力下降之机，纷纷扩充军力。我对周边国家和地区的战略实力顺差有可能向逆差方向转化，从而导致我之“实力危机”的出现，这对我国未来安全将十分不利。再次，日本由经济大国走向政治大国和军事大国已呈不可逆转之势。日本是我之近邻。日本如欲称霸世界，必先称霸亚太，而欲称霸亚太，则必然与我发生战略利益冲突。日本的崛起及其霸权主义野心是未来对我国安全的重大威胁。最后，在新旧格局交替的过渡期，世界形势动荡不定，各种力量此消彼长，各种矛盾错综复杂，不可控因素增长，使本来就波诡云谲的世界风云更加扑朔迷离，任何不测事件随时都可能发生，并可能对世界形势和我国安全带来难以预料的冲击。

总之，世界战略格局的急剧变化对我国安全环境的影响是多方面的。

尽管和平与发展的历史总趋向没有改变，在20世纪末21世纪初，需要我国举国迎敌的大规模战争仍然有可能避免，但我面临的战略环境无疑是更加复杂化了。我们既要对有硝烟的硬对抗有足够的准备，更要严肃地对付日益加剧的没有硝烟的软进攻；既不能忽视可能爆发的实战危机，也要对可能出现的“实力危机”采取有效对策；既要密切关注东西方在欧洲的较量，也要警惕我周边敌对势力的渗透与扩张；既要顶住外部压力，又要预防可能出现的内部动乱；既要顾及当前，又要着眼长远；既要增强军事实力，也要加快发展步伐，提高综合国力，从根本上增强我国的战略能力。可见我们军事斗争的任务不是轻松了，而是更加繁重了。在这个急剧转变的时期，我们要坚决遵循“冷静观察，稳住阵脚，沉着应付”的方针，作出正确的战略判断和战略选择。

二、坚持与发展积极防御战略思想

积极防御的战略思想，是以毛泽东同志为代表的我国老一辈无产阶级革命家把积极防御的一般原理运用于我国革命战争的具体实践创立的统管战争全局、指导战争全过程的战略思想。

积极防御战略思想的基本点是：在本质上它是防御的，而要求上是积极的。它集中反映了我国军事战略的自卫性、自主性和能动性等本质特征。它不仅是中国革命战争和新中国成立40年来的正确的战略指导思想，而且在新的历史时期仍有积极的指导作用。

第一，积极防御战略思想是运用唯物辩证法的对立统一原理，把防御和进攻统一起来，寓攻于防、寓防于攻、攻防结合的一种防御性战略思想。它揭示了军事斗争的内在规律，具有科学性、合理性和适应性。正如克劳塞维茨所说的那样它是“闪闪发光的复仇利剑”，是“防御的最精彩的部分”，亦如恩格斯说的“最有效的防御是以攻势来进行的积极防御”。

第二，积极防御战略思想的防御性质与我国的社会主义性质和独立自主的和平外交政策是一致的，符合国家的根本利益。

第三，积极防御战略思想，坚持实行人民战争，立足于以弱胜强、以劣胜优，这在新时期仍然有重要的现实意义。尽管我军武器装备与过去相比大大改善了，但与世界强手相比，我们仍然处于相对劣势。这个差距在相当长的时间内仍将存在，这是我国军事战略指导所必须考虑的一个大前提。在新时期，我仍然要发挥人民战争的整体优势，战胜来犯之敌。这一点是无论如何不能丢的。

第四，积极防御战略思想把战略指导上的原则性与具体实施的灵活性有机结合起来，这也是完全符合新时期军事斗争的客观要求的。

总之，尽管我们目前面临的战略环境有很大的变化，但我们国家的性质没有变，我军基本任务和使命没有变，新时期我们仍然要坚持以积极防御的战略思想为指导。

但是，我们强调坚持积极防御战略思想并不是要墨守成规、故步自封，恰恰相反，积极防御战略思想必须随着时代和战略形势的发展而发展，根据时代的要求，不断赋予它以新的内涵。没有发展就没有生命，只有发展才能更好地坚持。那么在新的战略环境下我们应当如何发展积极防御战略思想，应当赋予它以什么样的新内容呢?

1. 以军事手段维护国家利益，是积极防御战略的根本目的

当今世界仍然是一个以国家主权为基本特征的体系。国家是国际行为的主体，在世界体系中，国家利益构成基本利益。国家之间的矛盾和冲突，起因尽管是多方面的，但最基本、最终极的原因，无不是国家利益的矛盾和冲突。军事战略能否有效地维护国家利益，直接关系国家的兴衰、荣辱和存亡。军事战略必须把维护国家利益作为自己的出发点和归宿点。

维护国家利益与维护阶级利益、民族利益从本质上来说是一致的。我国是社会主义国家，社会主义的国家利益最大限度地代表了占统治地位的无产阶级的利益和全国各民族的共同利益。不应把三者割裂开来，对立起来。

坚持维护国家利益，这与马克思所说的“工人没有祖国”，以及列宁曾批判过的“保卫祖国”“保卫民族和国家利益”之类的口号是不同的。列宁是针对十月革命前的资本主义世界体系说的，而且是针对资本主义国家政权的性质说的。列宁并不是从本质上否定国家与民族的联系，而是揭露资产阶级借口维护国家利益、民族利益来抹杀阶级本质，以抽象的国家概念欺骗人民，对内企图用“国家至上”的口号取消阶级斗争，对外唆使本国人民从事侵略战争。

现在我们建立了社会主义国家，社会主义国家的无产阶级是有祖国的，必须把国家利益、阶级利益、民族利益有机地统一起来。

在新的历史条件下，维护国家利益，包括以领土完整和祖国统一为标志的安全利益、以建设大业为目标的经济利益、以安定团结为内容的政治利益、与国家安全需要相适应的军事利益，是时代对军事战略的客观要求。积极防御战略的制定和实施，只有从这些根本利益出发，才能完成自己的历史使命。

2. **着眼于应付多元威胁**

前一个时期我们面临的主要威胁是清楚的、单一的，主要威胁方向、主要战略方向和军事斗争重点都在北方。随着国际军事斗争形势的变化，我国北部现实的军事威胁有所缓解。从当前和今后国际形势的发展和我国周边环境来看，我国安全面临的威胁和防御作战的可能对象不是单一的，而是多元的。威胁多元化主要表现在以下几个方面。（1）威胁来源是多方向的，不只是某一个特定的方向，不仅有北方的威胁，也面临着南方、东方的威胁。威胁既可能来自全球性军事力量，也可能来自地区性军事力量，以及个别矛盾利害冲突较大的周边国家。（2）威胁的强度是不等的，既不能排除高强度威胁，但更多的可能是中、低强度的威胁。（3）威胁的起因是多方面的，既可能是历史遗留问题造成的，也可能是现实利益争端引起的，既可能出于政治原因，也可能出于经济原因。（4）威胁的空间是多维的，既可能表现在陆地上，也可能表现在海洋、天空乃至外层空间上。（5）威胁的形态是多样的，既可能是直接的武力威胁，也可能是间接的心理威慑，既可能是政治遏制，也可能是经济制裁，还可能是意识形态进攻，甚至是各种威胁同时并举、多管齐下。（6）所有这些威胁，是不固定的，是不断发展、变化和转化的。总之，新时期我国的军事战略，必须充分考虑这种复杂多变的安全环境，正确处理不同战略方向的关系，正确确定和选择主要战略方向和军事斗争重点，分清主次、关照全局，实施辩证的全面的战略指导。

3. 立足于打赢战争，又注意首先制约战争

打赢战争无疑始终是军事战略的核心问题，也可以说是军事战略的基本功能，但不能说是唯一功能。

在新的历史时期或者说在相对的和平时期，积极防御战略在筹划打赢战争的同时，要比以往更多地考虑如何制约战争、维护和平的问题。这是新的历史条件下积极防御战略应当具备的两种功能。之所以强调制约战争功能，主要是因为与过去相比，我们所处的战略环境和肩负的任务有了很大变化。我们已从革命战争年代进入社会主义建设时期，特别是党和国家的工作着重点实现转移以后，党和国家的中心任务是进行社会主义现代化建设。这就需要一个相对稳定的国际和国内环境。任何战争，哪怕是小的军事冲突也会干扰现代化建设的正常进程。因此，新时期的军事战略，不应以临战条件下的某一对象为主要背景，单纯研究怎样指导和赢得战争胜利的问题，而应以今后的一个历史时期内，以现实和潜在的威胁为背景，在研究如何打赢战争的同时，把制约战争、维护和平作为一项重要内容，尽可能防止和避免战事发生，以确保国家的长治久安，确保现代化建设大业的顺利进行。

制约战争并不是绝对不要战争。打赢战争与制约战争不是截然分开的。二者既有区别，又有联系，是辩证的统一。只有具备打赢战争的能力才能有效地制约战争，也只有积极制约战争才能争取时间、壮大军力，为实战创造更为有利的条件。同时，“以战止战”本身也是制约战争的一个重要方面。制约战争大体可分为四个层级：（1）尽可能防止一般政治、经济、意识形态冲突演变为军事冲突；（2）一旦军事冲突难以避免，则尽可能控制其纵向与横向升级；（3）一旦军事冲突升级为局部战争，则以坚决的作战行动挫败敌人，避免发展成为全面战争；（4）一旦全面战争爆发，危及国家存亡，则举国同仇敌忾、义无反顾，血战到底，夺取战争最后胜利，战争完了再建设。

4. 把威慑纳入积极防御战略思想体系

威慑就是以声势或威力（主要是武力）相慑服。也就是以武力为后盾，通过心理效应而不是直接的武力交战，达成战略目的的一种斗争方式。它有三个要素：一是相应的军事实力；二是使用实力的决心、意志；三是使对手相信这种实力和决心，也就是信息的传递。这三个要素缺一不可。根据威慑性质，可分为进攻性威慑和防御性威慑；根据威慑程度，可分为优势威慑、均势威慑、有限威慑、最低限度威慑、不对等威慑等类型；按威慑的层次和范围划分，从战略至战术，从物质至精神，从军事至经济，既有局部威慑也有全面威慑；按威慑力量的构成划分，有常规威慑、核威慑以及生物、化学威慑等。

威慑思想并非舶来品，也非西方的专利。威慑思想在我国源远流长。公元前597年楚子就提出“止戈为武”的主张，孙子十三篇认为军事斗争的最佳选择是“不战而屈人之兵”。毛泽东没有明确使用“威慑”两个字，但他十分重视对敌实施心理威慑。在解放战争中，毛泽东指挥我军兵临城下，以军事压力为后盾，展开强大的政治攻势，促使177万敌军起义和投诚，使长春、北平、长沙、云南、西康、西藏和平解放，就是毛泽东成功运用威慑思想的光辉范例。1962年，我坚决备战，示形于敌，成功地粉碎了蒋介石集团妄图窜犯大陆的军事冒险计划，也是威慑思想的新发展。

在新的历史时期，正确运用和发展威慑思想，增加了可供我们选择的斗争方式和战略手段，增加了我们战略指导的选择性，丰富了积极防御战略的内涵，有利于达成制约战争维护和平的战略目标。

当然，我们强调的威慑思想与霸权主义者推行的威慑战略是根本不同的。我国威慑思想的特色：第一，它是以遏制战争，维护和平为根本目的的威慑，而不是以谋取霸权地位为目的的威慑；第二，它是正义的防御性威慑，而不是以强凌弱的非正义的进攻性威慑；第三，它是建立在人民战争基础上的总体力量威慑，而不是单纯依靠军事力量、新式武器装备的威慑；第四，它是现实力量与潜在力量相结合的威慑，而不是单纯的现实力量威慑；第五，它既能够以强慑弱，也敢于以弱慑强，而不是单纯的以强慑弱的威慑。不难看出，具有中国特色的威慑思想与积极防御战略思想本质上是一致的。它应该而且可以成为积极防御战略思想的有机组成部分。

5. 在不放松为未来可能危及国家存亡的全面战争积聚力量的同时，着重对付当前可能性较大的局部战争与军事冲突

过去我们主要着眼于应付强敌的全面入侵，准备早打、大打、打核战争。今后一个时期内，只要我们工作做得好，大仗就有可能打不起来。但是这并不是说导致战争的各种因素都已消失，还不能说世界大战或举国迎敌的全面战争已经不复存在了。作出这样的战略判断还缺乏事实根据。我们的战略思维要把可能性与危害性统一起来。在当前国际条件下，全面战争的可能性较小，但危害性极大；局部战争和军事冲突危害性相对较小，但可能性较大。积极防御战略要对各种可能性统筹兼顾，既不能只准备打单一的大仗，也不能一厢情愿地只准备打局部战争，要把应付现实军事斗争与为长远军事斗争打基础有机地结合起来，多手准备，以增强军事战略的稳定性和适应性。

但在当前，我们要特别重视局部战争与军事冲突的战略指导。第二次世界大战结束以来，新的世界大战没有发生，但局部战争却连绵不断。据统计，第二次世界大战结束至今，全世界共发生战争180余起，涉及88个国家，直接或间接卷入的军队达800万人以上，伤亡人数达3200万人，其中死亡2100万人，超过了第一次世界大战的死亡人数，约为第二次世界大战伤亡人数的3/5。显然，局部战争的破坏性和严重性不容低估。未来在全面战争一时打不起来的情况下，由边境领土争端和海上权益问题诱发的局部战争和突发事件，将是我们可能应付的基本战争样式。这种战争爆发突然，交战时间短促，规模不等，形式多样，斗争多领域、多战线，虽不威胁国家生存，但战争胜负涉及国家主权和利益，影响国家尊严和民族心理。对付这种战争是一个严峻而全新的课题。新时期的军事战略，必须加强对局部战争的战略指导。

有人认为，只要做好大战的准备，局部战争就不成问题了。这种认识是十分片面的。全面战争指导与局部战争指导虽有一定联系，但两者有着不同的指导规律。在某种意义上，局部战争的指导比全面战争更难。全面战争是举国迎敌的大战，破坏性大，对国家生死存亡的威胁人所共见，民族凝聚力强，政治上容易得到全民的热情支持与参加，军事上可以集中全力放手去打，战争舞台也比较宽广。大战可以不计一城一地、一次战役的得失，此次战役损失可以由彼次战役胜利补救。而局部战争，由于它是有限规模的战争，受政治、外交的制约极大，“投鼠忌器”之处甚多，还须防止他人渔利，难以放手去打，一场局部战争有时一两个战役就结束了，失误难于补救。万一造成不利既成事实，例如领土被占领、被敌人抓一把就走，要在战场上或谈判桌上改变不利地位，代价极其昂贵。正因为如此，我们要充分重视局部战争的不同特点，研究其特殊指导规律，对局部战争予以精心指导。

6. 拓展战略空间，特别是重视经略海洋

以往由于历史传统影响以及客观物质条件的限制，我们的战略活动空间较多地局限在陆地上。

在新的历史时期，我国的安全与发展不仅与陆地有关，而且在很大程度上取决于海洋、空中以至外层空间。为此，积极防御战略在立足陆地的同时，必须对陆地以外的战略空间给予更多的关注。

我国既是一个陆地大国，又是一个濒海大国，拥有辽阔的领海、大陆架和专属经济区。我国海岸线长达18000公里，500平方米以上的岛屿有6500多个，包括内水、领海、专属经济区、大陆架，以及海疆内的水域，约300万平方公里。海洋国土是我国领土不可分割的一部分，是我国新时期的战略利益之所在。

长期以来人们对海洋的利用只限于“兴渔盐之利，行舟楫之便”，作为争夺世界的“伟大通道”。随着近代科学技术的发展，人们才开始认识到海洋有着广泛的利用价值，是一个巨大的资源宝库，是沿海国家保障安全、发展经济、增强国力的重要空间。海域对我国来说，不仅在军事地理上具有重要的战略价值，是我国对外联系的战略通道、屏护我陆地国土的天然屏障，而且有着巨大的经济价值。我国石油储量的80%在属于我国的海域。我国海洋渔场总面积达80余万平方公里，相当于42亿亩耕地，是我国农田面积的2.6倍。这在世界陆地资源日益枯竭的今天具有非同寻常的战略意义。据有关专家预计，世界人口到2030年，将达到100亿～120亿，人类将用完陆地石油储量的87%，天然气、金、铜等资源将消耗殆尽。就我国而言，虽然号称“能源大国”，但按人口平均，处于世界平均水平之下，而且地理分布不均。据估算，至2000年我国要实现翻两番的目标，能源总需求达14亿～17亿吨煤当量，而商品能源的总产量只能达到13亿吨煤当量，供需矛盾十分尖锐。特别是我国人口已达11亿，还在继续增长，仅以世界7%的土地资源养活世界22%的人口，是十分困难的，形势相当严峻。在陆地资源日益减少的情况下，各国纷纷把注意力转向海洋。海洋已成为各国激烈争夺的对象。美国宣布要控制世界上16个海上战略咽喉航道；日本宣布建立1000海里护航区；苏联东出太平洋，西入大西洋，南下印度洋，北控北冰洋；印度也力求把印度洋变成“印度之洋”；即便是越南，其战略重点也在逐渐向海上转移。海洋的争夺一是争夺管辖海域；二是争夺海洋资源；三是争夺海峡通道和控制战略海域；四是争夺远海岛屿。这场斗争正日趋激化，下一步还会在更深更广的范围内展开。

一个时期以来，由于各种原因，我们未能有效地维护和充分发挥我国海洋对国家经济、安全的作用。在当前世界性的海洋争夺中，我国岛屿被侵占、主权海域被别国分割、海洋资源遭掠夺等海洋权益受到侵犯的状况十分严重。我与周边国家有争议的海域达百余万平方公里。我钓鱼岛被日实际侵占；南沙群岛主要岛屿除太平岛在台湾当局手里外，绝大部分被他国占领。目前越南在我南沙海域开采所谓“大熊油田”，并将其划为第九战区。此外，日本、南朝鲜、菲律宾、马来西亚、文莱等国也都在我海域进行石油和天然气钻探开采，使我海洋方向面临十分复杂的局面。为了中华民族未来的生存和发展，我们必须重视经略海洋。保卫和维护我国海洋权益是我国新时期军事战略必须考虑的重要方面。为此我们必须牢固树立海洋国土观，准确认识我国管辖的海洋范围；树立海洋资源观，全面了解我国海洋资源的数量与经济价值；树立现代海洋防卫观，正确估量我国海洋方向严峻斗争的现状与长远威胁；树立海洋权益观，强化维护国家海洋权益的意识。

此外，外层空间也正在成为各国拼抢的“第一战略高地”。美国的星球大战计划、苏联的战略防御计划、西欧的“尤里卡”计划，其目的都在于拓展战略边疆，争夺制天权。太空技术与太空争夺是军事领域的又一次重大变量。谁如果落在后面，谁就要挨打。面对新的挑战，我们也要在外空占领一席之地，把外层空间纳入积极防御战略的视野之内。

7. 着眼于发展综合国力，从根本上增强积极防御的战略行动能力

当今世界的一个明显特点是从超级军备竞赛转入综合国力较量，一个世界性的综合国力竞争战略格局正在逐步形成。为了争夺未来世纪的战略优势，世界各国都把增强综合国力作为新一代的国家战略。我国是一个拥有世界22%人口的大国，在国际间综合国力激烈竞争之际，要确保国家安全，就必须着眼于增强我国综合国力。

关于综合国力的构成要素，认识不尽一致。美国学者认为，国力要素主要包括地理条件、自然资源、工业能力、军备状况、人口数量、民族特性、国民士气、外交素质、政府素质。日本人则把国力分为三个层面：一是国际贡献能力，包括经济、金融、科技、财政实力和对外活动积极性以及在国际社会中的活动能力；二是生存能力，包括地理、人口、资源、经济和防卫实力、国民意志、友好同盟关系；三是强制能力，包括军事实力、战略物资和技术、经济、外交能力。

我国有的学者认为，综合国力是指一个国家所拥有的全部实力和潜力（包括物质力和精神力）及其在国际社会中影响力的综合。它是一个综合性的概念，也是反映一个国家在国际社会中的地位和作用的一种尺度。综合国力是生存力、发展力、协同力的有机综合。生存力是指一个国家继续生存和安全自保的能力，其构成要素主要是地理环境，包括领土、领海、领空、战略位置、人口数量质量、资源、经济力量、科技力量、国防力量、国民凝聚力等。发展力是指一个国家的综合发展能力，其构成要素是社会发展能力、经济发展能力、科技发展能力、文化教育发展能力、国防发展能力、外交活动能力等。协同力是指国家领导集团对内对外的优化组合协调统一的能力，其构成要素为国家战略目标、国家意志、政治制度、政府素质（领导、组织与决策能力）、政策水平、调整改革能力、对外开放及活动能力等。综合国力是一个庞大复杂的大系统，具有严密的整体性、层次性与动态性等特征。

发展综合国力强调军事战略自觉地、能动地为国家生存与发展服务，自觉服从国家建设与发展大局，以实现综合国力系统整体功能、效应的最优化，在提高综合国力的前提下，提高我们的国防能力。

8. **更加注重战略指导的主动性、计划性和灵活性**

毛泽东关于战略指导主动性、计划性、灵活性的思想，反映了战略指导的共同规律，对今后的战略指导仍然具有重要现实意义。

相对和平时期把握战略指导的主动性、计划性、灵活性，要着重注意以下几点。

第一，实现战略指导的主动性，应把握三个要素。（1）正确的战略判断。战略判断的失误，如对战争危险的判断失之过早或失之过迟，失之过重或失之过轻，都将导致战略指导的失败，给国家利益带来危害。为此要正确地认识时代，要辩证地认识和处理安全威胁与战争现实危险之间的关系，要恰当地把握时机，适时进行战略转变。（2）恰当的危机控制。战争升级要极其慎重。这是“有理、有利、有节”这一战略思想在新的历史条件下的运用。（3）经常的战争准备。有备才能无患。

第二，战略指导的灵活性，在新的历史条件下有特别重要的意义。在当前和今后一段时间里，我们受到的安全威胁是多种多样的，必须因时、因地、因斗争不同方式而进行不同的指导。如果战略指导缺乏灵活性，就难以取得或保持战略主动权。

实现战略指导的灵活性，应把握以下要素。(1)打破单一模式，实施多元的战略指导，既要突出重点，又要统筹兼顾，防止战略指导上的绝对化、模式化，避免战争准备上顾此失彼。要正确处理潜在威胁与现实威胁的区别和联系，正确处理全面战争、局部战争和军事冲突的区别与联系，还要处理好常规条件与核条件、生化条件的关系。作战样式是防御还是进攻，是持久战还是速决战，是以少胜多还是以多胜少，这些都要从实际出发，敌变我变。(2)军队建设必须建立和强化快速反应机制。这是在相对和平时期应付突然袭击，及时作出战略反应，保持战略全局稳定的关键一招。(3)实行分类指导。要研究解决不同战区、不同对象、不同任务的战略指导的特殊规律问题。

第三，战略指导的计划性，应着重把握军事战略计划和军队建设计划这两个关键问题。军队建设计划和军事战略计划要与国家建设计划相协调、相适应；军队建设计划要与军事战略计划相协调、相适应；军队建设计划要从长计议，着眼于打牢基础。要加强系统论证、科学决策，防止短期行为。

总之，新时期的积极防御战略思想与过去相比有很多不同的特点，功能拓宽了，内涵更丰富了，容量更大了，要求更高了，时代气息更浓了。我们要确立与新时期战略要求相适应的国家利益观、多元威胁观、制约战争观、整体威慑观、局部战争观、多维空间观、综合国力观和灵活指导观。

三、新时期军队建设指导

1. 正确认识新时期军队的地位和作用

在相对和平时期，军队的地位作用并没有降低，军队建设应当加强而不是削弱。

马克思主义的国家学说告诉我们，军队是国家机器的重要组成部分。

马克思指出，“无产阶级专政的首要条件就是无产阶级的军队”。列宁也明确指出“国家机关首先指的是常备军、警察和官吏”。只要国家存在，军队的使命就不会完结，军队的地位作用就不能削弱。新中国成立40多年来，我国的人民民主政权之所以在国内外敌人的干涉、颠覆、破坏面前历经风雨而弥坚，正是因为我们拥有一支使国内外敌人望而生畏的人民军队。

我军作为新型的人民军队，它的作用不仅表现在战时，也表现在平时；既直接关系着国家的生存，也关系着国家的发展；既是国家建设的保卫者，也是国家建设的参加者；既是一支巨大的物质力量，也是一支巨大的精神力量。新时期它的重要作用具体表现在：（1）维护国家主权和领土完整，确保国家生存和发展的合法空间；（2）维护国家权益和资源；（3）支持国家在国际战略格局中的应有地位，为经济发展提供和平稳定的外部环境和有利的战略态势；（4）保卫社会主义的共和国政权，维护民族团结和祖国统一，创造经济发展所必需的稳定环境；（5）通过承担国家重点工程和技术创新等方式，直接参加和促进国家经济建设；（6）以坚强的战斗力和威慑力，展示中华民族的精神风貌，增强人民的安全感和凝聚力，成为团结全国人民从事社会主义现代化建设的重要精神支柱。从这个意义上讲，在新的历史条件下，不是“养兵千日，用兵一时”，而是“养兵千日，用兵千日”。认为在相对和平时期的军队作用不大，这是没有根据和缺乏真知灼见的。

我国所处的环境依然十分严峻，并不是有人所说的“无敌国外患”，而是既有“外患”，又有“内忧”。所有这些都要求我们有一支坚强可靠的军事力量。军队在国家安全政策中的地位作用丝毫也没有降低。缓和与对话都是以实力为后盾的，和平在很大程度上要靠军事力量平衡来维持。任何轻视军队的地位作用的看法和放松军队建设的做法都是有害的。

2. 正确处理军队建设与经济建设的关系，确立着眼长远、协调发展的思想

军队建设与国家经济建设是一个既相对独立又紧密联系的有机整体，两者统一于国家根本利益。军队建设反映国家安全利益的需要，经济建设反映国家发展利益的需要。国家安全是国家发展的保障，而国家发展又为国家安全提供必要的物质基础。两者既相互依存、相互促进，又相互矛盾、相互制约。在新的历史时期，军队建设和经济建设应当从国家的根本利益出发，相互依存、相互促进，有机地协调发展。

在以社会主义建设为中心的历史时期，军队建设必须强调在国家建设的大局下行动。这是因为，我国还是一个经济比较落后的国家，当前国内的主要矛盾是人民日益增长的物质文化需要同落后的社会生产之间的矛盾，这就规定了我国今后的重要任务是大力发展社会生产力。这个矛盾制约和规定了其他矛盾。各行各业都必须服从这个全局，不能不顾国情、国力的许可，片面强调军队建设，提出不切实际的要求，以致国家不堪重负，延误了综合国力的提高，最终失去军队建设的物质基础。

但是服从全局，并不是说置军队建设于不顾，或者说等搞完经济建设后再来抓军队建设。近年来所谓“只顾经济建设一头”“军队自我发展”的口号给军队建设带来的弊端是人所共见的。军队是要打仗的，怎么“自我发展”？如果长期“只顾一头”，军队建设萎缩，最终将导致有利的经济建设环境的丧失。军队建设与经济建设之间必须建立起二者协调发展的机制和体制，确立合理的投入比例和发展规模。

建立协调发展的机制和体制是保证二者协调有序地运行的前提。首先，军队管理体制应当与国家管理体制相协调，以保证军队建设与国家各项建设事业在各级管理层次上的协调与统一。其次，军队建设工作必须纳入国家建设的总体规划，包括军费预算纳入国家财政预算，国防科研和军工生产纳入国家科研和社会生产规划，机场、港口、后方基地等战备建设纳入国家基本建设规划，军队干部培训工作纳入国家教育规划，军队社会性工作纳入社会服务系统，等等。

适当的投入是协调经济建设和军队建设发展的关键。投入是综合的，其中国家财政上的投入是最主要的。军队不能不吃“皇粮”。从新中国成立至1985年我国军费开支年平均占国家财政支出的23.48%，这种比例显然偏高。为了保证国家建设全局，以暂时的适当“忍耐”求得长远的发展是可以的。但是军费比例降低多少才算恰当，需要科学论证。如果降低过多，过分“忍耐”，甚至超过警戒线则会带来严重后果。国外研究认为军费最佳比例一般占国家财政支出的12%～20%。我国情况与国外不同，不能照搬。但我军军费逐年递减，军费短缺与军队现代化建设要求不相适应的矛盾日益突出，应当引起我们的高度重视。

3. 正确处理军队建设内部各个方面的相互关系，确立统筹兼顾、重点发展的思想

军队建设是一个复杂的系统工程。在这个大系统里，孤立地突出任何一个方面都可能造成整个系统的失衡，但不分主次、全线平推，整个系统就会失去活力，只会延误军队现代化建设的进程。

统筹兼顾、重点发展，是各国军队建设的一条共同方针。对于我国来说有着更特殊重要的意义。这是因为我国人口多、底子薄，在一个相当长的时期内，国家拿不出更多的钱来发展武装力量，即使生产力水平提高了，经济增长了，能够投入武装力量建设的经费绝对值也是有限的，难以与发达国家相比。在这种情况下，只有贯彻重点建设的方针，才能集中有限的财力、物力解决军队建设的主要矛盾，才能以较小的投入获取最大的建设效益，才能以点带面、由点到面，有效地推动整个军队现代化建设。

贯彻“统筹兼顾、重点发展”的方针需要解决的问题很多，特别值得注意的是解决好以下几个关系。一是数量与质量的关系。没有数量就没有质量，但是这并不是说任何情况下，数量越多越好。王安石曾说过“兵少则不足卫，兵多则民不胜其养”。数量和质量是辩证的统一。当前各国无不利用相对缓和之机实行精兵政策，强调质量建军。我们要看到当前我军与发达国家军队在质量上的巨大差距。如果满足于以数量优势弥补质量劣势，只会陷于被动地位。二是“硬件”与“软件”的关系。提高武器装备、国防工程等“硬件”的现代化水平是极其重要的，但如果没有与之相适应的“软件”现代化，即体制编制、军事理论、训练管理等方面的现代化，孤立的硬件是没有意义的。在当前“硬件”建设受客观条件严重制约的情况下，首先抓好体制编制、军事理论等“软件”的建设对于推动整个军队现代化可收事半功倍之效。三是人与物的关系。物的现代化与人的现代化两者不可偏废。人是战争中最活跃的因素。当前尤其要注重提高人的素质，造就成千上万具有高度政治觉悟、健全的体魄、丰富的军事理论知识、专业技术知识、现代科学文化知识以及现代军事管理才能的军事人才是一项带根本性的战略问题。贯彻重点发展的方针，要相应地在军费投入上采取必要的倾斜，不然重点就是一句空话。

4. 正确处理军事投入与产出的关系，确立讲求效益、内涵发展的思想

军队建设需要大量的投入，但军队建设的速度、质量并不完全取决于军费的多少，重要的在于军队建设的效益。如果决策失当、体制不顺、管理混乱、内耗丛生、浪费不止，国家即使再投入几倍的军费，供需矛盾仍然缓解不了，军队现代化也“化”不起来。

讲求效益、内涵发展是一条积极进取、有所作为的方针，它的基本点是使军队内部的发展机制，向着以现代化为中心的方向运转。所谓讲求效益，包括军费使用效益、人力资源使用效益、时间资源使用效益、物质资源使用效益、技术资源使用效益、信息资源使用效益等。社会主义的效益观建立在社会主义商品经济的基础之上。商品经济的本质要求以最少的投入获得最大的产出。军队建设为了获得最大的整体效益就必须最经济地分配和使用上述各种资源，最有效地实现军队现代化建设的各项目标。要克服和扭转不讲价值规律，只讲投入、不问产出，不计成本、不算经济账的现象。提倡向科学决策要效益，向系统管理要效益，向结构优化要效益，向深化改革要效益。

台海两岸关系溯源*

台湾自古以来就是中国的神圣领土。自有史以来，台湾的开拓、发展和疆域的完整统一就凝结着中华民族世世代代的血汗，融汇着自强不息的民族精神。虽然近代史上日本帝国主义曾以战争手段，逼迫清政府签订丧权辱国的《马关条约》，强行攫取台湾与澎湖列岛，使台湾人民在日本殖民统治下生活半个世纪之久，但在第二次世界大战中，中国人民同世界人民一道彻底战胜了日本帝国主义。1945年10月25日，台湾与澎湖列岛又重归中国版图。台湾属于中国不可分割的部分这一事实为国际所公认。1949年后台湾海峡两岸政治上暂时的分离状态本属中国内政，如果不是美国干涉插手，也许台湾问题早已由两岸中国人妥为解决，至少和平解决台湾问题的难度不会像今天这样大。台湾问题之所以拖延至今，屡起波澜，完全是美国推行的把台湾当作美国在远东的“不沉的航空母舰”政策造成的。这也始终是横亘在中美之间，影响中美关系正常发展的最大障碍。只要美国一天不彻底放弃以台湾为“不沉的航空母舰”的政策，台湾海峡就一天得不到安宁，中美关系也难以顺利发展，亚太地区就始终潜伏着一个带爆炸性的因素。

中国大陆人民开发台湾的历史可以追溯到3万年以前的更新世晚期。

据台湾考古学者对1971年、1974年在台南县（今台南市）左镇乡发现的古人类顶骨化石研究表明，被命名为“左镇人”的晚期智人与福建清流县发现的晚期智人“清流人”体质形态相同，都继承了中国直立人的一些

* 本文写于1996年8月，收入《中国为什么说不？》，新世界出版社，1996年。

特性，两者存在着共同的起源。事实上，远古时代台湾与大陆原本相连，是大陆的沿海地区。台湾山脉走向与大陆沿海地区的山脉走向一致，都是有规律地从东北向西南方向平行排列，台湾岛西部海岸形状与隔海相望的大陆海岸形状基本吻合。台湾海峡水深仅80米，台湾岛与大陆最近处仅130公里。台湾海峡的海底河谷是在台湾海峡还是陆地时由陆上河谷侵蚀形成的。这些都说明台湾与大陆原本就是一体的。只是后来由于地球自转向心力作用和地壳运动，其连接部分沉陷，成为海峡。3万年前的“左镇人”就是在海峡部分沉陷之前从大陆东南经过长途跋涉到达台湾的。这是迄今发现的台湾最早的住民。

台湾出土的旧石器、新石器文化遗址，其特征与同期的大陆文化遗址也十分相似。如台北县（今新北市）八里乡发掘的以绳纹陶为代表的大坌坑文化遗存，在大陆东南沿海各地广泛存在；高雄县凤鼻头出土的以印纹细陶为代表的凤鼻头文化遗存和台北市发掘的圆山文化遗存，受到大陆东南沿海地区马家浜—良渚文化的明显影响和福建闽江下游的昙石山文化的浸润，同属闽台地区以几何印纹硬陶和彩陶共存为特征的古文化遗存。这些文化遗存证明台湾的史前文化与大陆同属一脉，早在史前时期台湾就已经是中华民族祖先的“生活空间”，台湾住民和大陆住民皆为中华民族的组成部分。这一点与南北美洲在欧洲殖民者到来之前就已经有印第安人的氏族、文化以至国家存在是截然不同的。

不仅考古发现台湾的史前文化与大陆一脉相连，自有文字记载以来的史籍也进一步证明台湾自古就与大陆密不可分。2000多年前的战国初期成书的《尚书·禹贡》就有“岛夷卉服”的记载，据考证，这里的“岛夷”就是指台湾。《三国志·吴志·孙权传》载，黄龙二年（230）吴王孙权派遣将军卫温、诸葛直率领万余名官兵“浮海求夷洲及亶洲”。三国东吴人沈莹所著的《临海水土志》称，夷洲在临海郡（今浙江宁海往南一带）东南2000里，由此可以确知，“夷洲”即今日台湾。隋代以后，大陆与台湾往来日益频繁。《隋书·流求传》载，607年、610年，隋炀帝曾两次派人到当时称为“流求”的台湾岛，其中第二次率兵万余人，从广东潮州起航，经一个多月的航行，到达流求时，流求人以为是大型商旅，“往往诣军中贸易”。可见大陆与台湾间早就存在一定的通商关系。唐宋以后，大陆经济重心逐渐南移。多山少田的福建，土地贫瘠，造船业却十分发达，海洋开发活动逐渐繁荣。泉州成为当时著名的海港和对外贸易中心。1975年在泉州出土的宋代海船，残长24.2米，残宽9.15米，载重200吨，处于世界领先水平。这是大规模东渡，开发台湾的重要物质条件。南宋赵汝适著的《诸蕃志》载：“泉（州）有海岛，曰澎湖，隶晋江县。”又据同一时期的历史文献记载，1171年，汪大猷出任泉州知州，改变每年春季派兵到澎湖驻守，秋末撤回的办法，决定在澎湖当地造屋200间，派水军常年屯守。这说明，到南宋时澎湖已归泉州管辖，成为中国行政区域的一部分。宋朝不仅有民众在那里生产、生活，宋朝政府也派出军队在那里驻守，中国政府在澎湖驻军似由此始。到元代时，民间的贸易和往来进一步将台湾与大陆不可分割地联系在一起了。澎湖当时已有大陆移民1600余人，每年有几十艘商船来往于澎湖与大陆之间。澎湖已成为福建泉州地区经济的一个组成部分。《元史》记载，澎湖时有“泉州外府”之称。元代曾亲自到过台湾的著名地理学家汪大渊在1344年前后所著的台湾实地考察录《岛夷志略》一书中写道：“澎湖岛分三十有六……自泉州顺风，二昼夜可至。”在那里，“泉人结茅为屋居之”，“煮海为盐，酿秫为酒”“工商兴贩，以乐其利”。这是有关元代台湾社会经济的珍贵的第一手资料，也是大陆与台湾密切联系的确凿见证。明代虽然从洪武四年（1371）开始，政府三番五次下令“禁海”，但大陆与台湾之间仍然往来不绝。1402—1424年，航海家郑和率领庞大的舰队出访南洋各国，曾在台湾停留，给当地居民带去工艺品和农产品。至今台湾民间仍传说，高雄凤山的特产“三宝姜”就是郑和留传下来的。嘉靖（1522—1566）末年已有大陆商船、渔船到台湾北港、淡水、鸡笼（基隆）一带活动。1582年，西班牙船长嘉列（F. Cualle）在台湾遇见一位中国商人，说他曾九次到达台湾收购野鹿皮、砂金，运回中国大陆。崇祯年间（1628—1644），因“大旱民饥”，郑芝龙经福建巡抚熊文灿批准，“招饥民数万人，人给银三两，三人给牛一头，用海舶载至台湾，令其芟舍开垦荒土为田”。这是明朝政府批准有组织地大规模向台湾移民之一例。荷据时代，台湾大陆移民仍在逐年增加，特别是1646年清军入闽后，福建沿海战乱不断，饥荒连年，大批福建难民东徙台湾。荷兰档案记载，1646年之前，在台移民人数近万人，二年后即1648年就增至2万人。此后的三百年间，大陆民众向台湾移居大约形成四次高潮。第一次是明清之交，随郑成功移居台湾的军民；第二次是康熙、乾隆年间迁往台湾的渔民；第三次是太平天国年间，因躲避战乱而移居台湾的福建南部民众；第四次是1945—1949年随国民党政权迁往台湾的军民。1661年郑成功收复台湾前夕，在台移民总数约3.7万人。福建各县有陈、林、王、李、黄、蔡等20多姓移民进入台湾。在郑成功治理台湾时期，汉族移民增加到10万～12万人，除郑氏军队外，新增移民2万～3万人。1683年清政府统一台湾，由于两岸统一，再度出现大陆居民大规模移居台湾的高潮。台湾人口和生产都有较大发展。从康熙二十三年（1684）到乾隆后期一个世纪间，台湾人口增加了70万～80万。1893年即日本侵占台湾前两年，台湾汉族人口达507505户，2545731人。1945年日本投降后，当时的国民党南京政府接管台湾。随着国民党军队进驻台湾，又陆续有大批大陆省籍人口移住台湾。1948—1950年迁台湾者达483373人，另外撤退到台湾的国民党军队50余万人，合计当时迁移台湾的人口共有100余万。今天在台湾的各民族中，汉族人数约占全省2300万人的98%。1946年以前，他们中的80%

左右祖籍福建，其中以漳州、泉州人为最多；大约20%祖籍广东，以梅县、潮州人为最多。高山族先于汉族来到台湾，现约32万人，占全省人口的2%。大陆汉族移民及其后裔构成台湾社会的主体。他们与台湾原住民一道，共同开发台湾、建设台湾，共同创造了中华文明。

随着大陆民众不断迁居澎湖、台湾，中国政府最迟从宋元起便开始经营和管辖台湾地区。1292年，元世祖忽必烈派海船副万户杨祥、礼部员外郎吴志斗和兵部员外郎阮鉴等人到台湾“宣抚”。1335年，元朝正式在澎湖设“巡检司”，管辖澎湖、台湾民政，隶属福建泉州同安县（今厦门）。对此，《岛夷志略》记载，澎湖“地隶晋江县，至元年间，立巡检司”，“职巡逻，专捕获”，兼办“盐课”。自此，中国政府开始在台澎设置专门的行政管理机构。明承元制，继续对台澎行使管辖权。1592年，日本军阀丰臣秀吉出兵朝鲜，并扬言侵犯台湾鸡笼（基隆）、淡水，为此明朝政府在澎湖“增设游兵”，“春冬戍守”，同时在基隆、淡水二港驻屯军队，以防倭寇侵扰。1624年，荷兰殖民者开始入侵台湾。荷兰殖民者夺占了西班牙在台湾北部的据点，台湾沦为荷兰的殖民地。荷兰殖民者在台湾盘踞38年，其实际占领区只有南部沿海的有限地区，以及北部的基隆、淡水两港，而且其统治一直极不稳固。1661年，郑成功亲率2.5万名大军及400余艘战船，从金门料罗湾出发，经澎湖，向台湾进军。郑成功在致荷兰殖民总督揆一的《谕降书》中严正指出，“然台湾者，早为中国人所经营，中国之土地也”，“今余既来索，则地当归我”。在被围困九个月后，荷兰殖民总督于1662年（康熙元年）农历二月初一被迫投降。郑成功收复台湾后，废除荷人殖民制度，改荷兰殖民者修筑的赤崁楼为承天府，改热兰遮城堡为安平镇，设安抚司于澎湖，戍以重兵，总称台湾为东都。1662年农历五月八日郑成功病故，其子郑经、孙郑克塽相继治理台湾凡22年，史称“明郑时代”。郑氏祖孙三代在台湾实行屯田政策，兴办工商业，发展贸易，开办学堂，推动了台湾经济、文化的迅速发展。1683年（康熙二十二年）清政府进军台湾，郑克塽率众归顺清朝。翌年，清政府在台湾设一府三县，即台湾府和台湾、凤山、诸罗县（嘉义）三县，隶属福建省。自此，台湾重新纳入中国中央政府的统一管辖之下。1727年（雍正五年），清政府定“台湾”为官方统一名称。1885年（光绪十一年），清政府将台湾建制为一个行省，派刘铭传为第一任巡抚。刘出任台湾巡抚后，广招福建、广东等地居民迁台，进行大规模开发，先后设立抚垦总局、电报总局、铁路总局、军械局、通商局、矿油局、伐木局等机构；修筑炮台，整顿防务；架设电线，创办邮电；铺铁路、开矿山、造商轮，发展工商业；兴建中西学堂，发展文化教育等。其中有些项目，在当时全国尚属创举，如台湾铁路不但是全国最早的铁路之一，而且是中国人自己集资修成的。1888年（光绪十四年），清政府重划全台湾行政区划，设三府（台北府、台湾府、台南府）一州（台东直隶州）三厅十一县。从1683年清政府统一台湾到1895年日本占领台湾，清政府有效治理台湾200余年。1894年，日本发动甲午中日战争，翌年3月攻占澎湖。1895年4月17日，强迫清政府签订《马关条约》，强行割占台湾、澎湖等地。从此台湾沦为日本的殖民地。在半个世纪的日本殖民统治下，广大台湾同胞为了维护中华民族的尊严，保疆卫国，光复失地，与日本侵略者进行了长期的不屈不挠的斗争。丘逢甲等一批台籍士绅，建立挣脱日本殖民统治的“台湾民主国”，年号“永清”，宣示“永戴圣清”之意，发表《自主宣言》称“推拥贤者，权摄台政；事平之后，当再请命中朝，作何办理”。刘永福领导的黑旗军与台湾抗日军民并肩和日本侵略者进行了长时间的血战。至台南失守，台湾军民共毙伤敌3.2万余人，占日寇侵占初期兵力一半以上。1937年，日本发动全面侵华战争，妄图进一步吞灭整个中国。国共两党建立抗日民族统一战线，开始了全面抗日民族解放战争。太平洋战争爆发后，1941年12月9日，中国政府正式对日宣战。中国政府在《中国对日宣战布告》中严正指出："兹特正式对日宣战，昭告中外，所有一切条约、协定、合同有涉及中日间之关系者，一律废止。"《马关条约》属于当然废止的条约之一，日本由该条约所获得的对于台湾和澎湖列岛的领有权，自中国对日宣战之日起失效。1943年12月1日，中、美、英三国签署《开罗宣言》，指出"我三大盟国此次作战之目的，在于制止及惩罚日本之侵略。三国决不为自身图利，亦无拓展领土之意。三国之宗旨，在剥夺日本自1914年第一次世界大战开始以后在太平洋所夺得或占领之一切岛屿，在使日本所窃取于中国之领土，例如满洲、台湾、澎湖列岛等，归还中国。日本亦将被逐出于其以武力或贪欲所攫取之所有土地。……"太平洋战争末期，中、美、英三国首脑于1945年7月26日再度签署发表敦促日本无条件投降的《波茨坦公告》。8月8日，苏联加入。公告第八项重申"开罗宣言之条件必将实施"。这样，台湾、澎湖列岛必须归还中国，由具有国际法效力的联合公告方式，两次正式通知了日本。1945年8月15日，日本宣布接受《波茨坦公告》中的条款，无条件投降。正是根据以上规定，1945年9月2日，日本政府在东京湾签署的《无条件投降书》第一条明确写道"兹接受中美英三国共同签署的、后来又有苏联参加的1945年7月26日的波茨坦公告中的条款"，"兹为日本皇帝、日本政府与他们的继任者承担忠诚履行波茨坦公告各项规定之义务"，完全接受将台湾、澎湖归还中国。以上四项国际文献——《中国对日宣战布告》《开罗宣言》《波茨坦公告》《日本无条件投降书》的签署和发表，从法律地位上确定了台湾、澎湖及其所属岛屿为中国领土的一部分，这一法律地位得到了国际公认。1945年8月29日，即日本投降后14天，设在重庆的中国国民政府任命当时的陆军大学校长陈仪出任台湾省行政长官兼台湾警备司令。9月4日，中国政府宣告：中国政府将根据有关协议，接受治理台湾全境及澎湖列岛。10月25日，陈仪在台北市公会堂（后改名中山堂），接受日军第10方面军司令长官安藤利吉的投降。受降仪式完毕，台湾省行政长官陈仪发表谈话宣告“自即日起，台湾及澎湖列岛已正式重入中国版图。所有一切土地，人民、政事皆已置于中国政府主权之下。此一极有历史意义的事实，本人特向中国同胞及全世界报告周知”。至此，沦陷50年的台湾终于复归于中国主权的管辖之下，台湾人民恢复了中国国籍。

对于中华民族开拓经营台湾2000年的艰辛的创业史，对于台湾海峡两岸之间长期形成的血肉联系以及两岸人民反对殖民统治、追求国家统一的不屈不挠的斗争精神，包括美国政府在内的国际社会应当说十分清楚。不管美国政府内部有多少种声音，至少在1950年以前，美国政府的公开立场是明确的。美国政府积极参与并促成了《开罗宣言》《波茨坦公告》等国际文件的签署与发表，明确承认并支持了台湾作为中国不可分割的领土在战后立即归还中国。从1943年开罗会议到日本投降后中国政府收复台湾整个过程中，对于中国恢复行使台湾的主权与治权，美国从未提出过异议。直到1950年1月5日，美国总统杜鲁门就台湾问题发表声明，还重申美国在有关国际协议中的承诺，并称台湾已归还中国。杜鲁门在声明中说，美国“要求国际社会尊重中国的领土完整……这一原则在目前的局势下对于台湾特别适用。……美国是1945年7月26日波茨坦公告的签字国。波茨坦公告称：开罗宣言条款应即执行。日本投降时亦曾接受此宣言的规定。按照以上各宣言台湾已经交给蒋介石委员长。过去四年来，美国及其他盟国亦承认中国对该岛行使主权。美国对台湾或中国其他领土从无掠夺的野心。现在美国无意在台湾获取特权或建立军事基地。美国亦不宜使用武装部队干预其现在的局势。美国政府不宜遵循任何足以把美国卷入中国内争中的途径”。同一天，美国国务卿艾奇逊也在记者招待会上发表声明说：“当台湾成为中国的一个省的时候，没有人对此提出过律师的疑问。这是被认为符合过去的承诺的。”2月9日，美国务院官员在众议院外交委员会作证时指出，美国及其盟国对中国在战后收回台湾从未质疑，“包括美国在内的各盟国在过去四年中认为台湾是中国的一部分”。美国这一立场是符合国际法原则的，也是符合美国国家利益的。如果美国信守这一正确立场，也许战后中美关系史会是另一种写法，而不会像今天这样充满曲折与迷雾。

美国与“台独”分裂活动之滥觞*

美国政府对华政策最不幸的特点也许就是反复无常。

《波茨坦公告》墨迹未干，杜鲁门总统1950年1月5日声明言犹在耳，不到半年工夫美国政府就来了个180度大转弯，公开推翻了它一再重申的“台湾已归还中国”的立场。1950年6月25日，朝鲜内战爆发。两天后，杜鲁门总统发表声明，一反过去的态度，声称“台湾未来地位的决定必须等待太平洋安全的恢复和对日和约的签订或经由联合国的考虑”，同时下令美国第七舰队进驻和封锁台湾海峡，继而美国第十三航空队进驻台湾。1954年12月2日，美通过签订美台《共同防御条约》进一步把台湾置于美国的“保护”之下。次年1月，美国参众两院通过了“台湾问题决议案”，授权美国总统在认为需要的时候在台湾和台湾海峡使用武装力量。美国不仅把台湾变成美国在远东地区的重要军事基地，而且从此开始了不惜用武力把台湾从中国领土中分裂出去以长期霸占台湾的过程。

冰冻三尺，非一日之寒。

美国在台湾问题上的急转弯，看似突然，其实并不特别令人意外。稍有历史常识的人都知道这是美国长期以来一直垂涎台湾的战略价值，企图攫夺台湾的野心在新的国际环境下的必然反映。

1544年，一艘葡萄牙船航行到台湾近海，船员们看见附近岛上山川如画，古木参天，苍翠欲滴，不禁脱口惊呼“伊拉福摩萨”，意即“美丽之岛”。

---

* 本文写于1996年8月，收入《中国为什么说不？》，新世界出版社，1996年。

300多年后，即1854年，胸怀拓疆之志的美国东方舰队司令佩里（M. C. Perry）率领舰队来到这座美丽的岛屿进行资源调查。美丽富饶且具有重要战略地位的宝岛使这位佩里先生怦然心动，激情难抑。他一回到美国就上书美国政府力主美国“占领台湾”，使之成为“美国确保西太平洋秩序之前锋阵地”，因为“台湾在海军和陆战上的有利位置，只要美国能控制台湾也就能控制中国”。这是十年前刚刚从中美《望厦条约》中攫取领事裁判权、关税协议权、军舰巡查贸易权等一系列特权的美国第一次踏上台湾这块美丽的土地，也是美国萌生染指台湾的野心的最早流露。

1857年，美国传教士出身的“中国通”彼得·伯驾（Peter Parker）在作为专使访华后也迫不及待地建议美国政府乘第二次鸦片战争之机，与英、法等列强分据台湾、舟山和朝鲜半岛。

1858年，英、法联军攻陷大沽，兵临天津城下。清政府立即派大学士桂良、吏部尚书花沙纳前往天津，同英、法侵略者谈判。美国抓住时机，急匆匆于6月18日胁迫清政府签订了中美《天津条约》，不仅攫取了内地游历、自由传教等权利，进一步扩大了领事裁判权，还迫使清政府同意增开潮州和台湾两处为通商口岸，允许所有美国人前往贸易。从此美国打开了进入台湾的大门。

1895年，日本发动侵略战争，逼使清政府将台湾割让给日本，从此台湾沦为日本独占的殖民地，美国势力一度被排挤出台湾。但具有讽刺意味的是，在与日本签订条约的过程中，清政府聘请了一位叫约翰·福斯特的美国政客充当法律顾问，“从头至尾在辱国条约的会议里指导北京代表们”，并“前往基隆帮助正式的领土移转”。就是这位帮助中国“移转”领土的福斯特先生，50年后他的孙子杜勒斯又在台湾问题上扮演了极不光彩的角色。

1941年，太平洋战争爆发。乘对日作战之机控制和占领台湾的政治欲望，在美决策圈内再度燃起。1937年至1940年间曾在台湾居住并环游全岛各地收集情报，后曾任美驻台副领事，有“台独教父”之称的美国情报人员乔治·基尔（George Keer）于1942年初向美国政府提交一份备忘录，声称“中国将无法负起管制台湾的全面责任……建议对日作战胜利后在台湾进行国际管制”。据基尔在《被出卖的台湾》这本所谓“台独圣经”的书中透露，太平洋战争期间，美国在哥伦比亚大学的海军军政学院设立了一个特别研究中心，基尔领导了一个由50多人组成的特别小组秘密进行一项代号为“X岛”计划的各项工作，旨在为占领台湾进行各项准备，其中包括全面收集台湾情报、制订入侵与占领台湾的具体计划、培训未来接管统治台湾的“台湾临时军政府”的军政官员，以及准备各种民政手册、训练指南、作战地图和宣传材料。事实上，从1942年起这个小组就与其他军事情报机构一起策划制定了战后对台湾进行托管或使之“中立”包括由美国或联合国托管监护以及“台湾独立”等各种方案，同时拟定了向台湾居民宣传有利于美国插手解决该岛“最终地位”的种种方法策略。据基尔称，这一计划不仅仅是军方计划，它同时得到了国务卿艾奇逊（Dean Acheson）、乔治·凯南（George Kennan）、腊斯克（Dean Rusk）、约翰·福斯特、杜勒斯（John Foster Dulles）等一批要员的支持。“X岛”计划令人震惊之处不仅在于它把美国独自占领、控制台湾的意图和盘托出，而且在于这一计划是在第二次世界大战远未完结，中国作为美国的重要盟国正在与日本法西斯进行浴血奋战的时候，在中国既不知情也未参与的情况下秘密制订的。“X岛”计划不能不说是美国久有并吞台湾之意的一次彻底暴露。这一计划后来没有最终付诸实施，并不是因为美国政府领导人良心发现而放弃独占台湾的野心，而是罗斯福总统感到对日战争尚很艰巨，需要中国战场的配合，也需要防范中国单方面与日本媾和，美不宜走得过快过远，同时也因为在海军战略进攻作战方向的辩论中，主张先攻占菲律宾的麦克阿瑟战胜了主张先攻占台湾的尼米兹。美军在攻占菲律宾后，从硫黄列岛、琉球群岛直接上了日本本土，以致托管台湾的计划没有机会实施便胎死腹中，为此而专门训练的近千名准备接管台湾的“台湾临时军政府”军政人员也悉被遣散。当时被美海军攻占的冲绳、塞班等岛屿，在战后都遭到美国“独占性地托管”的命运。对“X岛”计划的流产，基尔深为惋惜地写道：“台湾人的悲剧，在于他们的岛屿距离大陆不够遥远，以致不能造成长久的分离，使其边境生存线免遭（中国人）的骚扰。该岛一方面太小，难以独立，另一方面又太大、太富饶，难以（为美国人）遗忘。”这段话倒是美国在台湾问题上矛盾心态的真实流露。

虽然“X岛”计划被锁进了档案柜，但一部分美国军政要人对染指台湾从未死心。“X岛”计划一再在美国对华政策中借尸还魂。1947年台湾发生“二·二八”事件时，美驻台官员就表示：“台湾如愿脱离中国的统治，美国可以帮忙。”1947年8月11—13日魏德迈作为特使来到台湾考察，8月17日他在向美国国务院递交的考察报告中称：“我们看到一些征象，就是台湾人愿意接受美国的领导和联合国的托管。”1948年11月24日，美国参谋长联席会议主席李梅上将致函美国国家安全会议，称“中国情势日恶，台湾、澎湖各岛之形势，关系日本与马来半岛间的航路，亦控制菲律宾与冲绳之间交通，如果落在不友好国家之手，美国远东地位将受损害”。1949年1月19日，美国国家安全委员会向白宫递交一份《美国对福摩萨（台湾）的立场报告》，该报告建议：“美国基本目标是不让福摩萨（台湾）和佩斯卡多尔（澎湖）群岛落入共产党手中。为此目标，目前最实际可行的办法就是把这些岛屿与中国大陆隔离开来。”报告提出了四种选择方案：（1）与国民党谈判，使之同意由美军直接占领台湾；（2）与国民党签订协议，让美国在台湾拥有“租界或基地”；（3）支持在福摩萨的国民党政府及其残余，承认他们是中国政府；（4）支持当地的非共产党人继续控制福摩萨，不使福摩萨成为国民党政府残余分子的避难地。该报告还建议“应尽量支持‘台湾自治’的要求，为使今后能利用福摩萨自治运动……美国还应周到地考虑与福摩萨当地未来的领导人保持接触”。1949年6月，麦克阿瑟正式向国民党政府驻东京代表团建议，将台湾交盟军总部和联合国代管，并在此前后多次声称台湾是美国西太平洋防线中的“总枢纽”，是一艘“不沉的航空母舰”。10月，美国国务院向杜鲁门总统建议，由美国施加压力迫使国民党军队移居海南岛，台湾则交联合国托管。上述种种建议和主张在一段时间内美国最高决策层未敢公开接纳，究其原因，主要是美考虑如果因此陷入与中国“危险的和没有止境的军事对抗”将得不偿失。据1949年12月23日美国国家安全委员会第48/1号文件解释，美担心“若由美国占领福摩萨，不可避免地使美国被指控为‘帝国主义’，而在世界舆论的被告席上严重影响美国的道义地位”。同时，美也想看看中国能否成为阻止苏联在亚洲扩张的“东方南斯拉夫”。此外，蒋介石也顽强地抗拒美国政府分离台湾的企图。为此，美主张“等尘埃落定”以后再作打算。1949年12月23日，美国务院向驻外使馆发出的“第28号密令”，即《关于台湾的政策宣传指示》还承认“台湾在政治上、地理上和战略上都是中国的一部分”，“虽然它被日本当作‘台湾’统治了50年，然而从历史上，它是中国的。在政治上和军事上，它是一种严格的中国的责任”。1950年1月5日，杜鲁门总统也公开发表了“台湾已归还中国”，“美无意插手台湾问题”的声明。但是美国政府这种暂时的并不情愿的自我约束，很快就由于朝鲜战争的爆发而被抛到九霄云外去了。朝鲜战争给美提供了一个借口，即朝鲜战争是共产主义在全世界扩张的第一步。台湾在远东地缘政治中的潜在价值及其重要的军事战略意义在美国眼里迅速升值。美国总统在抛出“台湾地位未定论”的同时，毫不犹豫地把第七舰队开进了台湾。为了使美国占领台湾长期化与合法化，1951年9月，在旧金山召开的有50多个国家参加的对日和会中，美国不仅蓄意将抗日时间最长、蒙受损失最大的中国排斥在外，包括中华人民共和国政府和台湾当局均被拒绝，而且施加压力在《旧金山对日和约》中别有用心地只写“日本放弃对台湾及澎湖列岛及南沙群岛及西沙群岛之一切权利、权利名义与要求”这上半句话，而删去了波茨坦公告早已明确了的“日本将台、澎权利交还中国”这后半句话。在美国侵占台湾的过程中，美国政府在国际上极力推行“两个中国”或“一中一台”的政策，力图将台湾从中国永久分离出去。1950年6月朝鲜内战爆发后，美派遣第七舰队封锁台湾海峡，不久就要求联合国大会辩论台湾的前途问题。1954年第一次台湾海峡危机发生后，美一方面企图再次将台湾问题提交联合国，使台湾问题国际化，另一方面又施加压力，促使台湾当局从沿海岛屿撤军。在第二次台海危机中，美又故技重施，但均未得逞。与美国政府的行动相配合，美国政治圈内以实现台湾与大陆永久分离以至由美国独占台湾为目的的各种方案、建议纷纷出笼。“康隆报告”、“中台国”方案和“一个半中国”方案等就是其中有代表性的“杰作”。

“康隆报告”是1959年9月，由美国著名的政策研究机构——康隆学社受美国参议院外交委员会的委托，组织5名中国问题专家共同撰写的一份关于美国外交政策的研究报告。该报告的约稿人是美国国会，撰稿人康隆等5人均是对美国制定对华政策有影响力的知名学者，报告完成后由国会公开发表。该报告在台湾未来前途的问题上公开主张“台湾独立”，具体有五点建议：一是设置“台湾共和国”，由公民投票方式决定；二是“台湾共和国”为联大会员国，中国、印度、日本可提议成为联合国安理会常任理事国；三是美国协防台湾的义务不变；四是台湾军队自金门、马祖退出；五是“台湾共和国”成立后，其国民欲回大陆者，美国可协助解决。这份报告把美国策划“台湾独立”的阴谋暴露无遗。

“中台国”方案则是1960年3月，美国权威的外交杂志《外交季刊》在《重新考虑中国问题》这篇长文中抛出的。其要点是：第一，迫使国民党从金门、马祖撤军，并鼓励金门、马祖等沿海岛屿中立化；第二，承认中共在大陆的政权，同时继续承担保护台湾的义务；第三，台湾成为独立的“中台国”。该文声称：“台湾人已经逐渐形成一个新的民族”，美国的目标在于“帮助一个新的独立国家自然形成”。该文作者鲍尔斯为美国民主党政策委员会主席和总统候选人肯尼迪的外交顾问，几个月后出任副国务卿。以鲍氏的特殊身份，显然他抛出的“中台国”方案绝不单纯是他个人的主张。

“一个半中国”方案则出自美国哈佛大学“中国通”费正清。早在1957年，他就曾对来访的陈启天、蒋匀田当面征询把台湾变为美国的第51州的可行性。应当说，这绝非费正清个人突发奇想，它的确反映了一部分美国人想说而未说出口的心声。1961年1月，费正清公开提出由美国对台湾行使宗主权的方案。4年后，他将此方案予以修改，提出了被称为“一个半中国”的方案，即主张由中华人民共和国对台湾拥有象征性的宗主权，但前提是让台湾成为一个独立的政治实体，可自行加入联合国。作为学者，费正清与其他官僚人士不同的是，他在事实面前还是敢于修正自己的错误的。中国在国际事务中地位的不断提高使他认识到搞“两个中国”或“一个半中国”都是行不通的。1966年3月10日，在美参议院外交委员会作证时，费正清表示美不宜再支持“台湾独立”运动或搞“两个中国”。

无论是“台湾地位未定论”“联合国托管论”还是“美军占领论”，无论是“康隆报告”、“中台国”方案、“宗主国”方案还是“一个半中国”方案，无不渗透着一个不变的目标，那就是把台湾从中国分离出去，实现美国长期占领台湾的目的，如果可能的话最好将台湾变成美国的第51个州。这一思想主导了整个50年代和60年代美国对华政策的基本考虑。

20世纪70年代，出于共同对付苏联霸权主义的威胁，改善美国在美苏全球争霸中日趋不利的战略态势的需要，美国总统尼克松以巨大的战略勇气和政治远见，与他的助手基辛格果断地踏上了飞往中国首都北京的旅途，对这个文明古国进行了“改变世界的一周”的访问。在相互隔绝与对抗22年之后，尼克松与毛泽东实现了历史性的握手。在1972年2月28日发表的中美联合公报中，美国方面声明:“美国认识到，在台湾海峡两边的所有中国人都认为只有一个中国，台湾是中国的一部分。美国政府对这一立场不提出异议。”美确认从台湾撤出全部武装力量和军事设施的最终目标。1979年1月1日，中美正式建交，美国承认中华人民共和国政府是中国的唯一合法政府。美国认识到中国的立场，即只有一个中国，台湾是中国的一部分。自中美建交之日起美国即断绝与台湾的官方关系，终止美台《共同防御条约》，全部撤离在台美军。随着中美关系正常化和在此以前的1971年10月25日第26届联合国大会上以76票赞成、35票反对的压倒多数通过关于恢复中华人民共和国在联合国及其一切机构的合法地位的2758号决议，台湾作为中国领土不可分割的一部分的法律地位再次得到国际社会的完全确认。中美关系的正常化和中国在联合国合法地位的恢复为中美友好合作关系的发展开辟了十分光明的前景。事实上美国从中美关系的恢复中获得了极大的战略利益和经济利益。如果沿着这条明智的政策走下去，中美两国人民友谊的发展、两岸关系的正常发展以至世界的和平与稳定都将呈现一个十分喜人的局面。但令人遗憾的是，美国有些人总是不甘心彻底放弃台湾这块一度到口的诱人的“肥肉”。中美正式建交不久，美国国会就设法通过了力图与台湾保持“强有力的实质关系”的“与台湾关系法”。这部美国国内法虽然客观上承认美国结束了与台湾当局的官方关系，但又强调继续向台湾提供武器装备，保持美国抵御危及台湾的诉诸武力行为的能力。为美国日后违反中美上海联合公报、中美建交公报等国际法律文书，插手台湾事务、干涉中国内政预留了空间，埋下了隐患。

果然，80年代末90年代初，随着苏联解体、冷战结束，以及中国作为一个新兴大国的崛起，美国在台湾问题上的立场逐渐倒退。从布什政府后期开始，美就着手对台湾政策进行全面调整，试图突破三个联合公报，提升美台关系。美国政府蓄意打“台湾牌”，以台制华的倾向日趋明显。1991年6月和7月，美国国会两院先后通过《台湾前途修正案》。9月，布什在国家安全战略报告中专门强调与台湾保持“实质关系”问题，表明美提高了台湾在美战略结构中的地位。1994年4月，由美国国会通过并由克林顿签署的《1994和1995财政年度对外关系授权法》宣称，“与台湾关系法”中的某些条款比美国有关的政策声明更重要，公开以立法的方式宣布，将国内法“与台湾关系法”置于中美三个联合公报等国际法文件之上。同时，美国政府还突破美在中美两国建交公报中承诺的只同台湾保持“非官方接触”的严格限制，宣布与台保持“次内阁级官员”的接触，并允许负责经济、技术、文化的“内阁级官员”与台公开交往。这是冷战后美对台政策的一次重大调整。通过调整，美台政治、军事关系明显加强。在政治关系方面，美打破不允许高层官员访台以保证美台关系不具官方性质的禁令，美台间高层官员往来不绝。1992年，美部长级贸易代表率团访台并会见李登辉。1994年10月，“美国在台协会”主席跨进了台“外交部”的大门。1995年5月，克林顿政府宣布允许李登辉以“私人身份”访美，动摇了中美关系的基础，导致中美关系严重倒退。军事关系方面，美严重违反1982年中美《八一七公报》签署后，双方达成的质量上维持1980年以前的武器性能标准，数量上每年递减2000万美元的交易额的谅解，向台出售武器数量越来越大，性能越来越先进。其中，1990年10月批准出售24架AH-1型攻击直升机；1992年批准出售10架S-70C反潜直升机、207枚SM-1标准导弹和150架F-16战斗机；1993年批准出售41枚“鱼叉”式舰载导弹；1994年批准出售200枚“爱国者”导弹。在上述武器销售中，仅150架F-16战斗机一项交易总额就高达58亿美元，超出《八一七公报》限额7倍多。美背信弃义，提升美台关系，对台倾销军火，严重破坏了两岸正在发展的祥和气氛，助长了台湾当局以武力反统拒和的气焰，加剧了台湾海峡的紧张局势。更为严重的是，在李登辉访美造成两岸关系紧张之际，美第七舰队的航空母舰于1995年12月穿越台湾海峡，这是美70年代初宣布停止在台湾海峡巡逻以来第一次在这一地区炫耀武力。1996年3月，在中国人民解放军进行军事演习期间，在美国众议院国际委员会通过使用武力“保卫台湾”的决议案的同时，美政府再次派遣“独立”号和“尼米兹”号两艘航母编队驶往台湾海峡，直接以军事手段干预两岸关系，形成了50年代以来台湾海峡最大的军事集结和危险的军事对抗。冷战后，美国在台湾问题上的政策正沿着太平洋洋底海沟危险地下滑。从1854年美国东方舰队司令佩里率船登陆台湾岛到今天同样叫作佩里的美国国防部部长下令航空母舰到台湾海峡炫耀武力，从半个世纪前美在“X岛”计划中策划武力夺占台湾到今天美国国会决议武力“保卫台湾”，人们不难看出其中某种历史的内在联系和某种政治情感的阵发性发作。历史发展了，时代前进了，但是美国某些决策者总是放不下早已被历史淘汰的帝国情怀，总想把中国领土台湾捏在自己的手里。这不能不说是当今台湾问题久拖不决的总根子。中美关系要想顺利发展，亚太地区要想保持持久和平与稳定，美国就必须痛下决心，顺应时代潮流，挖掉这个总根子。

了解美国对台政策的发展过程，就不难理解为什么美国会成为“台独”滋生的温床。

“台独”从它产生的第一天起就是为美国推行的“托管台湾”，使台湾与中国长久分离的政策效命的，与美国有着天然的联系。从本质上讲，它是美国为使台湾分离合法化而在政治实验室培养出来的一个畸形的“试管婴儿”。

“台独”最早的代表人物之一廖文毅，就是美国当年哥伦比亚大学海军军政学院“福摩萨小组”秘密培训的近千名未来接管台湾的“台湾临时军政府”的预备行政官员之一，是“X岛”计划策划人美国情报官员基尔（Keer）的密友。1947年8月，美国特使魏德迈考察台湾前后，廖文毅与魏德迈紧密配合，向魏及时递交“处理台湾问题意见书”，要求台湾脱离中国，交“联合国托治理事会”管理，随后又提出台湾成为“独立国”要求美国予以援助。1948年底到1949年秋，正当美国一部分政客紧锣密鼓策划“托管台湾”之际，廖文毅又抖擞精神，发起“密集请愿”，频频写信给美军远东军司令麦克阿瑟、联合国秘书长赖伊、印度总理尼赫鲁、美国国务卿艾奇逊等，呼吁美国和联合国尽快派兵占领台湾，对台湾进行托管，在国际监督下举行台湾居民投票，以决定台湾未来主权归属。主仆之间一唱一和、此呼彼应，配合可谓默契。

从20世纪50年代中期起，美国就一直是“台独”势力的大本营。在美国的支持与庇护下“台独”势力麇集于此，各种“台独”组织在美相继出现，如1956年1月林荣勋、陈以德、李天福等人在费城成立的“三F”（Free Formosans Formosa，即“台湾人的自由台湾”）；1958年1月，“三F”解散后，其成员在纽约组成的“UFI”（United Formosans for Independence，即“台湾独立联盟”）；1965年3月，在美国威斯康星大学成立的“台湾问题研究会”；1966年6月，在费城由UFI等“台独”组织合并而成的“UFAI”（United Formosans in America for Independence，即“全美台湾独立联盟”）；1970年1月15日，在美国成立的“全球台湾人争取独立联盟”（简称“台独联盟”）；1972年12月26日，在纽约成立的“台湾基督徒争取自决协会”；1974年9月成立的以美国纽约为总部的“世界台湾同乡联谊会”（简称“世台会”）；1979年12月，上述“台独”各派联合成立的“台湾建国联合阵线”；1980年4月24日，在美成立的“北美洲台湾人教授协会”；1982年11月，在美国成立的“台湾人公共事务会”（FAPA）；等等。形形色色的“台独”势力、五花八门的“台独”组织都纷纷投奔到美国的羽翼之下，从事分裂中国、出卖台湾的阴谋活动。这些分裂主义势力在美国不仅得到了包括美国国会议员等政界、财界人士精神上和物质上的支持，而且在政治上得到了美国政府官员的鼓励与煽动。“台独”重要代表人物彭明敏逃离台湾，据媒体披露就是美国中央情报局在幕后策应与指挥的。1972年4月1日，华盛顿的“台独”分子在林肯纪念堂前举办“台湾自决民众大会”，彭明敏在两名美国警察保护下出席演讲。“世台会”1976年在加利福尼亚举行第二届年会，美国总统福特特地致电祝贺。1978年12月16日，“台独”分子在明尼苏达州的双城集会，该州共和党众议员达尔夫妇出席捧场，在致辞中声称“如台湾人民能有机会自决，选择独立，本人将马上支持给予新而独立的台湾共和国以外交上的承认”。1982年11月，彭明敏等人拼凑的“台湾人公共事务会”一成立，美国参议院外交委员会主席佩尔便立即向美国国会推荐。1983年8月，美众议院外委会召集人索拉兹竟跑到台湾公开煽动“台独”分子要“为更广泛的民主而冒险”，直到1995年民进党在华盛顿开办“办事处”，美国不少头面人物还纷纷前往祝贺。美国众议院议长金里奇不仅把“台独”分子引为上宾，而且公开为“台独”分子撑腰打气，1995年7月公开扬言“我要提议承认台湾是一个自由国家”，“要把这个问题解决掉”，不管这样做会引起华盛顿和北京“出现什么样的摩擦”。完全可以说，正是美国行政当局和国会要人对“台独”的怂恿扶持，为“台独”的泛滥注入了生长激素。

客观地讲，在蒋氏父子统治时期，不管出于什么样的考虑，对于“台独”活动，台湾当局还是警惕的、反对的。“台独”组织在台湾被视为“非法叛乱组织”，凡属“台独”言行，当局都援引“刑法”第一百条，以“意图破坏国体，窃据国土，或非法变更国宪，颠覆政府”等“内乱罪”予以严厉取缔和坚决打击。如1964年，台大政治系教授彭明敏与其学生谢聪敏、魏廷朝起草《台湾人民自救运动宣言》，提出“推翻国民党政权”“成立独立国家”等八点主张，彭明敏因此被捕入狱，被判8年徒刑。1960年初到1961年春，台北市商人廖启川密谋“台独起义”，事泄被捕，被判有期徒刑12年。1961年，云林县议员苏东启密谋夺取军队武器，试图武装独立，被侦悉，苏东启等被判处无期徒刑。此案受刑人员达50余人。1962年，高雄炮兵学校候补军官第十三期学生施明德等秘密成立“台湾独立联盟”，台“警备总部”以“叛乱罪”将其逮捕，判处无期徒刑。1962年，台湾屏东人陈志雄密谋成立“台独”组织“同心社”，事泄被捕，陈志雄以“阴谋颠覆政府”罪被判处死刑。1964年，台北人吴明丸、基隆人杨国太在金门劫取蒋军枪支，准备建立“台湾民主共和国”，被判死刑。从50年代中期到60年代末，台湾岛内破获多起“台独”案件，被捕判刑者数以千计。这些案件的判处是否公允，有无借反“台独”之名行排除异己之实，有无冤假错案，暂且不论，但有一点是可以肯定的，那就是蒋氏父子对于“台独”从不姑息。

在蒋氏父子统治时期，对于美国政府提出的“两个中国”“一中一台”等种种使台湾与大陆永久分离的主张，台湾当局也进行了抵制，坚持了“一个中国”的立场。

在第一次台湾海峡危机中，美国在战争威胁失效的情况下，试图说服蒋介石放弃金门、马祖，“划峡而治”，或把台湾问题提交联合国解决，均遭蒋明确拒绝。1955年3月23日，蒋针对英国提议台放弃金门、马祖的意见表示：美国不应同意英国的意见。不论美国是否加入防守金门、马祖，他们都不应该企图强迫国民党放弃它们。他甚至说：“我们将不对任何压力屈服。”“若因我们退出大陈，便以为我们将撤退马祖、金门，那是一个错误。”

在第二次台湾海峡危机中，美在中国沿海岛屿地区的“战争边缘”政策再次破产，美极欲与大陆“脱离接触”，压蒋放弃金、马，以实现长期占领台湾的目的。1958年9月30日，杜勒斯在记者招待会上称，如果在台湾海峡地区获得“相当可靠的停火”，那么继续在金门、马祖这些岛屿上“保持这些为数不少的部队就是愚蠢的”。为了迫使蒋介石撤兵，杜勒斯还表示美国“没有保卫沿海岛屿的任何义务”，美国“不想承担任何这种义务”。对此，蒋立即作出反应。第二天蒋对美联社记者发表谈话，强调反对从金、马撤军或对沿海岛屿地位作任何改变，称杜勒斯9月30日的谈话“只是单方面的声明”，台湾当局“没有任何义务来遵守它”。据宋美龄1986年底撰文回忆，当时美国总统艾森豪威尔曾秘密派遣好几个特使到台湾，“鼓励我们自金马撤退”，并且“希望此一想法很快成为蒋介石自己的想法”，但蒋明确地指出：无论有无美国协助，他都会坚决固守这两个外岛。鉴于在坚持一个中国的问题上，大陆和台湾具有共同点，在金门炮战中，中国人民解放军采取了打打停停、停停打打、半打半停、打而不登、断而不死的方式，既保持一定军事压力，不给美以撤兵口实，又网开一面，“使金门同胞得到充分补给，包括粮食和军事装备在内，以利他们固守”，以这样一种特殊方式传递政治信息、援助台湾当局，粉碎美“划峡而治”，使台湾最终脱离中国的战略企图。1958年10月，在中央政治局常委会议中，毛泽东强调：“我们同蒋介石都反对‘两个中国’，都不放弃使用武力。让金、马留在蒋介石手里，可以作为对付美国人的一个手段，可以通过这里同国民党保持接触。对于我们来说，不收金、马，并不影响我们建设社会主义。光是金、马蒋军，也不至于对福建造成多大的危害。反之，如果我们收复金、马，或者让美国人迫使蒋介石从金、马撤退，我们就少了一个对付美、蒋的凭借，事实上形成‘两个中国’。”1958年10月13日，毛泽东以国防部部长彭德怀名义给福建前线人民解放军下达命令，决定对金门的炮击再停两个星期，以便金门军民充分补给，命令中说“这不是诈，这是对付美国人的，这是民族大义，必须把中美界限分得清清楚楚”。1958年10月17日，中共中央在向党内发出的《关于当前对美斗争的通知》中指出：“我们宁可台、澎、金、马多留在蒋介石手上一个时期，决不能让美国拿去。”1958年10月26日，毛泽东在同英文秘书林克的谈话中也指出：“我们现在的方针是援蒋抗美，坚决反对‘两个中国’的阴谋。”事实上，在相当长时间内，海峡两岸在坚持一个中国，反对将台湾从中国分离出去的原则问题上已达成某种共识和默契。在1972年中美上海联合公报中，美国不得不承认“台湾海峡两边的所有中国人都认为只有一个中国，台湾是中国的一部分”。

但自80年代末李登辉执掌台湾权柄以来，台湾当局在一个中国的立场上急剧后退。李一上台就对大陆政策进行了重大调整，确立了以所谓“一国两府”“两个对等政治实体”为基点处理两岸关系的政策，试图在一个中国的名义下将海峡两岸的“主权”与“治权”相分离，淡化主权，突出治权，谋求台湾的独立政治实体地位，搞事实上的“两个中国”“一中一台”。为此，台湾当局一方面接过“台独”运动的政治主张，对内修改“宪法”，让台湾省民众“直选总统”，对外大力推行所谓“弹性务实外交”，在国际上搞“双重承认”，开拓所谓“国际生存空间”，力图造成“两个中国”或“一中一台”的事实；另一方面放“台独”势力出笼，借助“台独”势力推动岛内政治本土化。在台湾当局“台独”政策的鼓励与召唤下，栖身海外的各派“台独”组织掀起“还乡运动”，纷纷“迁盟返台”，与岛内“台独”合流，致使台湾岛内“台独”势力迅速膨胀。1990年6月28日到7月4日，台湾召开“国是会议”，李登辉以个人名义邀请“FAPA”的重要成员彭明敏、陈唐山等人回台“共商国是”。此时，彭明敏尚是列在国民党“黑名单”上的通缉犯，彭明敏以此为由拒绝与会。直到1991年6月4日台湾当局“高检署”正式宣布撤销对彭的通缉令，这位“台独理论之父”才大摇大摆地回到台湾，成为李登辉的座上宾。随着“台独”重心由海外移向台湾本岛，“台独”活动也由“言论”上升到了“行动”阶段。1989年11月，台湾县市长、增额“立委”、省市议员竞选展开，“台独”势力积极参选，在780万选票中，获得260万张选票，并夺得6席县市长、21席增额“立委”和37席省市议员，标志着“台独”势力在争夺台湾权柄的道路上急剧迈进。1991年10月13日，民进党悍然通过“由台湾全体住民以公民投票方式选择决定建立独立自主的台湾共和国及制定新宪法”的“台独党纲”。尽管国民党中常会通过声明谴责民进党把“台独条款”纳入党纲“是一项不负责任祸国殃民的行为”，表示“坚定支持政府依法严办之决心”，但国民党主席李登辉却只是轻描淡写地说，这只不过是“五岁的小孩乱说话”，似不必介意，所谓“严惩快办”最后也不了了之。为了利用“台独”势力说出台湾当局想说而不便于说的话、想做而不便于做的事，1992年5月15日，台湾地区立法机构对以“内乱罪”惩治“台独”活动的法律依据“刑法”第一百条进行了修改。修正案于通过后次日上午以“最速件”送交“总统府”，“总统府”以“特速件”“火速配合作业”，于收文当晚即予公布。这就为“台独”活动解除了禁令，使“台独”活动完全合法化了。台湾当局放纵“台独”势力，利用“台独”势力为其鸣锣开道，风助火势，火借风威，互相勾结，唱开了分裂中国、分裂中华民族的双簧戏。“台独”关于“直选总统”“独立实体”“务实外交”等一系列政治诉求几乎完全由台湾当局替他们付诸实施了。“台独”势力与台湾当局事实上已经合流。1994年4月，李登辉在与日本作家司马辽太郎的谈话中，毫不掩饰地宣泄“生为台湾人的悲哀”，声称自己“二十二岁以前是日本人”“国民党也是外来政权”“主权这两个字是危险的单词”“中国这个词也是含糊不清的”“把台湾省归为中华人民共和国的一个省份是奇怪的梦”，宣称自己是《出埃及记》中的“摩西”，负有带领台湾人“出走”的使命。李登辉已完全把自己置于中国人之外，甚至自外于国民党人。无怪乎民进党前主席黄信介说：

“我（民进党）搞台独，他（国民党）搞独台，他只做不说，我们只是比较老实，说出来而已。”至此，两股势力，一阴一阳，一明一暗，异曲同工，使台湾岛内政治生态日益恶化。

“台独”势力的泛滥严重威胁着台湾的政治前途，威胁着中华民族的统一大业，威胁着中华民族的复兴，威胁着亚太地区乃至世界的和平与稳定。这是对包括台湾2100万人民在内的12亿炎黄子孙的严重挑战，是对国家和民族命运前途的挑战，是对地区和世界和平的挑战。中国人民为了民族独立和国家统一曾经前赴后继、流血牺牲，进行过不屈不挠、艰苦卓绝的斗争，绝不能容许任何分裂国家、分裂民族的罪恶企图。台湾不是哪一个人的台湾，也不是哪一个小集团的台湾，确切说也不只是台湾2100万人的台湾，而是包括台湾同胞在内的12亿中国人民的台湾。任何人如果想把台湾作为私产从中国分裂出去，他就是中华民族的公敌，就是汉奸卖国贼。国家的统一和民族的团结，是中华民族曾在相当长时期内处于世界文明发展前列的重要原因。只有保持统一局面才能为各民族、各地区的交流融合创造必要条件，使社会发展、国家繁荣和民族昌盛成为可能。中国历史上著名的“文景之治”“贞观之治”“康乾盛世”以及丝绸之路的开辟和南北大运河的开通等，都是与国家的统一分不开的。很难设想，一个真正富强的中国会是一个分裂的中国，一个真正繁荣昌盛的中国会是一个主权和领土破碎的中国。当今世界正面临着争夺下个世纪战略主动权的激烈竞争，全体中华民族子孙再次面临严肃而且不容回避的历史抉择，只有统一起来才能集中华民族之合力，迎接时代的挑战，而两岸分裂的唯一结果只能使国家和民族的宝贵资源徒然消耗于对立和战乱之中，痛失发展时机，最终失去中华民族在下个世纪国际战略格局中的应有地位。在这个事关中华民族存亡继绝的根本问题上，全体中华民族子孙没有任何后退的余地。

“与台湾关系法”不是“台独”救命符

穷途末路的陈水扁，日前在接受英国广播公司专访时声称：“若台海之间有事，美国与日本对台海任何的战端一定会给予关注，特别是美国一定会依照‘与台湾关系法’来从旁协助，协防台湾。”这里不仅暴露了这个民族败类色厉内荏的虚弱本质，也反映了这个政治流氓自欺欺人地把美国一纸国内法案当作救命符的幻觉与迷思。“与台湾关系法”果真是美国出兵救扁的法律依据吗？

美“与台湾关系法”的地位

“与台湾关系法”是美国的国内法，它不能超越国际法准则和中美三个联合公报等国际约章成为干涉中国内政的法律依据。

国际法优先于国内法，一国的国内法绝不能置于国际法之上，这是公认的国际法准则和最基本的国际法常识。1972年2月，美国总统尼克松跨过“世界最辽阔的海洋”，与中国领导人毛泽东、周恩来实现历史性的握手。此后，中美先后签署了三个联合公报，即1972年2月的上海联合公报、1979年1月的建交公报和1982年签署的“八一七”公报，建构了两国关系的法律框架。美国明确“承认中华人民共和国政府是中国的唯一合法政府”，“承认中国的立场，即只有一个中国，台湾是中国的一部分”，并承诺在此范围内，美国人民只与台湾人民“保持商务、文化和其他非政府关系”，强调“互相尊重主权和领土完整、互不干涉内政，是指导中美关系的根本原则”。

上述三个联合公报是由三位美国总统在不同时期代表美国签署的，承担了庄严的政治和法律义务，它们已经构成了中美两国关系的政治和法律基础。上述三个联合公报是国家间遵照国际法准则而缔结的书面协定，尽管没有以“条约”冠名，但它们完全符合《维也纳条约法公约》关于条约定义的规定，是具有法律效力的国际协定，是不能任意违反的。

而1979年中美建交后美国国会匆匆通过的“与台湾关系法”却将台湾与主权国家相提并论，视台湾为“独立的政治实体”，搞事实上的“两个中国”或“一中一台”，这显然是与国际法准则和中美联合公报相违背的。联合国大会通过的《国家权利义务宣言草案》第十三条规定：“各国有一秉信诚履行由条约与国际法其他渊源产生的义务，并不得借口其宪法或法律之规定而不履行该种义务。”《维也纳条约法公约》第二十七条规定：“一当事国不得援引其国内法规定为理由而不履行条约。”国际常设法院在“但泽波兰国民案”中更明确地指出：“一国不得援引其本国法来抗拒他国，以逃避根据国际法或现行条约所承担的义务。”“与台湾关系法”企图以美国国内立法方式修改或抵消美国在具有国际条约性质的中美建交公报中所承担的法律义务，这是一种违反国际法的背信弃义的行为。“与台湾关系法”既不能代替中美联合公报，更不能高于中美联合公报，也不能与中美联合公报平起平坐、相提并论。“与台湾关系法”不仅不能成为美国片面处理日常涉及中国主权的一般事务的有效文件，更不能成为以武力干涉中国内政、侵犯中国主权的合法依据。

美国并无法律规定必须保卫台湾

“与台湾关系法”无疑充斥着与中美联合公报原则相违背的条款。例如，该法案规定“断绝外交关系或承认之不存在，不影响美国法律对台湾的适用”，企图在事实上把台湾地区继续当作“主权国家”，把台湾当局当作“合法政府”，与台湾当局藕断丝连。又如，该法案公然将“非和平方式”视为对“西太平洋地区的和平和安全的威胁，并为美国严重关切之事”，强调要“使美国保持抵御会危及台湾人民的安全或社会、经济制度的任何诉诸武力的行为或其他强制形式的能力”。

美台“共同防御条约”虽然已经废除，但其阴魂在“与台湾关系法”里依然若隐若现。然而，即使是这样一个严重违背中美联合公报原则的法案，也并没有就动用美国武装力量直接干涉中国台海事务作出明确规定。在上述条款里，美国所强调的一是对“非和平方式”的“严重关切”；二是要求保持“抵御诉诸武力的行为”的“能力”。在这里，该法案并没有讲要不要运用这种“能力”以及在什么情况下以什么方式运用这种“能力”。

就“严重关切”而言，美国对中国的台海事务，以至对遍布全球各地的安全事务，从来不乏“关切”之心。至于“能力”，美国作为世界上唯一超级军事大国，也从来不缺少随时干涉外部事务的军事能力。但有“能力”是一回事，要不要动用这种“能力”、能不能动用这种“能力”以及如何运用这种“能力”则是另外一回事。后者比前者要复杂得多。这里不仅涉及对美国根本利益的判断，也涉及一旦运用这种“能力”可能面临的风险与代价。

美国尽管不想放弃台湾这张牌，但也不想被台湾某些势力所绑架。美国不能不给自己留一点回旋余地。2004年12月20日，时任美国副国务卿的阿米蒂奇在接受电视媒体采访时就直言不讳地说：“‘与台湾关系法’并没有规定美国必须保卫台湾。”以为美国一定会为“台独”两肋插刀，只不过是一厢情愿的幻想。

美对台海地区军事行动有严格限制

在应对台海地区可能出现的所谓“危险”问题上，“与台湾关系法”作出了比《战争权力法》还要严格的限制，排除了任何例外行动的可能性。

根据美国《战争权力法》，在美国军队遭到攻击、需要保护海外美军、需要保护美国海外公民、需要完成美国签订的某些具体的军事条约义务等四种情况下，总统可以未经国会允许采取军事行动，但在使用武力48小时之内须向国会报告，并在此后定期向国会通报情况。使用武力的期限不得超过60天。在实际操作过程中，不论是以上四种情况下还是四种情况以外，美国总统大多都能找到理由未经国会批准就把美国拖入战争。

“与台湾关系法”似乎看到了台海问题的高度敏感性和危险性，因而特别强调：“指示总统将对台湾人民的安全或社会、经济制度的任何威胁并由此产生的危险迅速通知国会。总统和国会应依照宪法程序决定应付上述这类危险的适当行动。”也就是说，一旦有事，一是总统必须“迅速向国会报告”，不得隐瞒拖延，先斩后奏；二是要由总统和国会共同决策、相互制约，不能任由某一方面说了算；三是在任何情况下都要严格遵守宪法程序，没有任何例外。即使是在《战争权力法》所列的四种情况下也必须在报告国会后，由总统和国会共同作出决策。“与台湾关系法”的上述规定不管出于何种动机，至少在客观上对美国干涉中国台海事务作出了比《战争权力法》还要严格的限制，提高了采取行动的门槛。

同时法案里提到的“适当”行动，既可能是直接的，也可能是间接的；既可能是军事的，也可能是非军事的；既可能是实质性的，也可能是象征性的。例如，提供军事情报、增派军事顾问、增加武器销售、展开军事演习、撤退美国侨民等都可能是对“适当”行动的注释。然而，这样的“适当”行动对于早已被历史所唾弃的“台独”分裂势力又能有多少实际意义呢?

美国自身利益高于一切

“与台湾关系法”毫不掩饰地声明对台政策的根本出发点是维护“美国的政治、安全和经济利益”，而不是其他什么人的利益，更不是“台独”分裂势力的私利。

“与台湾关系法”坦承，美国之所以对台湾地区表示“关切”，不在这一地区本身，而在于这一地区“美国的政治、安全和经济利益”。美国在台海地区所关注的重心和一切行动的出发点并不真的是所谓“台湾人民的安全”受到的“威胁”，而是“由此产生的对美国利益造成的任何威胁”。美国在台海地区的一切行动，都是以维护“美国利益”为依归的。利益原则是美国处理台海事务的最高准则。

在美国的利益构成里，台湾地区充其量只不过是美国的一般利益，而绝非美国生死攸关的利益。美国一般情况下当然不情愿轻易放弃台湾，但如为了维护更重要的利益，美国也可以随时弃台湾如敝屣。例如，当年为了借重中国，抗衡苏联，改善美国在世界格局中的战略态势，美国就曾不惜与台湾“断交”“废约”“撤军”。毕竟，中国是世界上有一定影响力的大国，也是一个有一定战略反击能力的大国。美国如果贸然军事介入台海，与中国走向全面军事对抗，固然对中国不利，但对美国利益可能带来的灾难性后果也不是美国所能完全控制和承受的。更不必说在全球化时代，中美之间的相互依存度越来越高，中美在战略上的利益交集点越来越多。孰轻孰重，美国心里并非不明白。很难想象美国会为了“台独”分裂势力的一己私利轻率地以美国国家利益为代价到台湾海峡玩一场得不偿失的战争游戏，也难以想象美国会盲目地以美国国家整体安全为赌注，到台湾海峡进行一场高风险的政治赌博，更难想象美国会慷慨到给台湾开一张任由“台独”分裂势力蘸着美国士兵的鲜血填写的空白支票。

实际上，长期以来，在西太平洋真正制造动乱、危及美国利益的乱源，不在台湾岛外，而恰恰来自台湾岛内的分裂势力，恰恰是日益猖獗的“台独”分裂活动威胁着西太平洋的和平、安全和稳定，威胁着美国的利益，因此，即使按照“与台湾关系法”的逻辑，要维护西太平洋的和平、安全和稳定，确保美国的利益，美国的当务之急只能是坚决制止“台独”分裂活动，而绝不会是为“台独”分裂势力火中取栗。

“与台湾关系法”最后还特别强调，法案所说的“台湾”一词，只包括“台湾岛和澎湖列岛”。换句话说，“台湾岛和澎湖列岛”之外的其他“外岛”并不在美国的“关切”之中。这并非美国一时疏忽，忘记了金门、马祖等暂时还控制在台湾当局手上的几个小岛，而是另有玄机。一方面，美国承袭了当年压蒋撤离金、马，划峡而治的传统思维；另一方面，在美国眼里“台湾岛和澎湖列岛”是美国西太平洋第一岛链的组成部分。而几个“外岛”与此链条并无紧密联系，而且离中国大陆实在是太近了。美国似乎不想陷得太深。未来在这几个小岛上，无论“台独”势力怎么折腾，美国大概是懒得管它的闲事的。想到这里，陈水扁之流肯定会不寒而栗，要不然为什么近来陈水扁急着由金、马向台湾本岛收缩兵力呢？

（2007年10月—2020年）

台海风云与美国军事干涉*

一

凤凰卫视《新闻今日谈》专题节目：今天继续海峡两岸的风云是和是战的问题。中国军事问题专家彭光谦教授，从经济、军事角度分析万一海峡两岸发生军事冲突，美国的干预到底可能性有多大，干预到什么程度。这个问题不论是海内外的华人，甚至于美国政府，美国的观众都会非常注意。

阮次山：从您研究军事的观点来看，如果海峡两岸发生战争，如果大陆用武力攻打台湾，美国在军事战略上它要用什么样的思维先考虑是不是要干涉？

彭光谦：我想这个问题是一个很重要的问题，也是大家普遍关注的一个问题。的确，台湾当局或者台湾老百姓有一个误区，就是认为即使台湾海峡发生战事，即使台湾当局闹“独立”，不论发生什么情况，美国都会“无私”协助台湾。

谈到军事干涉问题，就广义干涉而言，不是干涉不干涉的问题，实际上美国早就干涉了，而且将来肯定要干涉，美国对台海地区一直在插手，如果不是美国干涉，台湾问题早就解决了，之所以拖到今天没有解决，很重要的原因就是美国的插手。

将来如果发生战事，美国会干预的。问题是怎么干预，干预到什么程

* 本文为2004年6月15日香港凤凰卫视首席评论员阮次山访谈录，后收入《台独究竟能走多远》，九州出版社，2005年。

度。我们说干预有两种干预，一种是“硬干预”，一种是“软干预”，或者叫“直接介入”和“间接介入”。就软介入而言，美国早就有了，比如说一旦有事，对台提供情报、加快出售武器、提供军事顾问等，这些美国一直在做，将来会加快速度。现在美国的动作一直没有间断。

至于台湾海峡一旦发生比较大的战事，美国直接出兵，动用美国的武装力量直接到台湾海峡地区与中国人民解放军、与中国人民对抗，我想这种情况还有些因素要判断。我们不能简单地谈“会还是不会”，这个取决于三个要素的评估：第一，美国对台湾利益的评估——台湾海峡、台湾地区对美国而言利益究竟有多大、分量有多重？第二，美国为此利益，是否值得冒险？需要准备冒多大的风险？准备付出多大的代价？这个代价它能够承受还是不能够承受？第三，这一点取决于中国，即中国大陆在迫不得已的情况下，有没有能力同美军打一仗，造成美国难以承受的后果和损失，中国有没有这个能力和意志，有没有决心？这三点评估是决定美国介入程度的三个指标。

阮次山：从战略的观点来看，美国如果介入台海战争，它是局部介入，还是真的要全面跟中国打一仗？

彭光谦：我想还是回到原来那个角度上谈。第一，它对台海地区的利益是怎么认定的。美国对其国家利益分为三等，一种是生死攸关的利益，也是最高的利益，谁也不能碰它；第二个就是重要利益；第三个是一般利益。像台湾这个地方对美国而言有其利益，但不是最高利益，不是生死攸关的利益。如果有其他重要利益的时候，台湾地区利益是可以放在一边的，它充其量是一个一般利益或者是比一般利益多一点，这个利益是可以让位的。我们有两个例子，在新中国成立之初，美国当时叫脱手（handsoff）政策，在20世纪70年代，在整个大三角格局中，当时美国从台湾撤军，又跟台湾当局“断交”，那时为全局战略利益，美国可以牺牲台湾利益，这个利益可有可无。

台湾对美国的利益有几个：第一，台湾是美国牵制中国的一颗棋子、一个工具；第二，台湾是“西化中国”的样板；第三，台湾是美国的战略前沿；第四，美国可以通过台湾保持所谓平衡政策，两边操纵，两边获利，这是它的利益。它的利益是以台湾海峡地区“不战不和，不统不独”所谓的“平衡状态”为前提的。

这一状况如果改变，或者一旦打起仗来，或者是台湾“独立”了，那么美国这些利益都将丧失殆尽。即使美国不干预，这些利益也没有了，美国要用武力干预这个地方，这些利益更是统统没有了，不但这些利益没有了，它还可能面临一些新的威胁。我想有几个威胁，如果它下决心要对这个地方进行干预，它面临几个问题是不得不考虑的。

第一，美军可能在这个地方要面临流血送命的危险，美国人的生命面临着危险，这是美国不得不考虑的。

第二，美国的整个国家安全将面临全面严重的威胁：美国介入这个地方，美国本土可能就变得不安全。

第三，美国以“虚拟经济”为特征的经济体系有可能因为这一介入而面临崩溃的危险。我们知道美国的经济体系和中国还不完全一样，它是以金融为特征的，是以“虚拟经济”为主体的，这个经济对安全环境要求相当高。一旦和中国开战，美国能不能保持原来绝对安全的态势？如果不能保证，那么这个经济体系还能不能维持下去？

第四，在战争状态下，核控制的力度减弱，失控的危险增加。

阮次山：因为处于战争状态，中国在核扩散问题上会否有别的看法呢？

彭光谦：中国作为一个负责任的核国家，核安全是有保证的，不会首先使用核武器，这个承诺也是庄严的承诺。但是战争状态是非常时期，核控制力度相对减弱，比如说苏联解体以后，世界最担心的就是其核力量的失控、核材料和科学家的流失——这是很难说的。比如美国打击了中国的核设施，很多事情就很难估计了。比如说美国用常规武器打击中国的核设施，哪怕是民用核设施，都可能带来一定战略判断上的偏差，会不会引起核反击，这是很难说的。这是一种可能性。

再一种可能性是，美国面临整个亚太地区的盟国、同盟体系很可能解体的问题。亚太地区都跟着美国走吗？在中国和美国发生冲突的情况下，亚太地区的美国盟国，包括日本、澳大利亚和泰国，就面临着很艰难的选择，到底选择跟谁走？日本有美日同盟条约，它可能因为受到同盟的限制，充当美国的打手，如果美国在是否介入台海冲突问题上下不了决心，日本还不至于走得很远。但是这些国家整个经济的建设，包括东南亚、东北亚国家，包括韩国等，如果中美之间发生冲突，整个经济秩序打乱了，它们的安全也会受到影响。在此情况下，它们会不会和美国走？

阮次山：您刚刚也分析了很多军事战略状况，美国介入台湾海峡危机有很多风险，从实力对比来看，现在美国是否介入，当然要看中国的军力怎么样，是不是有能力反击，或者在美国介入以后对美国造成某种危机，中国方面有没有威吓力量，能使美国觉得如果想介入这个军事行动要三思而行。

彭光谦：美国如果介入台海问题，它面临的是中国这样的一个对手，美国面临着很多风险，比如战略格局失衡，美国从此就丧失了它的主导地位。

阮次山：为什么？

彭光谦：美国要小打就没有意义，大打就两败俱伤。尽管中国损失会大一些，但因为中国是发展中国家，相对来说军事力量比较弱小，中国损失多大，人们是可以理解的，美国作为超级大国，它的损失是难以承受的，它丢人。这是它受不了的。所以美国会三思而行。

至于说到中国有没有这个能力，从总体来讲，美国是居于优势的。但强弱不是简单地看武器装备，还要看总体的战争承受能力和作战的意志。尽管美国有力量，但是能不能承受另外一个大国的打击，能不能承受这个后果？我曾经想，如果说美国有能力把中国毁灭100次——这个是没问题的，我们相信这一点，但是中国有能力毁灭它一次——我们也不可能毁灭第二次，但是其代价是一样的：人死一次和人死一百次有什么区别？我想中国到目前还绝对不愿意跟美国为这个事情打一仗，不会挑战美国的战略利益，也不会主动去发起什么战争，但是如果美国干预中国内政，逼得中国不得不打一仗的话，中国的能量是美国无法估计的。

中国是个大国，它有960万平方公里的土地，有13亿人口，全世界1/5的人口在中国，美国怎么能对抗？中国是一个核大国，中国是安理会的常任理事国，不可能允许美国像过去朝鲜战争时期那样为所欲为。利用联合国施压、投票，没有中国的赞成是过不去的。

中国是经过长期战争考验、有坚强作战意志的国家。中美两国对台湾海峡利益的认定是不一样的：美国认为是其一般利益，但对中国而言，台湾利益是最高利益、核心利益，最高的安全利益、最高的发展利益、最高的民族尊严所在、最高的价值观所在！在这种情况下中国没有任何妥协的余地，没有任何讨价还价的余地，中国在这一问题上的决心是不惜一切代价的，是无限的，而美国的利益是有限的，它打的是一场有限代价的战争。以“有限”对“无限”，显然美国是无法对抗中国的。

阮次山：您刚刚谈到核武器对抗，西方国家怀疑的就是关于发生大规模核战争，第二波反击的力量才是真正的反击的力量，中国第二波反击力量在核弹方面有能力和美国对抗吗？

彭光谦：当然，一对一的核武器对抗中国还不具备完全的实力，中国战略武器的数量充其量是美国的一个零头，但是有一个零头就足够，投入不一定是一样的，但是效果、代价是一样的。对中国来讲，只要有一颗落到美国本土，那它就受不了。

刚刚说美国的经济结构是很脆弱的，它的结构是经不起一颗导弹的毁灭性打击的——像本·拉登对世贸中心这么一个打击，美国就觉得已经受不了了——这里面的效果是一样的，代价是一样的，尽管投入是不一样的。所以威慑力不一定是绝对的威慑，是要有相对的威慑。

阮次山：中国海军在1996年军事演习的时候，美国就派了两艘航母到台岛周边外海，台湾民众就觉得美国航母是一个很了不起的武力宣示。如果海峡两岸发生危机，美国派航母舰队群过来，有意义吗？

彭光谦：美国在“二战”以后，特别是冷战以后到处进行干涉，航母是首选的。一旦有事，美国领导人首先会问：“我们的航母在哪里？”美国在“二战”以后打仗有个特点，是打一些小国家，打一些弱国家，即美国有绝对优势把握的国家。但是真正跟一个大国对抗，似乎还没有先例。

美国跟苏联对抗了半个世纪，两家应该是对手，在欧洲重兵对抗，但是没有发生战争，古巴导弹危机是以双方“恐怖平衡”机制下的妥协解决的。美国航母到台湾海峡来毫无意义，即使美国有一定作战能力，即使将航母投入作战，我想那也是个活靶子。航空母舰有很先进的防护能力，对那些作战能力相对弱小国家而言，航空母舰简直是无法攻克的堡垒，但是对有作战能力的国家而言，它有很多弱点。虽然它是庞然大物，停机坪有几个足球场那么大，但老虎总有打盹的时候，武松照样把老虎打死。它的目标很大，它的雷达反射体多，反射面积大，红外、电磁、声响等物理场非常强，航母一旦出动，往往就是上百海里的范围，拥有再强大的战斗力的航母，也经不起多点、多面、多方向、多波次、多手段、高强度的连续密集打击。目前还没有哪种航母有此防御能力。

美国在"二战"中就损失了很多航母。它最怕的就是失火，因为航母是个大弹药库，一旦失火就将失去战斗力。美国在"二战"中航母损失的60%～70%，都是由于自己内部爆炸或事故造成的。在激烈交战中，航母能不能保护自身还是个问题。所以最近美国有一个军事官员指出，美国航母虽然战斗力很高，但是如果航母的甲板被打一个洞或破坏它的弹射装置、拦阻装置、升降机，它就变成9万吨废铁。航母还有很多薄弱环节，我想中国军事力量有"够得着"它的能力。但是我们不会挑战，如果美国的航母晃一晃，走一走，不动手，也就算了。

阮次山：航母群作战能力也很强？

彭光谦：航母群是一个体系，体系打掉了，链条断裂了，整个战略结构就破坏了，作战体系的完整性、作战体系的稳定性、作战体系的有序性就没有了。

阮次山：所以综合您今天的分析，美国如果要介入这个地方，直接用军事介入，它要三思而行。

彭光谦：要三思又三思，不是一般的三思，我想这个门槛它很难下决心迈过去。

阮次山：今天非常谢谢您从军事的观点给我们分析美国会不会用军事直接介入台海的危机。观众朋友们，谢谢您收看今天的节目，我们下次同一时间再见。

二①

凤凰卫视《新闻今日谈》：今天继续播出《台海风云是和是战》特别节目，依然为您请到中国军事问题专家彭光谦教授继续从军事观点来分析台

① 与凤凰卫视首席时事评论员阮次山先生对话，2004年6月16日播出。

湾问题。

阮次山：从美国战略考虑，比如这次伊拉克战争，美国国会给国防部的期限是一种期限战争。从这个概念来看，美国介入中国台海危机，会有什么样的困难？

彭光谦：你讲的是一个很重要的问题。美国在冷战期间与苏联打，他是准备大打，冷战以后，美国对战争的危险，战争的强度分析是有变化的。

最近，美国国防部长拉姆斯菲尔德提出了一个70天战争，就是从准备到介入，到增援，最后结束战争70天就够了。90年代以来的作战都是这么打的。最长的是科索沃战争打了78天，剩下的都是30～40天都打完，但是这对一个弱国是这样，对中国这么个大国而言，有一定战略反击能力、远程打击能力和快速反应能力、信息控制能力，70天是解决不了问题的。

这个仗一旦打起来，打多长，美国控制不了。美国打仗按天计算，90天打不赢，国会要投票，同意打就打，不同意打就得撤。

中国打仗是按照年来算，国内革命战争打了22年，抗日战争打了14年，朝鲜战争打了3年，越南战争，中国实际上也介入了。中国与美国打仗计算单位历来是不一样的。

我想美国人没有这个耐心，没有这个能力付出这么高的代价。作为高科技战争，作为经济代价它也承受不了，作为作战意志它也承受不了，在法律上的后果它也承受不了。它很担心的问题就是，中国持久作战的能力。中国自己的战略优势就是持久作战，就是人民战争，就是地理优势、自然优势。我是以逸待劳，你是跨海远征。你没有依托，光靠远程打击解决不了问题。

阮次山：我们中国在这里，台湾海峡在这里，它如果千里迢迢从国内调兵，打伊拉克就要调50万军队。现在，美国在韩国和日本的军队加起来有10万人，还包括海陆空在内。从战略手段情况来看，它介不介入这场战争，可以明显看出来，如果要介入，它要准备100万人、200万人，调兵并不是一天能调来的。从中国观点来看，我们对美国是否介入这场战争，我们目前准备的思维在哪里呢？

彭光谦：作为现代战争的特点，就是战争交战时间很短，但是准备时间和善后时间都很长。美国在伊拉克战争、阿富汗战争、科索沃战争最多打了几十天，其中海湾战争40多天，它准备了好几个月。比如说太平洋舰队，即使把前沿从夏威夷推进到关岛，还有好几千公里，你反应过来，力量小了没用，局部打解决不了问题，大打你还没下决心，所以美国战略上处于一种困惑，左右为难，进退维谷。对一个战略家来说，这是最大难题、最害怕的问题。

阮次山：美国几乎没有办法直接用军事来介入这么一场战争，因为我们如果要对台湾进行武力攻击，不会说事先告诉你我一个礼拜要打台湾，肯定是迅雷不及掩耳，用突袭方式解决问题，等美国来已经没有用了。

彭光谦：美国干预外国事务有两个特点，一个特点是它见死不救，第二个是拣软的欺。如果已经病入膏肓，要死了，它是绝对不会救的，它为了自身利益，而绝不会为了别人的利益两肋插刀。它绝不会为了“台独”利益冒这个危险，这是不可能的，如果台湾已经不行了，它肯定要抛弃它，来谋取自己相对较大的利益，历史上有过的，抛弃蒋介石也是有的，所以这个事情多得很，一看不行了，它马上脱手。

另外就是拣软的欺。在有绝对把握的情况下，它打绝对安全战争，所以“二战”以后，虽然它的力量空前强大，但是它还觉得自己不安全，还要建立自己绝对的力量、绝对的优势、绝对的把握，对战争有绝对控制的把握它才可以下手。

阮次山：您刚刚提到几个绝对，这么一场和中国较量的台海危机，它（没）没有绝对（信心）可言？

彭光谦：它绝对没有信心，绝对没有把握，所以这个仗对美国而言是一根“鸡肋”。我们不希望这场仗打起来，一旦打起来，中国损失很大，但美国也是绝对承受不了的，它的战略承受能力远远低于中国。它有优势的作战技术，但是没有作战意志和承受能力。就西方而言，也没有东方的忍耐力、坚韧力。现在的中国，已经不是历史上的中国，不是过去一盘散沙的中国，是有组织力、有统一意志的高度团结一致的中国。

阮次山：可不可以再给我们进一步分析一下，所谓作战的承受能力，现在中国幅员大、人口多，这算不算也是战争一种占优势的程度呢？

彭光谦：所谓承受能力，一个是经济承受能力，我的经济相对落后，但是就战争毁坏而言，我的承受能力高，你经济现代化程度高，整个经济崩溃的速度更快，整个社会的承受能力会更低。就像农业经济条件下，地里种的庄稼被破坏了，来年春风吹又生，再种庄稼就可以了。但是一个高科技的产业、一个现代化的工业被打掉了以后，整个经济体系就垮掉了，不是一天两天就可以恢复。作为心理上的承受能力也不一样，人们越富有，对生活的安定与和平的向往、对发展的追求那是更高层次的，这种情况下你打仗，毁灭自己美好的家园，给自己带来无谓的牺牲是不愿意的。越富的国家越怕战争的毁灭，中产阶级和民众的承受能力是不一样的。再一个是整个民族的心理承受能力也不一样，比如中国经历近百年的磨难，都是外部欺负中国，从抗日战争胜利以后才站起来，所以中国的民众、政府和军队对战争的忍受力是越来越强的，那和少爷兵和老爷兵是不一样的。

阮次山：彭教授，过去到现在为止，台湾还是一样，它买很多美国的高科技武器，可是美国先不给它，放在琉球，放在冲绳，它说等到战争有发生的可能性，危机来临时再给你，这种状况有用吗？万一发生危机，它能够把武器顺利运来吗？我们中国能让它运来吗？因为武器不是运来就可以用，要经过安装过程，来得及来不及？

彭光谦：从技术层面上讲，这是来不及的，因为要形成战斗力，还要经过实战训练、人员的操作，完全达到实战水平，没有几年的工夫是不可能的，现买现卖不行，越是高科技兵器，熟悉起来需要的时间越长。

美国还是担心这个地方会发生不可预测的事件，不愿意让台湾胡作非为，挑战它的战略利益。还有一个很重要的历史事实，台当局曾经想发展核武器，但是后来在美国的干预下，不得不下马，当然现在发展到什么程度，还可以再另外讨论。美国也是害怕台湾当局掌握一些比较新式的武器后铤而走险，危及美国的战略利益，把美国拖下水。

阮次山：从军事角度看，如果买了武器，最近是放在琉球，如果停在美国那更来不及?

彭光谦：如果不给它技术上的指导和训练，拿去也没有用，最后的使用权不是台湾当局，是美国当局。

阮次山：怎么讲?

彭光谦：我卖给你，但是你能不能用，是我说了算，很多关键的技术在我手里，指挥控制系统在我操纵之下。我其他的给你，但是钥匙没给你，也没用。

阮次山：在历史上短兵相接是有的，在过去我们打过两场战争，在军事力量上就不成对比，尤其是抗美援朝战争，在那个状况之下，中国在某种意义上是打赢的，您可不可以用例子给我们说一下?

彭光谦：在冷战时期，朝鲜战争和越南战争是在冷战大框架内发生的，从战略格局而言，美苏之间是主要对手，朝鲜当然也是冷战一个较量的战场，越南也是这个问题。

这场战争和中国较量，它如果打得好，对它的整个战略格局没有什么大影响，如果失利，即使是双方打个平手或两败俱伤，在整个国际战略大格局中，在冷战对峙过程中就削弱了它的力量，它的整个态势就很被动，所以朝鲜战争也好，越南战争也好，在这种情况下，它又想打，又不敢大打，最后是进退两难。现在也是这个情况，美国要在全球化的情况下保持自己的战略利益不受损失，它去挑战一个大国，挑战一个利益相互依存的大国，它将来在整个全球新的格局中，将丧失它原来的地位，所以这场战争，美国是不可以放手打的，既然放不了手，就不敢真打，既然小打小闹，一点用都没有，台湾指望美国是指望不上的。

阮次山：中国能够容忍美国在这个地方介入打局部性战争吗？

彭光谦：局部战争对美国而言，没有意义，小打小闹解决不了问题，因为台湾岛毕竟和中国大陆太近，原来有一个美国人叫基尔，是搞“X岛”计划的，他曾经讲过一句话，说台湾的悲剧在于它离大陆太近，它太小，但是它又太富裕，美国人不能忘怀。在现代战争条件下，台湾岛这么短距离，现代远程打击能力可以忽略不计，但是美国要远程奔袭来解救它，是远水解不了近渴。

阮次山：比如讲，美国为了干预，为了阻挡，它开到台湾海峡两岸的中线，把军队排成一列，跟过去的侍卫一样，让你这边不能进去，如果它采取这种方式呢？

彭光谦：它摆在那儿干什么呢？它是动手还是不动手呢？它不动手，它摆在那里干什么？表演？没用，我们应该不理它。它一动手，我们也有办法，你在两岸夹击之中，你到了中国的枪口上，整个侧翼全程暴露在中国的炮火之下，变成空中的飞靶。没有人这么蠢的。

阮次山：美国有战略专家讲，他们如果要对台湾进行军事行动，东北角和西南角，这个概念是什么？

彭光谦：可能是保存台湾的军力，实在不行往北就向日本逃跑，往南就向菲律宾逃跑，掩护它的退路，这是可以的。

阮次山：所以从军事观点来看，我们如果对台湾发动军事行动的话，它根本没有干预的余地，你怎么来，都干预不了，如果我们对台湾进行水雷封锁，它来还是不来呢，它有能力帮台湾扫雷？

彭光谦：扫雷那是很可能的，护护航是很有可能的，它的护航是安全护航是可以的，真要冒着战争风险来护航，自己也是很危险的。

阮次山：过去有不少人讲，对台湾我们未必采取军事行动，另外一个可能性就是对台湾的封锁。封锁不只是封锁台湾自己的船只、飞机的出入，可能也封锁到各国船只和飞机的进入。如果在这个时候我们宣布封锁，对这个地方，美国对于自己的轮船派军舰护航，我们采取什么行动呢？

彭光谦：如果没有发生战争，平时情况下，你进来也罢，在战争状态下，你进入战争区，那是不受国际法保护的。

阮次山：如果是战争区，你要护航，我照样干涉的。所以从您分析来看，其实台湾百姓应该知道，其实美国自己心里也知道。

彭光谦：美国老板梦千万不能做，做不得，当年毛泽东同志就讲过这个问题，你别以为美国人怎么样，关键时刻，美国弃台湾如敝屣，很可能弃你而不顾的。

阮次山：谢谢彭教授为我们做了两集的分析。

观众朋友们，感谢您收看今天的节目，我们下次同一时间再见。

（2004年6月15日—2005年1月）

第三章　战略文化比较

中华民族优秀文化传统中的统一观*

孙中山先生曾经指出：“中国是一个统一的国家，这一点已牢牢地印在我国的历史意识之中，正是这种意识才使我们能作为一个国家而被保存下来。”他强调：“统一是中国全体国民的希望。能够统一，全国人民便享福；不能统一，便要受害。”

对于中华民族来说，统一并非一般的政治选择和一时的政治诉求，而是在千百年华夏历史长河的积淀中形成的一种强烈的历史意识，是牢牢植根于中华五千年文明沃土之中的民族情感，是中华民族世代相承的基本社会理念和普遍的价值观，是中华民族优秀文化传统的核心与精髓。

一

中华民族统一观的形成不是偶然的，它有着深厚的社会政治、经济、文化基础。就地缘特征而言，中华民族世代生息繁衍的华夏大地位于亚洲东部、太平洋西岸，四周有天然限隔，内部构成体系完整的地理单元，具有广袤性、一体性和相对的封闭性。它西北耸立的帕米尔高原，在古代几乎是难以逾越的地理极限；西南横卧世界最高山脉——喜马拉雅山，成为中国与南亚的天然分界；东临万顷波涛；北部是无边无际的荒漠与冻土。

* 本文写于2001年5月，发表于《中国军事科学》2001年第4期。

在这个与外部世界相对隔绝、相对独立的空间里，华夏与四夷共同构成“天下”。多民族内向凝聚，相互依存、休戚与共，很早就形成了中华民族多元一体的生命共同体。

就经济特征而言，在华夏大地，北方游牧民族、狩猎民族、南方农耕民族三大民族分布带以及农牧两大类型经济和文化相互渗透、相互结合，但它的主体部分是以黄河流域、长江流域为中心的农耕文化。以小农经济为主体的自然经济长期居于主导地位。在小农经济下，水利是农业的命脉。小农经济的弱小性与分散性，又使其在严酷的自然灾害以及残酷的社会兼并面前无能为力，难以有效地保护自己，因而迫切要求打破分散割据状态，在全流域建立统一的权威，以集体的力量抵御自然灾害、统一管理水利灌溉，同时防止大规模土地兼并和社会财富的不合理分配。这是以黄河文明与长江文明为中心的华夏文明中统一思想产生与发展最深刻的经济根源。

就文化特征而言，与西方长于实证思维、个体思维不同，中华先民在认识自然、改造自然的过程中，很早就形成了从整体上、宏观上观察事物的思维方式，习惯于“仰以观于天文，俯以察于地理”“通天下之志，成天下之务”“与天地合其德，与日月合其明，与四时合其序”，强调“天人合一”“协和万邦”，这种东方整体思维无疑是孕育中华民族统一观的思维底蕴。

正是在这种独特的社会政治经济文化基础上，炎黄子孙日益融合，华夏文化圈日益扩大，大一统的观念日益深入人心。中华民族以龙为图腾，自称为龙的传人。龙集兔眼、鹿角、牛嘴、驼头、蜃腹、虎掌、鹰爪、鱼鳞、蛇身九种动物的特征于一身，是组成中华民族大家庭多民族图腾的集合体。它既是中华民族大融合、大团结的象征，也是中国大一统思想的集中体现。

二

自有文字记载以来，中国历代贤哲、有识有为之士对统一思想的阐发与探求史不绝书。

春秋战国时期是中国历史上的大分裂时期，也是统一思想的初创时期。大思想家孔子面对“礼崩乐坏”的局面，大声疾呼“礼乐征伐自天子出”，反对“礼乐征伐自诸侯出”。他尊王攘夷，力求维护统一的政治局面。在他整理修订的《春秋》一书中，寓大一统思想于微言之中。《春秋·公羊传》载曰：“何言乎王正月？大一统也。”这是大一统思想最早的文字根据。

在春秋时期的列国纷争中，人们渴望天下安定。史载魏襄王问政于大思想家孟子：“天下恶乎定？”孟子明确回答“定于一”，提出了以统一安定天下的理念。战国时代的政治家吕不韦也明确主张“一则治，两则乱”[1]，强调统一是天下大治之本，分裂乃祸乱之源。大思想家荀子也同时提出了“四海之内若一家”的政治理想。这些无疑是那个时代对统一的理性呼唤。

春秋诸侯攻伐不已，战争价值观纷然杂陈。到秦代，有关战争的性质、目的、手段的种种争论逐渐在大一统的目标下形成共识。统一逐渐成为社会普遍接受的判断战争合理与否、正义与否的最高标准。荀子的学生秦国廷尉李斯第一次打出统一战争的旗帜，为秦始皇制定了“灭诸侯，成帝业，为天下一统”[2]的政治蓝图与战略构想，秦始皇欣然接受。仅20余年，秦即扫灭六国，统一天下，创建中国第一个中央集权的统一的多民族封建国家，开创了中国历史大统一新纪元。秦始皇满怀豪情壮志，四次东巡，每到一地即刻石立碑，称“皇帝之德，存定四极”“并一海内，以为郡县，天下

①《吕氏春秋》。
②《史记·李斯列传》。

和平”“阐并天下，灾害绝息，永偃戎兵”“皇帝休烈，平一宇内，德惠修长”[①]，反复颂扬自己“兴义兵，诛残贼，平定天下”的辉煌业绩，广泛传播统一战争就是义战的价值观和政治准则。

如果说秦始皇第一次在实践上赋予统一以丰富生动的政治内涵，那么西汉哲学家董仲舒则第一次把统一提高到历史发展客观规律的理论高度。他在《对贤良策》中阐释《春秋·公羊传》的“大一统”思想时，提出：“《春秋》大一统者，天地之常经，古今之通谊也。”他强调统一是历史发展的必然趋势，只有坚持统一才能顺应历史潮流。以董仲舒为代表的汉代新儒学把大一统发展为天人合一的政治理论，要求以此统一全国上下的思想，由“正心”，进而“正朝廷”“正百官”“正万民”“正四方”，实现君临天下的大一统宏图。这一理论为汉武帝所采纳，并成为其北击匈奴、开疆拓土的政治思想武器。虽然汉武帝死后，盐铁会议对汉武用兵得失展开了激烈的争论，但争论的焦点不是实现大一统战略目标，而是实现大一统目标的手段与方式。

秦汉以降，统一思想确立了它的主导地位，并成为中国历代有抱负有作为的政治家治国安邦的基本理念。如隋朝建立者杨坚提出“天下大同，区宇一家，烟火万里，百姓乂安，四夷宾服”[②]的纲领，在大一统思想指导下，结束了东汉以来纷乱局面，重建大一统政权。又如“素怀济世之略，有经纶天下之心”的唐高祖李渊，在统一全国后，坚持以“天下一家”“胡越一家”为立国之基。唐太宗李世民继承与发展了其父“天下一家”的思想，强调王者应“以天下为家”[③]，并反对“贵中华贱夷狄”的狭隘的民族主义，坚持对各民族“爱之如一”，表现了海纳百川的宽阔胸怀与经天纬地

①《史记·秦始皇本纪》。

②《隋书》卷1《高祖下》。

③《贞观政要》。

的宏图大略。这是唐代中国大一统局面空前繁荣的重要思想原因。及至近代，中国迭遭列强入侵，面对中国一天天国土沦丧，陷入空前的生存危机，著名维新派代表康有为疾呼“中国只可一统，万无分立之理”。伟大的民主主义革命先行者孙中山先生也坚定地指出：“统一是中国全体国民的希望，民之所欲，天地从之。”正是孙中山先生顺应民意和历史潮流，高举义旗挽狂澜于既倒，为近代中国的统一事业建立了不朽功绩。

三

在中华文明的发展史上，汉族是中华民族大家庭中的主体，黄河流域所在的中原地区是统一的多民族国家的中心。正是由于有这样一个主体民族和中心地区的存在，才使国家统一和民族团结具有更大的凝聚力和向心力。但是这绝不意味着中国统一观的形成和发展、中国统一的政治局面的产生与维护只是中原地区汉族的事。恰恰相反，包括汉族和其他少数民族在内的各个民族在国家的统一和民族的团结上有着共同的信念，各个民族都为国家的统一作出过自己的独特贡献。

南北朝时期，统一中国北方的鲜卑拓跋部皇帝北魏太武帝拓跋焘素怀大志，并不以鲜卑是少数民族而自外于中华民族大家庭。他坚定地主张“廓定四表，混一戎华”，终身以实现各民族的大团结、大融合、大统一为己任。太武帝之后，北魏孝文帝拓跋宏也大力倡导汉化改制，改鲜卑姓氏为汉姓，改变鲜卑风俗、服制、语言，奖励鲜卑人和汉人通婚，积极推动各族人民的融合，为后世隋唐的大一统奠定了坚实的基础。十六国时期夏的建立者、匈奴铁弗部赫连勃勃，十六国时期汉国的建立者、匈奴人刘渊，十六国时期前燕国君鲜卑人慕容皝，西魏大臣鲜卑人宇文泰等都宣称自己是炎黄子孙。这种各民族久远的同根事实与同根意识，是维护国家统一和民族团结的强大的原动力。

辽宋金元时期，先后崛起于中国北部的契丹人、女真人和蒙古人，不满足于偏居一隅，而是以“一天下”为目标，力求入主中原，把对宋的战争视为更大规模融合的统一战争。女真完颜部首领金太祖阿骨打在动员全军将领攻打辽兵时就是以统一为诉求，称“辽政不纲，人神共弃，今欲中外一统，故命汝率大军以行讨伐”[①]。金太祖之孙完颜亮1153年迁都燕京，他在对宋作战的准备中，举起“万里车书一混同”[②]的政治旗帜，为攻宋战争进行政治定位。在辽阳自立的金世宗完颜雍也提出了“天下如一家”的口号，以争取政治上的合法性。1271年，忽必改国号为“大元”，次年迁都燕京，称大都。忽必烈解释之所以定国号为元，寓意为“大哉乾元，以定一统之制”“见天下一家之义”[③]。忽必烈在位期间，先后将吐蕃、大理纳入中央版图，设置澎湖巡检司，加强了对台湾的管理，在奴儿干设置东征元帅府，加强东北边境地区管理，巩固和发展了中国统一的多民族国家。

16世纪末，满洲崛起于我国东北。1644年清军入关，从农民起义军手中夺取了政权，确立了对全国的统治。清统治者完全继承了传统的人一统思想，把巩固和发展多民族国家的统一视为头等要务。努尔哈赤第十四子多尔衮统兵入关之初就提出了进取中原，“混一区宇”[④]的主张，以建立全国统一政权为战略目标。当以英王阿济格为首的部分满洲贵族要求放弃中原，还守沈阳或退保山海关时，多尔衮针锋相对予以批驳，认为“既得中原，势当混一”[⑤]。康熙帝在统一中原地区后，即着手经略边疆，坚决打击分裂叛乱活动，他提出要“合天下之心以为心，公四海之利以为利”。乾隆帝也强调“我朝家法，中外一体”。尤其是雍正帝在位期间，对不利于国家统一和

①《金史》卷2《太祖纪》。
②《三朝北盟会编》卷242。
③《元史》本纪四。
④《明清史料》丙编第一本。
⑤ 吴晗辑:《朝鲜李朝实录中的中国史料》上编。

民族融合的传统的“内中华而外夷狄”的“华夷论”进行了坚决的批判。雍正帝强调指出，所谓华、夷本只是一种地域概念，“本朝之为满洲，犹中国之有籍贯”“夷之字样，不过方域之名”[①]，并非中外之分。大一统是中国的传统。满洲入主中原，君临天下，开疆拓土，不仅继承了中国大一统的传统，也在更高层次上，开创了中国统一的新局面。他说：“中国之一统，始于秦；塞外之一统，始于元，而极盛于我朝。自古中外一家，幅员极广，未有如我朝者也。”[②]当此天下一统，华夷一家时，再讲华夷之分，“妄判中外，谬生忿戾”，无疑“逆天悖理”，违背中国历史发展的大趋势。

四

在中国的历史发展中，虽然政治上有过几次短暂的治权分立的局面，但中国大一统的思想从未因此而中断。在分裂状况下，人心依然向往重归统一。甚至可以说，越是在分裂时期，人们统一的愿望越是强烈，要求统一的呼声越高。南宋著名诗人陆游，面临山河破碎写下了“死去元知万事空，但悲不见九州同。王师北定中原日，家祭无忘告乃翁”的著名诗篇。国民党元老于右任先生有感海峡两岸长期未能统一，写下了脍炙人口的《国殇》（又名《望大陆》）：“葬我于高山之上兮，望我大陆。大陆不可见兮，只有痛哭！葬我于高山之上兮，望我故乡。故乡不可见兮，永不能忘。天苍苍，野茫茫，山之上，国有殇。”声声是血，字字是泪，集中反映了中华民族五千年凝聚的华夏一家、不可分割的深厚的民族情感。

在短暂的分裂状态下，即使当事各方也并不认为分裂是一种正常状态。他们所追求的不是分裂状态的长期化、固定化，而只不过是争夺“正统”的名号，争夺重建统一的合法地位与资格。

---

①《清世宗实录》卷130。

②《清世宗实录》卷83。

三国时期，尽管魏蜀吴各据一方。但三方都以统一天下为最终目标。曹操为成就统一霸业，刻意迎合人心，奉迎天子，“挟天子以令诸侯”，给自己罩上一层合法与正义的光环。鲜卑鹰扬将军慕容翰评论说：“自古有为之君，莫不尊天子，以从民望，成大业。”[①]刘备以诸葛亮为辅佐，虽暂居巴蜀，但始终信奉“汉贼不两立”“王业不偏安”，他以大西南为战略基地，一再出兵北伐，其目的也在于“复兴汉室”，北定中原，统一中国。东汉初年陕西扶风人窦融原本联合酒泉、敦煌等五郡，割据河西，称行河西五郡大将军事，为成就统一大业，毅然放弃割据之尊，归服刘秀，并协助刘秀攻灭在天水、武都、金城等郡拥兵自立的西州上将军隗嚣，维护了西北边陲的统一与稳定。

五代时期，后周领导人周世宗柴荣身居汴州，胸怀天下，反对割据，立志“十年开拓天下，十年养百姓，十年致太平”，励精图治，开拓疆土，先后取后蜀四州、南唐江淮地区十四州，北部收复莫、瀛、易三州，为北宋的统一奠定了基础。

在中国历史上短暂的分裂时期，不仅有作为的政治家致力于统一事业，整个社会心理也不认同分裂局面，而仍然从整个中国的角度看问题。例如南北朝时期，有重要学术价值的《水经注》《文心雕龙》《文选》等著作的编撰内容，都不以当时某一小朝廷的统治区域为界，而始终站在中国全局的高度分析问题，收录文章，考察地理。

即使流徙在异域的中华民族子孙，他们无不心怀赤子之心，向往祖国，盼望回归中华民族大家庭。明末游牧于伏尔加河下游的蒙古族土尔扈特部不畏重重困难，辗转几千里，历经数代，途中牺牲几万人，最后在首领渥巴锡的带领下回到中国。乾隆帝在承德避暑山庄接见了渥巴锡，至今在承

①《资治通鉴》卷87。

德仍保存有乾隆帝亲笔题写的渥巴锡回归纪念碑。

中华民族各族儿女都把维护国家的统一和民族的团结当作自己的神圣使命。1894年日本挑起蓄谋已久的甲午战争，第二年日本逼迫清政府签订《马关条约》，强行割占中国领土台湾。消息传来，台湾广大民众痛心疾首，"誓不从倭"。以丘逢甲为代表的台湾爱国士绅，为不使台湾落入外敌之手，被迫宣布自主保台。他们在文告中明确指出："台湾疆土，荷大清经营缔造二百余年。""台湾属倭，万众不服"，他们称之所以不得已宣布自主"无非恋戴皇清，图固守以待转机"。大将军刘永福在《盟约书》中宣布："民为自主，仍隶清朝，以为大清之臣，守大清之地，分内事也，万死不辞。"为此他们定年号为"永清"，寓"永隶清朝""永戴圣清""感念列圣旧恩，恭奉正朔"之意，并依清朝黄龙旗式样，做蓝地黄虎旗，隶龙旗之下。这是台湾军民以当时可能采取的特殊形式维护祖国统一、反对割裂的空前爱国壮举。

辛亥革命后，当帝俄策动外蒙古宗教首领哲布尊丹巴宣告独立时，内蒙古西部22部34旗王公于1913年初在呼和浩特召开西蒙古王公会议，庄严声明，"数百年来，汉蒙久成一家"，"我蒙同系中华民族，自宜一体出力，维持民国"①。这可以说是中国少数民族向世界宣告中国统一不容破坏、中华民族大家庭不容分割的又一个政治宣言。

五

中华民族优秀文化传统中根深蒂固、源远流长的统一思维与西方文化传统中的分裂思维形成鲜明对比。早在2000年前，欧亚大陆上就形成了两条根本不同的历史发展轨迹。中国自秦以来2000多年的发展历程中，统一

①《西盟会议始末记》。

始终占主流，尽管有过几次短暂的分裂，但每次短暂的分裂后，总是复归于统一，而且一次比一次统一的程度更高，范围更大，时间更长。当中国汉王朝走向更大规模的统一时，同一时期彻底摧毁氏族制度而进入文明时期的欧洲以罗马帝国的解体为发端，开始了长达千年的绵延不断的分裂过程。欧洲持续不断地对河流、山脉、平原进行分割，持续不断地在地理、生态、历史、人种、宗教、文化、语言的整体上划出越来越多的边界。[①]如果说大一统思想是中国传统文化中的优秀遗产，“分而治之”则是欧洲文明的一大发明和重要特征。欧洲在把自己瓜分得千疮百孔后，又把这一欧洲文明成果推广与应用到全世界。南亚次大陆的分治、两德的分治、朝鲜半岛的分治，甚至台湾海峡两岸至今仍长期分隔的局面，在不同程度上都可以说是西方“分而治之”政治哲学的产物。

青山遮不住，毕竟东流去。与西方文化中的“裂变”思维相比，中华文化中的“聚会”思维毕竟是人类发展的大趋势。今天连欧洲也止分为合，走上了一体化的道路，正在实践200年前华盛顿关于“欧洲合众国”（United States of Europe）的预言。那么，把统一看得比生命还宝贵的中华民族的复兴与中国的完全统一难道还会远吗？

① 迷都：《李登辉的两国论是丧邦之言》，《中国评论》，1999年10月。

“人道主义干涉”不人道

世纪之交，特别是科索沃战争后，在美英等西方国家的鼓吹下，以“人道主义干涉”为核心的所谓新国际安全理论粉墨登场，甚嚣尘上，成为它们挑战主权原则和不干涉内政原则等当代国际法准则的又一急先锋。

沉渣泛起的“干涉”论

根据西方国家一些头面人物的说法，所谓“人道主义干涉”是指“出于维护人权等道义原则而进行的军事干涉”。他们的主要观点是，“国家主权并不比人权和防止种族灭绝重要”，“不干涉原则必须在一些重要方面加以限定”，“国家主权”不能成为一些“践踏人权的国家”免受“国际干预”的借口，军事干预有时是“必须”的，等等。

“人道主义干涉”的思想在西方可谓源远流长。著名国际法学家格劳秀斯很早就声称，如果国内司法管辖表现为对人类施暴，那么，国家主权的排他性就不存在了。这被认为是西方所谓“主权有限”论的法理依据，它在西方传统国际政治思维中具有较为普遍而持久的影响。“主权有限”论者认为，主权的合理公正行使具有一定限度，“人道主义干涉”就是为使别国人民免遭超出限度的专横和持续的虐待而正当使用的强制。“人道主义干涉”在西方可以追溯到19世纪。但是，因为它构成了对国家独立权的侵犯，因而随着国家主权及不干涉内政原则的逐步确立，反对的呼声不断高涨。联合国建立后，特别是《联合国宪章》明确规定了主权不得侵犯，以及除自卫和安理会授权之外不得对他国使用武力或武力威胁，这就使“人道主义干涉”更无任何合法性可言。

但是，美国等西方国家为了谋求霸权利益，不顾国际法的严格限制，屡屡在国际关系中使用武力，肆意干涉别国内政、侵犯别国的主权和领土完整。第二次世界大战结束后，美国单是在亚洲就先后介入或发动了朝鲜战争、越南战争、柬埔寨战争及对中国领土主权的侵犯等。在遭到了一系列的失败、挫折后，美国于20世纪60年代末提出了“尼克松主义”，表示对于以后的国际冲突将更多地依靠代理人进行，而自己尽可能少直接介入的政策。

冷战结束后，美国成为唯一的超级大国，其经济发展顺利，科技进步迅速，军事实力显著增强。美国不少政治家开始逐渐忘记“越战”教训，主张摆脱“越战后遗症”对其对外战略的影响。同时，由于苏联解体及俄罗斯的衰弱，欧亚大陆的地缘政治格局出现了前所未有的势力真空，这为美国持久有效地保持其超级大国的地位和实现对全球事务的支配提供了契机。在此背景下，美国等西方国家的政客们平添“万丈豪情”，开始频频制造新的干涉理论，提出以所谓“人权高于主权”“人权无国界”“人道主义干涉无国界”理论为基础的“新干涉主义”。同时，美国也频频在国际关系中使用武力和武力威胁，在国际事务中采取强权政治和霸权行径，以各种名义干涉别国内政。美国还越来越对联合国阻挠其违反国际关系原则的行动表示不耐烦，开始撇开联合国，同北约等盟国采取独来独往的“单边主义”行动。

霸权主义的必然产物

“人道主义干涉”理论在当代西方的躁动绝不是偶然的，而是冷战后国际政治经济格局剧变的产物。

冷战后国际战略平衡被打破，西方垄断资本真正得到了向全球扩张的“战略机遇”，然而各民族国家的主权疆界成为其扩张的严重障碍。如何突破主权疆界的限制，如何确立新的干涉理论，为资本的战略扩张开辟道路，就成为西方政治家和理论思维的兴奋点。在世界经济全球化和人类社会技术形态信息化的影响下，大量传统的国家内政问题外溢而具有国际影响；冷战时期一度蛰伏的民族、宗教问题在冷战后迅速激化，使西方从中看到了可以利用的机会。“人道主义干涉”理论由此应运而生。科索沃战争则为西方提供了检验这一理论的实验场。

此外，当代国际力量发展的不平衡，也为“人道主义干涉”的盛行创造了条件。一方面，社会主义及第三世界力量的发展遇到重大挫折，国际战略格局处于向多极化过渡的时期；另一方面，美国在全球的强势地位凸显，谋求单极世界的野心膨胀。美国经济连续9年保持增长，1998年的国内生产总值达8.5万亿美元，占世界经济总量的28%；军事上更具有绝对的优势。1999年，美国的国防预算达2762亿美元，占全球军费支出的35%，大约相当于除美国之外前8位国家军费支出的总和。目前，美国的世界地位“如日中天”，其对外干涉的欲望和能力明显增强。因此，克林顿声称：“如果我们的价值观和利益处在危险之中，而我们又能改变这种情况，我们必须准备行动。”

再者，西方各种新思潮的泛滥也使“人道主义干涉”有了一定的社会基础。由于西方力量在全球格局中处于强势地位，它们急于向外推广其共同的价值观念和社会制度，甚至不惜使用武力来“鸣锣开道”。斯德哥尔摩国际和平研究所在其发表的年度报告中就称，“国际社会不能容忍对于基本人权和群众权利的大规模侵犯”，北约对南联盟的行动，开启了人类战争的新纪元。不少西方学者也妄言“‘冷战’结束以来的事实表明，落伍的反干涉主义制度已不再与现代正义观念同步”，“旧的国际反干涉体制已经远远不能适应‘冷战’后的国际现实，许多国家内部严重违反人权的行为被视为‘内政’而为世人所漠不关心”，“随着20世纪的离去，有关干涉问题的国际一致也将消失”。自由主义学派甚至认为，只要干涉是为了促进正义，就可以证明是有道理的。

目前，新干涉主义者正不断造势，要求修改国际法，以从根本上清除国家主权的“障碍”，进而建立“以国际干预对付独裁国家”的国际关系“新框架”，按照西方价值观和法治理念重新构建国际关系体系。这给国际安全提出了严峻的挑战，尤其是对广大发展中国家来说，将预示着更大的危险。

危害和平的恶性肿瘤

第二次世界大战后，特别是冷战结束以来的历史表明，西方所鼓吹的“人道主义干涉”论，在实践上是十分有害的，在理论上也是完全站不住脚的。

1. 一国内部的人道主义问题不能简单地成为他国任意实施军事干涉的理由，这完全违背了国际社会公认的主权原则和不干涉内政原则，是极其荒谬的

首先，主权和人权在国际法上具有不同的性质和地位。当代国际社会是由主权国家组成的。主权国家是基本的国际行为主体。主权国家的核心就是其主权，亦即国家具有独立自主地处理自己的对内和对外事务的最高权力。自1648年《威斯特伐利亚和约》确立国家主权以来，主权原则和不干涉内政的原则一直是国际秩序的支柱和基石。国家主权原则如果遭到破坏，整个国际秩序必然随之崩溃。正因如此，《联合国宪章》第2条第1款把主权原则列为联合国及其会员国所应遵行的7项原则之首。不仅如此，《联合国宪章》关于人权的条款也是以主权条款为基础和依据的。也就是说，国际社会促进人权不能违反《联合国宪章》所规定的基本原则，特别是不能违背主权平等原则和不干涉内政原则。

其次，维护国家主权是实现人权的根本保障。从理论上看，主权和人权是对立统一的关系。主权是人权的基础和保障，尤其是在还存在着霸权主义和强权政治的世界上，人权更需要主权来维护。主权就是一种集体人权，对主权的侵犯就是对人权的最大破坏。一个国家的主权遭到践踏，这个国家公民的人权就无从谈起。这已为人类近代以来的历史所充分证明。

再次，人权问题在本质上属于国内管辖事项。从价值观的层面上看，人权问题具有普遍意义，但就实践领域而言，人权问题是与主权的管辖范围相联系的。从人权的历史发展和人权概念的演变过程看，除对其他主权国家的野蛮入侵造成对他国人权的严重践踏，以及有组织的大规模种族屠杀等粗暴侵犯人权的行为具有国际性质外，人权问题始终属于国家内政的范围。一国人权问题的解决归根结底取决于该国政治、经济上的进步和社会文化总体发展水平的提高。一国的人权状况最终还得靠该国人民自己去改善。迄今尚没有任何一个人、没有任何一个国际组织可以代替其他国家解决世界各国存在的人权问题。

最后，人权的国际保护与合作必须以不干涉内政为基础。借口人权问题干涉别国内政是严重违反国际法的行为。如果一国真有关心他国人权的诚意和善良愿望，就应当在尊重当事国主权的基础上，满腔热情地与该国开展人权问题上的平等对话并给予无私的援助与合作，而不是无限夸大他国人权问题，借人权之名行干涉他国内政之实。当前，在经济全球化进程加速发展和国际合作不断深化的背景下，国家主权的确出现了一些新情况，但这并不能证明主权过时，这只是主权在新的历史条件下新的表现形式。广大亚非拉发展中国家通过长期艰苦的非殖民化运动和民族解放运动才获得了曾经并不被西方国家所承认的国家主权。主权原则是当前广大发展中国家维护国家利益与安全的一道重要屏障。西方国家如此热衷于主张限制主权、废除主权，真正的秘密在于它们把广大发展中国家的主权视为垄断资本扩张的障碍，把民族国家的疆界视为资本积累的消极界限。西方国家的真实企图是在不断强化自身主权的同时进一步限制、弱化发展中国家的主权，在使西方国家主权绝对化的同时使发展中国家的主权过时。发展中国家的主权一旦被剥夺或受限，西方国家就可以在“人道主义”的旗号下任意渗透与扩张。

2. 人道主义问题不能用非人道手段或者扩大人道主义灾难的方式来解决

首先，军事干涉与人道主义在本质上就是矛盾的。人道主义问题的形成和发展十分复杂，表现的形式与严重程度也千差万别，并不是用暴力手段就可以简单解决的。人道主义问题往往与一个国家政治、经济、文化落后有关，因此，人道主义问题的解决最终依赖于社会经济文化的进步与发展。不能滥用非人道主义手段解决人道主义问题，不能用扩大灾难的手段制止灾难。任何军事行动其目的与愿望再好，再有效，也只能是治标不治本，而且难免造成人民生命财产的不应有损失，有时反而会加剧与激化矛盾。北约在科索沃所谓的“人道主义干涉”就充分证明了军事手段在解决“人道主义”问题上的局限性和危害性。

其次，目的的正当性应当与手段的正当性相一致，不能以目的的正当性来掩盖手段的非正当性。人类在经历了无数的战争惨痛之后，已经建立起了较完善的现代战争法律和法规制度，用以约束战争手段的滥用。其中主要的原则有以下几项。（1）人道的原则。尽量减低武力使用的残酷性，不应施加与军事目的不成比例的、不必要的伤害。（2）区别的原则。在使用军事力量的过程中，对平民与武装部队、战斗员与非战斗员、战斗员与战争受难者、军用设施与民用设施等加以区别。（3）不得使用现代国际法禁止的军事手段与方法的原则。主要有极度残酷的武器，核、生、化武器，不分皂白的作战手段和方法，改变环境的作战手段和方法，背信弃义的作战手段和方法，等等。（4）追究战争罪行的原则。国际社会在法律和实践上（如著名的纽伦堡审判和东京审判）确立了反人类罪、反和平罪、反人道罪和战争罪等。对违反《联合国宪章》，超越联合国安理会授权而擅自行动，军事行为过当而造成严重人道主义后果的主要行为责任人，应当依照国际法受到国际法院的追究。

最后，某些西方国家之所以对武力如此偏好，归根结底并不是为了别国的"人权"，而是为了追求自身的霸权。新近出台的《美国新世纪国家安全战略》突出强调了武力使用与国家利益认定的关系问题，认为是否动用武力，首先取决于美国的国家利益。由此不难看出"人道主义干涉"论推崇和痴迷武力的深层次原因：国家利益始终是西方决定使用武力的根本出发点和最终归宿；"人道主义"不过是使用武力所需要的借口和幌子而已。当国际社会出现真正的"人道主义"灾难时，如果不危及西方的国家利益，它们是不会干涉的；如果西方的国家利益受到威胁，即使没有"人道主义"问题，它们也会找出"人道主义"的借口而大打出手。

3. 某个国家主观意识形态标准不能成为衡量世界各国人权状况的普遍尺度，更不能成为衡量国际军事行动合法与否的唯一标准

世界各国的人权状况具有历史阶段的差异性。这种差异性是由各国不同的历史、文化、观念以及不同的社会政治和经济条件形成的。世界人权大会通过的《维也纳宣言和行动纲领》强调"民族特性和地区特征的重要以及不同的历史、文化和宗教背景都必须考虑"。当西方国家一些脑满肠肥的"人权卫道士"在酒足饭饱之余一味强调"自由选举权"时，广大发展中国家都还不得不为消除殖民后果，摆脱贫困、文盲、饥饿、疾病的痛苦，争取吃、穿、住等起码的生存权利而斗争。无视这种最基本的差异性，就是对广大发展中国家人权的亵渎。

西方国家试图迫使发展中国家接受它们的"人权""民主"和价值观，这不仅是不现实的，也是极其虚伪的。且不说各国国情不同，即使是处在同一发展水平具有同样人权需要的国家，也难以照搬西方某些国家的人权标准和价值观。西方自我夸耀的所谓“选举自由”“两党制”“三权分立”等也并不像他们自己所说的那样美妙。所谓“选举自由”，只不过是有钱人的政治游戏；所谓“两党制”“三权分立”，也不过是政党分肥制。西方经济最发达的美国也绝不是人权的“天堂”。美国国民生产总值位居世界第一，然而美国的穷人、无家可归者和失业者人数均列西方榜首。美国号称最讲“民主”“自由”，在暴力犯罪方面却始终名列前茅。美国参议院司法委员会报告承认：“美国已成为世界上暴力犯罪及自我毁灭现象最严重的国家。”美国平均每年发生暴力犯罪案件200万起，暴力犯罪的受害者每年平均达600万人。美国强奸犯罪率也居世界第一，每年发生强奸案多达5万起。美国对自己国家上述严重人权问题视而不见、充耳不闻，却只会一味对别国人权问题指手画脚，只会用“美国标准”去衡量别国的人权问题，是不是要把美国式的犯罪转嫁和普及到别国去呢？

某些西方国家按照自己理解的人权标准、人权观和价值观对他国横加干涉，目的在于把西方的道德原则普世化，用以替代现行的以《联合国宪章》为核心的法制原则，掩盖其侵略扩张的实质。这是国际正义力量所绝不允许的。

（2000年5月29日）

儒家"太和所谓道"与孙子"道胜"思想

"太和所谓道"是宋代大儒张载以《周易》为基础提出的哲学命题。张载对《周易》的"太和"思想作了进一步的发挥，把它提高到"道"的高度来认识，认为"太和"是宇宙间万物相互关系的最高境界，是道的核心。而"道胜"思想则是《孙子兵法》的思想精髓。儒家之道与孙子之道，两者以"太和"为终极追求，有着内在的思想一致性。深入研究"太和所谓道"的思想和孙子"道胜"思想，对于正确认识和处理当代国际安全问题、正确制定国际军事斗争的战略与策略具有重要的现实意义。

一、"太和"是"道"的核心价值所在

中国传统文化本质上可以说是"和文化"。它根植于中国早期农耕文明之中。在汉字中，"和"从"禾"。"禾"字的甲骨文和金文如同一株成熟的谷子。上部为穗，中部为叶，下部为根。《说文》称："禾，嘉谷也。"中国先民在早期的农牧业生产和生活的实践中，由于生产力水平低下，面对洪涝灾害等恶劣的环境，为了生存和发展的需要，必须顺天时、尽地利、通人和，同心协力，使人与人、人与大自然和谐相处。从先秦诸子到两汉经学、魏晋玄学，以至隋唐佛道、宋明理学、近代新学，在中国文化发展的历史长河中，尽管各种文化思潮流派不同，风格各异，但无不以"和"为基本价值。"和"的思想渗透于中国传统文化的各个领域，只是它们强调的侧重点各有不同。例如儒家讲"人和"、仁爱之和，强调人与人的和谐；道家讲通一之和，侧重人与社会的和谐；佛教讲圆融，强调心灵的、精神的和谐。历代贤哲对"和"的思想有许多精辟的阐述。庄子展示的是"天

地与我并生，而万物与我为一”的“天人合一”的理想境界。孔子强调“礼之用，和为贵”，认为“和”是最重要、最可贵的社会道德规范。《尚书》《左传》把“和”作为处理国家关系的重要准则，强调“百姓昭明，协和万邦”，“亲仁善邻，国之宝也”。《中庸》提出“致中和，天地位焉，万物育焉”，强调达到中正平和的境界，天地万物各就其位，各得其所，和谐共处，蓬勃发展。唐代兵家李筌呼吁“贵和重人，不尚战也”，提倡以和为贵、以人为本，不提倡发动战争。“和”在中国传统文化中一以贯之，是中华人文精神的核心，是普遍认同的一般原理、法则和共同价值。

“和”的极致就是“太和”。王夫之在《张子正蒙注》中说：“太和，和之至也。”“太和”这一概念首见于《周易》。《周易·乾·彖》指出，“乾道变化，各正性命，保合太和，乃利贞。首出庶物，万国咸宁”。意即宇宙不停地运动变化，万事万物各有其特性和运动规律，保持高度的和谐状态，就能顺利贞正，万物由此蓬勃发展，世界各国由此共享安宁。“太和”是《周易》中一个十分重要的论断。“易为群经之首”，“中国智慧尽在周易”，因而也可以说“太和”是中国传统文化的经典论断。所谓“太和”，大体体现在宇宙之和、天人之和、人际之和与身心之和等四个方面。宇宙之和就是宇宙万物和谐有序，各就其位，各得其所，“四时行焉，百物生焉”。它反映的是宇宙间物与物的关系。天人之和反映的是人与大自然的关系，强调天人合一，和谐一体。人只有自觉地认识自然，顺应自然，利用自然，与天地合德，与日月合明，与四时合序，才能造福人类。人与自然是一种相互依存、相辅相成、共生共长的关系，而不是一种相互敌对、相互征服的关系。人际之和反映的是人类社会人与人、国与国、家与家、团体与团体之间的和谐关系。在中国传统文化中历来强调“仁者爱人”“兼相爱，交相利”。这与西方基督教文化中人人信仰上帝、人人忠于上帝，上帝为人人、人人为自己，重视人与上帝之间的纵向关系而轻视人与人之间的横向关系是不同的。[①]身心之和则强调的是个人内心世界的安宁与平和，“存其心，养其性”，心平气和，实现自我身心内外的和谐。个人是社会的细胞，社会是由一个个人组成的。每个个体实现身心和谐，整个社会的和谐才有可靠的基础。以上四个方面是密切相关、不可或缺的整体。天下最贵者，人也。人是天地之心，宇宙天地是人类生存与发展的空间，心灵则是人的主宰。任何环节的断裂都不可能实现“太和”的完美境界。

北宋著名儒学代表人物张载从“道”的高度对“太和”思想作了进一步阐释，确立了“太和”思想在中国传统文化中的核心地位。他说：“太和所谓道，中涵浮沉、升降、动静、相感之性，是生氤氲、相荡、胜负、屈伸之始。其来也几微易简，其究也广大坚固。起知于易者乾乎！效法于简者坤乎！散殊而可象为气，清通而不可象为神。不如野马、氤氲，不足谓之太和。语道者知此，谓之知道；学易者见此，谓之见易。”[②]按王夫之的解释：“道者，天地人物之通理，即所谓太极也。”道是整个天体和人类社会的客观法则和内在的运动规律。“太和”作为“道”的核心价值所在，包含乾与坤之和、阴与阳之和、气与神之和，也可以总体归结为阴与阳之和。世界上互相矛盾着的不同事物，具有相互感应的特性，矛盾着的事物之互相作用，从而使万物充满生机，达到最高境界的和谐，“和故万物皆化”[③]。和谐是事物发展的规律和最高准则。“阴阳合一存乎道”，这是道的集中表现。它是运动的，生机勃勃的，在相互吸引、相互激荡、相互制约、相互屈伸的运动过程中，由开始时的细微而简易，最终变得广大而坚固。只有从道的高度认识太和思想，才能充分认识其思想价值，也只有掌握了这一点，才算真正弄懂了道的真实内涵。

---

① 张立文：《中国和合文化导论》，中共中央党校出版社，2001年，第148页。

② 张载：《正蒙·太和篇》。

③《礼记·乐记》。

二、“道胜”：孙子军事哲学思想的精髓

张载从道的高度阐发儒家的“太和”思想，给我们研究孙子兵学以深刻的启示。

长期以来，人们更多地习惯于从实施战争和战争具体指导规律的层面，揭示孙子的军事哲学思想。事实上，这还不能说是孙子思想的全部内涵，甚至可以说这还不能说是孙子思想中最有价值的内涵。

在孙子完整的军事哲学思想体系中，孙子的“四胜”思想即道胜、知胜、先胜、全胜最值得我们重视。

一是道胜。《孙子兵法》一开篇就明确指出战争是国家大事，其胜负取决于“道、天、地、将、法”等“五事”“七计”，而“道”为“五事”之首，“主孰有道”为“七计”中最重要的问题。孙子强调：“道者，令民与上同意也，故可以与之死，可以与之生，而不畏危。”只有一切思想行为、方针政策都合乎“天道”，合乎历史发展规律，合乎人心民意，才能在军事较量中立于不败之地。这是决定战争进程与结局的最为根本的要素，是制胜之本。

二是知胜。《孙子兵法》中共用了79个“知”字，建构了中国古典兵法独具一格的战争认识论。孙子的“知”，大体包括“先知”与“尽知”两个方面。“先知”讲的是“知”的时间性问题，即要先事、先敌而知；“尽知”讲的是“知”的空间性问题，即要求全面了解情况，主要是指“知道”和“知情”。“知道”是指了解天下大势，了解事物发展的客观规律；“知情”是指了解具体情况，包括知己知彼、知天知地等。

三是先胜。就是事先形成不可战胜的态势，而后进行战争。孙子曰：“故善战者，立于不败之地，而不失敌之败也。是故胜兵先胜而后求战，败兵先战而后求胜。”“昔之善战者，先为不可胜，以待敌之可胜。不可胜在

己，可胜在敌。”所谓“先”，既包括军事上“先天”“先机”“先手”“先声”，更重要的是“修道而保法”，顺天应人，形成壁立千仞、所向无敌之势。

四是全胜。孙子认为：“凡用兵之法，全国为上，破国次之；全军为上，破军次之；全旅为上，破旅次之；全卒为上，破卒次之；全伍为上，破伍次之。是故百战百胜，非善之善者也；不战而屈人之兵，善之善者也。”孙子强调“必以全争于天下”，“兵不顿而利可全”。其核心思想是以实力为后盾，彻底动摇与摧毁敌方的信念，瓦解和剥夺敌方的抵抗意志，以达成不战而屈人之兵的目的。

上述“四胜”浑然一体，密不可分，但居首位或核心价值地位的是“道胜”。“道胜”是知胜、先胜、全胜的根据与前提，知胜、先胜、全胜是“道胜”的具体展开。“道胜”决定战争的根本性质与人心向背，决定战争的最终结局。如果不知“道”或昧于“道”，就不可能真正做到知胜、先胜与全胜。孙子的“道胜”思想是一种独具中华文明特色的军事哲学。它的最高追求是努力维护与促进社会的和谐发展，而不是为一己之私，凭借武力优势，穷兵黩武，扩张征伐，打破社会正常秩序。它主张，一旦矛盾激化，要尽可能争取在“道”的制高点上，发挥“道”的威力，创造条件，实现矛盾的转化，从而化解仇恨、消除对抗，避免诉诸武力和相互残杀。一旦战争不可避免，则尽可能减少军事力量的毁伤性，减少冲突带来的损失。孙子的“道胜”思想本质上是防止战争、避免战争、约束战争、以理服人、以德服人、不战而胜的思想。

三、“道胜”的最高境界就是实现“太和”

孙子的“道胜”思想与儒家文化中“和”的思想是一脉相承的，是中国传统文化中“和”的思想的重要组成部分，它所追求的是和平、和解、和谐与融合，其最高境界就是“太和”。从这个意义上讲，孙子的战争论是“和战论”，是儒家“和为贵”思想在军事领域的集中表现。这与西方军事哲学传统是完全不同的。

在战争目的上，孙子强调，“修道保法”，去危存安，而不是弱肉强食，武力扩张。在人类历史上，历来有两种性质不同的战争与战争观。一种是维护生存与发展的正当权利，维护和谐的生存与发展环境的自卫战争；另一种是无限扩张、无限掠夺的侵略战争。前者是正义的战争，后者是非正义的战争。在西方战略文化传统上，几乎没有例外地追求后一种战争。“扩张或死亡”是西方一以贯之的基本信条。古代希腊著名历史学家、《伯罗奔尼撒战争史》的作者修昔底德就说过：“就我们了解的神和我们相信的人而言，只要能够，他们便要统治别人，这是他们的本性中一条必然的规律。”美国总统詹姆斯·布坎南坦言：“我们国家的生存法则就是扩张，即使我们想要违背它，也不可能。”弱肉强食几乎渗透到他们的血液中，构成他们的文化细胞和基因。而两千多年前生活在东方的军事思想家孙子，总结了奴隶制社会向封建制社会过渡时期“争地以战，杀人盈野；争城以战，杀人盈城”的历史教训，发挥了中国“和”的优秀理念，系统提出了以“和”为最高宗旨与内核的“非危不战”思想、“自保而全胜”思想、“修道而保法”思想，强调战争的自卫性、正义性与有限性，这是军事认识论的重大飞跃与进步，代表了人类文明的思想高峰，随着时代的发展愈加闪烁其理性的光芒。

在制胜依据上，孙子强调人心向背，“令民与上同意”，顺天应人，占领道义的制高点，而不是武力优势。所谓“令民与上同意”，一是整个国家行为，要符合天道，符合历史发展的客观规律与正确方向。二是国家政治清明，统治者的统治得到民众的同意与拥护，上下和谐，同心同德，有强大的凝聚力。以此御敌，才能坚不可摧；以此应战，才能攻无不克。这与西方迷信武力，无限扩充军备，醉心于打造超饱和、超杀伤的超级战争机器，寄希望于兵力数量优势与质量优势的“力胜”思维形成鲜明的对比。

在战略决策上，孙子强调虑之、修之、慎之、警之，以极其慎重和严肃认真的态度部署与指导战争。《孙子兵法》开篇没有去谈具体攻守战胜之道，而是首先强调“兵者，国之大事，死生之地，存亡之道，不可不察也”，强调从国家民族生死存亡的高度来认识战争，审慎地对待战争。孙子反复指出，“不尽知用兵之害者，则不能尽知用兵之利也”，“亡国不可以复存，死者不可以复生”，战争不仅将造成大量人员伤亡，危及国家政权，破坏社会安定，而且举兵十万，“日费千金”，即使赢得战争，也将给国家的人力、物力、财力带来巨大消耗，所以战争绝非儿戏，“主不可以怒而兴师”，“将不可以愠而致战”。“故明君慎之，良将警之”。这种慎之又慎的慎战观也完全不同于西方以战争为营生的黩武主义。

在用兵方式上，孙子强调“伐谋”“伐交”“非战”“非攻”，而不是追求“拔人之城”“毁人之国”的绝对战争。孙子认为，如果战争难以避免，战争指导者首先应着眼于攻心夺志，而不是一味鲁莽地攻城略地，滥施杀伐。孙子指出：“上兵伐谋，其次伐交，其次伐兵，其下攻城。攻城之法为不得已。”用兵的最高境界是进行智谋较量，以胜敌一筹的谋略达成战争目的；其次是开展军事外交斗争，以实现我方意图；再次是以武力相威慑，抑制对方。等而下之的是攻打城池。攻城作战是没有办法的办法，不得已才为之。战争指导者要力争使战争的损失降低到最低限度。这种以智战、心战为最高形态的战争指导思想反映了中国传统文化中和谐共存的思维，而不是西方那种你死我活的零和思维。

在胜负标准上，孙子强调“安国全军”，胜于无形。孙子指出，战而胜之并不是真正的胜利，“不战而屈人之兵”才是高明中的高明；破国、破军、破旅、破卒、破伍，给对方造成生命财产等重大损失，谈不上真正的胜利，“必以全争于天下”，全国、全军、全旅、全卒、全伍，才是高明中的高明；凭借暴力征服与占领别国领土算不上真正的胜利，关键在于“后人发，先人至”“夺气”“夺心”，使对手丧失对抗意志，放弃武力行动。孙子强调“善战者之胜也，无智名，无勇功”。真正的军事家，不追求以善于作战而出名，不以建立武功为荣耀。至今在成都武侯祠有一副对联，上联称，“能攻心则反侧自消，从古知兵非好战”；清初揭暄的《兵经百篇》也强调“兵以安民非害民，兵以除暴非为暴”，“不争力而争心”“不争功而争无功”，“无功之功，乃为至功；不争之争，乃为善争”。应该说这都是对孙子思想的准确阐释与发挥。

从军事哲学上讲，孙子的“道胜”思想，是在矛盾的对立和斗争面前，不简单地以暴力方式、对抗方式进一步激化矛盾、加剧矛盾、扩大矛盾，也不是以一方吃掉另一方、一方毁灭另一方的方式消除既有矛盾，而是正视矛盾，创造条件，以相对缓和的方式，促使矛盾双方朝着相互接近、相互转化、相互和解的方向发展，避免矛盾转化过程的剧烈动荡和不可预见的严重后果。这是一种“有容乃大”的建设性思维，反映了“和而不同”的“太和”思想的积极内涵。

四、走向“太和”的时代机遇与挑战

孙子以“太和”为内核的“道胜”思想，对于今天我们正确认识和处理21世纪的战争与和平问题有着巨大的时代价值和现实指导意义。

当今时代是全球化日益深入发展的时代。全球范围内人流、物流、资金流、技术流和信息流的跨国流动，早已打破了曾经使世界相互隔绝的冷战壁垒。各国利益相互渗透、相互融合、相互依存，全球从来没有像今天这样紧密地联系为一个整体。世界早已不是非黑即白、非得即失、你得我失、你死我活的“零和”时代。战争是一把双刃剑，任何人在发动战争、危害他人利益的同时，实际上也在危害着自己的利益。战争这种以往获取暴利的最直接、最野蛮的手段，已成为反过来杀伤自己的飞来器。任何人都不可能指望通过战争获取稳赚不赔的红利。利益上的相互依存是制约大规模战争厮杀、迫使有关各方冷静估量战争得失、约束自己的行为的重要时代条件和物质基础。

当今时代也是人类积聚的核力量足以反复毁灭人类自身的时代。20世纪人类既创造了无可比拟的社会财富，同时也创造了在瞬间将这些财富化为灰烟的手段。如果说农业时代战争手段落后于战争目的的需要，工业时代战争手段与战争目的大体相适应，那么在后工业时代以及信息化时代，以核为代表的现代战争手段的发展逐步走向了战争目的的反面。现代战争手段的滥用，不但不能实现战争目的，反而使包括战争发动者在内的各方，甚至整个人类社会都面临同归于尽的厄运。即使只拥有少量大规模毁灭性武器的一方，面对拥有超饱和、超杀伤的大规模毁灭性武器的巨大优势的一方，也将形成某种不对称性恐怖平衡，也能给优势一方造成难以承受的损失。这种相互毁灭的后果是任何一方在发动战争前不能不顾及的。

在相互依存与相互毁灭的时代条件下，现代战争越来越表现出它反社会、反人类、反时代的性质。战争高歌猛进的时代已经成为过去，它正在一天天走进死胡同。人类如果不能最终埋葬战争，那么战争最终将埋葬人类。时代条件的变迁使理性地认识战争和处理战争更加具有紧迫性、现实性与不可回避性。面对当代战争的紧迫课题，我们不能不由衷叹服两千多年前中国先哲深邃的洞察力。历史的演进不但没有磨灭孙子以“太和”为内核的“道胜”思想的光芒，反而随着时代的发展愈来愈显示其真理的不朽生命力。孙子以“太和”为内核的“道胜”思想穿越时空，走进当代，是指引当今人类理智地生存与发展的理性之光。人类只有约束自己的行为，以和解的姿态理智地处理国家间的矛盾与纷争，才能共同生存和发展。孙子思想的时代价值是怎么估计都不过分的。

在新的时代条件下，世界各国理应从孙子思想中获得必要的启迪与教益，为了人类社会的自身发展与延续而结束对抗，走向和谐。但是，树欲静而风不止。机遇与挑战总是相伴而生。前进的动力有多大，反向而来的阻力也就会有多大。在冷战结束将近20年后，我们仍然遗憾地看到，那种与人类文明格格不入，与时代发展背道而驰的强权思维、冷战思维、零和思维仍极力顽强地表现自己，不甘心轻易退出历史舞台。某些势力仍在逆势而上，醉心于打造瞬间对全球进行打击的超级战争机器，试图把战争从陆地、海洋、天空，进一步引向电磁空间与外层空间，追求超杀伤的杀伤，毁灭后的毁灭；在全球化日益深入发展的新形势下，仍在进一步强化其全球冷战军事同盟体系，制造世界新的分裂与对抗；为了维护和巩固其霸权，以异乎寻常的热情向全球地缘战略要点不知疲倦地进行战略扩张；对一切不愿意臣服与屈从他们的力量，极尽打压、讹诈、围堵之能事，直至发动战争，进行武力征服。这是当代世界不得安宁的主要根源，也是人类社会认真反思暴力对抗的历史，总结战争扩张的教训，理性认识和处理社会矛盾，共同构建和谐世界的主要障碍。尽管如此，沿着孙子的思维方向，走向“太和”时代，是不以任何人的意志为转移的，是任何人也阻挡不了的。《左传》曰：“不义而强，其毙必速。”任何邪恶的势力，当它登上强大的顶点时，也就是它衰亡的开始。人类面前的道路无疑漫长而曲折，对此应有足够的思想准备，但进步人类有决心、有信心、有能力走向光明的未来，而不会任由强权主义者把人类引向毁灭的深渊。孙子最终将会看到他的思想在两千年后不仅在他的故乡中国而且在世界成为现实。

（2010年10月）

中美战略文化比较

中美两国在太平洋东西两岸，隔洋相望，一个是有五千年文明史的发展中大国，一个是建国二百多年但现代化程度最高的超级大国。

两国在历史背景、文化传统、价值观念、思维方式与行为方式上都存在许多差异。例如在中国，有客人造访，主人热情相迎，请客人喝茶，喝热茶。在美国则不然，客人进门，请喝水，喝冰水。都是待客之道，一冷一热，温度就不一样。又例如，中国人往往不理解：为什么我们并没有冒犯美国，而美国偏要和中国过不去？为什么在美国眼里，总要把中国的发展看成威胁？除了战略利益差异，一个重要原因就是他们信奉的是西方的政治逻辑，他们有着与东方不同的战略文化传统，有着不同的文化基因和不同的思维方式。不了解这些文化差异，就难以沟通，也不容易作出准确判断。

中国战略文化植根于农业经济与农业文明，在长期的农耕生活中，吃饭一靠天，二靠地，靠风调雨顺，靠老天爷保佑，因而十分重视与土地、自然环境的和谐共处，因而形成顺天应人、天人合一的文化传统，重视稳定，安土重迁，但另一方面相对保守，进取精神相对不足。

美国文化从一开始就植根于商业文明，资本的逐利性以及由此对海外市场、海外资源、海外廉价劳动力的无限渴求，孕育了美国人的开拓精神与冒险精神。一部美国发展史就是一部美国资本的海外扩张史。从最初的13州到后来的50州，从东海岸到西海岸，从西半球到东半球，“扩张或者死亡”是美国的生存法则。美国总统詹姆斯·布坎南就曾坦承：“我们国家的生存法则就是扩张，即使我们想要违背它，也不可能。”

与上述文化特征相联系，中国历来奉行本土陆地防御战略，保护赖以生存的本土家园，几乎没有海外作战。古代中国对海洋的利用仅限于“兴渔盐之利，行舟楫之便”，较多是浅近海域的利用。明代实施禁海政策，海防薄弱，海洋逐渐成为外敌入侵中国的主要方向。近代史上，中国至少遭受了470次西方列强从海上的军事入侵，包括鸦片战争、八国联军入侵和日本侵华战争。中国军事战略完全是本土防御性的，长城就是象征。长城从战国开始修筑，历经秦、汉、魏、晋、南北朝、隋、唐、宋、元、明2000多年，分布于15个省区市的 403个县，总长21196公里，是世界上最伟大的战略防御工程，长城绝不是用来进攻和扩张的。明代航海家郑和以世界首屈一指的海上力量7次远航，每次舰船200余艘，每艘上千吨，总共20000余人。郑和没有像西方殖民主义者那样以优势的海上力量，占领海外一寸土地，郑和带给世界的不是血与火，而是瓷器、丝绸、茶叶，是和平友好之旅。

而美国长期奉行的是全球进攻战略。美国以全球为市场，也以全球为战场。与中国习惯于站在中国地图面前划分战区不同，美国是在地球仪上划分战区的。美国以海洋为舞台，在全球展开军事力量，一直无休止地致力于海洋空间与海洋权益的争夺与控制。美国东西有两洋，南北无强敌。美国独立以来，除1812年英军入侵和1860—1865年南北内战外，本土无战事。海洋从一开始就是美国赖以生存与发展特有的战略空间，海洋既是美国得天独厚的安全屏障，也是美国拓展特殊利益的大舞台。指导美国的战略理论基础是马汉的“海权论”和斯皮克曼的“边缘地带论”。马汉的海权论认为，以商品输出立国的国家，必须控制海洋。夺取并保持制海权，特别是与国家利益和海外贸易有关的主要交通线上的制海权，是国家强盛和繁荣的主要因素。要夺取和保持制海权，必须具有占优势的海上实力，即强大的舰队和商船队以及发达的基地网。至今，美国还在不遗余力地为控制欧亚大陆、大西洋与太平洋两大边缘地带和全球16个咽喉航道而进行战略布局。连万里之外的南中国海美国也要宣布为它的核心利益。

中国战略文化的思想基础是儒家思想。儒家文化强调“己所不欲，勿施于人”“亲仁善邻”“礼之用，和为贵”“协和万邦”。这也是今天中国坚持和平发展与和平共处五项原则的思想渊源。美国战略文化的思想基础则是杜威的实用主义哲学和社会达尔文主义。他们一方面宣传所谓人与人平等，每个人都享有天赋人权，另一方面却把自然界里“大鱼吃小鱼，小鱼吃虾米，虾米吃泥巴”，物竞天择、优胜劣汰、弱肉强食的生物链法则搬到人类社会领域，并奉为圭臬。以大欺小，以富压贫，以强凌弱，习以为常。

中国的核心价值观强调义利合一，主张“君子爱财，取之有道”，“义利利义相为用”，强调“见利思义”“先义而后利”，反对唯利是图，反对发不义之财。美国是资本主义国家。资本家以追逐利润为目的，重视资本的增值，追求利益的最大化，并为此不择手段。除了快快发财，他们没有别的幸福，除了金钱的损失，他们没有别的痛苦。至于钱怎么来的，他们是不关心的。马克思曾经引用托·约·邓宁的话说：“一旦有适当的利润，资本就胆大起来。如果有百分之十的利润，它就保证被到处使用；有百分之二十的利润，它就活跃起来；有百分之五十的利润，它就铤而走险；为了百分之一百的利润，它就敢践踏一切人间法律；有百分之三百的利润，它就敢犯任何罪行，甚至冒绞首的危险。”《共产党宣言》指出，野心勃勃的资产阶级登上历史舞台，人与人之间的关系变成了赤裸裸的利害关系，一切神圣的感情都“淹没于利己主义打算的冰水之中”。

中国战略文化有很强的道德色彩，重视道德原则。中国传统文化在一定意义上就是道德文化。强调从严格要求自己入手，正确处理人与人的关系。强调持正守节，宁静淡泊，正心修身，恭德慎行，齐家治国，实现人与自然、人与人、身与心的和谐统一。美国战略文化则有很强的宗教色彩，强调人与上帝的联系，向上帝负责，向上帝忏悔。自称“上帝的选民”，天赋使命，受命于上帝。以聆听上帝的召唤来到世间，有按照上帝所规定的信条改变和复兴世界的责任或义务。热衷于传教布道，进行价值观渗透和意识形态输出。鸦片战争后，大量传教士进入中国，有极强的使命感。今天美国到处进行干涉，打的也是“天赋使命”的旗号。

中国文化强调以德服人，推崇王道，国家越强大，越应厚德载物，展现大国宽厚的胸怀，反对轻启战端，仗势欺人，认为“兵者，凶器也……故不得已而用之”“国家虽大，好战必亡”“百战百胜，非善之善者也；不战而屈人之兵，善之善者也”。而美国信奉实力，强调以力服人，追求绝对军事优势，绝对军事霸权，绝对军事安全。美国以每年占全世界一半的军费开支，建立了一部超级战争机器和足以毁灭地球几十次的核武库，仍无停步的迹象。正是由于信奉“国强必霸”的逻辑，美国才对其他国家实力的增长和自己力量的衰减十分敏感。近年来，中国力量的较快发展在美国看来，是对其霸权的挑战。

传统上，中国重视集体的力量，个人服从集体，国家高于个人。这是因为在生产力低下的农业社会，以个人之力，难以在恶劣的自然条件下生存，只有联合起来，组织起来才能兴修水利，开发利用自然。而美国从欧洲大陆移民新大陆，从东部的殖民运动到充满艰险的西进运动，培植了美国人的个人奋斗精神和冒险精神。美国人更多地强调自我。中国人在提到自己时，往往谦称为“不才”“在下”，即使贵为天子，也要自称为“鄙人”“寡人”。而“我”在英文里永远是大写的“I”。

中国当代的思维方式、发展道路、行为模式都离不开中国独特的历史环境与民族血脉。中国有植根于中华文明的思维逻辑和历史纵深感，而美国建国不过二百多年，从最初的欧洲移民进入新大陆算起，也不过四百年历史。他们没有历史包袱，但也缺乏历史积淀和对其他文明历史发展的理解。他们更多的是对现实利益计算与考量，表现得急功近利。

中国是历史悠久的文明古国，中华文化是世界上唯一历经五千年风雨而未中断的优秀文明。包括语言文字未中断，核心价值未中断，社会管理基础未中断。相比较而言，人类其他古老的三大文明，两河流域古巴比伦文明、尼罗河流域的古埃及文明、印度河流域的古印度文明早已物是人非。

中美两国的战略文化差异是一种客观存在。承认差异不是为了进一步扩大差异，而是为了促进相互了解，不断缩小差距。中美两国是对当代国际事务有着重要影响的大国，中美关系是当代最重要的国际关系之一。中美关系的好坏不仅将影响两国的发展方向，也将影响整个世界历史的发展方向。中美和则两利，斗则两害。两国从文化入手，加强沟通，增进相互理解，避免战略误判是维护两国根本利益的客观要求，也是世界持久和平与永续发展的客观需要。

（2012年12月20日）

崇拜强者是日本政治文化传统*

李光耀说："日本不是一个普通正常的国家，它很特别，有必要记住这一点。"所谓"很特别"，表现之一就是它独特的"强者崇拜"的政治文化传统和价值观。尽管有学者提出的"压服日本"的想法不靠谱，但一个弱小的中国更无法和日本讲理。

日本文化不是一个"认理"的文化，而是一个"认力"的文化。它崇拜强者，不习惯与人平等相处，习惯与强者结盟。盛唐时，中国不仅文化上强大，在白江口海战中几乎全歼日本舰队。日本由此崇拜中国，自觉地向中国学习。后来大英帝国威风一时，日本寻求与英国结盟，对抗俄国。德国强大，日本则与法西斯德国结盟，一同成为"二战"元凶。美国的毁灭性打击，粉碎了日本所谓"本十决战，一亿玉碎"的梦呓，日本转而与美国结盟。日本崇拜强者，但它与强者为伍的目的在于以变强为圭臬，借力强者，最终超越强者。

这种崇强文化深深植根于日本历史根深蒂固的等级制观念，植根于日本"各得其所，各安其分"的价值观，以及迷信武力、崇尚武力、优胜劣汰、弱肉强食、实力至上的"武士道"精神。这种观念不仅渗透到日本社会生活的每一个角落，也支配着日本的对外关系。这与中国以德服人，维护正义，同情弱者，尊重弱小民族，坚持国家不论大小、贫富、强弱一律平等的政治理念和价值观是完全不同的。

---

* 本文发表于2015年7月1日的《环球时报》。一位日本著名政治家对作者说，世界已注意到此文，并表示赞同此文基本观点。

郑和下西洋与“共享太平之福”

1405—1433年，郑和历时28年，七下西洋，航程10万余公里，遍及亚非30多个国家和地区，每次远航100～200艘舰船、船员2万余人，揭开了世界大航海时代的序幕，书写了海上丝绸之路无与伦比的壮丽篇章。

同时期的西方航海活动与郑和的时代壮举相比，无论在出航时间、舰队规模、造船技术、航海技术、整体实力上，都难以望其项背。更重要的是，郑和的航海壮举与西方探险家、冒险家、殖民主义者的航海活动相比，具有完全不同的政治理念和价值观。

1492—1502年，意大利航海家哥伦布在西班牙国王的资助下四次横渡大西洋，到达美洲大陆。1492年8月3日第一次出航，比郑和第一次出航晚了87年。哥伦布四次航行的船只和人数分别为：第一次船3艘，87人；第二次船17艘，1500人；第三次船6艘，200人；第四次船4艘，150人。哥伦布的航行成为美洲大陆开发和殖民的新开端，使欧洲人有了殖民的新场所，并导致美洲原住民印第安人文明的毁灭。

葡萄牙航海家达·伽马1497年7月8日受葡萄牙国王派遣，率领4艘船只，140多名水手，由首都里斯本启航，绕好望角，于1498年5月20日到达印度，1499年9月9日回到里斯本，比郑和首航晚92年。达·伽马于1502—1503年和1524年又两次到印度，开辟了从欧洲绕好望角到印度的航海路线。印度新航路的开辟，使葡萄牙这个仅150万人口的蕞尔小国建立起横跨半个地球的东方殖民帝国，囊括了东大西洋、西太平洋、整个印度洋及其沿岸地区的贸易和殖民权利。

郑和的远航与之截然不同，尽管郑和手里拥有当时世界首屈一指的海上力量，但郑和却没有利用这支雄视世界、无人可以企及的力量去开拓海外殖民地，而是以“华夷一家”“天下大同”的理念为指导，展开亲仁睦邻之旅，与各国进行平等互利的贸易，带去中国的瓷器、茶叶、丝绸，换回香料、药材、珍禽异兽，赠送中华典籍，传授中国建筑、农耕、捕鱼经验，传播了中华文化，建立了友好往来关系，此外，还剿灭了以陈祖义为首的一度横行于马六甲海峡的海盗，保障了东西海上贸易航道的畅通与安全，促进了地区稳定和经济发展。

郑和这种全方位友好的行为方式，并不是偶然的、无意识的，而是自觉的、有坚实的思想基础和政治基础的。近年国内明史学者相继披露的一批历史文献充分证明了这一点。

其中之一是永乐七年（1409）三月，郑和第三次下西洋之前，明成祖朱棣专门为郑和出海颁发的敕书，“敕谕四方海外诸番王及头目人等”，说明郑和远航的目的。其中说道：“今特遣郑和赍敕，普谕朕意：尔等祗顺天道，恪遵朕言，循礼安分，毋得违越，不可欺寡，不可凌弱，庶几共享太平之福。”敕书明确表示，派遣郑和远航，就是要反对以众欺寡、以强凌弱，就是要倡导天下“共享太平之福”。

其实这一理念并不是明成祖首创的，而是继承了他的父亲明太祖朱元璋的睦邻思想。早在洪武元年（1368）十二月，朱元璋派人出使高丽、安南，在致各国文书中就提出：“昔帝王之治天下，凡日月所照，无有远近，一视同仁，故中国奠安，四方得所。”“朕已承正统，方与远迩相安于无事，以共享太平之福。”洪武三年（1370）遣使爪哇（今属印度尼西亚），敕书中称：“朕仿前代帝王治天下，惟欲中外人民各安其所。”在他多次修订的《皇明祖训》中，强调“四方诸夷，皆限山隔海，僻在一隅，得其地不足以供给，得其民不足以使令”，因此切记不可“贪一时战功，无故兴兵”。这也解释了郑和远航无意于以武力进行海外殖民扩张的原始考虑。

今天我们致力于建设21世纪海上丝绸之路，倡导建设“人类命运共同体”，无疑具有更加鲜明的时代特色，更加丰富的思想内涵，但基本理念与当年“共享太平之福”的思想可以说是一脉相承的，具有中华文明优秀基因的稳定性与继承性。我们有理由为中华文明的无限生命力而自豪，坚定不移地弘扬与发展这一先进理念，造福于中国，也造福于世界。

（2016年6月9日）

第四章　当代战争与战略

70年代美国对中国在其战略结构中的地位调整*

20世纪70年代美国在战略上进行了战后最大的一次结构性调整，这次调整是战后美国战略结构的一次根本性变革。它涉及美国的整个战略布局，重新确立了美国自身力量构成、盟国内部关系和敌我关系。作为这次调整的核心，最为引人注目的是打开了与中国的关系，结束了中美之间一代人的对抗，把中国从战略敌手的位置放到了“潜在盟友”的位置上，从而从根本上改善了美国的战略态势，实现了军事重心的转移，摆脱了两线作战、腹背受敌的被动处境，扭转了战略失调的严重局面，加强了在欧洲主战场与苏联这个主要敌手抗衡的力量，在世界战略棋盘上取得了进退回旋的一定余地。

一

战后美国的战略结构一直是建立在所谓“两极世界”的理论之上的。

早在1945年9月，美国总统杜鲁门就曾经认为“存在着一个分裂的世界”，美国决心对另一个阵营进行“圣战”。1950年初美国秘密制定的战略蓝图——国家安全委员会第68号文件也提出自19世纪以来，世界力量已有了“根本改变”“新的因素，是世界力量的极化”，并由此“导致奴隶社

* 本文写于1984年3月，原为中国美国史研究会成都年会论文。

会与自由社会的对立”。正是依据这种所谓的“极化”理论，美国战后确立了在全世界范围内遏制“共产主义”的全球战略结构。美国的战略构想是：凭借手中的原子弹、美元以及垄断集团中的反共狂热等“三大战略支柱”，推行霸权主义，建立梦想中的美利坚帝国。具体部署是：在美洲，推行新殖民主义，筹建由美国控制的美洲政治、军事集团，建立稳固的战略后方；在欧洲，加强对英、法、西德等西欧国家的军事、政治、经济渗透，控制西欧，打入东欧，与苏联全面角逐；在亚洲，占领日本、南朝鲜、南越、菲律宾等，扶植亲美势力，与欧洲战线遥相呼应，对苏构成夹击之势。从50年代初到60年代末，美国的战略思想虽然经历了遏制战略、大规模报复战略、灵活反应战略的演变，美国的军事态势虽然有变化，实力对比有消长，兵力部署也有局部调整，但其战略目标、战略结构没有实质性的改变。直至60年代末美国一直以“遏制共产主义”为基本国策，以苏联作为战略上的主要敌手，以西欧、日本等作为战略棋盘上的小卒，大肆进行冷战，争夺和控制处于美苏之间的广大中间地带，把全世界置于美利坚帝国的统治和支配之下。

中国是亚洲的中心，是一个占世界人口1/4，国土面积相当于整个欧洲的大国，对美国的全球战略具有直接的影响。有迹象表明，新中国成立后，美国在调整其亚洲部署时对中国曾有过短暂的现实考虑，例如：1949年3月，有50名国会议员要求参议院外委会将民主党参议员麦卡伦提出增拨15亿美元援蒋的法案付诸实施未获通过。1949年仲夏，当美国驻华大使司徒雷登请示是否需要与毛泽东主席会见时，美国国务院极力主张进行这种历史性接触，司徒雷登的请示几乎为杜鲁门、艾奇逊所批准。①1949年12月29日，艾奇逊在与军方人员的一次会见中表示，必须承认，共产党事实

① WALTER LAFEBER：AMERICA，RUSSIA，AND THE COLD WAR.P89.

上控制着中国，其原因主要是国民党自己崩溃，在中国并无抵抗共产主义的基础。他主张在中国问题上眼光要放远一点，“我们除非为了极为重要的战略目的，决不应自己取代苏联来作为对中国的帝国主义威胁”。1950年1月5日，美国总统杜鲁门声明“美国政府不拟遵循任何足以把美国卷入中国内争中的途径”。1950年，对外关系委员会在附属于它的各地讨论对外关系的委员会的成员中进行了一次民意测验，结果64%的受测者都同意美国和中国进行接触，甚至认为“美国采取主动在美国和中国共产党政权之间寻求某种程度上的相互容忍是可取的”[①]。这说明在当时大势所趋的情况下，无论是美国的决策者还是它的谋士们，还没有一下子下决心与新中国全面对抗，究竟置中国于何种位置，尚有过一段时间的犹豫，按当时流行的艾奇逊的话来说就是“等待尘埃落下”。但是上述考虑转瞬之间便从美国决策者的思维中消逝了，而主导美国战略方向的则是对共产主义的本能仇视，对“丢失中国”的恼怒，以及谋求继续控制亚洲，称霸全球的野心。因此，还未等“尘埃落下”，美国决策者便把中国放到了它的对立面。杜鲁门等认为毛泽东是“斯大林的追随者”，中国是“俄国的卫星国”，“中国共产主义”是一种新的“黄祸”。在他们看来“同一个民族主义的、人口过多的、贫穷的、共产党管理的中国生活在同一个世界上，可能对我们是一种生死存亡的挑战”。[②]他们恐惧“中国共产主义”更甚于恐惧“苏联共产主义”，如1955年美国国务卿杜勒斯所说的“中国牌子的共产主义比俄国牌子的共产主义威胁性更大，因为中国控制的人口更多，在亚洲享有文化威望，而俄国无论在欧在亚都没有这种威望”[③]。正是基于这种考虑，美国50年代初就把中国划入了“共产主义”一极，作为美国在

① 劳伦斯·H.肖普、威廉·明特：《帝国智囊团》，上海译文出版社，1981年，第192页。

② JOHN KING FAIRBANK：THE UNITED STATES AND CHINA.P320.

③ WALTER LAFEBER：AMERICA，RUSSIA，AND THE COLD WAR. P176.

亚洲战线的主要敌手，从政治到经济，从外交到军事，对新中国展开了全面包围、遏制和封锁。在政治上，千方百计孤立新中国，拒不承认新生的人民政权，极力阻挠中华人民共和国恢复在联合国的合法席位，并操纵五届联大通过诬蔑中国为“侵略者”的决议；在经济上，将中华人民共和国在美国管辖区的一切公私财产置于美国的管制之下，并禁止一切在美国注册的船只开往中国港口，对中国实行经济封锁和禁运；在军事上，通过缔结美泰、美菲军援协定，《澳新美安全条约》《日美安全保障条约》，美李、美蒋《共同防御条约》，美、英、法、澳、新、菲、泰、巴基斯坦八国《东南亚集体防务条约》等一系列双边和多边军事同盟协定，拼凑“东北亚防御联盟”和“东南亚防务集团”，组成与欧洲侵略体系相呼应的以中国为主要敌对目标的亚太地区军事体系，沿中国东部、东南部海域建立北起日本，中经朝鲜半岛、越南，南至菲律宾一线，遏制中国的新月形包围圈。1957年6月28日，美国国务卿杜勒斯在旧金山发表的题为《我们对中国共产主义的政策》的演说中公开承认：“关于中国，我们一直避免采取在道义上、政治上或物质上鼓励这个共产党政权的任何行动，就这样：我们一直没有对中共政权给予外交上的承认；我们一直反对它加入联合国；我们一直没有同共产党中国贸易，或者准许同它进行文化上的交流。”杜勒斯还强调“这些过去一直是，而且现在也是我们的政策。这些政策像我们的所有政策一样，是受到定期的检查的”①。他还声称：“如果我们看来举棋不定，并且对中国共产主义表示妥协，那么，这就会削弱自由亚洲对中国共产主义抵抗和帮助国际共产主义在包围我们的计划中获得一次很大的胜利。”②特别值得指出的是，作为美国遏制和敌视中国的重要步骤，1950年6月27日，美国发动侵朝战争的第二天，美国总统杜鲁门即下令第

① 美新社1957年6月28日电，转引自《中美关系》，北京人民出版社，1971年，第290页。

② 美新社1957年6月28日电，转引自《中美关系》，北京人民出版社，1971年，第294页。

七舰队开赴台湾海峡，从此开始了持续22年的美国直接用武力阻挠中国领土统一的时期。1950年8月28日，“联合国军”总司令麦克阿瑟在美国海外作战军人协会分发的演说稿中声称台湾“处于完成攻势战略的理想的地位”，是保持美国“在太平洋战略地位的堡垒”，是美国从阿留申群岛到马里亚纳群岛形成的一个弧形的岛屿锁链的中心环节，是美国在西太平洋上一艘“永不沉没的航空母舰兼潜艇供应舰”①。美国在台湾海峡地区推行战争边缘政策，制造紧张局势，不仅支持蒋介石“反攻大陆”，而且还直接出马，派遣飞机、军舰数百次侵犯中国领海领空，进行军事挑衅和战争威胁。1955年美国国会参众两院公然“授权美国总统，在他认为对确保和保护台湾和澎湖列岛不受武装进攻的具体目标是必要的时候，使用美国武装部队”②。1958年艾森豪威尔和杜勒斯再次宣称“美国负有条约义务来保卫台湾”，以及“使用美国的武装部队来确保和保护像金门和马祖等有关阵地”③。美国海军参谋长伯克甚至扬言美国海军随时准备像入侵黎巴嫩那样在中国大陆登陆。美国直接用武力长期霸占中国领土台湾是美国敌视和遏制中国的集中体现，也是美国加紧控制日本、朝鲜、越南、菲律宾等亚洲国家的总计划的组成部分，是与50—60年代美国旨在夺取进攻中国的战略基地全面控制亚洲而发动的侵朝战争、侵越战争互相配合、互相呼应的。由于美国不遗余力地遏制中国，以致深陷亚洲泥潭之中，在事实上形成了美国在欧洲与苏联对峙，在亚洲以中国为敌，欧亚并重的战略格局。如果说艾森豪威尔时期的大规模报复还只是笼统地对“共产主义世界”进行战争讹诈的话，那么肯尼迪时期提出的“两个半战争”战略——准备同时在欧洲与苏联，在亚洲与中国各打一场战区常规战争，在亚非拉地区打一场

①《当代重要演说》1950年9月15日，第708页，转引自《中美关系》，北京人民出版社，1971年，第241页。

② 美国国务院公报1955年2月7日，转引自《中美关系》，北京人民出版社，1971年，第285页。

③ 美新社1957年6月28日电，转引自《中美关系》，北京人民出版社，1971年，第290页。

局部战争——就更明确地把中国作为美国的两大主要敌手之一了。50—60年代，在美国的全球战略结构中，中国一直是以美国的这种主要敌对目标而存在的。

二

当美国醉心于遏制中国，在亚洲的巨大旋涡中难以自拔的20年间，世界历史却发生了地覆天翻的变化。到60年代后期，“同第二次世界大战结束后不久所处的地位相比，美国遇到了连做梦也未曾想到的挑战”①。美国面临的战略环境出现许多新的因素。

第一，在西方世界中，美国霸主地位衰落了，西欧、日本迅速崛起。由于美国奉行全球战略，到处进行扩张，消耗了大量人力、物力、财力，仅侵朝、侵越战争费用即相当于美国在第二次世界大战中的费用的78%，美国经济实力从50年代末即开始相对下降，而且在军事上、政治上也陷入危机。而西欧、日本却利用战后的相对和平时期，大规模更新固定资本，采用新的技术，生产率得以迅速提高。从1960年到1978年西欧共同体九国国民生产总值在世界国民生产总值中所占的比重由17.4%增到21.5%，而美国则从33.7%降至27%。军事上，法国有了50多万人的武装力量，并且建成了一支独立的战略核力量；西德重新武装，逐步建立了近50万人的武装力量；英国收缩海外兵力，转移到了西欧，而且也有了一支战略核力量。日本1950年至1971年国民生产总值平均每年增长10%，绝对额由110亿美元增至2184亿美元，在资本主义世界中一跃成为仅次于美国的世界经济大国。西欧和日本从战后初期仰美国鼻息的依附地位强大到足以在经济上、政治上与美国抗衡的程度。在资本主义世界中逐步形成

① 尼克松在堪萨斯城的讲话，1971年7月6日，见冬梅：《中美关系资料选编》，时事出版社，1982年，第79页。

美国、西欧、日本三足鼎立的局面。1971年7月6日尼克松在堪萨斯城发表的讲话中承认，“我们在军事上曾经是世界第一位，甚至没有人向我们挑战，因为我们垄断着原子武器。我们那时在经济上也远远处于第一位。那时美国实际上生产全世界全部产品的百分之五十以上”，但“这只是二十五年以前的事”，“现在，当我们环顾我们所处的世界时，我们发现美国已经不再是从经济角度来说的世界头号国家，超群的世界强国，也不再仅仅有两个超级大国”①。

第二，在苏美争霸的态势中，苏联转守为攻，美国日益处于战略防守的不利局面。战后初期美苏争夺的态势是美攻苏守，经过了50年代和60年代，苏联急起直追，拼命争夺军事优势，急剧地扩充了军事实力。在战略力量上，1962年古巴导弹危机时，美苏洲际导弹还是294枚与75枚之比，美以四比一遥遥领先，但到1969年尼克松上台时，则为1054枚比1050枚，第一次面临美苏战略核力量大体均衡的局面，到1970年苏联的洲际导弹即达1300枚，苏联已超过了美国。虽然美在弹头数量和精确性上还暂时领先，但在运载工具和投掷重量上美已经丧失了优势。在常规力量方面，美国总兵力只及苏联一半。现役陆军77万7千人，仅编16个作战师，武器装备日趋陈旧，加之一败于朝鲜，再败于越南，士无斗志。而苏联陆军则多达160个师，坦克45000辆，在部队人数和装甲突击车辆的数量方面，占有压倒性的优势。苏联海军也从近海防御力量，发展成为一支足以威胁美国的远洋海军。随着美苏实力对比的变化，美苏争霸的攻守态势也开始发生变化。苏联凭借手中实力，在全球范围内向美展开了咄咄逼人的攻势。美国50年代在欧洲大陆建立的遏制苏联的包围网被突破，苏联不仅在中欧以大军压境，而且向南北两翼扩张，它在欧洲南北海域聚集大量舰只，大有

① 尼克松在堪萨斯城的讲话，1971年7月6日，见冬梅：《中美关系资料选编》，时事出版社，1982年，第75页。

包围西欧之势。它还向非洲、中东、红海和海湾地区大肆渗透，抢占战略要地和战略资源，同时还积极插手印度支那事务，冀图进一步打入南亚，南下印度洋，控制海上战略通道，形成对西欧和美国战略迂回包抄的态势。昔日的包围者现在却处于苏联的外线反包围之中了。

第三，新中国突破美苏的包围与封锁，成为一支不可忽视的战略力量。尽管从50年代初和50年代末开始美苏两个超级大国相继对中国“风刀霜剑严相逼”，从政治围堵到经济封锁，从外交孤立到武力威胁，但中国坚持独立自主、自力更生，巍然屹立，不断发展壮大。从50年代初至70年代初，中国工农业总产值每年仍以高于7%的增长率增长，在旧中国遗留下来的废墟上逐步建立起独立的比较完整的工业体系和国民经济体系。1964年10月16日，中国成功地爆炸了第一颗原子弹；1967年6月17日，又成功地爆炸了第一颗氢弹；1970年4月24日，成功发射第一颗人造地球卫星。中国打破了超级大国霸权主义的核垄断，发展了有一定打击能力的战略核力量。在抗美援朝战争、中印边境自卫反击战以及中苏边境自卫战中，中国维护了自己的尊严，显示了不可战胜的力量。1971年10月，联合国大会通过恢复中国在联合国的一切合法权利的提案。中国的国际威望日益提高，在国际事务中，中国越来越发挥举足轻重的作用。

第四，中苏分裂，社会主义阵营解体。从50年代末起，由于苏联推行霸权主义，企图控制中国，中苏走上了分裂的道路。特别是勃列日涅夫上台后，继承老沙皇的衣钵，挑起中苏边界武装冲突，在中苏、中蒙边境驻扎54个师100万军队对中国实行武力威胁。苏联霸权主义成为中国的主要危险，50年代初，中苏签订的军事友好同盟条约已经名存实亡。与此同时，苏联对其他社会主义国家也以“老子党”“解放者”自居，粗暴地干涉各社会主义国家的内政。1968年8月，苏联公然纠集5个华约国的武装部队约50万人，配备几千辆坦克和大批飞机大炮占领捷克，对一个主权国家进行了最野蛮的入侵。社会主义国家之间的平等的同志关系和无产阶级国际主义准则遭到了苏联霸权主义和强权政治的粗暴践踏，战后一度形成的社会主义世界体系不复存在。

美国面临的战略环境的上述变化，从根本上动摇了美国全球战略的基础，进一步暴露了美国战略上种种内在的固有矛盾，至少使美国战略上的下述几个矛盾更加尖锐化和表面化了。

一是美国称霸世界的野心与实力不足的矛盾。即使在美国战后的极盛时期，它也常有力不从心之感，眼看共产主义在中国取得政权而无可奈何就是一例。经过50年代和60年代，美国国力相对下降，但它称霸世界的野心却有增无减，尤其是美苏争霸的势头愈演愈烈，美苏争夺的战场从欧洲遍及亚洲、拉丁美洲、大洋洲，从陆地扩展到海洋、天空以至外层空间。美国在全球各地越陷越深，战线越拉越长，包袱越背越重，美国常年在海外派驻100多万军队，维持着成百上千个军事基地和军事设施，美国不仅无力像当年那样蹚海水般地对外进行“军援”“经援”，就连扩充自身的军备也颇感拮据，美国的国防预算规模被迫逐年缩减。1968年国防开支占联邦预算的42.5%，1969年下降为40.6%，1970年又降为38.4%，美国以有限的人力、兵力、物力、财力应对日益严重的挑战已经愈来愈困难了。

二是战略重点与兵力部署重点的矛盾。本来美国的战略重点在欧洲，欧洲历来是帝国主义称霸世界的必争之地，两次大战的主战场均在欧洲。在政治上西欧一直是美国控制的势力范围，是美国推行全球战略的主阵地，经济上西欧是资本主义最发达的地区之一，是美国最大的海外投资地区和商品销售市场，在美国海外私人投资和对外贸易中西欧均占第一位。美国与欧洲息息相关。但是50—60年代美国出于遏制中国，控制亚洲的需要却一直在欧亚两个方向平分兵力，甚至把注意力更多地放在亚洲。50年代初期的侵朝战争动用了美陆军的1/3、空军的1/5和近半数的海军，共耗费540亿美元，就影响了美国对驻欧美军实力的加强。60年代美扩大印度支那战争，把大量兵力投入越南战场，1969年参战兵力最高达54万人，加上第七舰队兵力共约66万人，舰艇76艘，作战飞机1500余架，占当时美国海外兵力的50%以上，侵越军费至1971年共达1200多亿美元，伤亡约35万人，相对地放松和削弱了欧洲战备。1969年亚洲地区美国兵力高达90万人，为欧洲的三倍，亚洲的主要军事基地有230处，比欧洲多61处，以至出现战略重点在欧洲，兵力部署重点却在亚洲的局面。60年代苏联日益坐大，在欧洲方向频频发动攻势，使美国战略失调的状况日趋严重，美国主次不分，腹背受敌，首尾难顾，处处陷于被动。

三是美国与它的盟国控制与反控制的矛盾。由于实力对比变化，西欧、日本等盟国日益要求摆脱美国的政治、经济、军事控制，要求改变美国与它们之间的主从关系，支配与被支配的关系，要求与美国平起平坐。西欧公开提出建设“欧洲人的欧洲”，戴高乐提出改组北约，取消美国对军事指挥权的垄断，建立美、英、法三国“领导核心”。英国也主张用“互相依赖”关系代替美欧之间的主从关系。1966年法国宣布退出北约军事机构，翌年又将北约的司令部连同美军及其基地赶出法国。日本也向美国提出了索要冲绳和小笠原群岛的要求。美国与西欧、日本之间的贸易战、货币战、转嫁与反转嫁经济危机的斗争更是愈演愈烈。正如1971年7月尼克松在讲话中所承认的“西欧和日本都是美国的非常有力的竞争者，它们是我们的朋友，也是我们的盟国，但是它们在全世界争夺经济领导权方面，同我们进行着竞争而且竞争得很厉害”。美国随心所欲地支配西欧、日本等盟国已经行不通了。

四是军事战略理论与变化了的现实的矛盾。在核战略方面，由于苏联加紧发展核武器力量，从60年代后期开始美国即迅速失去核优势，加之苏联在核武器命中精度和导弹技术方面迅速提高，美苏双方都具有准确打击军事目标进行有限核战争的能力，核威慑也失去了作用。但美国的核战略理论仍然建立在虚假的“优势论”和“威慑论”上，这就使美国陷于“要么进行全面核大战，要么屈辱投降”的被动处境。在常规战争战略理论方面，60年代的所谓“两个半战争”战略是以美国“天下第一”的实力地位和“共产党世界铁板一块”的设想为物质前提和政治前提的，随着美国的衰落和社会主义阵营的解体，中苏关系的恶化，“两个半战争”也失去了现实基础。美国从来没有打过这样规模的战争，而且也不可能打赢这样的战争。

上述矛盾互相交织在一起，使美国陷入进退维谷、步履艰难、一筹莫展的困境。美国的全球战略走进了死胡同。这盘棋再也下不下去了。出路何在？如何挽回美国的颓势？如何正视变化了的现实世界？如何打破美国战略上的僵局？美国统治集团中稍具现实感的人都感到必须从改革美国的战略结构中寻找出路。如不承认现实，立即改弦易辙，建立新的结构，美国将越发弄到一败涂地不堪收拾的地步。随着60年代的结束，70年代的到来，这种改革的呼声日高，从根本上调整美国战略结构不仅有客观必要性，而且具备了现实可能性，它已经不可回避地提到了美国决策者的面前。

三

首先意识到美国战略形势的严重性并采取切实步骤进行战略结构调整的是第37任总统尼克松。

尼克松对美国战略进行的结构性调整是多方面的。但他走的关键性一步棋则是打开与中国的关系，改变中国在美国战略结构中的地位，调整以中、美、苏关系为主的战略均势。

早在1967年，尼克松在《外交》季刊上发表的一篇题为《越南战争后的亚洲》的文章中就提出"美国对于亚洲的任何政策，都必须紧迫地抓住中国的现实"，"从长远的观点看来，我们就是不能把中国永远撇在国际大家庭的外面"。[①]在稍后的竞选总统的演说中，他指责民主党政府过去"专心注意亚洲"，现在应当"开始较多地注意欧洲"，"从那些我们摊子铺得太大的地区削减我们承担的义务"，以便"把侧重点放在优先地区"。1968年底，尼克松当选总统后不久，便约见基辛格，就美国的战略问题进行密商，随后基辛格发表反映两人主要观点的文章，认为"超级大国的时代行将结束"，"多极化将成为未来的潮流"。1969年2月2日，尼克松就任总统后12天，即在一份备忘录中指示基辛格"探索同中国人和解的可能性"。1969年7月25日，尼克松在关岛对记者发表谈话。提出了"关岛主义"或"尼克松主义"，制定了用"亚洲人打亚洲人"的"新亚洲政策"，表明了从亚洲收缩的意向。1970年2月8日，尼克松向国会提交一份题为《70年代美国的对外政策——争取和平的新战略》的长篇咨文，提出了"伙伴关系""实力""谈判"三项原则，以此作为尼克松主义的"三个支柱"。在这篇咨文中，尼克松特别强调了中国的影响和作用，指出"从长远来说，如果没有这个拥有七亿多人民的国家出力，要建立稳定和持久的国际秩序是不可设想的"。1971年7月6日，尼克松在堪萨斯城发表讲话，首次提出包括中国在内的"世界五大力量中心"论。他认为从经济角度和经济潜力来考虑问题时，今天世界上有五大力量中心，"它们是：美国、西欧、苏联、大陆中国，当然还有日本"。"这五大力量将决定世界在本世纪最后三分之一的时间里的经济前途，而且由于经济力量将成为其他力量的关键因素，这五大力量将决定世界在本世纪最后三分之一的时间里在其他方面的前途"。特

① 劳伦斯·H.肖普、威廉·明特：《帝国智囊团》，上海译文出版社，1981年，第195页。

别是中国“是富有创造性，有生产能力的，他们是世界上最能干的民族之一,八亿中国人将不可避免地成为巨大的经济力量以及由此而带来的其他方面所能取得的成就”。“正因为如此，我认为美国政府必须首先采取步骤来结束大陆中国与世隔绝的状态”，否则“这对全世界来说将是一件危险的事情，这将是不能接受的”[①]。1970年1月20日在中美大使级会谈中，美国代表申明美国不谋求“参加针对中国的与苏联共同主宰世界的计划”。1970年10月26日，在会见齐奥塞斯库的祝酒词中，尼克松第一次称中国为中华人民共和国。从上述一系列言论和行动中可以看出，尼克松从一开始就把打开与中国的关系作为改善美国战略态势的钥匙，从一开始就把调整对华政策，改变中国在美国战略结构中的地位作为新政府的头等大事。

从尼克松开始，中经福特、卡特及至里根，前后经历了四任总统，历时10余年，美国基本上完成了这一历史性转变，与中国建立了战略上的联系，重新安排了美国的战略结构，实现了新的战略均势。这一过程大体可以划分为三个阶段。

从尼克松就任伊始到1972年尼克松访华为第一阶段。这一阶段主要是尼克松谨慎地探求打开中国的大门，“跳一种微妙的外交小步舞”的阶段。在这期间，尼克松多次通过法国总统戴高乐、巴基斯坦总统叶海亚、罗马尼亚总统齐奥塞斯库等第三方传递信息，谋求“同中国对话”，同时相应采取了一系列放松贸易及旅行限制的步骤。经过试探性接触，1971年7月9日至11日，美国总统特使基辛格秘密访问北京。1972年2月21日至28日应中国总理周恩来的邀请，尼克松访华；28日中美双方在上海发表了联合公报。在公报中双方同意根据和平共处五项原则处理国与国之间的关系，声明任何一方都不应该在亚洲—太平洋地区谋求霸权，每一方都反对任何

① 尼克松在堪萨斯城的讲话，1971年7月6日，见冬梅:《中美关系资料选编》，时事出版社，1982年，第79页。

其他国家或国家集团建立这种霸权的努力。美国方面对只有一个中国，台湾是中国的一部分这一立场不提出异议，并确认最终从台湾撤出全部美国武装力量和军事设施。作为现职美国总统访问中国，这在历史上还是第一次。尼克松在1973年致送国会的报告《70年代美国对外政策——缔造持久和平》中曾经陈述推动他进行“世界上人口最多的国家与最强大的国家之间”的这种历史性接触并指导其战略结构调整的主要考虑有以下几个方面。（1）把八亿人民排除在外，就无法缔造一个全球的和平结构。一个比较稳定的国际体系必须反映出中国的巨大实力和潜力。（2）世界上的普遍的变化，特别是共产党世界的变化，要求美国采取一种比较开阔的态度。国际的环境已经变成一个多极的环境，因此美国的外交活动也必须是多极的。只要不同中华人民共和国打交道，美国的对外政策就不能真正反映出这个正在出现的多极世界。（3）存在许多潜在的领域，两国在其中进行的双边接触可以使两国人民的生活丰富起来。（4）它的确能够帮助扩大国际对话及和解的范围。①可见尼克松致力于打开中美关系，调整美国战略结构是基于对国际政治力量变化了的现实的认识，是对中国在国际政治生活中日益增长的重要作用的承认，在理论基础上以“多极论”代替了“两极论”。尼克松访华和上海联合公报的发表标志着美国调整中国在其战略结构中的地位的开端。但这次旅行只是开始了在“相隔几乎一万二千英里以及二十二年没有联系和抱敌对情绪的鸿沟”上“搭一座桥的漫长过程”，美国以中国为敌的传统结构还远远谈不上根本放弃。

第二阶段是从1972年至1979年1月1日中美正式建交。这一阶段主要是福特、卡特继续推进中美关系正常化的进程，初步完成战略结构调整的阶段。1974年8月，尼克松因“水门事件”被迫辞职。福特继任后，在向

---

①《总统文件每周汇编》9卷第19册，1973年5月14日，转引自冬梅：《中美关系资料选编》，时事出版社，1982年，第100页。

国会两院联席会议发表的演说中表示“保证继续信守上海公报的原则”，因为“建立在这些原则的基础上的新关系已经表明它是符合双方的重要的客观的利益的，而且已经成为世界局势中的一个持久的特征”。1975年12月7日，福特借珍珠港事件34周年纪念日之机在檀香山发表“新太平洋主义”的讲话，强调：（1）美国的实力是太平洋任何稳定均势的基础；（2）同日本的伙伴关系是美国战略的一个支柱；（3）与中国关系正常化，加强同这个代表着人类近1/4的伟大国家的新的联系，以共同反对任何形式的霸权；（4）和平取决于解决悬而未决的政治冲突等。[①]福特的“新太平洋主义”实际上是尼克松主义的继续，福特从尼克松手里接过了总统职务，同时也接过了推进中美关系的重担。

1977年初，卡特入主白宫。2月8日，卡特会见中国驻美联络处主任黄华，宣布美国的对华政策“将以上海公报为指导”，“美国政策的目标是关系正常化”。1977年5月22日，卡特在圣母大学发表对外政策讲话宣称“美中关系是我们全球政策中的一个中心因素”，并且认为“中国是保持全球和平的一支关键力量”，“同中国建立外交关系是符合我们自己国家的最大利益的”[②]。在卡特的推动下，美国接受了中国的“断交、撤军、废约”三原则。1978年12月16日，两国发表了建交联合公报，双方宣布自1979年1月1日起正式建立外交关系。1979年1月1日，卡特政府宣布断绝同台湾当局的关系，同年4月撤走全部驻台美军，并于1979年12月31日正式终止与台湾当局签订的“共同防御条约”。这一阶段是美国战略转变的过渡时期。尽管美国谋求打开与中国的关系，但仍较长时间地保留着对中国的敌意。1977年国防部长布朗所作的国防报告一方面认为“美国继续谋求同中国关

①《总统文件每周汇编》11卷第50册，1975年12月15日，见冬梅：《中美关系资料选编》，时事出版社，1982年，第128—130页。

② 美国新闻处，1977年5月22日。

系更加正常化”，但另一方面又强调“在我们制订部队计划时决不能完全无视中华人民共和国”。1978年的国防报告一方面称中国是“美对苏的战略抗衡力量”，指出“不再在美中发生冲突的基础上计划军事力量”，但仍然认为中国是美国的“潜在威胁”。直到1979年，美国才在国防报告中明确提出“中美关系已经正常化，两国间的长期政治对抗实际上已经结束”，正式放弃了对中国的敌对态度，初步确立了中国在美国战略结构中的非敌对性地位。

第三阶段从1979年1月1日中美建交到80年代初，是停止中美关系一度出现的逆转趋向，谋求与中国建立战略协调关系的阶段。中美建交后，由于右翼势力掣肘，卡特政府通过了违背建交公报精神和国际关系基本准则的“与台湾关系法”，里根上台后也坚持“与台湾关系法”并扩大对台武器销售，使中美关系一度面临倒退的危险。但是中美关系毕竟是“一项根本性的战略现实和战略必要”，对美国的全球利益“具有压倒性的重要意义”。美国政府这种“倒拨时钟”的做法，在中国的原则立场面前和美国国内有识之士的反对下没有走得太远。这段时间中美关系在曲折中仍有一定的发展。1980年1月5日至13日，美国国防部长哈罗德·布朗访华，这是1949年以来美国第一位国防部长访华。访华期间，布朗表示美中两国共同战略目标领域越来越多，希望扩大和加深美中两国全球战略关系。1981年6月16日，黑格在记者招待会上宣称美国愿意把中国作为“一个非美国的盟国，但是同美国有着许多共同利益的友好国家”对待，修改把中国同苏联集团归为一类的法律，修改出口管制程序以利于扩大对华贸易。[①]据黑格透露，在此前后，美国政府内部已作出了改变在出售武器和技术转让这两方面对中国所划定的类别的决定，即“把中国归入类似南

① 国际交流署北京1981年6月16日电，见冬梅：《中美关系资料选编》，时事出版社，1982年，第237页。

斯拉夫——一个友好的不结盟国家一类”，放宽了向中国出口“两用高级技术产品”的限制。黑格公开表示“可以设想”向中国出售数量有限的武器，例如陶式反坦克导弹。美国总统国家安全事务助理布热津斯基在阐述这一政策时说里根放宽对中国出口武器的限制是在发展战略上的一致意见方面向前迈出的又一步，美中必须长期保持战略关系，并赋予更多的政治内容。1981年7月22日，里根总统任命的美国驻华大使恒安石在参议院外委会作证时认为中国对美国有“巨大的战略意义”，并认为建立军事关系是美中关系发展“合乎逻辑的结果”。1982年4月5日和5月3日，里根分别致信中国领导人强调中美两国“都面临着不断扩张着的苏联强权和霸权主义的共同威胁。历史赋予了我们对付这种危险的共同责任”。里根表示“愿意继续努力解决我们的分歧，并创造一个合作的、持久的双边与战略关系”。“中国和美国是两个伟大的国家，它们注定要通过合作变得强大，而不是通过分歧而遭到削弱”。[①]1983年5月，美国商务部长鲍德里奇访华，进一步转达了里根决定放宽对中国技术转让的限制的信息，把中国从限制较严的P组改为V组，把中国纳入了包括美国的盟国在内的国家系列。美中关系中一度出现的逆转趋势得以控制，美国进一步把中国由非敌对关系放到了谋求战略上合作的位置上来，最终完成了对中国在美战略结构中的地位的调整。

1974年，美国国务卿基辛格曾说过，美国的政策“没有一项能比同中华人民共和国关系正常化这项政策得到更大的两党一致的支持”。从尼克松到里根，无论是共和党或民主党政府之所以相继推进对华关系，“用合作取代敌对”，在所有考虑中最重要的考虑无疑是抗苏需要。1982年10月11日，尼克松在《纽约时报》撰文回顾美中对话时说“十年前使我们两国走到一

① 新华社《参考资料》1982年5月11日、5月15日。

起的关键因素是我们对苏联威胁的共同关注”。1982年4月5日，里根在致中国领导人的信中也谈到“在阿富汗和伊朗、在东南亚、在西半球以及在核领域”，中美两国都面临“明显和现实的危险”，这些危险是推动中美之间合作的“坚实基础”[1]。由于美国实力衰退，单靠它自己的力量同苏联对抗已不可能。正如1981年6月16日美国助理国务卿霍尔德里奇在北京美国人俱乐部的午餐会上说的，苏联好比中国的武松打虎故事中的老虎，我们必须勇敢地对付“老虎”，但是“没有朋友的帮助，美国单靠自己一国的军事力量是制服不了这只老虎的”。因此，美国企图借重1974年施莱辛格在国防报告中所称作的“第二支重要的战略力量”即“中华人民共和国的力量”，以抗衡苏联，“使苏联不能随意把大量兵力从远东转移到别处”，同时“避免把中国推向同苏联建立一种新的密切关系或者同美国及其盟国建立一种敌对关系”，在中美苏之间玩弄“三角游戏”，牵制中苏接近。正是出于这种考虑，当1969年苏联外交官员向美国外交官员试探苏联对中国的核设施发动外科手术式的袭击美国会作何反应，以及1973年勃列日涅夫在莫斯科市郊狩猎场对基辛格暗示苏联对中国拥有核武库不能熟视无睹必须采取某种行动时，美国表示对中国受到别人进攻不会漠然视之。[2]很清楚，美国所以持这种立场，并非对中国有什么偏爱，而是由于在美国看来，一旦中国遭到削弱，打破了三角平衡，苏联腾出手来全力以赴对付美国，这种后果对美国来说也是灾难性的。

美国推进对华关系的另一个重要考虑则是经济因素。50年代，美国与中国为敌，把“七亿有潜力的顾客变成了七亿冤家”，使美国失去了一个巨大的亚洲市场。重新打开对华关系，把“冤家”变为“顾客”，是符合美国资本家社会的愿望的。1983年10月，由美国共和、民主两党曾经担任国家

① 新华社《参考资料》1982年5月11日、5月15日。

② 见《基辛格回忆录》第2卷，世界知识出版社，1982年，第115—116页。

要职的名流主持写成的美国大西洋理事会对华政策委员会的一份报告中明确提出“作为一个市场，而且作为自然资源的来源，中国对美国的经济的重要性将增加”。1982年，尼克松也强调“一个经济上强大的中国可以成为一个非常重要的贸易伙伴”。“积极地有想象力地致力于扩大两国的经济联系”，不仅可以给美国带来经济利益，而且“在加强政治上的联系以减少中国同苏联保持经济联系的需要方面也是有价值的”，能使中国“在战略上更有效地起作用”。正如1981年6月5日美国国务院一位高级官员对华盛顿记者们所说的那样，对全球战略形势持相似的观点，关心亚洲的稳定和进步，密切美中之间的贸易和交往关系将给双方带来好处，这三个方面是推动美国打开对华关系，调整中国在其战略结构中的地位的主要动因，是美中关系的“三大支柱”。

四

1949年，艾奇逊曾经预言，苏联在1927年被逐出中国，过了22年才恢复对中国的影响，美国这次如被逐出中国，也很可能要等这么长时间。艾奇逊的话不幸而言中。从司徒雷登夹着皮包走路到尼克松踏上中国的旅途整整经过了22年。

应该说，美国调整中国在其战略结构中的地位是一种现实的选择。事实证明，此举给美国带来了巨大的政治利益、安全利益和经济利益。1981年2月4日，美国参谋长联席会议主席琼斯提出的1982财政年度美国军事态势报告承认“中国在中苏边界遏制了大量的苏联军队”，“美国应当继续探讨谨慎地扩大同中国的安全关系的好处”。尼克松在1982年发表的文章中也认为中国是“一个对付苏联野心的有效因素和一个防止苏联扩张——不仅是苏联直接的军事扩张而且是苏联对脆弱的第三世界国家的间接渗透——的障碍”。仅此一点，就在相当程度上减轻了美国战略上的压力，获得了巨大的安全利益。在贸易方面，1981年7月27日里根向参议院财政委员会国际贸易小组委员会提交的一份关于东西方贸易的报告表明，1980年即美中建交后的第二年，美中贸易额达48亿美元，第一次超过了美苏贸易额。其中美国出口为37.5亿美元，美国的贸易顺差为27亿美元，这是美国在全球贸易关系中居于第四位的贸易顺差。1981年，中国已经成为美国在亚洲的第三大出口市场，仅次于日本和南朝鲜。1982年，中美贸易额达52亿美元。据商务部长鲍德里奇预计到80年代末，中国将成为美国的主要贸易伙伴之一。美国在调整中国在其战略结构中的地位的同时，还相应调整了与西欧、日本等盟国的关系，“修补松散了的篱笆”，用“伙伴关系”代替“支配关系”，宣布美国、西欧、日本之间的“伙伴关系”是美国对外政策的三大要素之一，放松了对西欧、日本的控制，建立了共商抗苏战略的平等关系。另外，美国还逐步调整全球军事部署，收缩了亚洲力量。1969年夏至1973年春，侵越美军50多万人陆续撤出南越。到1973年年中，亚太地区美军地面部队已由11个师减至2个师，海军舰艇由190余艘（约120万吨）减为85艘（约60万吨），空军从119个中队减为50个中队。到1979年，美国部署在欧洲地区的兵力近30万人，占美国海外驻军的58%，比美驻亚太地区的兵力多14万人；美在欧洲地区的主要军事基地达168处，占海外主要基地数的53%，比亚洲地区多49处。美海军部署在大西洋的航空母舰已增至7艘，多年来第一次超过了太平洋。美国逐渐把力量从东线转向了西线，恢复了“欧洲第一，亚洲第二”的传统部署。在军事战略上也放弃了“两个半战争”理论，提出了“一个半战争”理论，明确提出准备与苏联在欧洲打一场大战，在中东、波斯湾地区打一场有苏联参与的小战。里根上台后，进一步提出了与苏联全面对抗的“多发战争”理论。通过这一系列步骤美国完成了全球性的战略调整，扭转了战略失调的状况，在战略上总体被动态势中，取得了相对主动。

在考察美国战略形势和战略结构调整的时候，不应忽视的是美国实力虽有变化、有升降，但维护美国全球利益的本质并没有变化；美国对苏联的攻防关系虽有变化，但美苏根本矛盾没有变化，美苏的根本矛盾是不可调和的，争夺是不可避免的；美国对华政策虽有重大调整，但对华的立场没有本质改变。这三条决定了美国对华政策的两重性。一方面它需要借助中国抗衡苏联，但另一方面它又企图控制中国，把中国作为美国的军事附庸；它一方面抗击苏联的霸权主义，另一方面又自己搞霸权主义。中美两国虽然在抗苏战略上有一定的共同点，但两国的抗苏出发点是根本不同的。由于苏联的挑战在短期内不会消失，由于中国的巨大市场对美国人还颇有吸引力，因此美国谋求与中国建立战略关系的努力如无意外在可以预见的将来将继续发展下去，已经形成的新的战略结构也会有一个相对的稳定期。但另一方面在中美战略关系中又潜伏着不容小视的危机，其中最大的破坏性因素就是美国坚持“与台湾关系法”，干涉中国内政，阻挠台湾回归祖国的进程。美国人之所以继续在台湾问题上搞小动作，其主要原因不外有二。一是一部分美国人与台湾有长期的传统的历史联系，有着共同的反共政治哲学基础。二是有千丝万缕的经济联系，美国人在台湾有大量投资，与台湾做着大笔生意，据美国商务部统计，1980年美国对台湾出口贸易额为43.366亿美元，1982年为40亿美元，台湾是美国的第八大贸易伙伴。第三个原因也是最主要的原因，就是美国霸权政策的劣根性，在美国统治集团中有人企图永远控制台湾，并以此牵制中国。1981年1月5日里根当选总统后，在接受《时代》周刊记者的访问时就曾经说过，对改善中美关系“需要一定程度的谨慎”，“不能走得太快，以至于有朝一日用美国提供的武器打美国”。1982年1月5日，一位叫作基尔帕特里克的先生也在《华盛顿邮报》上发表文章声称：“我们自己在太平洋的战略利益也强烈要求台湾继续保持独立，这个岛被称为一个‘不沉的航空母舰’，它所处的位置可以保护从东北亚到亚洲其余地区的海上交通。”他还说：“抛弃一个我们有朝一日也许会非常重要的盟国的做法将是愚蠢的。”这种麦克阿瑟式的帝国主义腔调恐怕代表了一部分美国要人的心声。在美国政府中似乎有人以为中国面临苏联的威胁就会有求于美国，因此他们可以随心所欲地“摇晃台湾这条船”，伤害中国人民的民族感情，这显然太缺乏历史常识和时代感了。当年中国面临美苏的联合包围都毫不畏惧，难道在不断壮大的今天，还非得向美国磕头不可吗？中美之间的战略联系能否发展，关键在于美国能否放弃在台湾问题上的霸权主义立场。1979年1月15日，美国国务卿万斯曾经对美国公司负责人说：“美中关系如不设法迈进，就会向后倒退，倒退将给美国公司在全球的地位造成严重的损害。”进则益，退则损，美国到底作何抉择，这将是留待美国80年代用行动作出回答的问题。

（1984年3月）

冷战后的中美安全关系与亚太地区和平与稳定*

中国与美国是太平洋两岸隔洋相望的两个伟大的国家。一个是最大的拥有现代科技的发达国家，一个是最大的具有雄厚发展潜力的发展中国家。冷战时期，中美安全关系的建立与发展曾经是遏止东西方冷战演变为世界性核浩劫的重要因素之一。冷战结束后，中美安全关系的性质和基础是什么？应当如何认识在新的战略环境下中美安全关系的战略价值？怎样进一步发挥中美在维护亚太地区和平与稳定中的重要作用？

一、冷战后中美安全关系的战略基础

冷战时期，美国与苏联处于全球性的尖锐对抗之中，中国也面临着苏联全面武装入侵的现实危险。中美两国面临的共同威胁，使毛泽东与尼克松于70年代初超越意识形态的分歧实现了历史性握手。中美两国在经历了20余年的对立之后开始走上相互关系正常化的发展道路，这是冷战时期人类所能作出的最明智、最重要的抉择之一。中美安全关系的建立与发展从根本上改变了世界战略格局和战略力量对比。在某种意义上我们可以说，冷战的结束正是从中美安全关系的建立开始的。

柏林墙的倒塌和苏联的解体，标志着一个时代的结束。但是，冷战的结束并不意味着中美安全关系历史使命的完结，中美昔日共同面临的苏联霸权主义威胁的不复存在也不意味着中美安全关系战略基础的根本消失。

* 本文写于1995年初，部分内容发表于美国《防务周刊》1995年4月3—9日，全文发表于1995年5月4日美国纽约《侨报》，署名美国大西洋理事会高级研究员。当日新华社驻联合国分社发回国内。1995年5月23日新华社《参考资料》头版头条全文转载。当时正值美宣布同意李登辉访美，中美关系处于低谷。

恰恰相反，在冷战后的世界里，中美两国对于维护世界和平与稳定，促进人类的发展与进步负有更大的责任，中美两国面临着更加复杂的安全环境和更加艰巨的历史使命，中美两国安全关系具有更加广泛的战略基础。

——冷战时期中美安全关系主要着眼于维护全球安全，在世界战略大三角和反对苏联霸权主义的国际统一战线中，中美各自发挥其独特的作用，使世界战争未能爆发，中美自身的安全利益也得到基本保障。冷战后，苏联这个有能力发动世界战争与美国一争高下的对手的消失，使世界大战在可以预见的将来有可能避免，全球安全问题相对缓解。而另一方面，由于苏联顷刻解体，国际战略力量骤然失衡，地区主导权争夺的迅速加剧以及两极体制下潜伏的地区民族、种族、宗教间矛盾及领土、资源纷争迸发，使地区安全问题日益上升。维护地区安全（就中美而言，主要是亚太地区安全）已取代全球安全成为冷战后中美安全关系的基本着眼点。

——冷战时期，中美安全关系是以共同对付苏联霸权主义的威胁为特定的对象的，是排他性的。冷战后，在和平与发展的时代要求下，中美安全关系应是互信性的，它不针对任何第三国，不把任何第三国作为特定的敌手和安全威胁。

——冷战时期，在全面战争的威胁下，中美安全关系不能不以军事安全为主要内涵，维护生存利益的考虑不能不先于或重于维护发展利益的考虑。冷战后，以经济和科技为核心的综合国力竞争已成为国家间争夺的焦点。经济安全在国家安全中的地位日益上升。中美安全关系的内涵也不能不随之扩大，军事安全与经济安全相辅相成，生存利益与发展利益密不可分。

——冷战时期，中美安全关系立足于应付明显的较为单一的高强度的现实威胁，在苏联霸权主义咄咄逼人的战略攻势面前，这一立场更多地带有被动应付的性质。冷战后，昔日较为单一的高强度的现实威胁逐步让位于复杂多变的低强度的潜在的安全威胁。中美安全关系将更主要地把立足点放在预防可能发生的安全危机，消除潜在的威胁，有效适时地实现危机控制，防止危机的纵向和横向升级，确保地区的和平与稳定上来。这一进程将更多地带有积极的主动的预防性质。

——冷战时期，影响和制约中美安全关系的主要是大国间相互制衡机制，全球安全取决于大国或国家集团间战略力量平衡。冷战后，中美新的安全关系和地区安全机制取决于各种战略力量之间的平等协商和战略和谐关系的建立。

由此，不难看出，在冷战后的战略环境下，中美安全关系不仅具有更为广泛的战略基础，而且具有全新的信任机制和积极的战略性质。

二、冷战后亚太地区安全面临的挑战

总的来说，与战乱四起动荡不定的欧洲相比，冷战后的亚洲太平洋地区相对平稳。这首先是因为，亚洲不像欧洲，不是东西方冷战的主战场和前沿阵地，受冷战的影响和支配相对较弱，因而苏东剧变和两极体制崩溃在亚太地区引起的立体震荡比欧洲要小；其次是亚太地区没有处在世界宗教的主要重叠带和不同经济水平的民族的主要接合部，民族积怨、宗教矛盾和领土纷争不像欧洲地区那样强烈；再次，亚太地区一些国家和地区在东西方冷战的间隙中不失时机地致力于经济发展，为局势的稳定打下了一定的物质基础；最后，中国作为亚太地区的大国，成功地走上了健康发展的道路，经济繁荣，政治稳定，民族团结，中国的稳定是亚太地区得以稳定的重要因素。

但是，目前亚太地区的稳定局面只是相对的。亚洲并非和平的绿洲，太平洋也绝不是“太平”的洋。冷战后引起欧洲动荡的基本因素在亚太地区都不同程度地存在。在表面平静的海水下面潜伏着许多暗流和难以预测的不确定因素。从长远看，如果这些不稳定因素得不到及时有效的控制，迟早有一天会爆发出来，冲击亚太地区的和平堤岸，危及整个亚太地区的稳定与繁荣。这些不稳定因素主要表现为以下几个趋势。

——亚太地区核技术、核武器日益扩散的趋势。除原有的核国家外，在中亚，哈萨克斯坦上千枚战略核弹头及其失控的可能性日益引起人们的关注。在东北亚，日本拥有发展核武器及弹道导弹的足够能力，据专家估计，未来五年内日本可储存五至十吨钚，如果需要一年内即可实现核武装。朝鲜的核风波至今尚未完全平息，韩国在70年代初即开始核武器研究项目，也拥有发展核武器的充分条件。在南亚，印度不仅已储存武器级钚，而且成功试射射程为2500公里的“烈火”式中程弹道导弹。巴基斯坦从1986年开始生产武器级铀。在西亚，以色列加速发展核武器，伊朗、伊拉克等伊斯兰国家也正在极力寻求掌握核技术。上述情况表明，一些国家和地区正在向核边缘国家和地区迈进，已有的核武器边缘国家，则试图跨过“核门槛”，进一步成为公开的核国家，国际防核扩散体制日益面临崩溃的危险。

——增加军事开支和武器进口，扩充军备的趋势。与西方一些军事大国裁减军队员额，削减军事开支形成对比的是，冷战结束以来，亚太国家军费开支呈增加趋势。据报道，日本80年代以来，军费翻了一番，成为亚洲头号军事大国，1990年首次突破4万亿日元大关，1991年为343.9亿美元，1992年达357亿美元，1993年达371亿美元，1994年为430亿美元。韩国近几年军费保持10%的增长势头，1991年为100多亿美元，1992年为115亿美元，1993年达126亿美元。印度1991年军费比1990年增加7%，1992年比1991年增加4%，1993年比1992年增加3.6%。东盟国家除印尼外，军费大幅度增加，菲律宾、马来西亚、新加坡、泰国1992年军费分别比上一年增加22%、12.8%、11.6%和13.5%。在军事开支中军事科研投入增长最为迅速。印度60年代军事科研费占军费比重为0.9%，70年代上升为1.9%，80年代达3.7%，1992年上升为5%。日本1986—1990年军事科研费翻了一番，年均增长率为16.2%，1990年占整个军事开支的2.5%，1995年将提高到3.5%。韩国军事科研费1992年以前约占2.5%，1993年提高到5%，计划十年内提高到10%。与此同时，亚太国家武器装备进口也悄然上升。目前，已超过素有“军火库”之称的中东。在世界进口武器最多的15个国家中，亚太国家就占了7个，其中，印度、日本和阿富汗是世界前五个武器进口国中的三国。印度把进口先进武器作为基本国策，1992年，武器进口总值达11.97亿美元，目前还在招标求购价值数亿美元的装备。各国通过进口，重点加快空军、海军装备现代化的步伐。上述情况中，有的属于正常的更新补充，不能一概而论，但有些似乎超过了正常防卫的需要。

——领土与海洋权益争端日益激化的趋势。在陆地领土归属方面，不仅有历史上遗留下来的纷争，而且有两极格局崩溃带来的新问题。日本与俄罗斯围绕千岛群岛的争执，印度与巴基斯坦在克什米尔问题上的尖锐对立，印度对非法的麦克马洪线以南中国9万平方公里土地的侵占，印度尼西亚和巴布亚新几内亚之间的领土争端，日本对中国钓鱼岛事实上的占领，中国南沙群岛被多国瓜分的局面等，都随时可能成为导致局势紧张的危机爆发点。在海洋权益方面，随着联合国海洋法正式生效日期的临近，各濒海国在海域划界、岛礁归属、海洋资源开发存在的互相交叉、互相重叠、互相对立的主张日益公开化。特别是一些国家以武力强化对有争议岛礁、海域的占领，使上述矛盾进一步尖锐化和敏感化了。

——宗教矛盾和民族冲突日益扩散和加剧的趋势。在冷战后新旧格局的转变中，伊斯兰势力以中东为中心向欧亚非大陆辐射，在国际政治中成为一股重要力量。伊斯兰世界涉及40多个国家10亿人口，其中80%在亚洲，特别是西亚和南亚是伊斯兰两大中心。伊斯兰势力与其他宗教势力的冲突，伊斯兰教内部不同教派之间的冲突，已成为影响亚太局势的一个重要因素。苏联解体后，中亚五国（哈萨克斯坦、乌兹别克斯坦、塔吉克斯坦、吉尔吉斯斯坦、土库曼斯坦）的宗教势力迅速复苏，宗教激进主义与泛突厥主义日趋活跃。塔吉克斯坦内乱，阿富汗各派械斗，印、巴的克什米尔争端都有宗教背景。在亚洲不少国家如土耳其、马来西亚、泰国、缅甸、柬埔寨、菲律宾、印度等宗教极端势力向政府发难，甚至问鼎政权，影响着局势的稳定。

——经济领域的摩擦日益上升的趋势。最引人注目的是随着美苏冷战的结束，美日之间的经济战日益突出起来。在汽车、钢铁、电视、半导体芯片等领域日美摩擦尤为尖锐，日本已公开对美国说“不”。作为“经济超级大国”的日本，已经对美国在亚太地区经济霸主地位提出了挑战。50年前在太平洋战争中日本用武力未能夺取的珍珠港，50年后实际上已被日本用金元征服。美国一份报告称：“对美国来说，目前正面临着像200年前独立战争时一样的危险。日本经济正在威胁着美国的生活方式。”这是影响亚太地区安全不容忽视的一大隐忧。

上述趋势，是所有关心亚太地区安全的负责任的政治家所不能不正视和认真对待的。

三、中美安全关系在维护冷战后亚太地区和平与稳定中的重要作用

中美不仅是亚太地区人口众多，国土辽阔，资源丰富的两个大国，而且是国际核俱乐部和联合国安理会常任理事国。作为两个有重大国际影响力的大国对于维护冷战后亚太地区的和平与稳定负有义不容辞的责任。

战后40余年的历史表明，全球安全取决于美苏关系的性质，而亚太地区的和平与稳定在一定程度上取决于中美安全关系的性质。当两国处于敌对状态时，亚太地区就不可能实现真正的和平与稳定；当两国关系处于建

设性的正常状态时，亚太地区和平与稳定就能从总体上得到保障。在中美关系正常化后的20余年中尽管亚太地区发生过一些局部动荡，但从总体上看，亚太地区基本上保持了和平与稳定的局面。

在冷战后地区安全日益突出的战略环境中，亚太地区和平与稳定局面的维持无疑有赖于亚太地区各国的共同努力，但是中美安全关系在建设亚太地区冷战后新的和平结构和保持亚太地区的持久和平中的重要作用和战略角色具有不可替代性。即使美、中、日、俄四个大国之间，任何其他双边关系以至多边关系都难以取代中美关系在亚太地区安全中的特殊作用。就本世纪末和下世纪初的亚太安全而言，要在下述几个方面取得实质性的进展，离开了中美之间的有效合作和战略协调几乎是不可能的。

——全面实行核军控，防止核扩散，确保核安全。作为两个有核国家，中美对于在亚太地区进一步强化由《不扩散核武器条约》、国际原子能机构的安全保障制度和“核出口国俱乐部”三部分组成的现有国际核不扩散体制起着重要作用。中美两国都有责任防止不负责任地向亚太地区出售核武器、转让可用于发展核武器的核技术和核材料、进行核走私，都有责任不对亚太地区无核国家使用核武器，有责任支持在亚太地区建立无核区，实行无核化的努力，有责任承诺核国家互不把核武器瞄准对方，不首先实施核打击，有责任积极推动整个亚太地区乃至全世界最终彻底销毁和永不使用核武器。

——建立符合亚太地区实际的安全机制。在建立亚太地区安全机制时，需要中美这两个具有不同文化背景、历史传统、社会制度和价值观念，但有着重要的共同安全利益的大国与其他国家一道共同努力从亚太实际出发建立具有亚太特色的安全机制。特别是注意着眼于亚太地区的持久和平与稳定，鼓励安全对话，促进相互了解，增强相互信任；坚持平等协商，相互尊重，不搞强制性的、干涉性的机制；坚持具体情况具体分析，不简单地以经济合作框架代替安全合作框架；坚持以双边安全关系为主，实行双边与多边安全关系相结合；坚持循序渐进，逐步发展，经过不懈努力奠定可靠的地区安全基础。

——强化地区危机管理，避免危机的爆发与升级。鉴于亚太地区潜藏着多处危机爆发点，加强地区危机预测与预防，建立恰当的危机处理程序，适时有效地进行危机调控，是确保冷战后亚太地区长期稳定的关键。中美之间理应在保持地区军备管理和军事要素的控制，建立地区安全信任措施，组织维和行动，共同打击贩毒、走私、海盗和国际恐怖主义活动，消除可能的危机爆发点等诸方面作出较大的贡献。

——建立互利互惠的地区经济秩序，维护地区经济安全。拥有先进的科学技术和管理技术的美国，与发展迅速、市场潜力巨大的中国在经济上具有极大的互补性。两国平等互利的经济关系的建立，对于缓和日趋尖锐的地区经济矛盾与摩擦，稳定地区经济秩序，确保地区经济安全具有重要意义。

——制约地区霸权主义，维护地区持久和平。作为亚太地区两个大国，中美不仅有责任保证自己不在亚太地区谋求霸权，也有责任反对其他任何势力试图在亚太地区建立地区政治、经济、军事霸权，破坏地区战略平衡，危及地区安全的努力。

——实现地区安全保障的法制化、持久化。亚太地区长期的和平与稳定需要以和平共处五项原则为基础建立起稳定的国际法保障体系。这种保障体系离开了亚太地区两个最大的国家的积极参与和维护，是不可能建立起来的，即使建立起来也形同一张废纸，没有实质性意义。

四、中美安全关系的发展前景

中美建设性的安全关系不仅符合两国利益，也完全符合整个亚太地区的利益。积极发展中美安全关系是中国政府的一贯立场。自从1993年11月中美两国领导人实现西雅图会晤以来，中美安全关系开始走出低谷，1994年美国宣布将最惠国待遇与人权问题脱钩，随后两国军事领导人实现互访，进一步推动两国安全关系的积极发展。尽管未来仍然难免会出现波折，从长远看，中美安全关系的发展前景应该是审慎乐观的。

1979年当时的美国国务卿万斯曾经说过："美中关系如不设法迈进，就会向后倒退，倒退将给美国在全球的地位造成严重的损害。"这句话至今仍不失其现实意义。要避免中美安全关系的倒退和两国战略利益的损害，需要两国作出更大的努力，特别需要美国领导人走出思想上和理论上的某些误区。

——改变传统的落后时代的冷战思维方式。要以国家利益为处理国家关系的最高准则，既考虑自身利益，也考虑对方的利益和地区的整体利益，不是简单地以意识形态或社会制度异同划线，或以此作为决策的唯一根据。要充分认识冷战后，各国利益日益增加的相互依存性和各国安全的整体性，不做把国家根本利益放在一边继续进行冷战后的冷战的蠢事。

——正视世界多样化的现实。虽然各国的经济发展水平不同，历史传统不同，社会管理方式、价值观念都不同，但这不妨碍大家在同一地球上的互相借鉴，取长补短，和睦相处，共同负责任地建设一个有利于各国发展的良好环境。如果硬要将某种自己所偏爱的单一模式强加于人，只会人为地破坏社会政治生态平衡，既是非理性的，也是永远做不到的。

——更深刻地理解东方文化的内涵。西方文化作为人类文明的结晶之一，当然有它的优长。而东方文化经过了几千年的发展，更有其深刻的内涵。东方文化强调整体精神，推崇仁爱原则，强调在天人和谐、物我和谐、人与人和谐的群体和谐中保持社会秩序的稳定。这对于今天我们建立和平与稳定的亚太地区秩序有着深刻的启示。不理解东方文化，就难以实现与东方的沟通，就不可能制定正确的政策。

——做有作为的战略家。处理中美关系不能只站在太平洋盆地里面看问题，而应站在珠穆朗玛峰顶上放眼世界。要着眼于21世纪，着眼于全人类，不迁就眼前事变，不让一小片树叶遮住自己的眼睛。两国政治家都有责任以战略家的远见卓识发展中美关系，把人类带进一个和平进步的新世纪。

中国在促进东南亚和平与发展中的建设性作用

——在夏威夷美国国防大学太平洋论坛1995年年会上的发言*

尊敬的主席、女士们、先生们：

首先感谢美国太平洋总部和美国国防大学的盛情邀请，使我们有机会领略夏威夷的美丽风光，结交如此众多的学术朋友。

今天，当我们置身太平洋上的旅游胜地，讨论亚太问题的时候，我们更真切地感到，与世界上其他地区相比，亚太地区充满了活力。特别是我们这次会议着重讨论的东南亚地区，政治相对稳定，经济持续发展，其国际战略地位日益上升，日益成为当今国际社会引人注目的焦点。

但是，正如许多专家所指出的，在东南亚总体繁荣与稳定的后面仍然存在着一些不安定的因素。对地区主导权的争夺，经济领域日趋激烈的竞争与摩擦，军备日益扩充的趋势，领土与海洋权益的复杂争端以及某些国家内部可能出现的政治动荡，这些都将可能对未来东南亚的安全与稳定构成不可忽视的挑战。

要保持和发展东南亚地区繁荣与稳定的局面，当然主要靠东南亚国家自身的努力，但同时，也离不开东南亚周边国家的支持与合作。中国作为东南亚国家的近邻，陆海相连，有着数千年的交往史与传统友谊。15世纪中国航海家郑和七次下西洋，其足迹就曾遍及东南亚各国。1955年，中国与东南亚国家在内的亚非国家共同缔造了以和平共处五项原则为核心的著名的“万隆精神”。中国与东南亚国家同属第三世界，有着相

* 本文是1995年2月22日美国国防大学在夏威夷主办的太平洋论坛年会——“东南亚的多边活动”大会上的发言，原文为中、英文。

似的历史遭遇和共同的历史命运，有着振兴民族、发展经济的共同任务。特别是20世纪70年代末以来，中国与东南亚各国在政治、经济、文化上的联系日益密切。积极发展同东南亚国家在内的第三世界发展中国家以及邻国的团结与合作是中国对外关系的基础。努力促进东南亚的繁荣与稳定不仅符合东南亚地区各国人民的利益，也符合整个亚太地区乃至世界各国人民的根本利益。目前我们正处在世纪之交的重要历史时期，和平与发展是当今时代的主题。中国诚恳地希望在进一步推动东南亚地区的和平与发展中作出积极的建设性贡献。中国的建设性作用包括以下四个方面。

一是共同反对形形色色的霸权主义，维护地区和平。首先，中国保证自己永远不在东南亚地区推行霸权主义政策，永远不做超级大国，也不与任何大国或国家集团结盟。现在不称霸，将来发展起来了也不称霸。中国在东南亚没有任何私利，也不谋求超出国际法赋予一个主权国家所应当享有的合法权益之外的特殊利益。其次，反对任何其他势力在东南亚地区推行任何形式的霸权主义，不论是地区内的某种势力，还是地区外的某种势力，不论是全球霸权主义，还是地区霸权主义，不论是军事、政治上的霸权主义，还是经济上的霸权主义，都在反对之列。

二是共同维护公平合理、互利互惠的经济秩序。努力加强地区经济合作力度与协调，在更大的规模上互通有无，取长补短。坚持相互平等，相互尊重，反对以大压小，以富欺贫，特别要帮助发展中国家尽快脱贫致富，逐步缩小贫富差距，实现共同繁荣。

三是共同推动建立符合地区实际的安全机制。最重要的是排除过时的集团政治、阵营政治、势力范围、大家庭方式等冷战思维的干扰，努力建立开放的、互信的，而不是封闭的、排他的、对抗性的新的安全机制；其次要从本地区国家特点和多样化的实际出发，不简单地模仿其他地区的某些并不成功的做法，不强求建立某种单一的机制。中国将十分乐于看到并积极参与与中国有关的多层次、多渠道的双边或多边安全对话，推动建立必要的信任措施，加强各国之间的相互了解与安全合作。

四是共同促进国际争端和平与公正的解决。中国一向主张采取和平的方式，谈判的方式，而不是武力方式解决各国之间的争端。中国先后提出“一国两制”“共同开发”“协商对话”等创造性的构想，为和平解决国际争端提供了崭新的思路。东南亚地区现有的争端如果遵循这一思路，都不难得到公正的解决。

关于南沙群岛问题，众所周知，中国最早发现与经营南沙群岛，最早对南沙群岛进行了管辖。早在公元前2世纪中国就发现了西沙和南沙。20世纪70年代以前，美国、苏联、日本、法国、越南等各国出版的地图集和百科全书都清楚地标明南沙群岛和西沙群岛为中国领土。1956年、1958年越南外交部和越南总理多次发表声明和正式外交文件，郑重承认西沙、南沙为中国领土。无论从历史依据上看，还是从法理依据上看，中国对南沙群岛的所有岛屿拥有无可争辩的主权。尽管如此，中国从维护地区和平与稳定的大局出发，从维护中国与东南亚国家的传统友谊出发，从时代的需要出发，以博大的胸怀和向前看的姿态提出了“搁置争议，共同开发”的合理主张，充分表现了中国和平解决这一争端的最大诚意。为实现这一主张，中国进行了长期不懈的努力，特别是1994年11月中国领导人在访越期间，与越南领导人就“通过谈判和平解决两国存在的边界领土问题”取得一致意见，成立了第三个专家小组，进一步就海上问题进行对话和磋商，在和平解决历史遗留问题上迈开了重要的一步。

主席、女士们、先生们：

和平与发展是当今不可抗拒的时代潮流。中国是具有五千年历史的文明古国，是当今世界重要的和平力量，是东南亚各国可以充分依赖的朋友。

中国在未来东南亚地区的和平发展中的作用将是积极的、建设性的，所谓“中国威胁论”和“填补真空论”都是毫无根据的。中国将和东南亚国家一道，努力缔造和平，共同迎接一个和平、稳定、繁荣、发展的新世纪，让东南亚所在的西南太平洋真正成为太平之洋。

科索沃战争对世界格局的影响

20世纪最后10年，世界上爆发了两场具有重大转折意义的战争，一场是90年代初的海湾战争，另一场就是最近发生并正在进行的这场科索沃战争。前者标志着高技术战争登上历史舞台；后者则从根本上动摇了现有的国际关系基础，标志着美国在欧洲实施战略展开，在全球推行霸权主义、强权政治的新扩张。

一、科索沃战争是战后50多年国际政治的一个重要转折点

它至少在六个方面在战后50多年的历史上是第一次。

1. 它是第二次世界大战结束50多年来在欧洲心脏地带爆发的第一场国家间战争，是欧洲第一次进入国家间战争状态

在近半个世纪的美苏冷战中，尽管美苏均以欧洲为其战略重点，两大军事集团在欧洲剑拔弩张，紧张对峙，但双方都未敢在欧洲轻率玩火，而是着重在亚非拉中间地带进行争夺，在欧洲力求保持力量平衡。此次以美国为首的北约悍然在欧洲点燃巴尔干火药桶，既反映了华约解体后欧洲战略力量严重失衡的现实，也反映了美国急于利用冷战后的战略机遇期，在欧洲进行战略展开的决心。

2. 它是北约成立50年来第一次以北约集体名义发动的对外侵略战争

作为与华约冷战对峙的军事集团，北约不但未能随着冷战的结束而放弃其军事使命，反而变本加厉，不断扩大其组织，强化其军事功能，制定新的战略概念，发动对外侵略战争，由集体防御变为外向型干涉，由防区内走向防区外，由大西洋化到全球化，由联合国授权到自行授权。这是北

约由冷战工具到“世界宪兵”的转折点。

3. 它是以美国为首的西方军事集团第一次完全置联合国和《联合国宪章》于不顾，未经联合国授权而发动的赤裸裸的侵略战争

联合国成立半个多世纪以来，虽然其作用并非都是积极的，但它毕竟是处理国际安全事务的最高机构，《联合国宪章》是公认的国际关系准则，特别是冷战后联合国的作用日益增强，美国在处理国际事务时也不得不尽量“挟联合国以令天下”。此次美国完全甩开联合国，以地区组织意志取代国际组织意志，这是对联合国权威、国际关系体系与国际安全机制的严重挑战。

4. 它是以美国为首的西方国家第一次公开以“维护西方价值观”和“人道主义干涉”的名义，利用一个主权国家的内部民族矛盾而发动的侵略战争

这次西方国家公开将西方价值观凌驾于其他国家的国家主权与国家利益之上，公开抛弃国家主权不可侵犯、别国内政不可干涉、主权国家一律平等等经典的国际关系准则，从而为西方国家任意利用别国内部民族、宗教矛盾发动侵略战争开了恶劣的先例。

5. 这次战争是德国在纳粹战败50多年后首次走上欧洲战争舞台，也是塞尔维亚结束德国法西斯军事占领50多年后再次遭到包括德军在内的武装侵略

随着德国经济实力的壮大，以参与对科索沃的战争为契机，德国将进一步在军事上崛起，并力图在欧洲乃至国际事务中发挥作用。这不仅对未来欧洲政治军事形势的发展将产生重要影响，而且对第二次世界大战中的另一个战败国日本突破和平宪法、加速走向亚洲军事舞台不无“鼓舞”。

6. 这次战争不仅是第二次世界大战后50多年，也是人类战争史、外交史和国际关系史上罕见的对非交战国驻外使馆实施残暴的精确袭击的战争

以美国为首的北约置《维也纳外交关系公约》于不顾，竟然丧心病狂地袭击中国驻南联盟使馆，这是纳粹式的战争犯罪。以美国为首的北约袭击中国使馆的野蛮行径是对12亿中国人民的蓄意挑衅，是对整个国际社会的蓄意挑衅。

二、科索沃战争是美国加强全球总体战略部署，构筑21世纪美国主导的全球体系的重要战略步骤

以美国为首的北约发动科索沃战争绝不是要防止什么“人道主义灾难”，这场战争的动因也不应到科索沃和欧洲内部去寻找，其根本动因在于美国主宰21世纪的全球战略企图。

美国的全球战略早在第二次世界大战后就提出来了。冷战时期美国的全球战略集中体现为与苏联争夺世界霸权，由于美苏大体形成战略均势，美国一时难以确立其世界霸主地位。冷战后随着苏联的解体，如前美国总统安全顾问布热津斯基所说的，美国成为世界历史上“唯一的也是最后一个至高无上的全球性超级强权”，这就为美国实现其独霸世界的夙愿提供了难得机遇。经过20世纪90年代近10年的战略调整与过渡，美国凭借其强大的经济、军事力量，趁其他战略力量尚难以对美国构成挑战的战略间隙，决心将其酝酿已久的以欧亚大陆地缘战略为主体的全球战略构想全面付诸实施。科索沃战争就是启动这一战略构想的突破口。这一战略构想大体有一个核心、两个支撑点、三个基本原则、六个新的特点。

一个核心：建构21世纪美国主导下的世界秩序，阻遏世界多极化的进程，力图无限延续美国“单极独霸”的地位，使美国成为“人类历史上最后一个真正的世界帝国”。

两个支撑点：在欧洲大西洋地区，依托北约军事集团，推动北约东扩与北约全球化，建立欧洲安全体系，抑俄制欧；在亚洲太平洋地区，以美日军事同盟为基础，推动美日安保条约西扩，建立亚太战区反导体系和安

全体系，抑华制日。

三个基本原则：阻止欧亚大陆出现任何向美国挑战的大国，防止欧亚国家之间形成排斥美国的联合，保持美国处于仲裁地位的欧亚大陆力量平衡，从而将整个世界秩序纳入美国设计与控制的政治框架之中，最终实现21世纪的“美国梦”。

六个新的特点：

一是美国在欧洲与亚洲大陆东西两大边缘地带的扩张相呼应。在美国跨世纪的战略大棋盘上，非洲是战略上的破碎地带，美洲是美国的后院，所以，美国把战略重心放在欧亚大陆。美国在欧亚大陆东西两线同时推进，遥相呼应，但在当前，欧洲受到更多的关注。这是因为欧洲是美国传统领地，控制不住欧洲就无法控制世界，尤其是冷战后欧洲离心力日增，经济上欧元出台对美元直接构成挑战，政治上以“欧洲人的欧洲”为号召，出现摆脱美国控制的迹象，使美国日益产生失去欧洲的危机感。这是美国不能不优先经略欧洲的重要原因，也是美国从科索沃开刀的重要原因。

二是美国全球霸权主义与地区民族宗教纷争相结合。历史上大国争霸虽然对抗的强度高，但战争发生的概率相对较低；地区性民族宗教纷争发生军事冲突的可能性虽大，但烈度相对较低。地区纷争如果为全球霸权主义者所利用，两者合为一体，则不仅具有极大的破坏性，而且具有冲突的频发性与广泛性。科索沃战争就是一个不祥的先例。这将是21世纪世界不得安宁的主要根源。

三是美国主导的全球经济体系与全球安全体系相依存。美国庞大的虚拟经济与巨大的能源消耗及对世界市场的严重依赖，是美国急于建立全球霸权以控制世界资金、资源与能源流向，确保美国垄断利益的深刻根源。美国通过对世界银行、国际货币基金组织和世界贸易组织的控制而建立的全球经济体系与以北约军事集团、美日军事同盟等为基础而建构的全球安全体系相互为用，经济体系以安全体系为保障，安全体系以经济体系为基础，共同构成美国的全球战略网，共同为美国的全球利益服务。

四是美国的人权战略与军事战略相渗透，人权战略的军事化是美国推行新全球战略的一个重要特色。美国的人权战略为美国的巡航导弹开辟通道，而美国的巡航导弹则为推销美国的民主价值观提供强制性手段。这就使美国的“民主”“人道”“人权”带有更多的血腥气和残暴性，使美国的巡航导弹更加失去国际法准则的约束而自由地飞往世界各地。

五是美国的全球霸权主义与西方的集体霸权相结合。美国在进行全球扩张时极力把西方盟国绑在自己的战车上，尽可能以集体的名义出现。新的“八国联军”就是这种集体霸权的正式亮相。这说明美国在西方社会中的盟主地位得到了西方盟国的认同，从而使美国的全球霸权更加肆无忌惮、咄咄逼人。

六是预防性外交与预防性军事打击相支持。美国在外交与军事两条战线把其行动的时间与空间大大前置化，两手交相并用，更加强调先发制人、主动攻击，从而使其全球扩张更加表现出进攻性与疯狂性。

三、科索沃战争严重冲击了当代国际关系体系，极大地改变了世纪之交的国际安全格局

不论这场战争的结果如何，它对国际安全格局已经产生重大影响。

1. 世界和平与发展的大局面临严峻挑战

科索沃战争打破了一个时期以来人们以和平拥抱21世纪的良好愿望。虽然和平与发展仍是当代世界的潮流和历史的必然趋势，但这两大问题至今一个也没有解决。目前美国正处于战略扩张高峰期。19世纪前期以门罗主义为号召在西半球的扩张，力图把美洲变成美国的美洲；19世纪末到20世纪初在马汉的海权论指导下，发动美西战争，占领菲律宾与夏威夷等，

由大西洋走向太平洋。这次科索沃战争是美国新的全球性大扩张，它不是昔日老殖民主义式的扩张，而是向全球扩展美国的政治价值观与垄断利益，企图控制全球资源、资金、能源的流向，建立美国主导的霸权秩序。美国的全球扩张是21世纪世界动乱的总根源。21世纪天下并不太平，和平没有有力保障，发展也不会顺利。科索沃的炮火表明了没有制约的霸权是怎样与战争密切联系在一起的。美国的霸权带给21世纪的并不是和平而是战争，和平与发展的大趋势暂时倒退是可能的。对此我们应有清醒的估计。

2. 世界多极化的趋势遭受重大挫折

科索沃的严酷事实告诉人们：国际社会至今尚没有出现足以对美国霸权构成制衡的战略力量。国际战略格局多极化与单极化的斗争，世界政治民主化与强权化的斗争进入短兵相接的阶段。21世纪初期很可能是一极称雄、多元纷争的局面，而不是多极化“加速发展”的态势。多极化作为一个历史过程可能比人们预想的还要漫长、曲折、艰难。

3. 联合国的地位作用趋于弱化

美国视联合国为其推行全球霸权主义的羁绊，公然甩开联合国，恣意妄为，对联合国构成了极大的伤害。尽管将来美国仍会利用联合国，但联合国处理国际安全事务的权威已难完全恢复，联合国的功能很可能弱化，甚至有可能面临重蹈“国际联盟”覆辙的危险。

4. 建立公正合理的国际新秩序的历史进程出现逆转

美国无视以《联合国宪章》与和平共处五项原则等为主体的现代国际法基本准则，严重动摇了国际关系基础，沉重打击了国际社会建立公正合理的国际新秩序的努力。科索沃战争给人们展示的是以强凌弱、以大欺小、以富压贫的反文明现象。霸权逻辑正逆历史逻辑而动。21世纪初期很可能是美国推行强权政治的畸形的世界秩序。作为美国霸权的对应物，世界将可能重新出现军备质量竞赛和军事集团化联盟化的趋势。

四、科索沃战争对我国安全环境潜在的深远的负面影响不能低估

科索沃战争特别是以美国为首的北约悍然袭击我驻南联盟使馆的野蛮行径说明，美国的战略扩张正在向我一步步逼近。从美国的全球战略意图与战略布局上看，如果美国在科索沃顺利得手，美国战略重点势必提前东移，我国必将面临日益增加的现实威胁。21世纪初，中国特色社会主义现代化建设所需要的战略机遇期有可能受到比人们预想更严峻的挑战。

我国存在着复杂的民族、宗教问题，这些问题与美国等西方势力的西化、分化图谋有着千丝万缕的联系。美国极易利用这些问题，使之向国际化、暴力化方向演变，并借此对我进行干涉，使我内忧与外患相伴而生，国内民族矛盾与国际斗争彼此纠缠，难以处置。

以美国为首的西方势力对科索沃民族分离主义势力的支持将使“台独”势力备受“鼓舞”。美国不仅极力向台出售高技术武器装备，而且力图将台纳入其战区导弹防御系统。美国武装介入台湾问题的程度日益加深，我解决台湾问题的难度增大。

美国在欧亚大陆边缘地带推进，使我周边地区战略压力增大，美国如以科索沃模式在朝鲜半岛动手，并将战略前沿直接推进到鸭绿江边，与我陆地连接，将大大恶化我之地缘战略环境。

科索沃战争给我们提出了许多问题，需要认真研究，采取切实措施。我们要正确分析判断形势，进一步增强国力，从各方面做好自己的工作。

美国推行全球霸权主义，四处树敌，必将进一步激化与各国的矛盾，如美俄矛盾。我们要团结一切可以团结的力量，特别是团结发展中国家的力量，共同反对美国的霸权主义。

美国赤裸裸的侵略行径是绝好的反面教材，它形象地告诉人们什么是强权政治，什么是霸权主义，为什么要居安思危。它极大地激发了我国各

族人民的爱国主义热情和强烈的忧患意识，我们要正确加以引导，将这种爱国主义热情和忧患意识转化为保卫祖国、建设祖国、振兴中华民族的巨大精神力量。

科索沃战争为我们提供了一幅复杂条件下高技术局部战争的画面，使我们能更加准确全面地分析高技术战争的特点、弱点，更有针对性地加强我国的国防建设和军事斗争准备。特别是我们可以从南联盟的斗争实践中吸取以弱抗强、以劣战优的经验教训，丰富我们的作战思想。

（1999年6月25日）

海湾战火：都是石油惹的祸

海湾地区是全球最重要的能源产地。世界探明石油储量的65.75%集中在这里，美国进口石油的60%、日本的65%和西欧的52%都来自这里。而伊拉克这个号称“浮在油海上的国家”，石油储量占世界总储量的12%，占欧佩克国家总储量的15%左右，仅次于沙特阿拉伯，为世界第二。石油是伊拉克的财富之源，同时也是其灾难之根。石油使伊拉克先后卷入长达8年的两伊战争和空前惨烈的海湾战争。如今，美国对伊动武，石油无疑是重要因素。伊拉克石油与战争结下了不解之缘。对伊拉克来说，真可谓：福也石油，祸也石油；和也石油，战也石油；成也石油，败也石油。

福也石油，祸也石油

早在公元前3000年，居住在美索不达米亚（今伊拉克）的苏美尔、亚述和巴比伦人就在幼发拉底河流域成功地采集到含有天然沥青的油苗，从而开始了寻觅和探索石油的历史。甚至有美国石油学者称，世界上“第一个石油工业起源于美索不达米亚，那里是西方文明的摇篮”。

1. 夺石油，列强争先恐后

1920年，伊拉克沦为英国的“委任统治地”。当时的英国外交大臣随即宣称：“我不管战后以何种方式管理伊拉克石油，我关心的是伊拉克的石油必须为英国所用。”石油资源匮乏的法国对伊拉克的石油资源也垂涎欲滴。法国政府战时石油局局长亨利·伯伦格曾得出这样的结论：“谁占有石油，谁就占有了世界，因为他可以用柴油统治海洋，用高度精炼的石油统治天空，用汽油和煤油统治陆地。”

1920年4月25日，英法两国签署了瓜分伊拉克石油的《圣雷莫协议》。双方决定限制美国进入伊拉克石油领域。当《圣雷莫协议》签订的消息传到华盛顿后，美国政界和石油界为之哗然，并引起美国舆论界“强烈的暴怒”。最后美英石油巨头经过长达8年的勾心斗角，终于在1928年7月31日签订了瓜分伊拉克石油的第一个协定，即《红线协定》。

第二次世界大战后，英美为了争夺中东石油又展开了激烈的争斗。罗斯福于1944年2月18日晚对英国驻美国大使说：“波斯石油是你们的，伊拉克和科威特的石油我们两家分，沙特阿拉伯的石油是我们的。”美国趁英国在第二次世界大战中被严重削弱的时机，向包括伊拉克在内的主要中东国家提供巨额军事援助和经济援助，逐步取代了英国在中东的石油霸主地位。

苏联为了同美国争夺全球霸权，也开始染指中东石油。伊拉克是苏美争夺的一个重要战略据点。苏联自20世纪60年代后期以来多次向伊拉克提供各种援助，逐步向这一重要石油产地渗透。

2. 靠石油，伊拉克尽享“繁荣”

伊拉克共和国成立前，由于英、法、美等殖民主义国家的疯狂掠夺和封建统治阶级的残酷压迫，大量的石油出口未能改变伊拉克贫穷落后的面貌。1958年伊拉克共和国成立。1972年伊拉克实现了石油国有化，终于控制了本国石油资源。从此石油工业成为伊拉克经济的支柱产业，带动整个国民经济飞速发展。20世纪70年代伊拉克年均经济增长率超过10%。1980年伊拉克国民生产总值约358亿美元，人均国民生产总值达到3020美元，是1960年的20倍。“石油繁荣”给伊拉克带来了翻天覆地的变化。伊拉克由贫穷落后一夜之间变得空前“繁荣”，综合国力跻身于阿拉伯世界前列，成为中东地区强国。

和也石油，战也石油

1. 争石油，两伊大打出手

20世纪80年代长达8年的两伊战争发生在世界最大的“油库”——海湾地区。虽然原因是多方面的，但实际上石油在这场战争中扮演了一个举足轻重的角色。正是因为石油财富，两伊军事实力才得以迅速膨胀，也正是倚仗强大的石油经济做后盾，两伊战争才演变成为一场长期的消耗战。在交战过程中，石油仍是主要军事目标：双方都不惜以各种手段，力图最大限度地打击对方的经济命脉，稳定和扩大自己的石油收入。

战争开始后不久，伊朗最大的石油城阿巴丹就大部分被毁，并最终被夷为平地。同时，伊拉克最大的炼油厂巴士拉也受到伊朗的大规模空袭，最大的原油出口站法奥被伊朗占领，通往地中海的输油管也被炸。1984年2月，当伊朗占领伊拉克的马季农岛后，伊拉克发动了轰炸伊朗油轮、封锁伊朗海上石油出口的“油轮战”，试图借此来削弱伊朗的战争支持能力。但伊朗很快以牙还牙，对前往科威特和沙特装油的各国油轮实施袭击。应科威特的要求，1987年7月22日，美国舰队以“护航”为由，开始进驻波斯湾，随后又成立了“中东联合特遣部队司令部”。这标志着美国军事力量正式进入海湾地区。

1987年7月20日，联合国安理会一致通过第598号决议，要求两伊立即无条件停火。两伊最终同意从1988年8月20日起全面停火。在8年的战争中，两伊死伤人数有100多万人，此外还造成300多万名难民，经济损失则更加惊人。除去两国在海湾交战对其他国家所造成的损失外，仅两国的直接经济损失就超过5400亿美元，两国的国民经济也倒退了20～30年。而美国的军舰却趁机“名正言顺”地进驻海湾。

2. 石油再惹战端，美国出兵海湾

两伊战争结束后，伊拉克为了掌握波斯湾出海口的主动权，在与科威特的边界谈判中，要求科威特割让位于海湾北端科威特海岸的沃尔拜岛和布比延岛。同时，由于科威特得天独厚的地理条件，地下有3个特大型含油构造，并一直延伸到周围邻国，形成盆状，周围石油皆向盆底涌流。科威特处于盆底，而伊拉克部分油田则位于盆壁，于是伊拉克遂指责科威特在伊拉克边境采油影响自己，并要求赔偿24亿美元的损失费，同时还提出要科威特让出在两国边境地带同鲁迈拉油田相连接的一个油田。伊拉克的这些要求均遭到科威特的拒绝。

1990年8月2日凌晨，伊拉克以10万大军入侵和占领了科威特，震撼了整个世界。美国中央情报局还分析认为，萨达姆可以轻而易举地打败只有一支不足7万人军队的沙特阿拉伯，在3天之内可以攻下443公里之外的沙特阿拉伯的首都利雅得。如果这一分析被证实，伊拉克就会占有全球石油储量的45%，等于控制了海湾地区，控制了石油输出国，统治了中东。

伊拉克的行径直接威胁到美国的全球利益，也威胁到整个西方国家的利益，卡住了美国和西方经济的脖子，切断了它们的血管。当时的美国国务卿贝克指出："工业化世界的经济命脉是从海湾延伸出来的。我们不能允许萨达姆这样的独裁者控制这条经济命脉。"当时的美国总统老布什进一步声言："现在可能面临我国经济独立的重大威胁，必须出兵海湾，制服伊拉克的挑战行为。"在骗取联合国授权下，美国为此发动了为期42天的海湾战争。

美国虽然赢得了战争，扼杀了萨达姆控制中东石油的野心，但没有实现由美国控制中东石油的目的。

3. 石油又成焦点，海湾烽火再起

2003年3月20日，驻扎在红海和波斯湾的美军战舰发射数十枚巡航导

弹，对伊拉克发起“斩首行动”，拉开了伊拉克战争的序幕。这次美国是要彻底控制中东石油。小布什政府与美石油界有着千丝万缕的联系。在小布什政府中，总统、副总统、总统国家安全顾问、白宫总管和政府部长等25人都来自石油和汽车工业集团。小布什本人出身石油世家，在当选得克萨斯州州长之前就是石油资本家。而副总统切尼则是世界上最大的油田开发公司“哈里波顿”的前任董事和首席执行官。

20世纪90年代海湾战争后，伊拉克与意大利、俄罗斯、法国、西班牙和中国等签署30项石油合作协议，而美国的石油公司却受海湾战争后华盛顿制裁政策所限，只能眼巴巴看着各国对手捷足先登。美国马萨诸塞州罕布什尔学院的国际安全教授克拉雷形容，美国对伊动武是“世界历史上最大的石油掠夺”。从能源的角度看，美国推翻反美的萨达姆政权，建立亲美的伊拉克新政权，将十分有利于确保美国及其盟友的能源安全，具有中长期重要的战略意义。

推翻萨达姆也有助于美国摆脱对世界第一产油国沙特的石油依赖。另外，在控制伊拉克以后，美国在海湾乃至海湾—里海一线的战略态势便会有所改观，由此还可以在世界石油市场上有所作为，甚至左右石油价格，消除油价过高对其经济产生的不利影响。英国《观察家报》2002年10月6日发表评论说，如果美国能够控制伊拉克的石油储藏量，就会打破沙特对确定油价的石油输出国组织（欧佩克）的控制，并主宰未来的石油价格。

成也石油，败也石油

围绕伊战后重建问题，各国又展开了另一场激烈的角逐，而有关石油利益的分配成为角逐的重要内容。西方舆论认为，美国建立亲美政权后，将独自拥有伊拉克石油的支配权。美国媒体引用伊拉克反对派人士的声明扬言，凡外国公司与萨达姆政权签订的合同，不管是否得到联合国的批准，都有可能被“一笔勾销”，不再认账。4月8日美英首脑会晤提出的伊战后重建方案强调，美英将主导伊拉克战后重建，以确保在战后伊拉克的利益分配。然而，因世界绝大多数国家要求联合国在伊重建问题上发挥主导作用，反对美国独自主导，美国的愿望将难以实现。

伊战后，各国仍将为石油而“战”。对欧洲各国来说，如果石油来源被美国控制，那么就像脖子被人卡住了一样，是生死攸关的大事。因此，美国攻打伊拉克受到了其传统盟友——欧洲各国的强烈反对。2001年3月公布的《欧盟能源安全供给战略绿皮书》指出，欧盟45%的石油来自中东。以法国为代表的欧洲国家担心美国一旦在伊拉克得手，便将欧洲石油供应的命脉攥在手里。因此，在美国发动伊拉克战争的问题上，除英国外，美主要欧洲盟国几乎异口同声反对。

法国石油只有5%自给，从中东地区进口将近52%，所以保障中东石油供应渠道的畅通，对于法国的经济发展至关重要。法国最大的石油公司——合并后的道达尔菲纳埃尔夫公司掌握着伊拉克石油总储量25%的开采权，只等联合国投资禁令解除，便可开采。但如果美国发动的伊拉克战争成功，美国主导下的“后萨达姆时代”政权势必将把赚钱机会留给美国石油寡头，致使法国经济利益受到重挫。因此，法国在战前高举反战大旗，不惜与美国“硬碰硬”，以最大限度地维护和争取自己在伊拉克乃至中东的现实和潜在利益。当美英联军兵临巴格达城下时，法国总统希拉克突然一改口风，称美国是法国的“盟友和朋友”。其实尽在情理之中——法国是想在伊战后重建中得到石油利益。

俄罗斯在伊拉克的巨大石油利益使其对美国发动伊拉克战争表示强烈反对。伊拉克曾经明确表示，目前伊境内探明的油田共有73处，已经开采的24处全部由俄罗斯公司负责，剩余的也可能全部交由俄方开采。3月26日，俄罗斯外长伊万诺夫在俄议会上院发表讲话还强调，“俄在伊利益应得到尊重”。而伊拉克战争爆发后，伊拉克的石油储备将在美国的主导下进行重新瓜分。无疑美国公司是最大受益者。而原先与萨达姆政权签订开采合同的俄罗斯等国的公司在伊拉克油田的开采权问题上将面临相当大的变数。俄罗斯的卢克公司1997年跟伊拉克签订了一个为期23年、价值35亿美元的合同，帮助伊拉克修复储油量780亿桶的西古尔奈油田。如果美国打赢伊拉克战争，俄罗斯作出的巨大先期投资很可能化为乌有，而亲美的“后萨达姆时代”政权将使俄罗斯永远失去对世界第二大油气源的控制权。

同时，因美国将通过大量出卖伊拉克石油来支付巨大的重建费用和补偿战争给自身带来的损失，所以国际石油供求则会因伊拉克石油大量上市而失衡，包括俄罗斯石油公司在内的许多石油公司就有可能在利润严重受挫的情况下面临破产。俄罗斯强烈反对打伊拉克，其中最担心的问题之一就是油价问题。

为此，针对美英提出的由其两家主导伊战后重建的安排方案及美国国会通过决议禁止法德俄参加伊拉克战后重建，俄罗斯总统普京紧急邀请法国总统希拉克、德国总理施罗德于4月11—12日在圣彼得堡举行会谈，强调联合国在伊拉克战后重建问题上应发挥核心作用。

21世纪的伊拉克石油战争仍将以另一种形式在另一个战场展开。

（2003年4月）

反恐没有改变美国的全球战略

有一种观点认为，“9·11”事件后，美国从根本上改变了思维方式与行为方式，美国的战略重心已由过去的全球战略转向了本土安全和反对恐怖主义。这种观点是值得商榷的，因为它没有反映“9·11”事件后美国真实的战略动向。

一、“9·11”后美国处理安全问题的轻重缓急有所调整，但从未放弃其全球战略的根本目标

“9·11”恐怖袭击使美国第一次感到，“美国的地理位置已经不再能够保证其人口、国土和基础设施免遭直接攻击”。经济全球化创造了“敌对国家和行为主体，可用以攻击美国国土的新弱点”，因而美国比任何时候都更加关注本土安全，并相继采取了一系列应急措施，包括在美国历史上第一次成立了协调本土安全事务的办公室。同时在反恐名义下，展开了对阿富汗的战争。但是，美在加强本土安全和开展反恐战争的同时，从未忘记其全球战略目标。1999年兰德公司提交的题为《反击新恐怖主义》的战略报告就强调“我们需要更好地把反恐怖主义与美国国家战略的其他方面结合起来”，“把反恐怖主义置于国际安全的其他目标，甚至是大战略中”。美国国防部在“9·11”事件后发布的《四年防务评审报告》中，也重申“美国的利益、责任与义务遍布全世界”，“美国在世界上的作用是独一无二的”，“即使在哀悼对五角大楼和世贸中心恐怖袭击中的遇难者时，美国的目标依然明确，履行义务的决心依然坚定”。

二、出于反恐的需要，美与中、俄等大国协调的一面虽然有所增加，但美从未改变以大国作为其主要战略对手的方针

“9·11”事件后，美出于反恐的需要，加强了与中、俄等大国的协调。特别是小布什政府在一定程度上缓和了上任之初对中国咄咄逼人的高压姿态。但是美国并不因此而放弃对中国的防范与遏制。美在战略上关注的重点始终是有可能“威胁美国利益”的大国或“地区强国”。在《四年防务评审报告》中，美国第一次把对亚洲安全的关注放到了对欧洲安全关注的前面，第一次把中国作为主要“军事对手”放到了其他国家的前面。报告声称“西半球基本上处于和平状态”，“欧洲基本上处于和平状态”，而“亚洲正在逐渐成为一个有大规模军事竞赛的地区”，“从中东到东北亚有一个广阔的弧形不稳定地带”。尤其“从孟加拉湾到日本海的东亚滨海区是一个特别具有挑战性的地区”，“这一地区存在着出现一个有丰富资源的军事对手的可能性”。这里的所谓“有丰富资源的军事对手”只不过是中国的代名词而已，美武装力量建设的重点和军事力量部署都基于这一判断而正在调整之中。

三、反恐使美得以迅速进军中亚，实现美国欧亚大陆地缘战略扩张质的飞跃

控制欧亚大陆是美国实现其全球战略的核心。中亚历来是美国欧亚大陆地缘战略的“黑洞”。布热津斯基曾经指出，中亚这个地区对美国如此重要，以致美国不能不控制它。但这里又长期是苏联及其继承者俄罗斯的势力范围，美国鞭长莫及。“9·11”事件后，美把反恐纳入全球战略轨道，加紧全球战略扩张。在反恐的名义下，美国军事力量轻而易举地进入中亚。在乌兹别克斯坦，美军进驻哈纳巴德和沙赫里萨布兹机场；在塔吉克

斯坦，美军进驻库里亚布机场；在吉尔吉斯斯坦，以美国为首的盟军1900余人，进驻马纳斯国际机场；在哈萨克斯坦，美军获得阿拉木图、奇姆肯特、卢戈沃耶机场使用权；在土库曼斯坦，美军获得空中和陆地走廊。美军进驻中亚地区，不仅控制了欧亚大陆具有重要战略价值的战略枢纽地带和世界主要能源产地，填补了美国欧亚大陆地缘战略上的这个“黑洞”，从地缘战略上把欧亚大陆东西两大边缘地带连为一体，而且第一次把美军战略前沿直接抵近中国西部边境。难怪美国国防部官员高兴地宣称“这是美国做梦都没有想到的”。

四、在反恐名义下，美不断朝巩固其世界领导地位和建立美国治下的全球秩序的方向推进

反恐战争一开始，美就利用世界各国对美国遭受恐怖袭击的同情和对国际恐怖主义罪恶行径的谴责，以反恐划线，宣称“要么站在美国一边，要么站在恐怖主义一边”。而站在恐怖主义一边将被“视同恐怖主义一样予以打击”。力图组织起美主导下的世界反恐联盟，把世界各国置于美国反恐的统一号令之下，进一步强化美国在世界上的领导地位。阿富汗战争近一年来的进程说明，美国的打击目标远不只是策划“9·11”事件的嫌疑人本·拉登及其保护者。美国公开把一些不顺从美国的主权国家称作“邪恶轴心”或者“支持恐怖主义的国家”，其用意也在于以反恐的名义，乘势扫除一切反美势力。最近一个时期以来，美国还公开提出“先发制人”的军事战略，力图挟阿富汗战争余威把战火引向世界其他地区，第一步就是以“莫须有”的罪名，积极筹划对“邪恶轴心”之首伊拉克的第二次海湾战争。美国还声称恐怖主义已遍及全球60多个国家。为下一步将美国的反恐战争向这60多个国家扩展，用武力建立美国的一统天下做舆论准备。这就不难看出，美国的反恐战争是美国建构美国主导下的单极世界秩序的一个

重要步骤，是美国全球战略的重要组成部分。反恐绝不是美国全球战略的对立物，更不是代替者。两者是完全一致的。反恐只不过是在新的环境下，美推行全球战略的新工具、新口号、新形式而已。

（2002年8月22日）

美国全球战略重心东移：中国长远的战略挑战

影响当前及未来一个时期国际战略格局变化的有三件大事：一是以美国和欧洲主权债务危机为代表的持续的全球性金融危机，以及由此而引发的社会危机、价值观危机；二是席卷西亚、北非的历史性政治大动荡；三是美国全球战略重心东移。2012年1月5日，奥巴马打破惯例，亲赴五角大楼颁布题为《维持美国的全球领导地位：21世纪防务的首要任务》的新战略指针，标志全球战略重心东移的正式启动。一是大危机，二是大动荡，三是大转移，分别发生在经济领域、政治领域和军事领域。特点是立体动荡，全球联动，持续发酵，前景难料，表现出国际格局转型期、过渡期的典型特征。

这三件大事与中国国家安全、国家生存发展息息相关，特别是“美国全球战略重心东移”对中国的影响更为直接，更为长远，更为全面，是中国崛起过程中不可避免的一场战略较量，是未来几十年几代领导人必须面对的长远的战略课题。事关国家兴衰、存亡、荣辱，不可掉以轻心。

一、美国全面打造针对中国的战略遏制体系

在地质地理上，地球有两大地震带，一个是环太平洋地震带，另一个是欧亚地震带。这两个地震带基本代表了美国全球战略的两大战略方向，美国在欧亚地震带搞得差不多了，现在搞到环太平洋地震带来了。

美国全球战略重心东移，是冷战结束以来对当代国际战略格局带来重大冲击的严重事态，也是冷战后中国安全环境面临的最严峻的挑战。所谓对国际格局的冲击，即重塑国际体系、分裂国际社会、扰乱国际秩序。用

美国专家的话讲，美国已经吹响了21世纪的新冷战冲锋号，揭开了新冷战的序幕。美国巴德学院米德教授说，美国试图要“将中国崛起的神话扼杀在摇篮里”。用日本政治家的话说，美国“构筑对华包围网是已经射出枪口的子弹”。

美对中国的战略敌视根源于日益凸显的地缘战略结构、币缘结构、意识形态结构和战略力量结构等中美结构性矛盾。事实上，苏联一解体，美国的全球战略重心东移就开始了，至少科索沃战争结束后就开始了。科索沃战争在一定意义上说是美国全球战略重心东移之前在欧洲战场的清场行动。小布什一上台就摆出一副咄咄逼人的姿态，宣称中国是美国的战略对手，扬言要全力以赴协防台湾，中美关系急剧恶化。只是，基地组织对美国本土的恐怖袭击，才迫使美国暂时转移了注意力。

美国反恐十年，不仅越反越恐，而且深陷两场战争（阿富汗战争、伊拉克战争）、一场危机（全球性金融危机）难以自拔。两场战争和一场危机，过度透支了美国的战略资源，戳破了美国虚拟经济的泡沫，贬损了美国的道德形象，大大削弱了美国的硬实力与软实力，进一步暴露了美国金融垄断资本主义固有的深刻的内在矛盾。当美国“惊回首”的时候，蓦然发现一大批新兴国家正在群体崛起，特别是中国作为欧亚大陆东部边缘地带的主要大国迅速发展，实力剧增，对以欧亚大陆为世界岛的美国全球战略构成了潜在的挑战。换言之，中国在欧亚大陆东部边缘地带的存在和发展本身就是美国实现其全球战略的天然障碍。长期习惯于独霸世界、独领风骚的美国心理极度失衡、极度焦躁。美国全球战略重心东移就是在这一大背景下发生的。

美国全球战略重心东移包括四个方面：一是美国战略遏制重心东移；二是战略注意力重心东移；三是资源投放重心东移；四是战略部署重心东移。美国已经毫不忌讳地把中国放到了主要战略对手的位置。

美国全球战略重心东移不是单打一的举措，实际上美国正在构筑一个综合性或者说是整体性的战略体系。美全力打造以中国为对手的战略遏制体系，主要体现在六个方面。

第一，以中国为主要作战对象，以西太平洋为主要战场，以空、海军为主要作战力量的“空海一体战”战役作战体系。冷战时期，美国准备在欧洲战场和苏联打一场“空地一体战”，美国认为现在这个仗已经打不起来了；未来的战争将主要是在西太平洋和中国打一场“空海一体战”。美国研究报告称，“空海一体战主要针对的是变化中的中国的反介入与区域拒止作战”，“假如美国没有意愿也没有能力在中国实施大规模陆地作战的话，那么西太平洋战区将是空海军主导的空中和海上战区”。同时还公开称，在西太平洋能够对美国影响力和力量投送构成严重挑战的国家是中国。这个战役作战构想最早是美国国防部委托一个智库搞的，现在已经为美国国防部正式采纳，成为国家军事政策了，而且在国防部成立了“空海一体战”办公室，这在苏联时期都是没有过的。“空海一体战”办公室到底想干什么？这是一个很值得注意的严峻事态。

第二，以日本和澳大利亚为南北两大战略支点的军事同盟体系。北边是日本，南边是澳大利亚，南北两只“锚”，对中国进行钳制。美国不仅要把美日、美韩同盟搞在一起，实现美日韩一体化，同时打造包括印度、越南、菲律宾在内的“亚洲小北约”。美国人打仗历来强调同盟战略，不是单打独斗。海湾战争以来都力求拼凑多国部队。现在它做的，就是为未来作战做组织准备。

第三，以西太平洋岛链为依托的军事基地体系。澳大利亚安全环境并没有发生变化，并不面临现实重大安全威胁，美国却急于在达尔文港驻军，就是希望未来能够快速前出南海地区。美国在西太平洋的基地体系大体上由“三线五群”组成，“三线”即西太平洋第一、二、三岛链，“五群”就是东北亚基地群、关岛基地群、夏威夷基地群、澳新基地群、阿拉斯加基地群等五个基地群，美国60%的核潜艇、11艘核动力航空母舰中的6艘都要部署在这里。

第四，以西方价值观为内核的政治渗透体系。拉出去，打进来，在中国培植代理人，利用网络等各种传播手段，宣扬西方价值观，与我争夺人心。参议员麦凯恩公开强调，美国就是要把“阿拉伯之春”引入中国，让中国乱起来。希拉里也说过，要通过网络介入中国，以这种最便宜的手段，突破中国的防火墙，支持中国反对派的声音。

第五，操控中国金融主权，扰乱中国金融秩序，维护美国经济主导地位的经济遏制体系。美国积极打造TPP，就是要排除中国，重新夺回在亚洲的经济主导权。

第六，以离间与挑拨中国与周边国家友好关系为特色的所谓“前沿部署外交”体系。

上述动向表明中美结构性矛盾的深刻性，不是哪个人可以改变的，不管是老布什、小布什还是奥巴马，都是一致的，没什么大的区别。同时，表明美国霸权利益的根本性，表明美国维护霸权的决心和能量。对此，我们不要低估。

二、以压促变，“扳倒中国”，争夺中间地带

美不遗余力打造以中国为对手的战略遏制体系，力图对中国形成铁壁合围的战略态势，不排除在条件成熟时，以武力一举征服中国的考虑，但是，在各国相互依存度日益增加的全球化时代，在人类制造的核武器足以毁灭人类自身的核时代，一个核国家试图用武力征服另一个核国家，而且是一个与自己经济联系密切甚至是相互依赖的核国家，即使不是疯人呓语，也是一厢情愿的。不是美国不想一口气整垮中国，只是那样代价太大了。

中国毕竟不是伊拉克，不是利比亚，与拥有强大战略反击能力的13亿中国人民为敌，即使号称当代军事巨无霸的美国，也不能保证自己不会受到毁灭性的报复。得不偿失的生意美国是不会轻易干的。

立足现实，美国全球战略重心东移的如意算盘主要有二。第一是保持强大的随时可对中国实施快速军事干预的能力，保持对中国的军事高压态势，以压促变，以压促乱。一旦时机成熟，则快速出手，与在中国内部网罗的第五纵队一起，里应外合，“扳倒中国”，排除可能威胁美国霸权地位的最大战略对手。这是美国最为期盼的代价小、效益大的理想模式。但这不是唯一目的。还有与此密切相关的第二个更为现实的目的。正如当年美苏争霸，美苏两家尖锐对峙，但是其直接的目的则在于争夺处于美苏之间的广大中间地带，拓展各自势力范围。如今，美摆出一副与中国决斗的架势，在“扳倒中国”的长远目标之后，其秘而不宣的最直接目的也在于制造所谓“中国威胁”的氛围，以此绑架亚太国家，加紧控制亚太地区处于中美之间的广大中间地带，特别是在东北亚制止日本、韩国等盟国日渐滋生的离心倾向，防止美大权旁落，同时，伺机在南亚、东南亚进一步扩张，巩固美在亚太地区的领导地位，阻止美在亚太地区政治、经济生活中日益呈现的边缘化趋势。

此外，美国当然也有一些现实性的利益考虑。一是维持庞大的军工集团的特殊利益。如果没有仗打，没有一个像样的敌人，就没有充足的理由在国会获得巨额拨款，以维持庞大的军工体系和战争体系。所以没有敌人也要制造一个假想敌。中国跟美国不同调，人口众多，发展迅速，这个目标恰恰能满足军工集团的需要。二是转移国内视线，缓解国内政治、经济危机压力。特别是在“大选年”，各路政客无不以放肆攻击意识形态相异的中国作为标榜政治正确和博取眼球，骗取选票的手段。三是收缩战线，缩减开支。过度的扩张，耗费了有限的资源。久陷金融危机，也使美元气大伤，全球扩张难以为继，美不得不由全面进攻转向重点进攻。

三、美国在全球陷入越来越多的战略困境，战略东移并非易事

人算不如天算。美国想干什么，是一回事；能不能干成，是另一回事。当前美国在全球陷入越来越多的战略困境，面临诸多制约因素，它要想集中精力，集中资源，全力对付中国，恐怕会有点困难。

一是普京的回归挑战了美国的神经。普京和梅德韦杰夫总统的“二人转”又转回来了。美国不愿意接受这个事实。按照常理，为了缓和美俄关系，美国应该向普京说点好话，但是面对普京“王者归来”的残酷现实，美国深感绝望，按捺不住“破口大骂”，这势必进一步激化美俄矛盾。普京的回归对美国来说，虽然不意味着绝对的对抗，但至少会给美增加很多的麻烦。

二是伊朗的影响力日益扩展，已成美国的心腹之患。美国四处出击，连年发动战争，最大的受益者是伊朗。伊朗日益坐大，要拔除这颗钉子，谈何容易。在把叙利亚、伊朗搞掉之前，美国恐怕没有更多精力轻易在别处动手。

三是在南亚，巴基斯坦和美国的关系趋冷，裂痕日益扩大。失去巴基斯坦的有效配合，美国在阿富汗的反恐行动将更加困难，也使美国对南亚的渗透受挫。

四是恐怖主义威胁依然存在。本·拉登死了，但是恐怖主义仍然是美国的主要威胁，恐怖主义日益呈本土化、网络化，美国并不能高枕入睡。

五是美国金融危机不是三两天就可以走出来的。美国金融危机不是一般的头痛脑热，而是大面积心肌梗死，是政治制度与经济制度出了问题。贪得无厌的食利者阶层，无法无天、失去监管的美元，寅吃卯粮、无限透支的生活方式掏空了美国。没有银子，干什么事情都力不从心。

六是美国在东南亚挑拨离间未必能成功。东南亚和中国有着共同的历史记忆，有传统的友谊，不是几句挑拨离间的话可以颠覆的。过去美国人到亚洲、到东南亚手里有钱到处撒，那时候人家跟着跑。现在是到处伸手要钱，这样的话人家跟不跟着它走就难说了。的确有人玩弄两面派手法，想引进美国，平衡中国，但毕竟是少数国家，而且要他们充当美国的打手，和中国对抗也不符合他们的根本利益。

七是西亚、北非的事态正朝着与美国愿望相反的方向发展。“茉莉花革命”的结果是美国支持的独裁者被推翻，美国在西亚、北非的“桩脚”一个个倒下去。穆斯林势力全面复兴，“阿拉伯之春”正在成为美国的“阿拉伯之冬”。美国投入许多感情与血泪，苦心经营的大中东计划面临前功尽弃的危险。

最后，最重要的一点就是中国人民站起来了，中国任人宰割的时代一去不复返了。霸权为所欲为的时代已经一去不复返了。今天没有任何人可以任意欺凌中国而不受惩罚。没有人能吃得下去中国。希特勒可以双手抱住地球仪，但没有人可以抱住占人类社会五分之一人口的中国。要想吃中国，吞不下去，即使吞下去，也消化不了。就像铁扇公主一样，把孙悟空吃进去，肚子是要疼的。

四、应对复杂局面的战略基点在内不在外

美国战略重心东移，无疑给我们国家安全与发展带来前所未有的严峻挑战。国之大事，不可不察。在这个挑战面前，我们既不必惊慌失措，但也绝不能麻木不仁，无动于衷。前驻中国大使洪博培2011年1月，在作为2012年总统参选人的辩论中宣称，就是要“联合我们的盟友和中国国内的支持者”“扳倒中国”（take China down）。一语泄露天机。这是迄今为止对美国战略意图最清晰的说明。所有对美国战略意图的粉饰与辩护之词，在

他的坦率讲话面前都显得苍白无力。事实上，美国要“扳倒中国”的念头，并不是今天才冒出来的。从社会主义新中国诞生的第一天起，美国就想把与美国没有血缘关系的新中国扼杀在摇篮里。从麦克阿瑟的圣诞攻势，到对中国驻南联盟使馆的精确“误炸”，从杜勒斯的“和平演变”到历任总统的“西化分化”之策，应该说，“扳倒中国”的念头从来没有在美国决策者的头脑里消失过。只是中国这块骨头不大好啃，要不然，早就被人啃碎了。

目前主要危险不是对美国战略重心东移判断过于严峻，而是我们出于善良的愿望，对美国的真实意图不愿意相信。有些无耻文人则出于各种动机，以异乎寻常的热情为美国说项，替美国打掩护，对他们要有足够的警惕。掩饰战略意图是战略博弈的基本法则之一。美国国防部长帕内塔一边宣布2020年以前要把美国60%的海空力量部署到亚太地区来，一边信誓旦旦地说这不是针对中国的。我们不能幼稚到把愿望当现实，把策略当战略，以东方思维推测西方思维，把一些祝酒词当根本保证。如果我们弱智到对这类鬼话也信以为真，自己麻痹自己，自己欺骗自己，在美国的图谋面前自动解除武装，那么，中国百年来无数志士仁人革命奋斗的成果，中华民族复兴的伟大前途，断送在我们手里，只是迟早的事。

现在有一种说法，说中美相互依存度越来越高，美国不会对中国怎么样。中美相互依存本身就有两重性，它对两国矛盾的制约并不是绝对的。关系越深，产生矛盾的机会也越多。第一次世界大战英德经济联系就十分密切，第二次世界大战前，欧洲国家之间相互依存度并不比今天低。有依存度不等于就可以化解全部矛盾和风险，这是一个误区。特别是在经济危机条件下，制造军事危机是历史上某些国家转嫁危机的惯用手段。

还有一种说法是：“中美关系好也好不到哪儿去，坏也坏不到哪儿去。”这一判断在过去大体上是符合事实的。但在美国把中国定义为主要对手后，事情的性质就起了变化。搞垮中国是美国霸权思维的题中应有之义。如果我们应对失据，出现内乱，那么敌人里应外合、内外夹击、肢解中国的可能性不能排除。

历史上一切强权无不因战略目标过大与战略能力不足的矛盾而最终破产。中华民族历来是一个不怕鬼、不信邪的民族。无事不惹事，有事不怕事。要丢掉一切幻想，把国家安危的主动权掌握在中国自己手里。对于中国来说，应对得法，坏事也可以变成好事。唐代柳宗元《敌戒》一文指出："皆知敌之仇，而不知为益之尤；皆知敌之害，而不知为利之大。"但这里的变仇为益、变害为利是有条件的，是要积极作为、主动争取的，不是消极坐等就可以得到的，更不是装着看不见或一味妥协退让就可以换来的。

美国大兵气势汹汹而来，我不必随美国的曲调起舞。我大可气定神闲，继续做好一件事，就是抓住发展不放松，进一步壮大包括国防实力在内的综合国力。没有实力就没有发言权。实力是抵御一切强权的基础。应对外来压力的基点在内不在外。篱笆扎得紧，野狗钻不进。内部稳定是应对一切外患的基础。要把外来压力变为我们加快发展的动力。变坏事为好事，变危为机。增强我们的危机意识与忧患意识，以前所未有的紧迫感和责任感革新吏治、创新机制，统一思想、统一意志，增强民族凝聚力与向心力。只要我们政治清明，经济繁荣，社会安定，团结一心，众志成城，就没有任何人可以随心所欲地骑在中国人脖子上拉屎撒尿。中华民族伟大复兴与世界文明的进步是任何人都阻挡不了的。

（2012年7月）

西出阳关有故人：战略西出应对美国战略东移

2012年初以来，美国正式实施战略东移，将其全球战略重心由欧洲转向亚太。这是冷战结束以来，美国最为重大的一次战略结构调整。它不仅对当代国际战略格局带来重大冲击，也给中国安全环境带来极大不确定性。在新的安全环境下，实施战略西出，是中国应对新的挑战，平衡美国战略东移，维护国家安全利益和发展利益的重要选择。

美国全球战略重心东移：我国地缘安全环境面临的新挑战

美国全球战略重心东移并不是单项政策的调整，而是以军事战略部署重心调整为基轴，建构一整套新的战略体系，即：以中国为主要假想敌，以西太平洋为主要战场，以空海军为主要作战力量的“空海一体战”战役作战体系；以日本和澳大利亚为南北两大战略支点的军事同盟体系；以西太平洋岛链为依托的军事基地体系；以西方价值观为内核的政治渗透体系；以及以TPP为载体，以排挤中国为目的的经济遏制体系；以离间与挑拨中国与周边国家友好关系为特色的所谓“前沿部署外交”体系。

美国之所以认定中国为其主要战略防控对象，实行战略重心转移，力图建构新的战略遏制体系，并非中国的行为侵犯了美国的核心利益，也并非中国对美国主动发起了挑战；恰恰相反，中国有充分的诚意并一直以最大的努力谋求建立正常的、健康的、相互尊重的中美关系。而美国对中国的战略偏见与围堵，从根本上来说，源于美国根深蒂固的霸权思维和中美之间深刻的结构性矛盾。一个是地缘战略结构矛盾，美国的战略历来是以边缘学派为理论基础，以欧亚大陆为主体的全球战略。中国在欧亚大陆东部边缘地带的存在本身就是美国推进全球战略的一个天然障碍。第二是“币缘”战略结构矛盾，人民币影响力的上升和国际化趋势触及了美国金融帝国的“命根子”，即美元霸权的绝对统治地位。第三是意识形态结构矛盾，中国特色社会主义发展道路的成功，终结了西方“民主价值观”的“唯一合法性”。而“民主价值观”是美国霸权合法性的精神支柱，是美国维持道德教主地位的思想基础。第四是战略力量结构矛盾，即新兴大国与既有大国的矛盾，由于长达10余年的阿富汗战争和伊拉克战争严重透支了美国的战略资源，加之深刻的金融危机动摇了美国的经济实力地位，中美战略力量对比发生了显著变化。尽管“美强中弱”的基本态势并未改变，但美国开始产生有可能成为“老二”的战略焦虑，并迁怒于中国。总之，不是中国挑战了美国，而是美国不愿意承认中国的发展权，不愿意承认中国走有自己特色道路的选择权，不愿意承认中国平等的国际地位。

依据新的战略东移蓝图，美国加快了战略调整步伐。关岛已建成亚太地区新的战略枢纽，60%的核动力潜艇、60%的先进战机，以及11艘核动力航空母舰中的6艘将逐步部署到亚太地区。在全面强化东北亚、关岛、澳新、夏威夷、阿拉斯加等五大基地群的同时，美重点加强了环南中国海的军事部署。美军首次进驻澳大利亚达尔文港、美濒海战斗舰部署到新加坡樟宜基地，并力图重返菲律宾苏比克湾和越南金兰湾。美频繁派出海、空军间谍舰机，无所顾忌地到中国近海海域进行抵近侦察。与此同时，美还积极插手和利用各种地区矛盾。在中国与周边国家存在的历史遗留问题中，美国或明或暗，几乎毫无例外地支持、纵容与中国有争议的一方，以牵制中国。美国战略东移对中国的战略挑战早已不是概念设计，而是具体作为；不是虚张声势，而是现实危险。

战略西出：在战略被动中争取战略主动

美国压缩中国战略空间，这是中国新时期面临的一个重大挑战。中国对这个问题绕不过，躲不开，退不回，也不能闭上眼睛假装没看见，只能正视。

美国把中国作为全球遏制对象，一个必然后果就是加速把中国推向全球政治舞台，迫使中国在全球的“大棋盘”上下棋，将以全球视角，应对国家安全环境所面临的前所未有的战略挑战。

应对挑战，通常有两种思路、两种办法。一是直接路线，一是间接路线。尽管美国霸权疲态日露，但必须承认，美国超级军事强权的地位远未丧失，中美战略力量对比“美强中弱”的基本态势并未发生根本性变化。聪明的拳师，面对直扑而来的对手，总是避其锋芒，先退让一步。中国历来有“你打你的，我打我的，争取完全的主动”的优良战略指导传统。你可以战略东移，我也可以战略西出。世界之大，不是美国一只手就可以完全遮住的。

当然，所谓战略西出不是效法美国以军事力量向西扩张，不是重蹈历史上大国争霸的覆辙，而是以新的建设性思维，把我们的政治影响力、经济影响力、外交影响力向西推进，以正能量平衡或对冲美国霸权的负能量，打破美国战略围堵的企图。

在美国的全球地缘战略结构中，欧亚大陆是美国战略上的核心地带，是美国战略中的“世界岛”。美国大举东移，必然造成西部的相对空虚。我们战略西出，重点就是向“世界岛”欧亚大陆的西部推进，向美国霸权的薄弱地带推进。

战略西出大体有两条路线，一是西北方向，一是西南方向。人有任、督二脉，西北、西南两大战略方向就是中国世界大棋局中的两大“经络”，打通西北、西南任督二脉，凝练精、气、神，气血充盈，则百脉皆通，全局皆活。

战略西出的西北方向

西北方向，重点是进一步深化中俄全面战略协作伙伴关系，实现中国和中亚国家的全面战略升级，以及充分发挥上海合作组织在促进地区安全与发展中的建设性作用。

中俄互为最大邻国，都是主要新兴市场国家，都是维护世界和平、安全、稳定的重要力量，共同构成欧亚大陆的主体部分。中国和俄罗斯之间的关系是世界上最重要的一组关系，是新型大国关系的典范。在深刻复杂变化的当今世界，中俄两国对人类和平与发展的崇高事业承担着更大责任。一个高水平、强有力的中俄关系，不仅符合中俄双方的利益，也是维护国际战略平衡和世界和平稳定的重要保障，为国际秩序和国际体系朝着公正合理的方向发展提供正能量。

中国与中亚国家是友好邻邦，有着长期的传统友谊。随着中吉关系提升为战略伙伴关系，中国和土库曼斯坦、哈萨克斯坦、乌兹别克斯坦、塔吉克斯坦和吉尔吉斯斯坦等5个中亚国家都建立了战略级别的关系，从而实现了中国和中亚地区国家关系的全面战略升级。中国领导人的中亚之行提出共同建设惠及近30亿人口的“丝绸之路经济带”，以及加快建设“中国—中亚”天然气管线，修建连接吉尔吉斯斯坦北部和南部的公路干线，进一步加强和密切了中国—中亚国家的务实合作。中国—中亚国家战略伙伴关系的发展是促进地区稳定的重要因素。

上海合作组织以“互信、互利、平等、协商、尊重多样文明、谋求共同发展”为基本内容的“上海精神”作为相互关系的原则，以及不结盟、不针对其他国家和地区、对外开放的原则，体现了全新的战略思维。加强各成员国之间的相互信任与睦邻友好，促进各成员国在政治、经贸、科技、文化、教育、能源、交通、环保及其他领域的有效合作，打击包括“东突”在内的“三股势力”，共同致力于维护和保障地区的和平、安全与稳定，对于建立民主、公正、合理的国际新秩序具有重要意义。

战略西出的西南方向

西南方向，主要是巩固与发展中国与南亚次大陆、中国与东盟、中国与西亚、中国与非洲的友好合作关系。

在南亚，中国与巴基斯坦是全天候的伙伴。拥有1.8亿人口的巴基斯坦是世界第六人口大国，扼守印度洋和中亚要津，而且中国西部大开发战略同巴重振经济的发展战略紧密结合，市场潜力巨大，巴基斯坦是中国西出过程中值得信赖的重要伙伴。中印两国在国际事务中有许多相同或相近的立场，都主张加强发展中国家在重要国际组织中的代表性和话语权，都致力于维护世界和平、反对各种形式的恐怖主义。中印关系只要尊重历史和互信互利互谅，是可以超出双边范畴，对地区乃至全球的和平、稳定、发展发挥重要影响的。

在东南亚，中国与东盟于2010年1月1日正式建立世界最大的自由贸易区——中国—东盟自由贸易区，拥有19亿人口，2012年GDP已超过10万亿美元，开发潜力无限。中国成为东盟最大的贸易伙伴，东盟也是中国的第三大贸易伙伴。双方的政治互信不断深入，在许多重大国际和地区事务上相互支持，务实合作进展迅速，尤其是在应对国际金融危机和抗击重大自然灾害当中，守望相助、同舟共济，友好合作关系的民意基础是牢固的。在新的国际环境下，一如既往地奉行与邻为善、以邻为伴的周边外交方针；一如既往地坚持相互尊重平等相待，通过友好协商和对话化解分歧；一如既往地支持东盟在东亚合作中的主导地位，促进中国—东盟宽领域、深层次、高水平、全方位的合作不仅是必要的，也是可能的。特别是积极探讨中国与东盟国家签署睦邻友好合作条约的可能性，为中国东盟战略合作提供法律和制度保障；尽快启动中国东盟自贸区升级版谈判，建设“新海上丝绸之路”经济区，进一步提升双方贸易投资的自由化和便利化水平，力争到2020年双边贸易额达到一万亿美元，让东盟国家更多地从区域一体化和中国经济增长中受益；加快互联互通的基础设施建设，包括共同推进泛亚铁路这个旗舰项目建设；加强本地区的金融合作和风险防范，积极制定区域金融合作的未来发展路线图，打造亚洲货币稳定体系等，这些举措对于维护地区和平稳定，深化地区互利合作释放出前所未有的积极信号。

中国和非洲从来都是命运共同体。中非真诚友好经过了半个多世纪风雨的考验。中国的发展离不开非洲，非洲的发展也需要中国。新世纪以来，非洲已经成长为“希望的大陆”“发展的热土”。中国没有在非洲殖民的历史，也从不干涉非洲内部事务；中国通过对非援助和投资等实际行动，向世人证明中国是非洲真诚和无私的朋友；中国越来越多地参与在非维和行动，帮助解决地区冲突。这些都是中国与非洲发展新型战略合作伙伴关系，推动建构国际政治经济新秩序的重大优势。

西部大发展：向欧亚大陆西出的地缘战略依托

战略西出，我们的前沿出发阵地在哪里？就在中国广阔的西部地区。中国西部范围包括12个省区市，面积685万平方公里，占全国的71.4%。2011年年末西部人口3.62亿人，占全国的27.0%。西部地区自然资源丰富，市场潜力大，战略位置重要。西部既是东部的纵深腹地和稳固的战略大后方，也是西出阳关的战略通道，是欧亚大陆商贸走廊和欧亚大陆的财富交汇点，是连接“世界岛”的大陆桥，是我国向欧亚大陆战略西出的地缘战略依托。

由于自然、历史、社会等原因，长期以来，西部地区经济发展相对落后，成为我国国家安全战略和国家发展战略中的一个短板，制约着我国的战略选择权和行动自由权。21世纪初，我国作出西部大开发的重大战略决策，经过13年的努力，成就斐然。13年来，国家不断加大对西部地区交通、水利、能源、通信、市政等基础设施建设的支持力度，仅2000年至2008年间就累计新开工重点工程102项，投资总规模达1.7万亿元。青藏铁路、西气东输、西电东送、国道主干线西部路段和大型水利枢纽等一批重点工程相继建成，完成了送电到乡、油路到县等建设任务，西部地区的基础设施建设取得了突破性进展。越来越多的民族聚居地区和边境地区实现了跨越式发展，走上繁荣之路。西部大开发战略的实施，对于进一步落实东西部平衡的区域发展战略、全方位开放的国家发展战略、全球布局的国家大战略具有重大意义，对于改善国家安全态势、优化国家安全结构、提升国家安全质量、牢牢掌握维护国家安全利益的战略主动权具有特别重要的意义。

西部的跨越式发展，大大增强了国家综合国力和战争潜力，增强了维护国家安全的战略支撑能力。

西部的跨越式发展，促进了西部社会稳定，削弱了“三股势力”的社会基础，巩固和发展了平等团结、互助和谐的社会主义民族关系，增强了民族凝聚力，为维护国家战略全局稳定，维护国家主权、安全、发展利益，维护祖国的统一和长治久安奠定了重要基础。

西部基础设施的建设，包括以枢纽机场为中心的轮辐式支线航空网络系统、高速公路系统、公路国道主干线系统在内的铁路、公路、机场、天然气管道、电网、通信和广播电视网等基础设施的进一步完善，使西部广阔地域的战场环境得到实质性改善，提升了应对突发事件的战略机动能力。特别是西部大开发战略的标志性工程——长达1956公里（其中新建1110公里）的青藏铁路，纵贯青海、西藏两省区，成为沟通西藏、青海与内地联系的战略大通道，同时也成为西部腹地路网骨架的重要组成部分。

东西兼顾，陆海平衡：强化东线战略防御

作为国家的整体战略，不能顾此失彼，必须东西兼顾，陆海平衡。我们必须坚定不移地贯彻执行海洋强国战略，壮大海洋经济，创新海洋科技，强化高科技条件下的海上防卫作战能力。要把国家的主权与安全牢牢掌握在自己手中，建立在雄厚的国家综合实力上。

尤其值得关注的是，作为美国亚太战略体系的重要支点，曾经为祸亚洲、偷袭美国的日本右翼军国主义势力，趁美国战略转移之机，借船出海，借尸还魂，在复活军国主义的道路上“暴走”，并把矛头直指中国，已经再次成为亚太地区军事危机的策源地、危害亚洲和平与稳定的祸乱之源。

当年，为了彻底粉碎邪恶凶残的日本军国主义势力，铲除日本发动反人类、反社会、反文明战争的根源，根绝危害亚太地区与世界和平的毒瘤，世界反法西斯正义力量在《开罗宣言》和《波茨坦公告》等国际法文件中确立了一系列对日战后处理的重要原则，包括：解构日本军国主义国家机器，“永久剔除”“欺骗及错误领导日本人民使其妄欲征服世界者之威权及势力”；公开审判与惩处日本战犯，特别是惩办罪大恶极、双手沾满无辜人民鲜血的甲级战犯；废除日本国家军队并剥夺其对外战争权，使其不再拥有对外为非作歹的能力；严格界定日本国家主权管辖范围。“日本所窃取于中国之领土”，例如东北地区、台湾和澎湖列岛等无条件“归还中国”；其他日本以武力或贪欲所攫取之土地，亦务将日本驱逐出境。“日本之主权必将限于本州、北海道、九州、四国及吾人所决定其他小岛之内。”

然而，由于冷战突起，世界格局重组，日美由敌国瞬间变成同盟，对日战后处理也半途而废。军国主义政治势力没有受到根本触动，军国主义

思潮未受到根本清算，日本军国主义癌细胞的病灶并未清除。今天，这些蛰伏多年的势力，趁机而起，全面展开翻案活动。以“国有化”中国领土钓鱼岛为突破口，制造事端，反攻倒算，挑战国际正义，企图推翻战后国际秩序，重建“帝国军队”，梦回“帝国乐土”。自称“我的政治DNA更多地继承了（甲级战犯）岸信介的遗传”的日本首相安倍充当了这股黑色风暴的“急先锋”。他宣称，要将“唤起日本的民族自豪感”作为他“毕生之事业”，把修宪扩军作为他的“历史使命”。他上任之日，就情不自禁地高唱昔日军国主义战歌《君之代》登场，在议会振臂三呼“天皇陛下万岁”，专门选择登上与昔日灭绝人性的731细菌部队代号相同的“731”号军机。他公开以“右翼军国主义”自居，声称“日本修宪无须向邻国解释”“东京审判是同盟国的审判不是对日本的审判”“日本殖民侵略的定义尚无定论”。安倍内阁的副首相麻生公然叫嚣要效法纳粹修宪，以彻底摆脱宪法第九条关于对外战争权的束缚，为以战争手段推行海洋扩张战略松绑。与此相配合，日本近年来抛弃专守防卫方针，加快打造海空进攻型军事装备。以昔日侵华海军旗舰“出云”号命名的准航母22DDH直升驱逐舰刚刚下水；又发射具有远程弹道导弹功能的“艾普斯龙”新型固体火箭。防卫省公开扬言要击落中国正常巡航的无人机，在甲午战争120周年即将到来之际，丧心病狂地叫嚣重享“甲午荣光”。

对此严峻事态，我们不能不保持高度警惕，做好一切准备。坚决以除恶务尽的决心、意志和能力，粉碎任何挑衅。坚决捍卫中国国家主权与安全，维护地区和平与稳定。这也是稳定中国战略全局，以正能量平衡负能量的题中应有之义。

（2014年）

以坚强的国家意志应对新挑战

120年前的中日甲午战争是近代史上对中日两国历史命运乃至亚太战略格局产生深远影响的一场战争。今天，痛定思痛，认真总结甲午战争的历史教训，避免历史悲剧的重演，无疑具有十分重要的意义。

历史教训：甲午之败败于“精神贫弱”

在甲午战争中，清军一败涂地，显然不是器不如人。我们通常讲，鸦片战争以来，中国“积贫积弱”。这个“贫”和“弱”不仅是物质力量的“贫”和“弱”，更加致命的是精神上的“贫困”和“衰弱”。甲午之败是整个社会精神颓废、政权腐败、军队庸劣、国家意志萎靡的必然反映。

第一，内耗不已，国无统一意志。

清朝后期虽仍维持着一个庞大王朝，但内部早已四分五裂。特别是最高统治集团权斗不止，公开分裂为所谓“帝党”和“后党”两大政治势力。无论是“主战”还是“主和”，都不是着眼于民族大义和国家最高利益，而是作为牵制对手、巩固权力的手段。即使国难当头，也仍在“窝里斗”。在此政治格局下，甲午未战先败的结局其实早已注定。

在兴办洋务过程中形成的洋务集团，更是具有浓厚的封建割据性。他们将各自军队和军事工业作为本集团私产，拥兵自重，相互倾轧。正如梁启超所说，甲午战争中“各省大吏，徒知画疆自守，视此事专为直隶、满洲之私事者然，其有筹一饷、出一旅以相急难者乎”。没有坚强的领导核心，军队、地方势力各怀鬼胎，自成体系，国家再大，也只能是一盘散沙，不可能集中国家意志，不可能制定连贯的作战方针，不可能统一调配资源，不可能协调各方面力量。

第二，苟且偷安，不以倭人为意。

日本军国主义发动对中国的侵略战争并非偶然，有着深刻的政治、经济和文化根源。对此，清廷竟茫然无知。当日本倾全国之力，试图以“国运相搏”，战争危机迫在眉睫时，清廷却依旧沉醉于“天朝大国”的迷梦，既对日本军国主义必然扩张的本质缺乏清醒认识，又对日本疯狂扩军备战的动向缺乏警惕。

关于进军朝鲜，日本外相陆奥宗光坦承：“发动战争的决心，在帝国政府派遣军队于朝鲜时，业已决定。”然而，李鸿章却依然坚决主张“羁縻为上，力保和局”，指示在朝陆军“彼断不能无故开战，切勿自我先开衅”。

第三，崇洋媚外，幻想列强调停。

鸦片战争后，西方列强一齐扑向中国。尽管它们之间常为分食猎物而相互厮杀，但在扩大对华侵略、加深中国殖民地化程度以攫取更大利益方面是一致的。只要不危及各自的既得利益，他们宁愿看到有人打头阵，其他列强可以跟着“利益均沾”，多分一杯羹，绝不可能为中国利益而“拔刀相助”。但鬼迷心窍的清廷竟然连这个浅显的道理都不懂。

当战争危机到来时，清廷手足无措，首先想到的不是怎么自强自卫，而是乞求列强“主持公理”，幻想利用列强之间的矛盾制止日本。然而，并没有一个国家真正愿意出手。日本外相陆奥宗光对此评论：“李鸿章屡求各国代表援助，且电训其驻欧洲各国之使臣，使直接哀求各驻在国之政府，中国政府不顾污辱自国之体面，一味向强国乞哀求怜，自开门户，以迎豺狼。”梁启超则说：“夫天下未有徒恃人而可以自存者，必有我可自立之道，然后可以致人而不致于人。”可谓一语中的。

第四，政权买办化，与敌暗通款曲。

自秦汉以来，历代封建统治者为维护“祖宗基业”，有时还能全力投入反对外来侵略的战争。但是，清廷在甲午战争中表现出惊人的妥协性和软弱性，这不是一般封建统治的腐朽性所能完全解释的，更深层次的原因在于它的买办性。

洋务运动虽然客观上促进了中国近代工业的发展，但它从一开始就始终依附于外国资本主义。中国政治经济结构的半殖民地化，使中国封建政权和统治集团迅速买办化，形成一批为外国侵略势力服务、以洋务派为代表的买办官僚集团。他们早已沦为帝国主义在中国的代言人、代理人，与洋人暗通款曲，内外呼应。甲午战争前，日本曾向中国订购大米和煤炭。然而，当日军打上门来，部下建议停止供货时，李鸿章竟以“订货在失和之先”为由，命令继续供货，“以示信用”。

第五，军队腐败，怯懦避战纵寇。

腐败政权治下的军队必然是一支腐败的军队。清军虽有百万之众，却无一支以捍卫国家利益为己任。八旗军入关后骄奢淫逸，腐化堕落，早已失去当年骁勇善战的锐气。绿营兵专以对内镇压民众反抗为职事。在镇压太平军中起家的淮军、湘军等更是“兵为将有”，只效忠主子，不知何为国家。用国外大型先进战舰武装起来的北洋海军，同样是操练废弛、贪污腐化、精神萎靡。这样一支队伍，不可能把心思放在军队建设上。整个甲午战争海、陆几十次战役，中国军队溃不成军，竟没有打过一个胜仗，没有击沉过一艘敌舰。“来远舰”大副张哲荣在甲午战后痛陈：“我军无事之秋，多尚虚文，未尝讲求战事……故一旦兵兴，同无把握。虽职事所司，未谙款窍，临敌贻误自多。”

现实启迪：警惕日本重做“军国残梦”

120年过去了，日本军国主义在第二次世界大战中早已被钉在了历史耻辱柱上，新中国已巍然屹立于世界东方。但是，日本军国主义如百足之虫，死而不僵，甚至“回光返照”，将矛头直指中国。值此之际，我们应当注意如下方面。

第一，认清日本军国主义的顽固性与反动本质。

日本军国主义从甲午战争开始的军事扩张在“二战”中到达顶点，并遭到彻底失败。但在急于开展冷战的美国的庇护下，对日战后处理半途而废，这使得战后日本军国主义没有得到应有清算，滋生日本军国主义的要素和土壤并未根除。

今天的日本与甲午战争前夕，特别是“二战”前夕的日本惊人相似。面对经济低迷、政治动荡、人心浮动的困局，日本有人本能地做起邪恶的军国梦，驱使日本沿着政治右倾化、外交军事化、内阁战争化的道路“暴走”。对日本当前的这种极其危险的动向，我们必须有足够预判和充分准备，切不可重犯当年“不以倭人为意”的战略错误。

第二，日本军国主义已成为中国国家安全不可回避的现实挑战。

日本军国主义的武力扩张历来都以中国为主要对象，这是由其地缘政治与地缘经济的基本战略诉求决定的。美国战略东移，剑指中国，日本首相安倍晋三政府立刻借美国东移“神风”，策划建立“国家安全保障会议”，特设针对中国的“安保”部门，重点加强针对中国的战争筹划；强行出台《特定秘密保护法》，效法战前“军部”，为隐匿事实真相和秘密进行战争决策提供法律掩护；接连推出《国家安全保障战略》等安保法案，明确将中国列为主要威胁和作战对象；大幅增加军费，加紧组建针对中国钓鱼岛的夺岛部队，加紧进行作战部署等。走向军国主义的日本是亚太地区的麻烦制造者、现状改变者，是亚太地区战争危机的主要策源地，也是中国国家安全不能不正视的严峻现实挑战。

第三，我们要排除利益集团干扰，凝聚党心、军心、民心。

面对日本右翼势力的挑衅，我们绝不能学宋襄公，绝不能被仁义道德迷住我们的眼睛，绝不能为某些媚日利益集团所蒙骗与绑架，绝不要让那些所谓“要换位思考”“日本诉求可以理解”“不要揪住日本历史问题不放”“让现在的日本受制于战后体制不公平”等自欺欺人的说辞扰乱视线。要认真总结近代历史上社会分裂、汉奸作乱、内耗不已、一盘散沙的惨痛教训；要大力弘扬爱国主义，振奋民族精神；要纯洁队伍，修明政治，统一全民意志；要增强全民忧患意识和危机意识，砥砺战斗意志。只要我们万众一心，以现有国力军力，就足以应对任何复杂局面。

第四，我们要建立维护国际正义、制止日本再军国化的国际统一战线。

日本军国主义复活不仅是对中国的挑衅，也是对亚洲国家的挑衅、对战后国际秩序的挑衅。我们要向全世界彻底揭露日本军国主义在“二战”中反人类的法西斯战争罪行，唤起人们对日本军国主义残暴行径的记忆。要开展积极的外交活动，结成广泛的制止日本军国主义复活的国际统一战线。以各国民众听得懂的语言介绍历史真相，形成唾弃日本军国主义的国际舆论氛围，构筑维护国际正义的思想基础。

要积极推动联合国安理会成立重新审议对日战后处理事务的特别工作小组，就贯彻落实《开罗宣言》《波茨坦公告》等确立的对日战后处理原则未竟事宜进行审议，将图谋翻案的日本再次送上被告席。

在建构新型大国关系的框架下，中美应相互尊重彼此的核心利益。要让美国明白中国维护国家主权与民族尊严的意志与决心。要让美国认识到对日姑息养奸、战略纵容，最终将祸及自身。事实上，日本政要已公开谈论美国对日核袭击和全面轰炸日本本土的“罪行”。奉劝美国不要自作聪明，以致搬起石头砸自己的脚。最后，我们要以积极的作为，有效维护国家发展的战略机遇期。

要全面调整对日政策思路，以坚定的国家意志，统筹战略全局，统领各种战略力量，统一调动一切战略资源，采取一切必要措施，随时准备以雷霆之势，坚决粉碎日本右翼势力的挑衅。切实做好应对战争偷袭和不测事件的思想准备和物质准备。统筹四海，突出东海，建立对日压倒性的战略优势。

我们千万不要以为日本战略空间狭小，战略资源奇缺，经济结构脆弱，就不会轻举妄动。恰恰相反，进行战争偷袭是日本军国主义的惯用伎俩。历史上，日本制造“高升”号事件，发动甲午战争；突袭旅顺俄舰，发动日俄战争；自导自演柳条湖事件，侵占中国东北；制造卢沟桥事变，发动全面侵华战争；偷袭珍珠港，发动太平洋战争等，无不如此。我们必须认真对待历史经验。

在历史上，日本先后发动甲午战争和全面侵华战争，两次冲击中华民族发展的机遇期。今天，中华民族伟大复兴是任何势力都阻挡不了的。日本右翼势力如果不识时务，幻想再演历史故事，那么等待它的只能是军国主义余孽被彻底铲除。日本军国残梦的最后破灭，将是中华民族在本世纪实现伟大复兴的号角。

（2014年7月1日）

经略南海，为中华民族伟大复兴举行奠基礼

“一箱钞票、一帮李鬼、一场闹剧、一堆废纸！”美国一手操纵，菲律宾花3000万美元包养的，冒充联合国所属司法机构的野鸡仲裁庭及其试图剥夺中国南海主权与海洋权益的政治闹剧写下了国际司法史上最荒诞、最无耻、最肮脏的一页。

中华民族伟大复兴正处在即将登顶的关键期，这是一些反华、仇华势力绝不愿意看到的。开辟新战线，玩弄国际法，配合重兵压境，军事讹诈，以扰乱中国安全与发展环境，迟滞乃至阻断中华民族复兴大业，是他们的最新伎俩。这是中华民族复兴道路上绕不过去的一道坎，只能坚定从容，积极应对，坚决打赢这场领土主权保卫战、海洋权益保卫战、民族尊严保卫战、红色江山保卫战，为中华民族伟大复兴举行奠基礼。

一、中国收复南海是战后秩序的一部分，受《联合国宪章》保护

有人说，中国南海主权和海洋权益的历史依据的确很充分，确凿无疑，无法否认，但是我们不能老谈历史，而是要依国际法办事，似乎中国南海主权和海洋权益只有历史依据而没有国际法依据。这种观点是对历史的无知，也是对法律的无知。

判断岛礁主权归属的首要依据就是：是谁首先发现、首先开发、首先占领、首先管辖的？这就涉及历史，涉及中国汉、唐、宋、元、明、清以来2000多年的南海开发史、经略史、管辖史。今天是昨天的继续，割断历史，否认历史，也就否认了现实，怎么能不谈历史呢？难道只承认今天谁抢到手就是谁的吗？

其次，尽管1982年出台的《联合国海洋法公约》并不完善，但它还是专门强调了对“历史主权”的尊重。尊重“历史主权”是《联合国海洋法公约》不可忽视的一部分。

再次，“法无戏言”。国际法上有一条重要原则，就是“禁止反言”。对自己说的每一句话都要负法律责任，不能对同一事件信口开河，今天说了，明天就翻供。个人如此，一个国家更是如此。1958年9月4日，中华人民共和国关于领海的声明正式宣布中华人民共和国的领海宽度为12海里。这项规定适用于中华人民共和国的一切领土，包括中国大陆及其沿海岛屿，同大陆及其沿海岛屿隔有公海的台湾及其周围各岛、澎湖列岛、东沙群岛、西沙群岛、中沙群岛、南沙群岛，以及其他属于中国的岛屿。10天以后，即1958年9月14日，越南总理范文同照会周总理，郑重表示：“越南民主共和国政府承认和赞同中华人民共和国政府一九五八年九月四日关于规定中国领海的声明。……越南民主共和国政府尊重这一决定。”越南《人民报》全文刊登了范文同总理的照会。此前于1956年，越南外交部副部长雍文谦还专门接见中国驻越临时代办李志民，郑重表示：“根据越南方面的资料，从历史上看，西沙群岛和南沙群岛应当属于中国领土。”越外交部亚洲司代司长黎禄进一步指出：“从历史上看，西沙群岛和南沙群岛早在宋朝时就已属于中国了。”这是一个国家领导人和政府部门负责人代表国家表明的正式立场，是有国际法律效力的。言犹在耳，绝非儿戏。

最后，中国南海主权与海洋权益不是偷来的、抢来的、骗来的，不是从西半球跑到东半球明火执仗劫掠来的，而是中国老祖宗在自己陆疆紧连的近海，世世代代与狂风恶浪搏斗，用勤劳、勇敢、智慧与汗水换来的，是在与形形色色的海盗和外来侵略者的反复较量中维护的。特别是近代，凶残的日本军国主义在全面入侵中国本土的同时，也侵占了中国南海诸岛，并改名新南群岛，公开纳入当时殖民统治下的台湾管辖。中国人民与世界正义力量一起浴血奋战，彻底打败了日本兽类集团，粉碎了日本军国主义“八纮一宇”“开拓万里波涛”的迷梦。中国根据《开罗宣言》《波茨坦公告》等具有强制执行力的国际法律文件全部收回南海诸岛。南海诸岛主权和海洋权益重回中国怀抱。中国总结了历史教训，为巩固世界反法西斯战争的胜利成果，避免日本军国主义式的灾祸重演，在充分的历史与法理基础上，根据新的详细勘察资料，明确宣示了中国南海诸岛主权归属和海洋权益范围。这些均为世界各国所公认，国际社会没有任何异议。这是在当时历史条件下，中国对南海诸岛主权的有效宣示，是在《联合国海洋法公约》出台近半个世纪前最鲜明的、先进的海洋权益意识的权威表达，是世界反法西斯战争成果的结晶，是“二战”战后秩序的组成部分，是贯彻执行《联合国宪章》的具体体现，受最高、最权威的国际法《联合国宪章》的直接保护。难道《联合国宪章》是可以任意践踏的吗？建立在《联合国宪章》基础之上的战后秩序是某几个混迹于江湖的人就可以任意推翻的吗？

二、是谁心怀鬼胎，兴风作浪，吹皱南海一池春水？

地球人都知道，所谓南海问题表面上看是中国和周边声索国之间关于南海海洋权益的争议，实质上早已成为海洋权益掩盖下美国霸权扩张与反扩张的较量，是美国全球战略重心东移或美国所谓“亚太再平衡”战略刻意制造的乱局。在南海问题上，台前幕后，上蹿下跳，最起劲、最亢奋、最失态的反倒不是南海权益声索国，而是那个和南海没有一毛钱关系的美国。

20世纪70年代，南海周边国家乘中国忙于内陆事务，无暇及时处理海上事务之机，掀起了瓜分中国南海的狂潮，把中国南海岛礁抢掠一空。尽管中国完全有足够的理由与力量收回被占领土，但中国并没有以眼还眼、以牙还牙，仍然从与周边邻国的传统友谊出发，从维护地区和平稳定的大局出发，主张通过双边和平谈判解决海洋争端，并提出“主权归我，搁置争议，共同开发”的包容性建议，表现了极大的克制与和平诚意。按通常逻辑，相关国家已经抢占了中国岛礁，它们是既得利益者，它们没有理由再进一步闹事，否则只会失掉已经到嘴的东西。所以，一个时期南海相对平静。

南海黑云翻滚，是从美国认定中国为地缘战略对手，实行全球战略重心东移开始的。苏联解体后，美国穷兵黩武，连年征战，不仅政治道德形象破产，而且严重透支战略资源，虚拟经济的泡沫接连破灭，金融帝国陷入长期金融危机。正如英国著名历史学家汤因比说的：“帝国的衰落来自对外的过度扩张和社会内部扭曲的扩大。”也就是说，它们都是“自杀”，而不是“他杀”。美国的霸权开始从顶峰跌落是金融垄断资本主义基本矛盾尖锐化的必然结果。但美国不这样想。它不从自己身上去找原因，却迁怒于中国，怪罪中国发展得太快了，抢了美国的风头。美国把中国看成其全球地缘战略扩张的天然障碍，看成危及美国全球霸权的主要战略对手，必欲除之而后快。而南海的重要战略地位，加上域内存在可以利用的海洋权益纷争，使南海一下子就被美国相中，成为其围堵中国的重要切入点和着力点。即使没有南海，美国也会在别的地方寻找下手的突破口，但是南海的地位太诱人了，以至于美国一见倾心，难以忘怀。至于借口，莫须有。如果一定要找，美国从来不缺乏这方面的天赋。

有人说，中美之间是新兴大国与守成大国的关系。把中国说成是新兴大国，把美国说成是守成大国，这个说法并不符合事实。中华文明是世界上历经五千年风雨而唯一未曾中断的优秀文明。当美国问世的时候，中国已在世界东方巍然屹立，与世界和睦相处了五千年。美国满打满算今年才240年，不过是北美洲的一个暴发户。到底谁才是这个世界本来的主人？

中国近代虽然走了一段弯路，现在正满怀信心大步走在民族复兴的大道上。不管美国愿意不愿意，中国就在那里。不管美国高兴不高兴，中国的繁荣富强都不可阻挡。中华文明历来具有“亲仁睦邻”“协和万邦”的博大胸怀，越强大，越追求与天下“共享太平之福”。而因缘际会，一时成为资本主义世界龙头老大的美国，对自己的一夜暴富并不自信，时刻担心来得快，可能去得也快，最终沦为夜空中一闪而过的流星。它总怀疑有人要分享甚至取代它的特权。它不能容忍任何人与它平起平坐。正是这种病态焦虑，使美国面对中国的复兴浑身不自在，横竖看不顺眼。美国空军协会顾问皮特·修斯公开扬言：“美国不能坐等中国羽翼丰满。”这就是今天美国按捺不住围堵中国的战略冲动，在南海掀起阵阵阴风恶浪的根源。

三、当年日本战犯办不到的事，他们的孑遗们就能办到吗？

所谓的南海仲裁案出笼后，世界一时愕然。不少人开始都误以为这是联合国所属司法机构的权威意见。不料，联合国及其相关机构在第一时间纷纷出来与这个不三不四的仲裁庭撇清关系，划清界限。

联合国7月13日在官方账号上表示，联合国与所谓的南海临时仲裁庭没有任何关系。

海牙国际法院这个联合国所属的最高法院在官方网站上发表声明，强调与所谓的南海临时仲裁庭完全不是一个体系，国际法院自始至终未曾参与该案。国际法院是依据《联合国宪章》而成立的，它的15名大法官经严格选举产生，其开支全部由联合国提供，而临时拼凑的南海仲裁庭只不过是国际法院所在的和平宫的一个“租客”。它同时租用和平宫，举行某些活动。也许正是这种有意无意碰瓷的举动，给了外界误以为是一家的错觉。这个临时拼凑的仲裁庭没有经济来源，是专门靠替人打官司、包揽词讼挣外快的，其活动按小时收费。据菲律宾媒体披露，菲为这个仲裁庭奉上了至少3000万美元的好处费。

海牙常设仲裁法院也表明与所谓的南海临时仲裁庭是两码事。海牙常设仲裁法院是根据1899年的《和平解决国际争端公约》而设立的，与所谓南海临时仲裁庭没有实质性联系，只不过为南海临时仲裁庭提供一些有偿性的秘书服务，协助一些后勤工作，是要收取劳务费的。临时仲裁庭借此，故意使用海牙常设仲裁法院的信笺纸发布信息，的确产生了某种李鬼与李逵难辨的效果。

所谓的南海仲裁庭实际上是日本右翼政客柳井俊二利用时任国际海洋法法庭庭长的身份，歪曲公约附件七精神而私自组成的野鸡庭。仲裁庭5名仲裁员，除菲律宾指派德国籍法官沃尔夫拉姆担任仲裁员外，其余4人都是由柳井俊二指定的。柳井俊二何许人也？柳井俊二出生于日本“贵族外交官僚”家庭，混迹外务省多年，曾任日本驻美大使、安倍晋三私人咨询机构“有关安保法基础再构建恳谈会”会长、日本战争法案首席顾问，是极力为日本军国主义招魂的日本右翼政客、鹰派中的鹰派、铁杆亲美派和反华骨干，力主摆脱和平宪法约束，解禁集体自卫权，重温日本昔日军国旧梦。2001年10月，他曾因为牵涉滥用外务省机密费受到“严重惩戒处分”。就是由这样一个日本右翼政客强行组成的欺世盗名的怪胎，明知菲律宾无权单方面提起诉讼；明知中国早在2006年就依据《联合国海洋法公约》第298条规定明确申明“我领海、专属经济区、大陆架划界争议和基于历史的主权诉求不受公约争端解决机制管制”——这是《联合国海洋法公约》赋予一个主权国家的正当权利，不能被任意剥夺；明知即使是正规的国际司法机构也无权审理涉及领土主权和岛礁归属的争端，却不愿意放过这个捞外快的机会，不愿意放弃这个抹黑中国的机会，执意接过菲律宾的恶意诉讼。为了掩人耳目，这个野鸡庭发挥讼棍特长，玩弄小把戏，把主权问题包装成公约的解释和适用问题。他们刻意把海洋地物主权与海洋地物性质切割开来，不提海洋地物主权，只谈海洋地物性质，试图以地物性质否定岛礁主权；他们刻意把南海主权的历史依据与南海现状切割开来，只谈现状，不谈历史，试图从否定历史权利入手否定中国一切合法权利；他们刻意把作为群岛整体的南海诸岛与单个岛礁逐一切割开来，只谈单个岛礁，无视群岛整体，试图从个别入手否定整体；他们刻意把中国南海实际控制岛礁与其他国家已侵占中国岛礁切割开来，只谈南海实际控制岛礁，不谈有关国家对中国岛礁的侵占，试图既否定中国实际控制的岛礁主权，同时将侵占中国岛礁的行为除罪化、合法化。其用心之险恶，手段之卑劣，莫此为甚。

自鸦片战争以来，中国迭遭列强侵略。几乎所有列强都参与了对中国的噬咬与瓜分。中国大好河山任人宰割，中华民族受尽屈辱与欺凌。特别是凶残的日本军国主义发动全面侵华战争，试图灭亡中国。在中华民族面临生死存亡的危急关头，中国人民在中国共产党的领导下浴血奋战，终于取得了民族解放战争的彻底胜利，将日本野兽全部、干净、彻底地从中国大地清扫出去。中国人民真正站起来了，成为自己土地的主人。由外部列强决定中国命运的历史已经一去不复返了。中国的每一寸土地，只能由中国14亿人民做主，岂容他人暗算！当年帝国主义、军国主义兽类的铁蹄未能实现的迷梦，今天他们的孑遗凭一点小把戏就能实现吗？他们躲在阴暗的角落里，挖空心思，玩弄法律词句，就想剥夺中国南海岛礁主权和海洋权益，真是鬼迷心窍，看错了皇历！在站起来了的14亿中国人民面前，他们的一切鬼蜮伎俩除了自娱自乐外，粪土不如。如果今天中国人民还容忍外人对中国领土主权染指，容忍他们“仲裁”和说三道四，那就说明中国人民还没有真正独立。显然，今天的中国早已“换了人间”，一切帝国主义、军国主义、霸权主义、新老殖民主义的阴谋诡计都不灵了。

四、一个西方娼妓厚颜无耻的道德说教

“见过厚颜无耻的，没见过这么厚颜无耻的！”

在南海问题上，跳得最欢的莫过于美国。美国距离南海十万八千里，既不是域内国家，也不是南海海洋权益声索国，更不是《联合国海洋法公约》的签字国，却不远万里，像煞有介事地跑到南海来撒野。美国国家安全委员会亚洲事务资深主任康达甚至狂言南海是美国的“最高国家利益”。不知世界上还有哪个地方不是美国的“最高国家利益”？

美国无法无天，横行世界，从来就没有考虑过是否违法的问题，从来不把以《联合国宪章》为代表的国际法放在眼里。1999年美国以所谓“人道主义”的名义，公然对一个主权国家发动长达70余天的战略轰炸，造成巨大的人道主义灾难。美国何曾想到过国际法？2003年美国绕开联合国，以莫须有的罪名，悍然入侵伊拉克，其犯下的战争罪，至今未受到国际法律的应有审判与制裁。

对于《联合国海洋法公约》，美国更是不屑一顾，一直视《联合国海洋法公约》为美国海洋霸权扩张的法律障碍，至今拒不加入《联合国海洋法公约》，是世界为数不多的非《联合国海洋法公约》成员国家。1984年，尼加拉瓜通过联合国所属的国际法院诉美国在尼港口非法布设水雷案，美国败诉，美国当众将裁决书撕毁。就是这样一个劣迹斑斑，藐视包括《联合国海洋法公约》在内的一切国际法律的美国，在所谓南海仲裁结果出笼后，一方面派航母，一方面造舆论，软硬兼施，威逼中国接受他们一手策划的所谓裁决，要中国遵守他们歪曲糟蹋的《联合国海洋法公约》。这就好比一个放荡不羁的西方娼妓，伙同黑社会跑到东方来大吵大闹，教训良家女子要遵守妇道。还有比这更无耻的吗？

中国是以《联合国宪章》为代表的国际法秩序的坚定参与者、维护者、

建设者，是《联合国海洋法公约》的坚定参与者、维护者、建设者。中国坚决抵制那个野鸡仲裁庭，坚决拒绝接受其非法裁决，正是对国际法尊严的维护，正是对《联合国海洋法公约》的完整性、严肃性、权威性的维护。我们希望从此导致美国法律意识的苏醒。我们欢迎美国就国际法问题和我们一起讨论。不过为了证明美国是国际法的维护者而不是破坏者，在讨论国际法之前，请先把美国历次发动对外侵略战争的战犯送上审判台！请先就美国历次侵略战争对和平居民大屠杀造成的生命财产损失作出必要的赔偿！请先回到《联合国宪章》和《联合国海洋法公约》的基本原则和基本精神上来！

五、如果奋起自卫，南海岛礁个个都是“上甘岭”

直接在中国家门口“秀肌肉”的主要是美太平洋司令部所属海、空军，其司令名叫哈里·哈里斯（Harry Harris）。他的半个日本血统曾经令日本媒体兴奋不已。哈里斯有两句话，中国人民是不会轻易遗忘的。一句是2015年3月31日在澳大利亚访问时，他轻蔑地称中国南海岛礁不过是“沙长城”。另一句据美国《纽约时报》5月9日报道，他声称准备在南中国海“今夜就开战”，“包括黄岩岛，整个南海”。他表示，为了捍卫美国的利益，“我不得不动用自己拥有的工具，而它们是军事工具”。

哈里斯赤裸裸的战争叫嚣，不要完全看成是虚声恫吓，这是其内心世界与意图的真实流露。自新中国成立以来，“美国战车”从来就没有熄灭过用炮火对付中国的邪念。只是几个回合较量与试探下来，他们没有占到多少便宜，才不得不有所顾忌。长期以来美国疯狂建造了世界上最庞大的军火库和战争机器，其军事力量至今仍是支撑其霸权地位的最后一根支柱。动用战争机器进行战争讹诈与战争冒险仍是美国对外政策的首选。我们不可等闲视之。

哈里斯把中国南海岛礁称为“沙长城”，无非是想说在他的航空母舰等现代军事手段面前不堪一击。既然哈里斯这么自信，为什么又对中国在南海加固与扩建岛礁如此敏感，耿耿于怀呢？你担心什么？你害怕什么？哈里斯说得并不错，南海岛礁的确是沙石构筑的长城，但不是一盘散沙，而是用超级黏合剂连接在一起的沙，是有高度凝聚力的沙。这个黏合剂既是科技意义上的，也是政治意义上的。哈里斯也说对了，它的确是中国的“长城”，中国南海的海上长城。所谓长城，是战略防御工程。它是防御性的，不是用于进攻的，“人不犯我，我不犯人。”南海长城不会侵犯任何人的合法利益。但是也绝不容许任何人侵犯中国南海的合法权益。如果有人胆敢来犯，请问一问南海长城身后的14亿中国人民答应不答应？在外来侵略面前，南海长城将坚如磐石，是任何侵略者不可逾越的障碍。

中国不像美国奉行全球战略，中国武器也不如美国多。这是事实。中国重视武器装备的现代化建设，但中国不是唯武器论者。中国历来认为，决定因素是人，不是物。中国想一心一意搞建设，过有尊严的安宁日子，不想跟任何人打仗。但如果有人偏要把战争强加在中国头上，中国也只能毅然决然，奋起自卫，即使这意味着巨大牺牲，也义无反顾。真要打起来，谁输谁赢还很难说。中国保家卫国，是正义之师，得道多助；中国在自己的近海迎敌，以逸待劳，有地利之便；中国历来有人民战争的优良传统，可以发挥“十亿人民十亿兵”的无穷威力；中国可以陆海一体，发挥多维战场空间协同动作的整体优势。此外，并非不重要的是，中国这几年也掌握了几件足以令那些横行海上的巨无霸葬身鱼腹的必要手段。骄横一世、目空一切的西方霸王，打一个小国还不算宽裕，要跟中国这样拥有核力量的大国较量，并没有多少底气。大打，相互摧毁，中国固然要蒙受巨大损失，但那个巨无霸就能全身而退吗？它即使勉强生存下来，世界霸权肯定是没了，50个州也不知道还能剩下几个。它能成为一个四流、五流国家，就已经是万幸了。这肯定不是他们所期待的结果。小打，劳师远征，后方空虚，补给线漫长，顾头难顾腚，会处处挨打。一旦交火，中国南海长城的每一粒沙子，就是射向入侵者的一颗子弹；南海每一座岛礁就是一座炸不烂、夺不走的海上"上甘岭"。一年打不出个结果，就打个十年八年。英国蒙哥马利元帅说，一个铁的战争禁律，就是不要进攻中国。希望某些头脑膨胀发热的人尽快用冷水洗一洗，不要想入非非了。

六、和平不能乞求，和平发展的命运掌握在自己手里

走和平发展的道路，实现中华民族伟大复兴是我们的基本国策，也是我们对世界的庄严承诺。它是由中华五千年"和为贵"的优秀文化传统决定的，也是中国特色社会主义公平、正义、和谐价值观的本质规定。

但是能不能实现和平发展，不完全取决于我们单方面的善良愿望。当今世界，霸权主义、强权政治、冷战思维仍然存在，甚至有所发展。国际垄断资本追求超额垄断利润的贪婪本性并未改变，战争仍然是垄断资本战略扩张的重要手段。领土主权与权益争端、民族与宗教矛盾、地缘与资源争夺时时引发战争与军事冲突。核扩散（横向扩散与纵向扩散）日益加剧，始终是高悬于人类社会头顶上的达摩克利斯之剑。海洋、太空、网络三大战略空间的竞争日趋激化，严重威胁世界和平与安全。国际恐怖主义、民族分裂主义、宗教极端主义三大邪恶势力日益暴力化、军事化，传统安全与非传统安全界限日趋模糊。世界和平与发展这两大问题，至今一个也没有解决。假若世界就这么下去，不可避免地会出现"炮火连天，弹痕遍地"的局面。"二战"后几十年过去了，战争威胁不但没有减少，反而增加了。看看今天强权主义者的战略轰炸机肆无忌惮地飞临中国领海上空，航空母舰开进了中国南海海域，就知道战争之神其实一直在刀尖上跳舞。他们的巡航导弹之所以至今还没有在中国领空落下，不是因为某些人求神拜佛的祈祷，而是因为我们手里

毕竟还攥着一根打狗棍。残酷的现实告诉我们，狼外婆从未远离我们，它一直就蹲在我们家门口，甚至一只狼爪已经伸进我们的门缝里来了。

我们比任何人都渴望和平，比任何人都讨厌战争。但你不愿意走近战争，战争却偏偏不时地要亲吻你。你热爱和平，和平女神却往往可望而不可即，总是离你远远的。和平发展不是无矛盾、无冲突发展。和平之路不总是鲜花铺满的林荫大道，更多的是充满荆棘的崎岖小路。和平没人恩赐，和平难以乞求。和平发展不是单相思，和平发展更不是以牺牲国家主权、安全与尊严为代价。

我们绝不以战争手段对外扩张，绝不以战争手段掠夺他国战略资源，不以战争方式解决领土和海洋权益争端，但是我们不能排除自卫战争的可能性。在战争能量超杀伤、超饱和的时代，我们必须掌握足以令一切毁灭者毁灭的战略反击能力，慑止针对中国的大规模毁灭性战争，确保中华民族伟大复兴的历史进程不被外界干扰所中断。所有这些都不能寄托在和平的主观愿望上，而是以清醒的头脑、扎扎实实的斗争准备和可信的战略能力为前提和依据的。只有扎扎实实地备战才能制止战争和避免战争，有时只有坚决打赢不可避免的小战，才能避免升级为中战和大战。这不是对和平的偏离，恰恰是对和平的有效维护。在世界战争根源仍然存在，战争威胁远未解除的今天，我们不能自己麻痹自己，陷入危险的和平幻想之中。和平发展的机遇往往需要靠战斗来争取，和平发展的权利也要靠战斗来保卫。我们的战斗准备越充分，战斗力越坚强，和平发展的可能性和把握就越大。否则，只会葬送和平的任何可能性。这就是和平的辩证法。

七、美国到南海来撒野，或许不完全是坏事

中国先贤孟子说过“无内忧外患者，国恒亡”。近几十年来，除了“不见硝烟的战争”和偶有精心策划的“误炸”“误入”，总体上看，中国没有

出现公开的刀兵相见的情况。承平日久，渐渐滋生出许多“和平病”来，如果不是美国赤膊上阵到南海闹事把我们吵醒，我们有人可能仍然在沉睡之中。

其实，美国到南海来撒野，并不完全是坏事。面对美国的挑衅，我们大可不必乱了方寸，而是淡定从容，有理、有利、有节地应对。现在着急的不是中国，而是某些霸权主义者。惶惶不可终日的不是我们，而是整天担心霸权旁落，沦为“世界老二”的人。世界上的一切事物，无不具有两重性，美国闹上门来，寻衅滋事，既给我们带来干扰，但也从相反的方向助了我们一臂之力。

一是它使一切善良的人们更加清醒地认识到树欲静而风不止，天下并不太平，和平与发展仍是当代尚未解决的两大“问题”，清醒地认识到美国霸权并不像某些洋大人和假洋鬼子所宣传的那样“文明”和“仁慈”，彻底丢掉对美国霸权的最后一丝幻想。

二是它为我们提供了一个向全世界集中展示中国“祖宗海”南中国海无可争辩的主权的历史和法理依据的机会，让全世界更广泛地了解南海问题的真相和是非曲直，了解中国在国家领土主权问题上的严正立场与维护地区和平的诚意。

三是它替我们有效动员海内外一切有血性的中国人，使他们愤然而起，携起手来，挺起胸来，团结一心，纯洁队伍，共同抗击强权，更加坚定地维护中国领土主权、海洋权益和民族尊严。

四是它提醒我们，为应对日益紧迫的海上威胁，必须放开手脚，加快南海岛礁建设，不断完善南海岛礁防御体系。它催促我们，不失时机地打造维护中国海洋安全急需的支点，延伸国防前沿，改善海上战略防御态势。

五是它为我们开展海上联合训练无偿提供了一支够格的“蓝军”，充当我们的战略磨刀石，使我们能在实战背景下磨砺精兵，全面提高我军战略运筹、战略战役指挥、作战协同、战术技术水平，加快实现我军机械化、信息化的历史性跨越，加快建设一支世界一流的现代化人民军队。

还可以列出许多有用的“战略效益”。这也许是世界霸权衰落过程中一点有用的剩余价值。中华民族在本世纪的复兴是前无古人的伟大事业，很难想象这样一个伟大事业面前会是一条轻歌曼舞、鲜花铺地的平坦大道。连唐僧西天取经都要经过九九八十一难，中华民族伟大复兴必然要遭遇许多阻力与曲折，必然要付出巨大的代价。当前我们正处于民族复兴的决胜期，越往前走阻力会越大，各种责难、怀疑、敌视，乃至下黑手、使绊子会越来越多。我们要始终保持清醒的头脑，否则功败垂成的历史教训就有可能重演。美国赤裸裸的霸权行径，对我们来说，最大的价值就是在历史转变的关键时刻唤醒了我们，使我们始终保持危机意识和忧患意识，万众一心，励精图治。正如1999年5月美国战略轰炸机携带刚刚装备的JDAM钻地弹，从美国本土起飞，通过空中加油，万里奔袭，直奔南联盟，对中国驻南联盟大使馆实施自上而下的贯穿性精确“误炸”，导致大使馆被毁，多名工作人员牺牲。美国的暴行彻底撕破了美国“民主”的假面具，极大地激起全体中国人民的强烈愤慨，极大地增强全体中国人的爱国热忱和民族凝聚力，成为我们丢掉对美幻想、奋发图强的重要助推剂。今天美国又主动送上门来，充当义务教员，进一步从反面砥砺我们的战斗意志，促进我们坚强团结、众志成城，劈波斩浪、攻坚克难，夺取民族复兴大业的伟大胜利。

（2016年7月23日）

美国难逃霸极必衰的历史规律

美国霸权的衰落是当代国际战略格局的最大变动，它必然导致世界地缘政治经济版图的重绘。

霸极必衰，这是一条不可抗拒的历史规律。

在世界几千年的文明史上曾经出现过许多风云一时的帝国，如亚述帝国、阿拉伯帝国、波斯帝国、亚历山大帝国、古罗马帝国、奥斯曼帝国、拜占庭帝国、法兰西帝国、大英帝国等。它们或者因为掌握了当时相对先进的生产力，或者引进了相对先进的文化，或者直接凭借相对优势的军事力量进行武力征伐，迅速建立起威震四方的霸权统治。但是这些帝国一旦登上霸权宝座，便加速走向自己的反面，或者全面腐化，或者扩张无度，社会矛盾日益尖锐，最后都如一闪而过的流星消失在茫茫夜空之中，成为历史的过客。英国著名历史学家汤因比考察后认为，这些帝国衰落的共同特点，都在于“对外的过度扩张和社会内部扭曲的扩大”。帝国的衰落，无一例外，都不是他杀，而是自杀。

当今世界唯一尚存的超级强权美国也不例外。在度过它的黄金岁月后，美国霸权同样摆脱不了沿着这条盛极而衰的历史轨迹无可挽回地衰落的历史宿命。

一

美国独立建国不过200多年，之所以一夜之间成为北美暴发户，进而成为资本主义世界的共主，的确是有一些特殊条件的。

一是上帝的恩赐，给了北美移民得天独厚的自然条件。广阔无垠的沃土，充足和煦的阳光，四季丰沛的雨水，上帝如此慷慨的眷顾奠定了美国发展丰厚的物质基础。

二是优越的地缘环境。美国东西有两洋，南北无强敌。大西洋和太平洋两大天然护城河构成保护美国安全的有效屏障，使美国远离欧洲旧大陆列强的纷扰。美国独立后，除了1812—1814年第二次独立战争中英军占领华盛顿火烧白宫，几乎没有受到过外部军事力量的冲击。两次世界大战虽然惨烈，但都是在美国本土之外打的。当欧洲国家相互厮杀打得鼻青脸肿、两败俱伤的时候，美国却作为“民主国家的伟大兵工厂”大发了战争横财。

三是美国抓住了第二次工业革命的机遇，促进了美国现代工业的发展。新边疆的开辟，以及后来巨大的战争需求，进一步刺激了生产的迅猛发展。特别是以原子能技术、宇航技术、电子计算机技术为标志的新技术的兴起，使美国占尽了新技术革命的先机，世界第一台台式计算机、第一只半导体晶体管、第一块集成电路都诞生在美国，加快了美国经济现代化进程。战后，美国确立了它在资本主义世界遥遥领先的地位。在经济上，美国构建了以美元为中心的国际货币金融体系即布雷顿森林体系，以美国为中心的国际贸易体系，以及美国主导下的以世界银行、国际货币基金组织、关贸总协定为依托的世界经济体系。战后初期在资本主义世界经济中，美国工业生产量占2/3，外贸出口额占1/3、黄金储备占3/4，美国经济盛极一时。在军事上，美国以长期高居全世界总额一半以上的军事开支，建立了超饱和、超杀伤的战争机器。美国的核武库足以毁灭人类几十次，美国的核动力航空母舰无论在数量上还是性能上迄今在全世界无可匹敌。在政治上，美国还精心编织了一套以所谓“民主价值观”为核心，以维持美国领导地位和道德教主地位合法性的话语体系。在美元、美军和美语（话语权）三大支柱的支撑下，美国建立了第一个世界性霸权，用美国自己的话来说，从来没有一个国家的实力像美国一样在全球无可匹敌，从来没有一个国家的影响力像美国一样无远弗届，渗透到地球每一个角落。特别是苏联解体后，美国更是雄视天下，自认为“前无古人，后无来者”的美国霸权将是万年不朽的。

二

资本主义的本性决定它的历史命运。美国一向强调“美国例外”论，但在扩张—衰落—再扩张—再衰落的历史规律上，美国不可能例外。这个自命不凡的“山巅之城”和“上帝骄子”，像历史上的其他帝国一样，一旦登上超级大国的宝座，就同样变本加厉地对外进行军事扩张，对内激化各种社会矛盾，在战后的鼎盛时代就逐步积累了它衰落的全部条件。

第二次世界大战刚刚结束，美国置世界各国休养生息、医治战争创伤的紧迫需要于不顾，挟“二战”之余威，发动了一场又一场的对外扩张战争。美苏长达近半个世纪的全面冷战对抗以及较小的军事行动不算，从1945年到2008年的60多年间，美国穷兵黩武，至少对外发动了30余场规模较大的战争，平均两年一场。包括对朝鲜、越南、柬埔寨、老挝、格林纳达、巴拿马、伊拉克、索马里、波黑、科索沃、阿富汗、利比亚、叙利亚等发动的战争。这种战争频率是可以记入吉尼斯世界纪录的。这里既有金融集团的美元战争，也有能源集团的石油战争，还有军工集团的高技术战争。美国总统有事时的第一反应、第一句话是：“我们的航母在哪里？”航母就是美国的名片，就是美国对外政策的化身，对外战争就是美国的基本生存方式。

美国不遗余力打造了世界上无可匹敌的超级战争机器，以武力挟持全世界，以维持其帝国秩序，但美国的武力并不是万能的。美国除了动员全部力量，以“雷公打豆腐”的方式，对付一些无还手之力的弱小对手外，并没有打对等战争的底气。随着核恐怖平衡时代和经济相互深度依存时代的到来，军事手段的实际效用已大打折扣。军事手段的发展越来越走向战争目的的反面。军事手段的滥用越来越成为伤及自身的飞去来器。美国在伤害别人利益的同时实际上也在伤害自己的利益，美国在毁灭别人的同时并不能确保避免自己被毁灭。美国在苏联解体后，不断推动北约东扩，挤压俄罗斯的战略空间，几乎把刺刀顶到了莫斯科的脑门上。莫斯科是拿破仑的魔咒，是希特勒的坟墓，也是当今霸权不可轻易踏入的雷区。果然，当普京绝地反击，虎口拔牙，把克里米亚悄然收入囊中时，美国除了高喊制裁，已没有多少战略选择，只能吞下自己酿造的苦酒。美国核动力航母虽多，但也有致命弱点。在弱小国家面前，美国航母是不可一世的庞然大物，但在现代反舰导弹面前，它又是易遭打击的明显目标。美国虽然自称建立了天衣无缝的国家导弹防御系统和战区导弹防御系统，但2001年9月11日美国心脏地带却被几个恐怖分子撞成一片火海，至今美国人想起来还心有余悸，谈恐色变。长期以来，美国总统与美国国会为争夺战争决策权闹得不可开交，然而在面对出兵叙利亚的难题时，战争决策竟成烫手山芋，美国总统奥巴马破天荒地提出由国会说了算，主动将战争决策权拱手相让。就连过去曾经拱卫美国免于外部世界袭扰的大西洋与太平洋的地理优势，如今美国也越来越担心在欧亚大陆加速融合与经济全球化加速发展的大趋势下，两大护城河会不会变成将美国与欧亚大陆隔离开来，使美国日益边缘化的负资产。帝国秩序越来越难以按美国的愿望原封不动地维持下去了。冷战结束20年新冷战再起，反恐10年越反越恐。美国的两条腿，一条在中东地区的政治旋涡中越陷越深，一条在中东欧地区被紧紧套牢，美国想收缩战线，拔出腿来，将全球战略重心东移，由“全面进攻”转向“重点进攻”，越来越力不从心。

美国一直自我感觉良好的政治制度也渐渐光环褪尽，露出它贪婪的资本底色。近年来一批新兴国家的崛起，不断动摇美国模式的绝对统治地位，终结了西方民主价值观的“唯一合法性”。美国的政治制度的实质，说到底是资本配置权力、黑金主导政治、党争挟持政府。美国学者弗朗西斯·福山在苏联解体后曾欢呼美国政治制度的终极性胜利，断言“历史已经终结”，如今他也不得不承认美国政治制度存在三大结构性问题：一是政治司法化，司法、立法部门控制政府；二是政治利益集团化，利益集团与游说集团操纵、扭曲民主进程；三是政治两极化，恶性均衡阻碍政府运作。福山不得不痛苦地承认“美国政治制度的衰败”。

美国首屈一指的工业体系，本是美国领先于世界各国的物质基础。然而，美国垄断资本家越来越不满足于工业时代这种财富算术级数的积累，而是越来越专注于金融领域呼风唤雨，财富呈几何级数爆发式的增长。美国利用手中的印钞机，玩弄世界于股掌之间，买空卖空，炒出炒进，翻手为云，覆手为雨，剪别人的羊毛，吃自己的利息，赚得盆满钵满。美国在虚拟经济领域春风得意时，不知不觉把实体经济都转移出去了，美国经济日益空心化，美国经济内瓤一天天空虚起来。同时，美元长期作为世界主要储备资产，其致命缺陷是只有靠美国的长期贸易逆差，才能使美元流散到世界各地，具有内在的不稳定性。美国今朝有酒今朝醉，寅吃卯粮，举债为生，暴殄天物，挥霍无度的生活方式加剧了美国经济生活的失衡。2007年由华尔街引发的金融危机重挫西方世界，至今仍未见隧道尽头的光芒。靠打白条维持美元的特殊地位，维持美国的豪华盛宴，没多少人愿意买单了。金元帝国陷入持久金融危机。昔日最大的债权国目前已沦为债务国，美国公共债务高达16万亿美元，平均每人5万美元；19世纪以来的百年头号制造业大国地位丧失；2013年战后保持了半个世纪的头号贸易大国地位也拱手让人；IMF按购买力平价计算，1872年以来，保持了142年的全球头号经济体地位已经动摇。最近，英国、德国、法国、意大利、瑞士、卢森堡不顾美国的百般阻挠，决定加入中国倡导的亚洲基础设施投资银行，惊醒了美国“二战”后一直沉醉的全球金融迷梦，打破了美国对国际金融体系的长期把持与垄断，具有划时代的意义。

三

美国霸权的衰落是真实的，不是虚拟的。美国新兴智库新美国安全中心的埃尔布里奇·科尔比和保罗·雷托在2014年《外交政策》第4期发表的文章称，美国领导能力下降，连普通人也感受到了。最近美国前助理国防部长、哈佛大学教授约瑟夫·奈也说，美国在世界中的地位其实只是“半霸权”。

美国霸权已经盛年不再，但还没有到衰朽残年。确切地讲，美国霸权正在步入它由盛而衰的更年期。应当承认，美国霸权的衰落是一个较长的过程。美国毕竟是一个经济体量和军事体量巨大的帝国。它的国内生产总值在若干年内还无人可以企及，它的总体军事实力未来长时间内没人可以比肩，它的人才优势和科技优势也不会一下子就消失殆尽。即使美国霸权衰落了，美国仍将是一个重要的世界大国。只是它不能再像过去那样吆五喝六了。

美国霸权衰落怪不得别人，并不是什么外因造成的，而是美国金融帝国内在的固有矛盾发展的必然结果，是金融垄断资本食利性、寄生性发展的必然结果。美国霸权的衰落根源于美国连年征战对美国战略资源的过度透支，以及虚拟经济泡沫的破灭，而不是美国想象中的外部“挑战”。用汤因比的话说，是“自杀”，而不是“他杀”。美国因霸权衰落而迁怒于中国是毫无根据的。事实上，如果不是中国的大市场给美国经济以支持，美国霸权的衰落会更快。

历史告诉我们，在霸权衰落的前夕，在霸权要衰落而未完全衰落之际，是最脆弱、最敏感、最容易丧失理智的阶段。今天的美国与过去相比，说话嗓门越来越高，这不是强大的表现，恰恰是内心焦躁、神经过敏、不自信的表现，是霸权更年期综合征的反映。处在霸权更年期的美国，今后搞出任何匪夷所思的事情来，都是可能的。美国手里毕竟拥有世界上最大的战争机器，美国毕竟是有国际影响力的超级大国，一旦美国犯浑，一旦美国霸权的衰落失去控制，对美国自己当然是一场灾难，对全世界也绝不是一件好事。因此，我们要对美国动向特别保持警惕。既然霸权衰落不可避免，软着陆总比硬着陆少引起一些震荡，少付出一些代价。何去何从，选择权在美国，但尽可能引导美国霸权衰落实现软着陆，也是值得各国认真探索的重要课题。

（2015年8月10日）

新炮舰政策救不了美国霸权

近年来，为帝国衰落而陷入战略焦虑的美国右翼政客本能地玩弄新的炮舰政策，把矛头指向了坚持走和平发展道路、致力于民族复兴的中国，对中国进行赤裸裸的战争讹诈。可惜他们打错了算盘。旧的炮舰政策早已破产，新的炮舰政策就能挽救帝国衰落的历史命运吗？

与历史上所有帝国一样，美利坚帝国的衰落也是“自杀”，而非“他杀”。美国因此而迁怒于中国发展太快，显然是号错了脉，找错了病根。

“二战”后，美国连年对外征战。美苏长达半个世纪的全面冷战对抗以及较小的军事行动不算，从1945年到冷战结束，美国至少对外发动了二三十场规模较大的战争，平均不到两年一场。冷战后，美国头脑愈益膨胀，忘乎所以，变本加厉，对外穷兵黩武，发动了一场又一场赤裸裸的侵略战争。美国总统处理对外事务时的第一反应、第一句话是：“我们的航母在哪里？”航母就是美国对外政策的化身，对外政策的首选工具。对外战争成为美国的基本生存方式。这些战争不仅给世界带来罪孽与灾难，同时，也过度消耗与透支了美国自己有限的战略资源，激化了美国各种社会矛盾。以2003年美国入侵伊拉克的战争为例，据报道，先后有几十万伊拉克人在这场战争中丧生；175万伊拉克人，因为战争沦为难民。美国为这场战争花费了2万亿美元，加上善后处置费用，总计开支可能高达6万亿美元，大大增加了美国的财政负担，拖累了美国经济，刺破了美国虚拟经济的泡沫，诱发了美国金融危机。本已恶化的美国社会矛盾日益尖锐化。今日美国乱象丛生，政治失灵，两党恶斗不止，政治极化加剧；经济失势，长期陷入经济危机难以自拔，失去引领世界经济发展的动力；社会失序，暴恐事件频发，社会充满戾气；军事失控，五角大楼越来越自行其是，文官领导体制面临崩溃危机。8月1日美联社公布一项民调显示，85%美国受访者认为，美国已经深陷政治分裂，乱局堪比南北战争前夕，过半数人认为美国的好日子已经结束。造成今天这个局面，无不是美国对外战争的直接后果。对外侵略扩张战争是美国衰败的直接原因。说到底，它是美国金融帝国主义固有的基本矛盾发展的必然结果，是金融垄断资本食利性、寄生性、扩张性发展的必然结果，而不是美国政客所渲染的外部“挑战”。

有人把中美关系说成是新兴大国与守成大国的关系。似乎中国是新冒出来的大国，要与美国争夺生存空间，挤占甚至夺取美国经营已久的领地，以致陷入所谓“修昔底德陷阱”。这个说法套用历史上大国争霸的政治逻辑，既模糊了美国的帝国本质，也根本歪曲了当代中国的现实，歪曲了中美关系的性质。

中国不是今天突然从地底下冒出来的。中华文明是世界上历经五千年风雨而唯一未曾中断的优秀文明。当美国问世的时候，中国早已阅尽人间春色，与世界其他国家友好和睦相处了五千年。美国满打满算今年才240年历史，只是北美洲的一个暴发户。到底谁才是这个世界本来的主人？到底谁才更有资格与自信规划美好的未来？中国满怀信心阔步走在民族复兴的大道上。不管美国愿意不愿意，中国就在那里。不管美国高兴不高兴，一个拥有五千年文明史、960万平方公里国土、近14亿人口的中国巍然屹立于世界东方是铁的事实。

中美有着完全不同的国情与战略文化传统。中国生于斯，长于斯，朝饮黄河水，夕食长江鱼，地大物博，物产丰富，土生土长，自给自足，没有对外扩张的迫切需求与主观愿望。中国战略文化植根于农业文明，自古重视人与土地、自然环境的和谐统一，强调顺天应人，天人合一；在对外关系上，强调“亲仁善邻”“协和万邦”“己所不欲，勿施于人”；在战争问题上，强调“兵者，凶器也，非不得已而用之”“国家虽大，好战必亡”“不战而屈人之兵，善之善者也”，反对轻启战端，仗势欺人。中国国力越强盛，越强调厚德载物，以德服人，展现大国宽厚的胸怀。永乐七年（1409），明成祖朱棣专门为郑和出海颁发的敕书强调，“不可欺寡，不可凌弱，庶几共享太平之福”，认为对周边国家，“得其地不足以供给，得其民不足以使令”。所以，郑和没有利用手中率领当时世界无与伦比的巨大舰队，去开拓海外殖民地，而是展开睦邻友好之旅。汤因比的结论是“中华民族是一个没有征服野心的民族”。

相比之下，美国文化植根于商业文明，美国是资本家占统治地位的国家。资本家以追逐利润为目的，重视资本的增值，追求利益的最大化。正如《共产党宣言》指出的，资产阶级登上历史舞台，人与人之间的关系变成了赤裸裸的利害关系，一切神圣的感情都“淹没于利己主义打算的冰水之中”。资本的逐利性以及由此对海外市场、海外资源、海外廉价劳动力的无限渴求，孕育了美国人的冒险精神与对外扩张传统。“扩张或者死亡”是美国的生存法则。正如美国总统詹姆斯·布坎南所说：“我们国家的生存法则就是扩张，即使我们想要违背它，也不可能。”资本的竞争性，使美国奉社会达尔文主义为圭臬。他们一方面宣传所谓天赋人权，另一方面却把自然界里弱肉强食的生物链法则搬到人类社会领域，以大欺小，以富压贫，以强凌弱。他们崇拜实力，强调以力服人，追求绝对军事优势、绝对军事安全。像这样一个国家，很难理解中国“国强不霸”的文化传统，很难让他们对别的国家实力增长和自己力量衰退不格外敏感。

今天的中国是历史中国的延续。中国当代的思维方式、发展道路、行为模式都离不开中国独特的历史环境与民族血脉。今天的新中国，既没有扩张争霸的历史文化传统，也没有扩张争霸的现实需求。新中国社会主义制度的确立，既根除了听任帝国主义、殖民主义、霸权主义对中国入侵的政治基础，也铲除了自身可能滋生对外扩张欲望的政治土壤。美国把诸如世界“警长”一类的头衔当作命根子，但中国对此毫无兴趣。中国不存在因为与美国争夺头把交椅而掉进所谓“修昔底德陷阱”的可能性。

尽管中国只想凭借自己的资源、智慧和辛勤劳动，一心一意建设自己的和平家园，但树欲静而风不止，一个充满帝国傲慢、丛林法则和意识形态偏见的美国就是要和你过不去。

中国地处东半球，美国地处西半球。中国在太平洋西岸，美国在太平洋东岸，两国相隔十万八千里。本来太平洋之大，完全可以容得下两个国家各自驰骋，两国完全可以友好相处，相安无事。但是，国际阶级斗争的现实是，尽管中国没想过要去找美国的麻烦，美国却偏偏喜欢纠缠你。

美国惦记中国不是从今天才开始的。1898年通过美西战争，美国从西班牙手中夺取了菲律宾。两年后，美国就参加了八国联军，伙同其他西方列强一道打进了中国北京。20世纪30年代，日本大举入侵中国，美国却乘机加紧对日进行战争物资输出。1939年，日本进口石油的90%来自美国。1938—1939年日本军火的55%、军需用品的80%是美国提供的。美国助纣为虐，为日本军国主义屠杀中国人民输血，写下了极不光彩的一页。直到日本偷袭珍珠港，美国才改变态度，转而支持中国抵抗日本军国主义。这并不是因为美国良心发现或对中国产生了多么深厚的感情，而是日本野心太大，危及美国战略利益，美国不得不支持中国，以消耗和拖住日本。1944年，对日作战还在紧张进行之中，美国的地缘战略谋士就提醒美国当局，未来美国在亚洲的主要对手，将不是日本，而是中国。当时，中美还在一个战壕里共同对日作战，中国共产党还没有掌握国家政权，中国工业基础几乎等于零，更谈不上什么“守成大国”与“新兴大国”的关系。新中国成立后，美国军靴在踏入朝鲜半岛的同时，把航空母舰开进了台湾海峡，把战火烧到了鸭绿江边。1953年，朝鲜战争刚刚结束，美国就与8个国家签订了《东南亚集体防务条约》，对中国构筑半月形包围圈。这期间，一再试图对中国实施原子打击。70年代，美国在美苏争霸的大格局中，渐处下风。为了改变苏攻美守的不利态势，美国打开了中美关系。中美建交后，美国看到占领中国潜在大市场，并操纵中国经济命脉的绝佳机会，以及引导中国全盘西化，全面融入西方价值观体系的绝佳机会。苏联解体，美国政府本来想乘胜追击，一口气将中国拿下。只是“9·11”事件分散了美国的战略注意力。十年反恐下来，美国发现中国没有按美国设计的路线图进入美国壳中，而是越来越强调道路自信、理论自信、制度自信、文化自信，这是美国不能接受的。

美国不能接受苏联解体后，在欧亚大陆这个美国战略蓝图中的“世界岛”再出现一个大国。任何大国，尤其是中国这样有影响的东方大国在欧亚大陆的出现，将是美国实现其全球地缘战略的天然障碍。

美国不能接受一个与西方意识形态相异的大国。不能接受超越西方价值观的“异教徒”。美国不能容忍其长期拥有的道德教主地位及其软实力的丧失。尤其不能容忍中华文化的独特魅力与影响力的迅速扩展，致使西方价值观的道德光环黯然失色。

美国不能接受对美元霸主地位的任何挑战。美元是美国的命根子，是美国霸权的支柱和最后归宿。人民币的国际化趋势，中国金融实力与经济实力的走强，都被视为在美国心窝里下刀子。

进入新时代，中国的综合国力和国防实力日益壮大，国际影响力日益上升，看到中国日子过得越来越好，看到中国发展越来越快，美国忧心忡忡，对中国没有出现美国期待的“颜色革命”，深表失望，对中国自信、自强，坚定地维护国家安全、领土主权与海洋权益，越来越焦虑。

美国总统奥巴马公开表示，美国“绝不能当世界老二”，“绝不能由中国书写国际规则”。美国民主党总统候选人声称，美国的下一代绝不能生活在“中国的统治之下”。美国空军协会顾问皮特·修斯扬言“美国不能坐等中国羽翼丰满”。美国政要对中国的偏见与恐惧溢于言表。美国时刻担心，沦为夜空中一闪而过的流星。它总怀疑有人要分享，甚至取代它的特权。正是这种病态焦虑，使美国面对中国的复兴浑身不自在，按捺不住围堵中国的战略冲动。

世界潮流，浩浩荡荡，莫之能御。炮舰政策不灵了。帝国秩序的衰落与中华民族伟大复兴，这两大历史趋势都是不可抗拒的。

如今，美国在继续对中国发动没有硝烟的意识形态战争的同时，越来越多地热衷于对中国“秀肌肉”。对中国动手，已不再是美国政治密室中的窃窃私语。美军太平洋司令部司令哈里斯公开发出了“今夜就开战”的战争叫嚣。美国知名智库兰德公司发表《与中国开战：想不敢想之事》，预言“两国开战并非完全不可能”。就像为这一预言作注脚，在东北亚，美国在纵容日本摆脱宪法约束，释放日本战略能力的同时，力图通过部署高空导弹防御系统，将韩、日绑上美国战车，形成东北亚战争三人组。在东南亚，美军着力经营菲律宾军事基地、新加坡樟宜基地、澳大利亚达尔文基地，加紧对中国进行军事围堵。在南中国海，美国的导弹驱逐舰、战略轰炸机、核动力航母战斗群直接顶到了中国家门口。看来，一个本来就因缺乏耐心而有性格缺陷的美国这次的确有点坐不住了。

中国一向认为，国与国之间，有差异不要紧，坐下来谈，总能找到出路，可以求同存异，纵使中美之间有天大的分歧，也不要轻易拿枪比画。丘吉尔说过：“吵来吵去，总比打来打去好。”对话比对抗好，握手比踢脚好。子弹不长眼睛，真要飞出枪口是要打死人的。

当然，美国要对中国动手，也绝非易事。至少它的战争部署远没有到位，要进行针对中国的战争动员、转入战时体制，更加困难。美国现在更多地表现为战争讹诈，实行危机边缘与战争边缘政策。但是在战争的刀尖上跳舞，难保不会掉下来。一旦滑入战争泥坑，战争有其自身逻辑，不是谁想控制就能控制得了的。

中国历来信理不信邪，不惹事，但也绝不怕事。中国不会出卖国家主权与民族尊严而苟安一时。如果美国硬要把中国逼上战场，中国奋起自卫，美国未必能占多少便宜。

第一，中国保家卫国，是正义之师，得道多助。美国仗势欺人，失道寡助。除了那个整天做军国梦的日本武士，不会有更多的人甘愿充当炮灰。

第二，中国历来有人民战争的光荣传统，可以同仇敌忾、万众一心，发挥人民战争的无穷威力，发挥军民一体、陆海一体的整体优势。美国能把50个州都动员起来吗?

第三，中国在自己家门口进行防御作战，以逸待劳，有地利之便，美国劳师远征，后方空虚，补给线漫长，顾头难以顾腚。

第四，美国历史短，未经过严酷考验；社会现代化程度高，但结构脆弱。中国历经磨难，民族意志力、凝聚力、战争韧性与战争承受能力远非美国所能比拟。

第五，军事上美强我弱依旧，但中美已形成不对称性军事战略平衡局面，中国拥有足以令毁灭者毁灭的战略反击能力。一旦交手，中国当然会遭受巨大损失，中国没有选择余地，任何人都不可能指望在打击中国后全身而退。一场现代战争之后，美国即使免于毁灭，恐怕连“失败国家”都排不上。假如美国丧失理智，执意对中国动手，开战之日，就是给当代霸权的棺材钉上最后一颗钉子之时。这肯定不是他们所期待的结果。

（2010年7月）

冷眼向洋看世界，热风吹雨洒江天

——浅谈当代世界大变局之“变”

半个多世纪以前，毛泽东主席就曾预言：“从现在起，五十年内外到一百年内外，是世界上社会制度彻底变化的伟大时代，是一个翻天覆地的时代，是过去任何一个历史时代都不能比拟的。”半个多世纪过去了，当代世界的发展验证了毛泽东主席预言的惊人准确性。当前世界正在经历一场百年未有的格局性大发展、大变化、大兴替。这场大变局总的态势是：东升西降，中兴美衰，社起资落，政分经合。世界地缘政治与经济重心日益向东方转移，与美国霸权衰落形成鲜明对比的是中华民族伟大复兴的脚步坚定不移，在资本主义的叹息声中，社会主义已经走出低谷，政治领域的分化难以阻挡经济全球化的车轮。曾经的“上帝骄子”正在从顶峰跌落下来，一大批新兴力量群体性、梯次性崛起，新一轮工业革命打破人类原有的生产方式与生活方式。世界结构立体震荡，高山为谷，深谷为陵，世界大潮，惊涛拍岸，滚滚向前，沛然莫之能御。

变局之一：当代世界地缘政治和地缘经济平衡逐步向东方倾斜

长期以来世界地缘政治和地缘经济虽然大体上是东西方相互超越、相互追赶的过程，但古代东方无论是物质文明还是精神文明，无论是治理体系，还是治理能力曾长期走在世界前列。意大利学者科利指出“大约在17世纪末，欧洲以钦佩和嫉妒的目光注视着地球的一个地区，这个地区集中了全球2/3的GDP和全球3/4的人口”。这就是世界的东方。只是此后300年，随着世界地理大发现和新航路的开通，随着西方在工业革命中占住先机，东方渐渐落伍了。西方用血与火积累了巨大的财富，造就了“先进的西方，落后的东方”“先进的欧洲，落后的亚洲”，以至于无论在地理上还是文化上都与西方沾不上边的日本一直耻于位列东方，一心要“脱亚入欧”，往西方怀里钻。然而，曾几何时，世界的风向变了。100多年前列宁阐述的关于“落后的欧洲和先进的亚洲”的“辛辣真理”正在一步步成为生动的现实。这是世界范围内生产力和生产关系相互作用的必然结果。过去遭西方白眼的东方国家正在直逼西方世界，其经济总量已由1980年仅占世界10%，到现在已占全球的40%，对世界经济增长的贡献率更是从2008年国际经济危机前的25%上升到80%。其中，金砖五国经济总量已经接近西方头号超级大国美国。据联合国统计，全球一半以上的人口，以及最大的30个城市中的21个雄立亚洲。在过去50年里，东方数亿人口摆脱了贫困，展示了东方世界不可估量的发展潜力和不可阻挡的发展势头。纽约大学教授艾伦认为，世界正在向历史常态回归。德国前副总理兼外交部长菲舍尔表示，世界政治和经济重心已经转向东亚。面对当代世界红日东升，夕阳西下的大趋势，美国地缘战略学家布热津斯基提出了依靠欧美文化圈，扩大“新西方”，制衡“新东方”的设想，可惜时移世异，布热津斯基已无力回天了。

变局之二：美国霸权败象毕露，世界向多元共治演进

美国历史满打满算不过两百余年。与世界几千年的文明发展史相比，美国登上世界霸权之巅只不过是历史长河中的一段插曲。

当年乘“五月花”号在美洲登陆的一批不速之客及其后裔之所以快速崛起，首先在于他们从原住民那里掠占了广袤的土地和丰富的资源，迅速完成了血腥的原始积累。美国所处的北美大陆，东西有两洋，南北无强敌，优越的地缘环境，使他们得以远离旧大陆列强的纷扰。除了南北内战，美

国本土几乎没有遭受战火洗劫。在两次世界大战中，美国不仅本土安然无恙，而且利用大战之机，充当“民主国家的伟大兵工厂”，大发战争横财。当其他国家被战争拖得精疲力竭时，美国却赚得盆满钵满。而且美国及时抓住了第二次工业革命的机遇，生产力得到高速提升。战后初期在资本主义世界经济中，美国工业生产量所占份额高达2/3，外贸出口额占1/3，黄金储备占3/4。美国挟“二战”余威，还一手建立了联合国、世界银行、国际货币基金组织、关贸总协定，建立了美元与黄金挂钩的金本位制，全面控制了世界政治、经济与金融体系。短短几年内，美国就坐上了资本主义世界头把交椅。

然而，来也匆匆，去也匆匆。美国成为北美洲暴发户的同时也埋下了它日后破败的伏笔。特别是苏联解体，美国一时失去制约，无法无天，为所欲为，成为它衰败的催命符。美国这么快就走完争霸—称霸—失霸的霸权周期，既有历代霸权穷兵黩武、扩张过度的共性，也有金融垄断资本格外贪婪的个性。有人统计，仅近30年美国就发动了至少13场较大战争，耗费14万亿美元。特朗普承认，仅入侵中东就耗费6万亿美元，这笔钱可重建美国两次。无休止地对外进行战略扩张，严重透支了单极独霸赖以支撑的国家战略资源。随着金融垄断资本的食利性、寄生性、腐朽性日益严重，美国虚拟经济泡沫破灭，产业日益空心化、去工业化，经济日益虚拟化，逐步失去国际市场和国际金融体系主导地位。2008年开始的金融危机就洗劫美国19万亿美元。百年制造业大国地位拱手让人，维持大半个世纪的头号贸易大国地位易主。美国从世界最大债权国变成世界最大债务国。2018年，美国国债达22万亿美元，超过了美全年GDP，以致美民间上万人发起“卖地还债”的请愿活动，提出以1万亿美元将蒙大拿州卖给加拿大抵债。这几年资本配置权力、黑金主导政治、党争挟持政府愈演愈烈，民主价值观和道德形象破产，道德感召力和道德吸引力扫地以尽，国际信誉荡然无存，社会严重撕裂，族群仇恨加深，贫富对立、宗教对立、阶级对立、党派对立日益尖锐化，有人称之为癌症晚期症候群。美国《外交政策》双月刊称，美国已沦为“21世纪的病人”。新加坡前常驻联合国代表马凯硕直言：美国200年的兴起并非人类历史的主线，这个时代已然终结。帝国霸权已经成为人类社会发展的桎梏。未来人类社会可能与霸权告别，而向多元共治发展。美利坚帝国很可能将作为世界历史上的最后一个帝国而送进历史博物馆。

变局之三：欧美裂变加剧，欧洲谋求“战略自主”

与中国从秦汉起不断由统一走向更大规模的统一不同，欧洲以罗马帝国解体为发端，在2000多年里，绵延不绝地从分裂走向分裂，持续不断地对河流、山脉、平原进行分割，在地理、生态、人种、宗教、文化、语言上划上越来越多的国界。这一趋势一直延续到近代。第二次世界大战后，美国出于其全球战略的需要，在对抗共产主义幽灵的意识形态下，通过马歇尔计划和北大西洋公约组织等，从政治上、经济上和军事上将欧美捆绑在了一起，开始止分为合。但随着苏联和华约的解体，美国对欧洲的控制逐渐失去依据。在美苏冷战掩盖下的美欧矛盾和欧洲内部的种种利益分歧日益凸显，欧洲内部分化加剧，欧洲与美国的裂痕加深。

在欧洲，近年希腊等欧盟国家主权债务危机，欧元区货币体系动荡的欧元危机，有“光荣孤立”传统的英国脱欧危机，意大利难民潮引发的难民危机，法国、德国、比利时一系列高频率恐怖袭击造成的暴恐危机，大国地缘战略较量背景下的乌克兰危机，等等，同时上演，多路并发。欧洲又开始走上了裂变的老路，陷入前所未有的焦虑与动荡。

与此同时，美欧关系也面临前所未有的考验。美欧这对感情并不深厚的情人，既因利益需要而苟合，也自然会因利尽而离散。如今在贸易逆差、汽车关税、飞机市场、防务分担等问题上龃龉不断。被高达7100多亿美元的沉重军费压得透不过气来的特朗普要将军事负担转嫁到欧洲盟国头上，引起欧洲的强烈反弹。更重要的是，内心看不起西部牛仔的欧洲绅士们并不甘心长期屈居人下。不仅欧盟力图摆脱美国的金融控制，建立独立于美国的国际支付系统，法德也开始筹集“欧洲防务基金”，力主建立欧洲自己的联军，把欧洲安全的主导权拿到自己手上。2018年11月德国总理默克尔宣称“跪拜了半个世纪的德国，要主宰自己的命运”，发出了欧洲压抑已久的呐喊。有观察家指出，如果有一天，欧洲解除与美国的一纸婚约，人们不要意外。

变局之四：资本主义基本矛盾尖锐化，社会主义重现生机

社会主义的诞生是人类开天辟地的大事。列宁领导的十月革命取得胜利，使社会主义从理论变为现实，打破了资本主义的一统天下。第二次世界大战后，一大批社会主义国家的相继诞生，使社会主义呈现蓬勃发展的局面。但是，在叛徒、内奸和外部敌对势力夹攻下，苏联解体，东欧剧变，使世界社会主义运动遭受严重挫折。全世界共产党数量从180多个骤降至130多个，社会主义国家从15个减少到5个。然而，苏东剧变并不表明社会主义本身出了问题，而是社会主义与资本主义较量的长期性、复杂性、曲折性的反映。人类社会发展的大趋势没有改变，也不可能改变。就在西方弹冠相庆，产生“历史已经终结”的幻觉时，中国稳住了阵脚，并一步步走出低谷。中国特色社会主义的旗帜不但没有被“共产主义大失败”的阴风刮倒，反而经过风雨洗礼，走进了建设中国特色社会主义的新时代。13亿中国人坚持社会主义就是1/5的人类坚持社会主义。社会主义在中国的成功就是占世界1/5的人口的成功。

具有讽刺意味的是，西方世界兵不血刃搞垮了苏联，从苏东事变中攫

取了丰厚的冷战红利，不但未能消除资本主义的固有矛盾，反而使西方资产者与劳动者之间的对立更加尖锐。社会主义不但没有在地球上消失，社会主义思潮在西方的传播反而呈愈演愈烈之势。近年来，社会主义浪潮正以“千禧社会主义”的形式回归。“千禧社会主义”在英国萌芽，在美国不断扩展。美国《民族》周刊报道，社会主义作为资本主义的替代意识形态，正在引起美国人的兴趣。特别是2008年美国金融危机后，美国虚拟资本和债务日益扩大，资本主义生产过剩危机持续恶化，世界市场萎缩，市场争夺日益激烈，资本主义世界政治失灵、经济失势、社会失序，社会不平等和社会分化日益加剧，社会信心日益崩溃。越来越多的西方年轻人对资本主义表示厌倦。他们追求的是一个更加公平的社会。在占领华尔街运动中，游行人群针对1%的美国人占有99%的财富极不平等的畸形世界，高呼“我们是99%”。据哈里斯民意调查公司数据，美国千禧一代和Z一代（1995年以及其后出生者）的受访者中49.2%的人表示希望生活在社会主义国家。美国之音称，如今社会主义思想越来越流行，就连争取2020年参选的民主党人都提出了与之相关的经济、税收和社会主张。据称以社会主义为号召的“美国民主社会主义联盟”成员已达4.5万人。尽管他们所理解的社会主义并不等同于经典的社会主义，但社会主义终将取代资本主义的大趋势则是毫无疑问的。

变局之五：中华民族伟大复兴给世界文明注入新内涵与新活力

在中华文明、古埃及文明、古巴比伦文明、古印度文明等世界四大古文明中，中华文明是世界唯一历经五千年风雨而从未中断的优秀文明。但自1840年的鸦片战争起，中国迭遭外国帝国主义和殖民主义大举入侵。在中华民族兴灭继绝的严峻关头，中国共产党领导与组织全体中华儿女奋起抗战，救亡图存，最终获得了民族的完全独立与解放，使古老的中国再现蓬勃生机，为从1949年到2049年的100年里实现中华民族伟大复兴，为中华文明再创辉煌奠定了基础。

中华民族伟大复兴不是从平地上突然冒出来一个异域文明，不是什么意外崛起，而是中华五千年文明的血脉在当代的赓续与传承，是中华基因在当代的苏醒与青春勃发。

中华民族伟大复兴走的是自己的发展之路，不觊觎任何霸权，不追随任何霸权，不效仿任何霸权，也不谋求以一个新的霸权取代原有的霸权。中国没有兴趣与任何霸权势力比高低，不屑与谁争夺第几把交椅。

中华民族伟大复兴依靠的是自己的血汗，自己的聪明才智，自己的资源，坚持独立自主、自力更生，同时坚持在平等互利的基础上开展各民族间的交流与合作。

中华民族伟大复兴是和平哲学的复兴，是天下为公、世界大同、协和万邦、命运与共的优秀文化传统的复兴，坚决反对强权政治，反对侵略扩张，反对以大欺小、以强凌弱、以富压贫，反对丛林法则与零和思维。

中华民族伟大复兴是世界文明发展进入一个新阶段的标志性事件。中华民族伟大复兴是世界建设性力量、理性力量、稳定力量的复兴。中华民族伟大复兴将给世界展示崭新的发展前景。

变局之六：第四次工业革命为世界格局重构提供了新的物质基础

当代工业革命4.0版正在席卷全球，一大批新兴技术群崛起，如3D打印、新材料、新能源、量子科技、人工智能、机器人、物联网、区块链、大数据、神经技术、生物技术、空间技术、虚拟和增强现实技术，颠覆性、战略性、前沿性、关键技术井喷式发展，正在极大地改变着世界的面貌，也推动着世界战略格局的演变。例如，仅可控核聚变商用炉（人造太阳）一项，如获得成功，将从根本上解决人类能源问题，彻底颠覆世界原有格局。

在人类发展史上，已先后发生三次工业革命。以蒸汽机为代表的第一次工业革命，奠定了英国作为“日不落帝国”的物质基础；以电气化为代表的第二次工业革命，加快了德意志第三帝国崛起；以信息化为代表的第三次工业革命，巩固了美国在世界格局中的霸权地位。目前正在进行的第四次工业革命是否以智能化为其核心技术，还在探讨之中。谁能在这场革命中抢占先机，谁就将在未来世界里掌握主动。

与前三次工业革命封建中国反应迟钝以致落后挨打的境况不同，在第四次工业革命中，中国第一次与欧美发达国家站在了同一起跑线上。如无意外，以中国人自强不息的禀赋，这场革命将大大推进中华民族伟大复兴的步伐，大大提升中国在新的世界格局中的地位。这也是为什么有人害怕中国创新发展，对“中国制造2025”如此恐惧与仇视的根本原因。

变局之七：全球相互依存度日益加深，经济全球化不可逆转

生产力的快速发展，科学技术的长足进步，交通的便捷化，市场经济的全球扩张，促进了人流、物流、资金流、信息流、技术流在全球范围内的广泛流动，经济全球化是当代世界格局演变的重要趋势。

经济全球化，一是生产全球化，全球生产网络日益扩大；二是贸易全球化，世界多边贸易体系日益形成；三是资本全球化，资本的全球流动日益加速。经济全球化大大促进了生产要素和资源的全球优化配置，促使全球价值链日益完善，全球利益相互依存度日益加深，有利于世界各国共同利益的融合发展。经济全球化的大趋势是不可阻挡的。

作为一个历史性的全球发展大趋势，当代经济全球化的发展不可能是一帆风顺的，全球化过程不可能是完全平衡的。值得关注的是，近年来，一股逆全球化的思潮抬头。在某些国家和地区，贸易保护主义、孤立主义、单边主义、民粹主义蔓延，有的片面强调所谓“本国优先”；有的甚至悍然

挑起贸易战，试图扭转全球化的进程。显然这股逆流是与世界经济发展的大方向背道而驰的，是不符合世界各国人民的共同利益的，也是不可能长久的。

中国作为世界最大的发展中国家，正在从经济全球化的积极融入者转变为经济全球化的贡献者和参与引领者。中国关于共同建设“一带一路”、共同打造人类命运共同体的倡议，是中国成为经济全球化新的推动者的重要标志。中国积极倡导建设开放型世界经济，维护多边体制的权威性和有效性，积极参与全球经济治理，推动经济全球化进入合作、包容、普惠、持续发展的新阶段，为经济全球化注入新动力。金砖国家开发银行副行长莱斯利·马斯多普强调，捍卫经济全球化，中国已成为中坚力量。

变局之八：战争在世界权力转移中的杠杆作用正在弱化

近代史上，世界格局的演变，总是与一场大规模的战争联系在一起的。威斯特伐利亚体系是欧洲30年战争的总结，拿破仑战争催生了维也纳体系，第一次世界大战以凡尔赛—华盛顿体系的问世而告终，雅尔塔体系是第二次世界大战战略力量对比重新洗牌的确认。战争曾经是近代世界推翻旧格局、缔造新格局的接生婆，是世界权力转移的重要杠杆。

然而，21世纪国际战略环境与战争手段的发展变化，使战争手段的运用面临新的重大挑战，未来世界战略格局的形成并不完全取决于单一的战争较量和军事实力优势的竞赛。

首先，大规模毁灭性武器的问世，使战争手段的运用受到越来越大的制约。科学家指出，当代核国家拥有的核武器足以毁灭地球几十遍，而人类只有一个地球。在现代核战争面前将很难有幸存者。战争手段的无限使用开始走向战争目的的反面。毁灭者将同时被毁灭。战争的发动者不但不能实现预定目的，反而使自己陷入同归于尽的厄运。这是战争发动者在挑起战争前不得不三思的。

其次，当代世界相互依存度越来越高。各国利益日益紧密地融为一体，形成你中有我，我中有你，既相互博弈，又相互依存，彼此难以截然分开的局面。战争既毁损他人利益，同时也在某种程度上毁损着自己的利益。

最后，急速推进的工业革命4.0版，在改变人类社会生产与生活方式的同时，也改变着未来战争方式和军事行为逻辑。智能化战争正在走进现代战争舞台。战争主体日益多元化，战争手段智能化，战争以及战争准备投入大大上升，战争收益率下降。“大炮一响，黄金万两”，靠战争收割他国财富的老套路越来越不灵了。非国家行为体，社会组织，乃至个人都可能成为对抗性行为的一方。下一场战争绝不是前一场战争的简单复制。军事优势的内涵正在被重新定义。用工业化时期的战争思维和冷战时期的战争思维思考当代战争与和平问题显然行不通了，走不出战争迷雾必将在未来战争和世界格局剧变中碰得头破血流。

（2019年4月14日）

中华民族复兴是日本的机遇而不是挑战

新中国已经走过70年的发展历程。新中国诞生，开启了中华民族伟大复兴的新纪元。这70年是中华民族在复兴路上高歌猛进的70年，是中华民族积蓄了五千年的势能如火山一样喷发的70年，是在推翻帝国主义、殖民主义统治后，由站起来、富起来到强起来的70年。中国70年翻天覆地的变化是当代世界的一道亮丽风景。

中华民族伟大复兴不是什么意外“崛起”，而是有着深厚的历史文化积淀。拿破仑曾比喻说，中国像一头亚洲的雄狮，只是在近代沉睡了。一旦它醒来，世界必将为之震惊。中华民族在当代的苏醒具有历史的必然性与合理性。它是炎黄血脉在当代的赓续与传承，是中华基因在当代的新生与焕发。

中华民族伟大复兴是用自己的汗水和智慧换来的，不是偷来的、抢来的、骗来的。中华民族在人类文明史上一向以勤劳勇敢、自强不息而著称。中国西起昆仑，东达大洋，北连朔漠，南通南海，长江黄河流贯其间，地大物博，物产丰富，历来强调自力更生，依靠自己的汗水、资源养活自己，发展自己，不觊觎他人的财富，没有霸占别人一寸土地。新中国成立后，在敌对势力长达20多年的全面遏制、包围、封锁、禁运下，中国不但没有被困死、饿死，反而不断成长壮大，用自己的双手创造了无数人间奇迹。60年代，中国没有计算机，凭一把古老的算盘就独立研制出了导弹核武器，建成了完整的独立的国防工业体系。中国从一个连一颗钉子也打不了，称钉子为“洋钉”的落后国家，发展成为世界现代化工业强国，实现了“嫦娥”奔月、“蛟龙”潜海、“天眼”远望、“复兴”奔驰。中国的战略核潜艇可下五洋捉鳖，中国空间站可上九天揽月。1978—2013年的36年间，中国国内生产总值以平均每年9.6%的增速增长。2018年中国GDP已占美国的66%，成为世界第二大经济体。如此长期的高速增长，在人类历史上是不曾有过的。

中华民族伟大复兴是中华民族和平哲学传统的复兴。中国贤哲历来倡导天下为公、世界大同、以和为贵、协和万邦、命运与共的政治理念，坚决反对强权政治，反对侵略扩张，反对以大欺小、以强凌弱、以富压贫，反对丛林法则与零和思维。中华民族伟大复兴也是中华优秀传统文化的复兴。这与当今一些醉心于打打杀杀，到处寻找敌人的黩武主义者的价值观是完全不同的。美国原国务院政策规划事务主任基伦·斯金纳4月29日声称，美国正在“与一个完全不同的文明作战”，美国“第一次遇到一个非白种人的大国竞争对手”。不知道这位非洲裔美国人所说的“白种人的文明”是一种什么样的文明？他们为什么非要跟世界其他文明过不去？不同文明之间为什么不能和平共处、相互学习、相互借鉴、相互融合，而非得进行你死我活的对抗？据美国亚特兰大广播电台报道，2019年4月14日，94岁的美国前总统卡特与特朗普总统通电话，特朗普表示弄不懂为什么中国走到了美国的前面。卡特对特朗普说：“你知道原因吗？我1979年实现对华外交关系正常化。你知道从那以后中国发动了几次战争吗？零。而我们一直在打仗。”卡特说，美国在242年的建国历史中仅有16年没有打仗，堪称“世界历史上最好战的国家”，美国浪费了3万亿美元在军费开支上，“而中国没有将一分钱浪费在战争上，这就是他们在各方面走在我们前面的原因。如果拿出这3万亿美元用于美国的基础设施建设，我们将拥有高速铁路、不垮塌的桥梁、良好维护的道路，还能剩下2万亿美元”。卡特说，相比之下，因为没有战争，中国得以投资基础设施和教育体系。他问台下的观众：“中国已经拥有1.8万英里的高铁，我们拥有多长的高铁？”听众回答：

"0。"卡特总统的思想穿透力比那些不三不四的官僚不知道要高明多少倍。

中华民族伟大复兴坚持与所有平等待我之民族友好往来，不觊觎任何霸权。中国是礼仪之邦。中国古代思想家孔子说过："己所不欲，勿施于人。"中国历史上深受西方霸权之害，中国不会去把已被历史所唾弃的政治垃圾捡起来当宝贝。绵延万里的长城，是中国古代杰出的战略工程，它是用来防御外敌入侵的，而不是用来扩张的。明朝国力强盛，但明朝并没有用强大的军事力量建立霸权统治。朱元璋对出使高丽、安南的使节强调无须觊觎他国领土，"得其地不足以供给，得其民不足以使令"。郑和七下西洋，每次出洋2万余人、战舰200余艘，其军力当时无人可以匹敌。但郑和带去的是丝绸、茶叶、瓷器，而不是血与火。郑和第三次下西洋之前，明成祖敕谕"不可欺寡，不可凌弱"，宣示出洋的目的在于使天下"共享太平之福"。中国有自己高尚的价值追求，有共商、共建、共享的人文情怀。中国不迷信、不欣赏、不屈服、不追随任何霸权，没有兴趣谋求以一个新的霸权取代旧霸权。中国不屑与丑恶的霸权势力比高低，不屑与谁争夺第几把交椅。在这一点上，某些霸权迷完全可以放心。

中华民族伟大复兴给日本带来前所未有的机遇。中华民族伟大复兴是世界文明发展进入一个新阶段的标志性事件。中华民族伟大复兴是世界建设性力量、理性力量、稳定力量的复兴。中华民族伟大复兴将给世界文明注入新内涵与新活力。中华民族伟大复兴将给世界展示崭新的发展前景。

中国与日本是一衣带水、舟楫相通的近邻，历史交往源远流长，尽管近代有过一段不幸的历史记忆，但与2000年的友好交往相比，毕竟不是历史的主流。两国交恶，均蒙其害；两国友好，同享其利。隋唐时期，日本遣隋使、遣唐使络绎于途。从630年到9世纪末大约260年间，日本先后向唐朝派出遣唐使19次之多。645年，日本使者学习中国唐朝律令制度，推动了日本大化革新，奠定了日本的发展方向。717年阿倍仲麻吕赴唐求学，后留唐为官，官至二品，与著名诗人李白、王维结下深厚友谊。742年大唐名僧鉴真冒着险涛恶浪，受邀6次东渡日本传法授戒，被尊为日本律宗初祖。近现代周恩来、鲁迅、郭沫若等都曾浮海东渡，在中日关系史上留下了珍贵的一页。中日之间的文化纽带是割不断的。

中日之间具有极强的经济互补性。中日分别为世界第二、第三大经济体，也是亚洲最大的两个经济体。2011年，中国已是124个国家最大贸易伙伴，超过了美国是全球76个国家最大贸易伙伴的纪录。中国拥有世界上少有的14亿消费者的巨大市场，而日本则拥有雄厚的资金和先进的工业技术。中日两个亚洲大国在新一轮科技与产业革命浪潮中，拓展节能环保、科技创新、高端制造、财政金融、共享经济、医疗养老等多领域务实合作有着广阔前景，两国企业开展第三方市场合作拥有巨大潜力。目前亚洲经济面临着从出口导向型向依靠内需型的经济增长方式转变，依靠亚洲区域内部的需求拉动经济增长意义重大。中日互利双赢合作面临提质升级的新机遇。中日两国如何在亚洲区域层面合作中发挥作用是中日面临的一个战略性课题。中日经贸合作对亚洲经济发展、社会稳定都具有重要意义。特别是在低碳经济、绿色经济、节能环保领域，中日双方合作空间巨大。前首相鸠山由纪夫先生就曾表示，希望通过向中国提供削减温室气体的技术扩大双方合作。

当前世界正面临百年未有之大变局，世界和地区秩序激烈动荡，战争与和平、生存与发展面临严峻考验。当代霸权末日征候日益显露，但其能量仍不可低估。几乎所有国家和地区都受到战略挤压，无人可以幸免。在大变局的旋涡中只有相互支持、团结合作，才能凭借集体的合力，驾驭风云、共克时艰，胜利到达彼岸。

亚洲是当今世界最有活力、最有希望的地区之一。中日两国作为亚洲大家庭的重要成员，对于共同维护地区安全、促进地区发展有不可推卸的责任。也许面对某些强权的进逼日本有难言之隐，但在涉及国家根本利益上，不要忘了唇亡齿寒、兔死狗烹的历史教训。当代中国仅仅是发展快了一点，就被某些强权视为“安全挑战”，当作眼中钉、肉中刺，必欲除之而后快。当今强权绝不会允许潜力巨大的日本在政治上、经济上、军事上对他们构成挑战。20世纪80年代日本快速发展，没想到踩了别人的尾巴。一纸“广场协议”，让日本经济一下子失去了20年。今天某些西方政客以高贵的“白色人种”自居，恶意煽动对非白种人的文明战争和种族战争。日本早就被他们视为“白色圈子”之外的异教徒，要想脱亚入美，涂粉饰黄，挤到白色圈子里面去，难哪。

中国对日本没有任何非分之想。历史问题已经过去了几十年，世人要的就是一个正确态度。要真诚地吸取历史教训，避免重蹈历史覆辙。今天承认，明天否认，口头承认，行动否认，这样很难取信于人。至于历史上遗留下来的海域划界和岛礁归属问题，完全可以遵循历史依据和法理依据公正处理。

在当今世界的险风恶浪中，中日两国同在一条船上，安危相连，命运与共，除了紧密携手，没有侥幸的空间。发展新型中日关系有做不完的事。努力构建亚洲命运共同体，打造地区自贸区，发行亚洲自己的货币，事关亚洲共同福祉，机不可失，意义重大。相信亚洲人终将摆脱一切霸权的枷锁，真正成为自己命运的主人，把亚洲人的命运真正掌握在自己手上，开创亚洲人自己的新世纪，建设亚洲人自己的共同家园。何去何从，望慎重抉择。

（2019年12月）

美国会对中国发动战争吗？

最近不少人见面都在问："中美会打起来吗？"这个问题恐怕要由特朗普和他的谋士们来回答。因为中国肯定不希望战争，中国也肯定不会主动发动战争。战争的扳机扣在特朗普手里，而不在中国手里。他要打，门板也挡不住。我们不知道"大统领"会不会利令智昏，铁了心要制造一场21世纪新帝国之战，以阻断中华民族的伟大复兴，确保美利坚"再伟大"，但是我们确切地知道，如果美国大兵真的"失心疯"，对中国动手动脚，美国玩火之日就是美利坚霸权滚下神坛，被彻底埋葬之时。

中美早已形成核恐怖平衡的局面，如果美对中国进行核袭击，美国能逃脱核毁灭的命运吗？中国核力量规模在大国中，明显居于后列。但是中国现有核武库，数量够用，质量可靠，生存能力、突防能力、精确打击能力、快速反应能力，都是中国人民完全可以信赖的，是中国的镇国之宝。中国郑重承诺不首先使用核武器，但中国从来没有说过任何情况下都不会使用核武器。不首先使用核武器与关键时刻坚决实施核报复是不可分割的。而且对被迫进行核反击的快速、精准、效能的要求更高。一旦有敌对我进行核攻击，不论是战略核袭击，还是战术核袭击，都将要求我第一时间实施无差别、毁灭性的核报复。核反击的时间差，要求以秒计。有人幻想凭核数量优势玩核游戏，其实在当今时代，多几颗核弹还是少几颗核弹，几乎没有统计学意义。一个人死一次与死一百次有根本区别吗？难道有人真的活得不耐烦了？

美国拥有全球军事力量优势，就一定具有对全球各个地区的绝对战略支配能力吗？美国的确有全球兵力优势，但全球力量落实到某一点，就捉襟见肘了。多年来，美国在关岛、夏威夷、东北亚、东南亚等打造了围堵中国的军事基地群和三条岛链体系，企图凭这几个基地将中国围困在西太平洋，那就太过自信了。如此大的太平洋，美国一个巴掌捂得过来吗？近年来，美军财力不济，在军事指挥权、分担负担等问题上与盟国矛盾重重，乃至受疫情拖累，各基地乱象丛生。而随着中国国力成长，中国战略自卫反击半径不断延伸，在西太平洋的战略存在和影响力明显增强。西太平洋还是美国为所欲为的内湖和洗脚盆吗？

美国连年打仗，弄得民穷财尽，还有多少闲钱和底气支撑一场中等以上规模的战争？刺刀遇到经济问题时也会变得软绵绵的。特朗普承认，打伊拉克花了6万亿美元，如果不幸与中国较量，6万亿美元大概够一个零头。美国现在国债缠身，这笔钱从哪里来？几年前，美国还可以到处化缘，集资打仗。现在美国到处敲诈勒索，还有哪个盟国愿意出血？冷战后40余年，美国再没有与一个中等以上国家全面交战的先例，原因很多，而囊中羞涩恐怕是一个重要原因。

中国不是伊拉克，不是阿富汗，如果美国大兵漂洋过海，不远万里，跑到中国家门口来撒野，进得来出得去吗？中国是世界陆海面积辽阔的巨型板块，东方不亮西方亮，黑了北方有南方。中国在自己的领海、领空、领陆抗击外来侵略者，有广阔的回旋余地，有熟悉的地理山川，有近岸近海作为依托，可以陆制海，以近击远，以逸待劳，自由驰骋。如果外军胆敢来犯，劳师远征，无后方作战，中国漫长的作战线将处处都是敌人理想的葬身之地。在亿万人民的汪洋大海里，几十万、几百万入侵者够填一条海沟，还是一条山谷？

美国打仗，历来讲究联盟战略，拉帮结派，打群架。而今，眼看美国走下坡路，还有小兄弟愿意为老大卖命吗？想当年，美国发动朝鲜战争，一呼百应，美国裹挟16国，组成所谓的“联合国军”助阵。海湾战争美国纠集了28个国家参战。当年慑于美国的淫威，那些国家不敢不从。而今美国想制裁谁就制裁谁，想脱群就脱群，人们避之唯恐不及，还会有多少人愿意替美国火中取栗呢?

中国打仗，以几年、几十年计。美做好了与中国14亿人打一场十年、百年的持久战的思想准备了吗？与美国人没有耐心相比，中华民族恰恰是一个有耐心、有韧性的民族。中国长期自给自足、超稳定型的社会经济结构，富贵不能淫、贫贱不能移、威武不能屈的民族品格，与敌人血战到底的英雄气概，有决心与任何敌人周旋到底，把肥的拖瘦，瘦的拖死。远的不说，抗日战争打了14年，抗美援朝战争打了3年，抗美援越战争打了9年。这期间还不算中国国内革命战争28年、解放战争3年，美国大兵的皮靴一旦陷进中国的泥潭，何日能拔出来呢?

武器是重要因素，但决定战争胜负的是人，而不是物。这个道理美国想明白了吗？中国军队是当今世界唯一同时与两个超级大国军队交过手而保持不败纪录的军队。在保卫国家安全和维护领土主权完整的自卫作战中，中国军队所向披靡，无往不胜，靠的都不是什么先进武器，而是小米加步枪。“二战”后，美国作为资本主义世界头号强国，美军作为世界装备最先进的军队，美军一个师的装备就大大优于我们一个军，但美军两次历史性大失败，一是朝鲜战争，二是越南战争，均败于我军的步枪手榴弹。朝鲜战争美军硬是从鸭绿江被赶回三八线。今天中国军队已是一个具有完整现代化武器装备体系、指挥控制体系、后勤保障体系、中国特色作战理论体系，跻身世界先进行列的现代化军队。我们与美军或许还有点差距，但不存在明显代差。在特定区域作战，美军占不到便宜。我们完全有信心以劣胜优、以弱胜强。朝鲜战争中我们曾严正声明不能坐视不管，越南战争中我们正告美军不得擅越17度线。言犹在耳，不是随便说的。

相比于中华民族强大的凝聚力和向心力，一个各怀鬼胎、极端自我的资本主义社会还承受得起一场不义之战的冲击吗？中华民族久经磨难，但磨难也教育了人民，锻炼了人民。在抗击外侮的战火中，中华民族形成了强大的号召力、组织力、动员力。当前这场抵御百年未有的新冠疫情的斗争，就是一场特殊战争。中国人民有中国共产党的坚强领导，军民一体，全国如一，进退有度，所向披靡，举世为之叹服。反观美国，如此头号世界大国，在疫情面前张皇失措，终酿成大祸，染疫人数和死亡人数夺世界之冠。就这样的治理能力、指挥水平，还想对外动武，简直有辱常人的智商。特别是美国霸权后期综合征日益加重，社会严重撕裂，族群仇恨进一步加深，移民问题、黑白种族矛盾、阶级矛盾、贫富对立、宗教对立、党派恶斗、社会骚乱、抢劫纵火日益尖锐化。在这种情况下，发动对外战争，无异于饮鸩止渴，促使美国社会内部矛盾更加尖锐化。在战争重挫下，美国将以自由落体速度衰退。其后果，一是从此被彻底赶出西太平洋第一岛链，回到北美，龟缩于美利坚岛；二是从此元气大伤，丧失原有大国地位，沦为一个普通的二流乃至三流、四流国家；三是步苏联后尘，解体为加利福尼亚国、新英格兰国等十几个、几十个小邦国。世界其他大国将趁势而起。世界也许将从此开启多元共治的新时代。这也许是美国并不乐见的。

（2020年9月16日）

别了，特朗普

多灾多难的庚子年就要过去，象征勤劳奋进的牛年正在到来。在辞旧迎新之际，我们有诸多不舍，其中一个不舍，实话实说，就是特朗普。这个老头，为了美国几个垄断寡头的私利，不惜在世界政治舞台上舞枪弄棒，装疯卖傻，倒行逆施，专以中国为敌，也是够拼的。70多岁的人了，即使染上新冠病毒，也坚持轻伤不下火线，的确不容易。

特朗普在台上不过短短4年，但的确使我们大开眼界，大长见识，大有“观君一台戏，胜读十年书”之感。

是特朗普让我们见识了美国“民主、自由、人权”的底色。当年一批欧洲清教徒逃到北美洲，靠剿灭印第安人立足，以贩卖黑奴起家，靠活剥人皮取乐，靠烧杀抢掠为业，却一直自诩为“民主、自由、人权”的“灯塔”。这面破旗不知骗了多少善良的人们。是特朗普撕破了这块遮羞布，让我们看到，原来所谓民主就是全世界听任美国一家做主；所谓自由就是美国对其他国家敲骨吸髓、“极限施压”的自由；为了抢钱，连盟国亲弟兄都不放过；所谓人权，就是美国富人、白人、盎格鲁–撒克逊人独享的作威作福的特权，而其他非洲裔、拉丁裔、亚裔则没有人权，黑人连呼吸权都没有，黑人的命不是命。

是特朗普的倒行逆施，为我们展示了霸极必衰的必然趋势。实际上特朗普上台时，美国垄断资本的寄生性、食利性、腐朽性已经到了病入膏肓的程度，加上连年征战，坐吃山空，透支了有限资源，已经表现出霸权主义的末日征候。特朗普上台后，为了取悦金融垄断资本和军工复合体，不知收敛，反而变本加厉，到处欺行霸市。美国大兵四处游弋，在南美洲，在中东，在南中国海，在中国台湾海峡，耀武扬威，加快了美国霸权的衰落。

是特朗普为我们进一步证实了“一切反动派都是纸老虎”的英明论断。一个军费几乎占全世界一半的超级军事机器，一个GDP遥遥领先于世界各国的世界巨富，一个号称无所不能、包打天下的超级强权，今天竟然被一个小小的冠状病毒打得满地找牙，手足无措，彻底败下阵来。截至今天，美国累计确诊病例超过1974万，死亡病例超过34万。路透社称，此前一周，每33秒美国就有1人死于新冠病毒。特朗普是打着“美国第一”的旗号上台的。他总算争得了一个第一。

是特朗普形象诠释了什么叫“流氓国家”“无赖国家”“失败国家”，什么叫恬不知耻。新冠病毒在美国暴发后，美国第一时间想的不是如何战胜病毒，而是舞之蹈之，急于把祸水引向中国，极力向中国甩锅，挖空心思策划向中国“索赔”。美国历来把不听话的国家说成是“流氓国家”“无赖国家”。特朗普上台后，我们发现原来最大的“流氓国家”，不是别人，恰恰是美国自己。美国的一言一行集中了“流氓国家”的一切典型特征。美国国务卿蓬佩奥承认：“我们撒谎，我们欺骗，我们偷窃。我们还有一门课程专门教这些。这是美国不断探索进取的荣耀。”身为“大统领”的特朗普任内共发布2.5万条虚假或误导性声明，竞选期间，每天撒谎达50多个。他还坦承：“我一辈子都是贪婪、贪婪、贪婪。我尽可能地抓住所有的钱。”真是不知天下还有“羞耻”二字。

是特朗普激化了美国国内固有的阶级矛盾、民族矛盾、种族矛盾，加剧了美国的内斗与分裂。美国阶级不平等、种族不平等、性别不平等的社会痼疾是从娘胎里带来的。不完全怪特某人。但近年来，随着美国经济状况的进一步恶化，社会底层生活艰难，今年仅国债就增加7万亿美元，增幅达37%。面对日益恶化的疫情、极化对立的选民和各种社会复杂交织的矛盾，特朗普要么不作为，要么胡作为，煽阴风，点鬼火，地下积聚的怒气，再也捂不住了。今年仅纽约市就发生447起凶杀案。有的州高举义旗，扬言要实行武装独立；有的声称只有一场革命才能拯救美国。如今的超级大国大有山雨欲来风满楼的气氛。

是特朗普藐视国际社会，最终玩残了美国，使美国成为自我孤立的国际孤儿。美国以往大言不惭地以世界大家长自居，整天挥舞着文明棍，到处指手画脚，给别人定规则、立章程。特朗普上台后，嫌这些规矩捆住了美国自己的手脚，一翻脸说撕毁就撕毁，说退群就退群。远的不算，在特朗普任内，退出联合国教科文组织，退出TPP，退出《巴黎协定》，退出联合国《全球移民协议》；2018年，退出《关于伊朗核计划的全面协议》，退出联合国人权理事会，退出《维也纳外交关系公约关于强制解决争端之任择议定书》；2019年，退出《中导条约》，先后共退出13个国际组织、协议和条约；2020年，退出世界卫生组织，而且至今仍拖欠着超过2亿美元的会费；2001年美国退出1972年签署的联合国《禁止生物武器公约》，给全世界发出了一个极其危险的信号。美国退群扰乱了国际秩序，破坏了国际体系，最终孤立了自己，美利坚国终将成为孤处大洋之中的美利坚岛。

是特朗普对我们党和社会主义制度的恶毒攻击与谩骂，让我们更加坚信还是社会主义好，还是中国共产党得劲。这几年在特朗普治下，美国弄得一地鸡毛，天怒人怨，而社会主义中国在中国共产党强有力的领导下，军民团结，万众一心，众志成城，一路凯歌行进，不仅迅速有效控制了来势汹汹的疫情，而且社会祥和、秩序井然，经济保持发展势头，风景这边独好。这让美国大失颜面。特朗普急火攻心，气急败坏之下，竟不顾最起码的国际礼仪，跑到联合国大会的神圣讲台，破口大骂“社会主义和共产主义给人类带来了苦难和腐败”，号召“世界所有国家都应当抵制社会主义”，发出了美国资本寡头长期积聚在心底的“麦卡锡主义”的恐惧与仇恨。美国政府紧接着扬言要禁止中国共产党党员入境，涉及9280万人。蓬佩奥声称，“特朗普最大的挑战就是中国共产党”。“一个崛起的中国不让美国担忧，一个在中共统治下的中国崛起就让人担忧”。美国统治者对中国共产党的恐惧已经到了神经错乱的地步。凡是敌人拥护的我们就要反对，凡是敌人反对的我们就要拥护。特朗普们如此仇恨与害怕共产党，恰恰使我们认识到，中国须臾不能没有党的领导。亏得有中国共产党的坚强领导，亏得我们选择了社会主义，否则在野兽出没的丛林里，中国早就成为美国强权的晚餐了。每个国家的人民都有权利选择走什么样的发展道路和社会制度。鞋子合不合脚，只有自己的脚知道。中国人民走上社会主义发展道路，是历史的必然选择，是中国人民经过近代一百多年的浴血奋战而得出的结论，用不着特朗普们替我们瞎操心，还是留点时间想想自己今后何处是归程吧。

是特朗普的野蛮愚昧，使我们更加庆幸生活在中国的新时代，更加以身为中华民族的一员而自豪。中华民族正阔步走在伟大复兴的征途中。中华民族伟大复兴来自中华五千年文明的历史积淀，来自中华民族自强不息的奋斗与抗争，来自对历史命运的自觉把握与选择，是不可抗拒的。沉舟侧畔千帆过，病树前头万木春。一个历史浅薄、胸无点墨的商人，能在水里闹出多大的浪花呢？

毛泽东主席说过：“革命的政党，革命的人民，总是要反复地经受正反两个方面的教育，经过比较和对照，才能够锻炼得成熟起来，才有赢得胜利的保证。轻视反面教员的作用，就不是一个彻底的辩证唯物主义者。”[①] 特朗普作为一个反面教员，还是称职的。我们绝不要轻视特朗普这个难得的反面教员的作用。他毕竟会促使我们看问题更客观、更全面、更冷静、

①《人民日报》，1967年11月6日，第1版。

更符合辩证唯物主义。

作为当今一名世界级知名教员，特朗普对我们的启示还不止这些。眼看特朗普要走了，我们还真有点舍不得。临别之际，我们郑重建议，别忘了给特朗普颁发一枚大号的奖章，以纪念他这几年作为反面教员所起的独特作用。

别了，特朗普。

（2020年12月31日）

后　记

文章千古事，得失寸心知。文稿脱手了，但心里反而增添了几分忐忑与不安。这些文章究竟能否给读者以有益的启示，尚待实践的检验。这本小册子实际上是集体共同努力的成果，包括以前写作过程中来自上下左右的指导与教诲，以及这次文稿整理中各位朋友的无私帮助。这里特别要感谢军事科学院原政治部宣传部副部长包国俊同志，是他不嫌浅陋，推荐并组织选编这本小册子，并亲自动手，一键一字，编排整理相关文本。感谢北京出版集团的相关同志，他们在组织、策划、编审过程中，不辞辛劳，顶着疫情，亲自上门指导，这种严谨作风和敬业精神令人敬佩。

本书的出版如能为我国军事学术大厦的繁荣与发展增添一砖一瓦，则幸甚至哉。

2022年10月